KB187971

당신이 지금껏 오해한,

세상을 지배한 단어들

The War of Words

단어들은 어떻게 논쟁의 대상이 되었는가!
당신이 지금껏 오해한,
세상을 지배한
단어들
The War of Words
해롤드 제임스 지음 | 안세민 옮김
nationalism
technocracy
multilateralism
capitalism
globalism
populism
socialism
democracy
neoliberalism
앵글의
서재

차례

논쟁의 대상이 된 단어들

여는 글

지금 우리는 두 가지 원칙, 또는 철학의 급격한 충돌로 경제, 사회, 정치의 급진적인 방향 전환을 경험하고 있다. 한편으로는 글로벌리즘, 세계주의, 국제주의, 다자주의가 있고, 그 밖에도 개방에 대한 헌신을 설명하기 위한 여러 대안적 방법들이 있다. 다른 한편으로는 특수주의, 지역주의, 국민주의가 있다. 2020년에는 세계적으로 확산된 전염성 바이러스가 세계화의 모습실현을 보여주면서, 논쟁의 강도를 더하고 있다. 코로나 바이러스의 대유행은 이미 잘 전개되고 있던 많은 발전들을 가속화했다. 이것이 세계화에 대한 일시적인 반발을 강화했는데도 불구하고, 일상생활에서 새로운, 그리고 때로는 더 개인적인 영역에 이르기까지 기술을 광범위하게 적용하게 만들었다. 이러한 상황은 사람들에게 이전에는 느껴보지 못한 새롭고 독특한 정신적 부담을 갖게 했을 뿐만 아니라 경제적, 사회적 긴장을 불러일으켰다.

위기는 다시 생각하고 방향을 전환하기 위한, 즉 기본으로 돌아가기 위한 시간이다. 역사가 우리에게 앞으로 무엇을 기대해야 하는지, 또 그것에 대해 어떻게 생각해야 하는지 말해줄 수 있을까? 이 책은 중대한 사회적 전환의 순간들이 새로운 문제를 낳고 새로운 단어가 생기는 데 영감을 준다는 통찰에서 출발한다. 단어는 사상을 요약하기 위한 수단이고, 사상은 현실에 대한 우리의 집단적 전망을 제시한다. 이러한 전망은 개인적인 관점에서의 경험을 일반적이거나 심지어는 보편적인 이해로 전환한다.

루드비히 비트겐슈타인Ludwig Wittgenstein은 다음과 같은 말로 자신이 가진 철학의 핵심을 설명했다. "나의 언어의 한계는 나의 세계의 한계를 의미한다."[1] 인간은 항상 언어에 의해 분리되어 왔다. 우리에게 가장 강력한 신화 중 하나는 바벨탑에 관한 이야기, 즉 하느님이 보편적인 언어나 인식을 창조하는 건축물을 왜 파괴했는가에 대한 것이다. 그 이유는 이 건축물이 인간에게 스스로 하느님이 될 수 있는 힘을 주기 때문이었다"우리의 이름을 내자. 그리하여 우리가 온 지면에 멀리 흩어지지 않게 하자".[2] 이후로도 에스페란토Esperanto와 볼라퓌크Volapük와 같이 보편적인 언어를 창조하려는 시도가 있었다. 그러나 이러한 시도들은 대부분 잊혔다. 대신에, 우리는 번역이, 모든 종류의 미묘한 의미 차이를 잡아내지는 못하더라도, 일단은 가능하다는 생각을 갖게 되었다. 특히, 사람들이 국가와 정부에 대한 자신의 사상을 어떻게 표현하는지, 국제 사회가 조성되는 데 국가 간 상호작용과 사상의 충돌이 어떠한 영향을 미치는지 이해하기 위한 노력을 하는 과정에서, 특정 언어가 지속적으로, 때로는 부적절하게 번역되고 있다. 번역의 손실은 막대하지만, 때로는 충분히 인식되고 있지 않다.

번역은 때때로 상품, 서비스, 심지어는 약속 간의 등가성을 확립하는 화폐를 가지고 거래하는 것과 상당히 비슷하게 손쉬운 교환으로 제시된다. 그러나 오늘날의 문화, 정책, 경제 전쟁에서 일종의 탄약으로 발사되는 단어들 몇 가지 사례를 들자면, 자본주의, 사회주의, 민주주의, 제국주의와 헤게모니, 다자주의, 지정학, 포퓰리즘, 테크노크라시, 부채의 정치, 글로벌리즘, 세계화, 신자유주의 은 그 의미가 명료하지 않아서 교환을 용도로 사용되지는 않고, 대신 논점을 흐리게 하거나 다른 생각을 가진 사람들을 비난하는 데에 사용된다. 이 책에서 검토하는 모든 단어들은 오랜 역사를 가지고 있는데, 그동안 이들을 옹호하는 사람들과 비판하는 사람들 사이에서 곰곰이 생각하는 대상이 되었다. 이들은 처음에는 순간의 곤경을 포착하는 수단으로서 성공한 이후, 그 의미가 눈덩이처럼 불어나서 빙판이 되거나 녹기 시작할 때까지 점점 더 많은 것들을 함축하게 되었다. 이제 이들은 더 이상 정확한 분석 도구가 아니다.

러시아의 위대한 작가 알렉산더 솔제니친Alexander Solzhenitsyn의 뛰어나고도 여전히 시의적절한 에세이는 단어가 주는 이런 종류의 혼란스러운 상황을 묘사했다. 그는 거짓말을 단순한 거짓이 아니라 겉모습에 대한 왜곡과 허위 진술에 따른 결과로 보았다. "우리가 죽은 뼈와 이데올로기의 비늘을 함께 붙이지 않았더라면, 썩어가는 누더기를 꿰매지 않았더라면, 거짓말이 금방 쓸모없게 되고 멈추게 되는 것을 보면서 놀랄 것이다. 그러면 벌거벗어야 할 것이 온 세상에 정말로 벌거벗은 채로 등장할 것이다."[3]

지금부터 100여 년 전에, 철학자 윌리엄 제임스William James는 사상을 평가하는 방식을 그것이 어떻게 평가되는가 혹은 그가 도발적으로 부르는 "경험적 측면에서의 진실의 현금 가치"에 두자고 제안했다가 많은 사람들을 분노하게 했다.[4] 사상은 개인을 위하여 타고난 장점은 없었지만 더욱 광범위한 상황에서, 다시 말해, 시장에서 널리 유통되고 받아들여짐으로써 그 가치를 창출했을 뿐이었다. 프린스턴대학교의 철학자그리고 이후로 대학총장을 지냈던 존 그리어 히븐John Grier Hibben은 이 제안을 특히 혹평했는데, 그는 1907년 금융 위기가 일어난 직후에 이렇게 주장했다. "이번 위기는 금융계에서 그랬던 것만큼이나 확실히 우리의 사상계에서도 공황을 재촉할 것이다."[5] 이러한 논쟁은 지금도 계속되고 있고, 많은 사람들이 실제 공황에 빠져 있다.

통화와 마찬가지로, 우리가 다루는 단어들도 영향력의 중심에서 등장했다. 통화의 역사를 살펴보면, 영국이 19세기를 지배했고, 미국이 20세기 후반을 지배했다. 사상도 생산과 유통의 중심에서 등장한다. 이곳에서는 사상이 출현하고, 충돌하고, 개선되고, 왜곡된다. 19세기 전반, 혁명의 물결 속에서 프랑스, 특히 파리에서는 국가, 사회주의, 민주주의같이 그 의미가 잘 변하는 단어들이 등장했다. 19세기 후반, 독일이 새로운 정치 세력으로 부상하면서, 독일도 지적 강국이 되었다. 과거에 프랑스 정치 용어들이 침투했던 것에 자극받은 독일 사상가들은 마흐트폴리틱과 게오폴리틱을 포함한 새로운 정치 용어들을 발전시켰다.

20세기 중반, 이러한 독일 용어들 중 상당수가 대서양을 건너 호된 시련의 장으로 들어갔다. 때로는 부분적으로는 그들이 내면화한 용어들에 의해 만들어진 시스템이라 할 나치 시대에 박해받은 희생자들이 이 용어들을 가져오기도 했다. 미국에서는 이러한 용어들이 세계 질서의 개념이 무엇인지 생각하는, 새롭게 떠오르는 초강대국을 위한 새로운 언어의 일부가 되었다.

우리는 우리의 견해를 밝히고 논쟁하고 해석하기 위해 사용하는 언어를 과거로부터, 그리고 과거에 사상을 개발한 사람들로부터 물려받는다. 특히, 언어 혁신에서는 두 개의 시대가 세계화 과정에서 전달된 연속적인 충격에 대한 반응을 포함하여, 오늘날 정치에서 개념적 토대의 많은 부분을 형성했다. 언어 혁신의 첫 번째 시대는 약 200년 전에 프랑스 혁명과 나폴레옹 전쟁으로 인한 커다란 혼란이 지나간 이후에 발생했다. 프랑스 혁명과 산업 혁명으로 구성된 한 쌍의 혼란의 여파로, 국가와 민주주의, 그다음에는 자본주의와 사회주의에 초점을 맞춘 새로운 정치 언어가 등장했다. 독일의 위대한 역사학자 라인하르트 코젤렉Reinhart Koselleck은 이 시기를 말안장시대Sattelzeit, 18세기 중반부터 개념의 고전적 지형에 근본적인 의미 변화가 진행되었고, 옛 단어들은 새로운 의미와 내용을 얻게 되었으며, 그 이후 궁극적으로 모든 개념들은 새로운 상황에 놓이게 된다. 자연과 역사, 세계와 시간에 대한 변화된 관계, 즉 근대의 시작이 여기에 해당한다. 코젤렉은 이 시기를 말안장시대라고 표현하였다_옮긴이 라고 불렀다. 이 단어는 장소뿐만 아니라 시간을 통한 사람들의 활동을 표현한다.

19세기 초에는 정치적 근대성의 핵심 개념들이 등장했다. 여기에는 국가와 국민주의 이외에도 보수주의, 자유주의, 사회주의, 자본주의, 민주주의가 있었다. 여기서 민주주의는 물론 훨씬 더 오래된 것이지만, 과거와는 다른 종류의 조직과 공직자를 뽑기 위하여 추첨이 아닌 선거에 의존하는 새로운 방식으로 재발견되었다. 이러한 방식은 고대 아테네나 중세 이탈리아 도시국가들과는 상당히 다른 민주적 논쟁을 만들었다. 주의들isms은 우리가 지금도 여전히 토론을 하고 있는 용어이다. 그 개념들이 기이하게 서로 얽혀 있고 복잡하게 상호의존적인 것은 용어들이 만들어지는 방식 때문이었다. 이들은 같은 지적 산소자양분를 공유한다.

이러한 용어들이 공생하는 예로서, 사회주의와 자본주의는 개념적 반의어, 즉 음과 양이다. 사회주의는 변화하는 세계의 불편한 특징들을 설명하기 위해 만들어진 새로운 개념인 자본주의를 비판하려는 의도로 만들어졌다. 구식 장인들, 새로운 제조업 노동자들뿐 아니라 재산을 날려버릴 수도 있는 귀족들, 사회적 자본이 손상될지도 모르는 지식인들은 모두가 자신이 새로운 거대한 괴물 앞에서 취약하다고 생각했다. 그렇다고 해서 그들이 꼭 사회주의를 원했던 것은 아니지만, 그들은 자본주의를 개탄했고, 그중 집단주의적 충동에 호소하는 일부 사람들은 지지자들을 모을 수 있었다. 이 두 반의어는 여전히 서로 얽혀 있다. 20세기 끝 무렵, 자본주의를 옹호하는 이들은 사회주의의 실패를 이야기함으로써 자신의 입장을 정당화했다. 이들 두 개념의 상호의존성을 완벽하게 보여주는 구소련의 농담이 있다. 자본주의와 공산주의의 차이점은 무엇인가? 자본주의는 인간에 의한 인간의 착취를 의미한다. 공산주의는 이와는 반대 방향으로 작동한다. 앞으로 살펴보겠지만, 적은 비용으로 손쉽게 얻을 수 있는 정보로 이들 두 개념의 수렴 혹은 통합이 가속화되었다.

자본주의와 사회주의라는 용어는 19세기에 등장하고 나서 사용되었기 때문에 의미가 복잡했다. 이들은 다른 상황에서 다른 용도로 사용되었다. 이들은 세계가 어떻게 조직되어 있고, 조직되어야 하는지를 이해하기 위한 지속적으로 진화하는 방법을 설명했다. 자본주의는 국경을 넘은 현상으로 상당히 일찍이 인식되어 세계적인 현실이 되었다. 사회주의도 거울에 비친 이미지와 마찬가지로 세계적인 현실이 되었다. 그러나 사회주의로 정치 질서를 실현하는 장소는 국가 체제의 특징에 의해 좌우되었고, 이러한 특징은 국민국가가 국가의 정상적인 존재 형태라는 믿음에 점점 더 좌우되었다. 따라서 국내 정치와 자본주의 혹은 사회주의의 국제적 혹은 국경을 초월한 현상은 서로 끊임없는 긴장 속에서 지냈다. 사회 조직을 설명하는 이 모든 다양한 방법들에서 문제가 되는 관계를 이해하기 위해서는 개념이 만들어졌을 때 벌어졌던 논쟁을 다시 살펴보는 것이 도움이 된다.

자본주의는 재산과 노동의 교환을 용이하게 하는 체제를 설명하기 위해 시작되었고, 이러한 거래의 대상들을 전통을 파괴하는 방식으로 더욱더 상품화하였다. 더 많은 것들이 거래되면서, 자본주의는 하나의 원리로서 점점 더 확산되어 개인 활동의 모든 측면으로 스며들어 갔다. 시장 원리는 이성 교제, 배우자 선택, 스포츠 경영, 문화 창출 등에도 적용되었다. 모든 것들이 금전적인 등가물처럼 보였다. 화폐는 환산을 위한 메커니즘 혹은 기억을 저장하는 방법으로 작용했다. 그리고 언어와 마찬가지로, 끊임없이 재발명되고 있다. 게다가 하나의 역설이 있다. 자본주의는 분권화된 의사 결정에 의존하지만, 자본이 점점 집중됨에 따라 의사 결정은 마치 소수의 중심점에서 이루어지는 것처럼 보인다. 이것이 과연 계획 경제를 위한 길을 열어줄 것인가?

사회주의는 자본주의를 인간적으로 만드는 방법이 무엇인지 고민하는 조직의 질문에 답을 찾는 과정에서 발전했다. 사회주의는 두 가지 방향에서 발전했다. 하나는 전반적인 계획의 개념으로 발전했고, 다른 하나는 더욱 공정한 사회를 만들기 위한 수익금의 재분배와 관련이 있었다. 국제주의에 대한 주장에도 불구하고, 사회주의적 사고의 이러한 두 가지 방향은 기존 국가의 환경에서 가장 잘 실현되었고, 따라서 실제적인 사회주의와 국제주의 사이에는 항상 긴장이 흘렀다.

대중의 정치 혹은 민주주의에 의해 통제되는 국민국가는 탈지역화된 자본주의의 과제에 대한 대답으로서 등장했다. 이것은 경제를 관리하고 경제 성장과 발전을 증진하려는 노력과 더욱 연관되어, 경기 침체 혹은 혼란의 시기에 국가를 취약하고 위험하게 만드는 일종의 집착이 되었다. 경제 목표를 통해 국가 존재를 합리화하는 이러한 사고방식은 초국가적 조직 형태에도 적용되었다. 이는 유럽에서 가장 두드러지게 나타났다. 유럽공동체European Community와 이후에 등장한 유럽연합European Union이 취약해진 것은 이들이 주로 경제 목표를 중심으로 결성된 것처럼 보였기 때문이다.

19세기 끝 무렵, 어느 한 국가가 다른 국가를 지배하는 문제헤게모니 혹은 제국주의가 국제 관계에서 주류를 이루는 조직적 특성이 되었다. 헤게모니는 주로 힘에 의존했지만 단순한 힘 이상의 것을 요구했기 때문에 복잡한 현상이었다. 헤게모니를 가진 국가는 일정한 투자를 하거나 부담을 지거나 그 대가를 치러야 했다. 그리고 헤게모니를 행사할수록 희생이 아니라 반발을 키우는 결과를 가져왔고, 이에 따라 탈헤게모니화가 시작되었다.

100년 전에 살았던 사람들은 1차 대전과 볼셰비키 혁명을 포함한 또 다른 혁명적 투쟁의 시기를 보내고, 글로벌 연결성을 향한 새로운 과제로서 또 다른 말안장시대를 경험했다. 1914년 이전 세계가 품었던 확실성은 무너진 것처럼 보였지만, 이와 동시에 많은 사람들이 전쟁 이전 세계에 대한 향수를 품고서 더 나은 모습으로 돌아가기를 원했다. 존 메이너드 케인스John Maynard Keynes는 자신의 저작 『평화의 경제적 결과Economic Consequences of the Peace』에서 정치적 근시안이 새로운 세대를 위한 기회를 어떻게 파괴하고 있는지 설명하기 전에, 세계가 상호 연결되었던 1914년 이전 시대의 문명의 경제학을 훌륭하고도 멋지게 환기시켰다. 국민주의, 사회주의, 자본주의, 심지어는 민주주의까지도 모두가 훨씬 더 폭력적이고 훨씬 덜 합리적이 된 것으로 보였다. 당시 발전했던 사상—테크노크라시, 지정학, 다자주의, 글로벌리즘, 신자유주의는 지난 세기의 구식 개념에서 벗어나려고 했다. 이러한 사상들은 1945년 이후 유럽의 파시즘이 퇴출당하고 정상 상태와 질서가 회복되었을 때에도, 뚜렷한 특징을 남겼다. 20세기 말에는 세계화라는 새로운 유행어가 등장했다. 이것은 개인의 선택을 바꾸고 국가의 정책을 더욱 어렵고도 복잡하게 만드는 억압적인 거대한 괴물을 또 다르게 묘사하는 것만 같았다.

많은 국가들이 평화, 굶주림이 없는 세상, 인간의 행복, 환경 파괴와 기후 변화로 인한 피해를 최소화하는 것처럼 공동의 이익을 위해 협력할 수 있는 새로운 메커니즘이 존재할 수 있는가? 다자주의의 개념은 헤게모니에 대한 반작용으로서뿐만 아니라, 세계가 주로 물리적 지형에 기반을 둔 상호작용에 의해 형성된다고 보면서, 대중들의 관심을 끄는 지정학에 대한 도전으로서도 나타났다.

20세기 초반의 세계는 복잡하게 얽혀 있었고, 이것은 금융이라는 연결 고리에 의해 점점 더 심화되었다. 또한 지배의 문제는 부채의 정치와도 관련이 있었다. 19세기에는 자본주의가 엄청난 규모로 국제 부채의 시장화를 초래했고, 부채는 영향력을 행사하는 도구로도 사용되었다. 때로는 부채 규모가 큰 채무국이 부채를 상환하지 않겠다고 위협함으로써 채권국에 상당한 압박을 가할 수 있다는 점에서, 의도하지 않았던 영향력도 발생했다. 따라서 부채와 이에 따른 정치는 현대 정치의 결정적인 형상을 만드는 요소가 되었다.

20세기 초에는 또 다른 용어인 테크노크라트가 등장했다. 테크노크라트는 다방면의 지식을 가진 사람들인 정치인들과 다르게, 특별한 기술 또는 전문 지식을 가지고 있다. 테크노크라트와 테크노크라시라는 용어는, 때로는 테크노크라트가 불편한 선택을 기피하는 정치인들과는 다르게, 장기적인 발전을 명확하게 분별할 수 있는 더 나은 위치에 있고, 결과적으로 현재 어떠한 때로는 고통스러운 결정이나 희생이 요구되는지를 분별할 수 있다는 것을 의미한다. 이러한 통찰은 때로 테크노크라트가 즐겨 쓰는 표현으로 새로운 접근 방식을 요구하는, 전례 없는 과제가 주어진 예외적인 시기에 실현된다.

자본주의와 사회주의가 결합된 쌍둥이처럼 보였던 것처럼, 테크노크라트의 반대편에는 포퓰리스트가 있다. 이들은 대중의 지배가 갖는 일반적인 원칙을 다시 강조하고, 테크노크라트 또는 기능적 엘리트로부터 권력을 되찾기를 원한다.

헤게모니의 극단적인 형태가 글로벌리즘이었다. 여기서는 국가를 연결하는 것에 대한 논의가 어느 한 국가가 군사적, 경제적, 정치적 또는 문화적 압박과 영향력을 바탕으로 지배력을 행사하려는 시도로 재구성되었다. 글로벌리즘은 세계가 19세기 세계화의 일부 특징을 재현하는 세계화의 새로운 시대를 맞이하면서, 20세기 후반에 더 많이 논의되었다. 따라서 지배와 권력 남용이라는 과거의 주제가 다시 등장했다.

양 대전 사이의 기간에 등장한 신자유주의는 국가를 무대로 경제 권력의 집중을 강화하는 것이든, 세계를 무대로 헤게모니를 추구하는 것이든, 거대 권력의 형성을 저지한다는 공약을 유지했다. 그러나 헤게모니의 실행에 대한 분석이 너무나도 성공적이어서 혹은 해로운 결과를 낳아서 신자유주의도 권력과 헤게모니를 적용하는 새롭고도 더욱 강력한 형태로 여겨지게 되었다.

2007년에 시작된 글로벌 금융 위기와 이후로 전개된 코로나 바이러스의 대유행으로 인하여, 한 세기 전에 등장했던 새로운 사상들, 즉 테크노크라시, 글로벌리즘, 세계화 혹은 신자유주의는 모두 문제가 있어 보였다. 사회의 많은 측면들이 모두 위기에 처해 있었고, 이러한 위기를 해결할 수 없다는 보편적인 인식이 있었다. 이 모든 용어들은 아주 당연한 것으로 여겨지는 정치적 발언의 한 부분을 차지하면서, 호소력이 짙은 비난의 대상이 되었다. 세계는 보건, 환경, 경제, 복지와 같은 기본적인 문제가 분명 세계적인 것으로 여겨지던 시기에도 이러한 용어들에 등을 돌렸다. 그리고 지금 우리는 사회, 정치, 경제를 어떻게 구성해야 할 것인가를 설명하기 위해 새로운 방법을 모색하고 있다. 일부 영향력이 있는 인사들이 현재 선택지가 별로 없는 상황에서 "후계자 이데올로기 successor ideology"를 찾고 있다고 선언했다. 이것은 비판적인 자기 성찰을 장려하는 사상들이 반향실의 한 부분을 차지하여 현실과 유리될 때 발생하는 상황에 대응할 수 있다.[6] 2001년, 나는 『세계화의 종말The End of Globalization』이라는 책을 쓰면서, 이와 같은 문제들을 예측하고는 주류를 이루는 분석적인 단어에 대한 대안이 지나칠 정도로 일관성이 없거나, 암시적이거나, 포스트 모더니즘적이라는 결론을 내렸다.[7] 지금 우리는 일관성 없이 사용되는 단어로 인해 형성되는 상충되는 사상들 속에 빠져들고 있다.

자유롭고 개방적인 사회를 잘 이해하는 것은 사상의 시장에 관한 개념에 달려 있다. 이러한 관점에 따르면, 모든 사람은 자유롭게 사상을 개발하고, 표현하고, 검토하고, 수정하고, 부정하고, 반박할 수 있어야 한다. 토론은 승인이 사상의 가격이나 가치를 높이고 더욱 매력적으로 만드는 반면에, 반박이나 부정이 사상의 가치를 낮추는 시험장의 역할을 한다.

이러한 접근 방식이 옳다면, 이것이 탁월한 사상의 승리로 거침없이 이어져야 하고, 세계는 더 나은 지배를 받는 곳이 될 것이다아마도 대체로 더 나은 곳이 될 것이다. 상황이 변해감에 따라, 널리 퍼져 있는 믿음의 체계가 점진적으로 조정을 받을 것이고, 아주 가끔은 급진적인 인식론적 단절이 있을 것이다이때 현실과 더 잘 부합되는 것으로 보이는 새로운 정신 세계가 등장할 것이다. 존 스튜어트 밀John Stuart Mill은 이렇게 주장했다. "인류가 발전함에 따라, 더 이상 반박할 수 없고 의심하지 않아도 되는 교리들의 수는 끊임없이 증가할 것이고, 인류의 행복은 논쟁의 여지가 없는 지점에 도달한 진리들의 수와 그 중대성에 의해 거의 측정될 수 있을 것이다."[8] 우리는 역사 지식이 많지 않더라도, 이러한 설명이 완전히 비현실적이라는 사실을 쉽게 알 수 있다. 적어도 상당한 기간에 걸쳐서 다수의 매우 나쁘고 파괴적인 사상이 승리했다는 사실과 함께. 사상의 경쟁에서 최고의 자리에 오른 것이 반드시 혹은 대체로 승리하는 것은 아니다. 20세기에는 인류에게 전혀 도움이 되지 않는 방대한 사상 실험의 장이 펼쳐졌다.

21세기의 경험도 마찬가지로 고통스럽다. 점점 더 분명해지고 있는 사실은 사상의 시장 개념에 반드시 필요한 토론이 불가능해졌다는 것이다. 트럼프, 브렉시트, EU의 긴축 프로그램 혹은 에르도안, 푸틴, 필리핀의 마약 퇴치 프로그램 등에 관하여 많은 나라에서 진행되는 극도로 양극화된 토론에서는 미묘한 생각 차이를 두고 의견을 주고받을 여지가 없다. 단순히 적대감이 있을 뿐이다. 세계는 20세기 반자유주의 독일 철학자 카를 슈미트Carl Schmitt가 정치와 정치 과정의 특징이라고 생각했던 방식으로 우방과 적으로 나누어진다. 슈미트는 이 책에서 자주 등장하는데, 이것은 그가 어떠한 지침을 제공하기보다는 그의 생각이 세상에 대한 이분법적 특성에 의존하고, 뛰어난 문장으로 사람들을 유혹하

는 사상가로서 최고의 사례를 제공하기 때문이다.[9]

새로운 분열은 기술적으로도 나타날 수 있다. 국내 혹은 전 세계를 무대로 활동하는 미디어를 대신하여, 위기를 설명하고 해결하려는 경쟁적 요구에 따라 현실은 점점 더 선택적으로 걸러지고 있다. 우리가 접하는 정보와 관념에는 거품이 있다. 사람들은 자신의 견해와 편견에 잘 부합하는 출처를 선택해 특정 정보와 견해를 얻는다. 그리고 소비자의 욕구와 요구의 정확한 패턴을 확인하기 위하여, 알고리즘에 의해 작동되는 플랫폼에서 점점 더 많은 것을 얻는다. 사람들은 바로 이러한 방식으로 자신의 성향과 정체성을 뒷받침하는 뉴스와 견해를 얻는다. 해석은 똑똑한 광고를 확장한 것에 불과하다. 이러한 종류의 선택성이, 자기준거적 거품을 일으킨 것이 새로운 현상은 아니지만, 이것은 더 분명해졌고, 더욱 광범위하게 논의되었다.

자유주의 정치는 논쟁과 경쟁을 요구한다. 반자유주의 정치는 이러한 논쟁의 결과로서 상대방을 악마로 만드는 데에 치중한다. 이러한 요구는 자유주의자들을 상대로 거대한 함정을 설치한다. 그들이 상대방을 악마화하는 데 빠져들면, 근본적으로 이원론적 세계관을 주장하고 그들이 싸우고 있는 사람들이 갖는 모든 가정을 강화하는 것은 아닌가? 호전적인 반트럼프주의가 단순히 자유주의 정치인과 문화 엘리트에 대한 도널드 트럼프Donald Trump 대통령의 공격이 호소력 있다고 생각하던 많은 사람들에게 활력을 불어넣었다는 것은 이제는 잘 입증된 사실이다. 브렉시트에서 가장 중요한 논쟁은 유럽연합 규정이 갖는 문제와 관련이 없었다. 오히려 그것은 유럽연합 규정을 두고 이런저런 주장을 하는 전문가들에 대한 의심과 적대감에서 비롯되었다.

일종의 정치 현상인 비상사태 선포는 극심한 위기에 대처하는 데는 바람직한 역할을 하지만, 때로 엄청난 해악, 무질서, 피해를 낳기도 한다. 이것은 규정과 기존의 절차를 유린할 뿐만 아니라 정치 용어들을 파괴한다. 역사적으로 보면, 대공황과 2차 대전에서 민주주의가 보여준 반응의 중심에는 비상사태 선포가 있었다. 이 시대의 관점에서 보면, 비상사태 선포가 글로벌 금융 위기 이후로 "대형 바주카포", "충격과 공포", "어떤 수를 써서라도"라는 표현과 함께 일종의 명령으로 돌아왔고, 2020년 코로나 위기에서는 훨씬 더 극적으로 다가왔다.

비상사태에서 예외적인 대응이 요구된다는 사실을 부정하거나 사회가 평상시의 모습을 유지함으로써 재앙에 대처할 수 있다고 주장하는 것은 어리석다. 그러나 전통적인 제도적 보호 장치를 무시하면, 조직의 합법성과 장기적인 생존 능력을 위협하는 변칙과 비리가 발생할 수 있는 것도 사실이다. 슈미트는 양 대전 사이의 기간에 유럽에서 비상사태에 관한 탁월한 이론가로 변신했다. 그는 비상사태가 새로운 정치를 낳는다고 보았다. 바이마르공화국을 어려움에 빠뜨린 인플레이션과 초인플레이션 위기가 한창이던 1922년에 발간된 그의 저작 『정치 신학Political Theology』은 다음과 같이 주권에 대한 인상적인 재정의로 시작한다. "주권자는 비상사태Ausnahmezustand에서 결정을 하는 사람이다. 오직 이러한 정의만이 국가의 경계 개념Grenzkonzept으로서 주권의 개념을 제대로 다룰 수 있다."[10]

이러한 역사적 관찰은 여러 가지 가능한 결론들에 이르게 한다. 이들 중 한 가지 결론은 자유주의 사회와 사상의 시장에 관한 전체적인 개념이 근본적으로 결함이 있다는 것이고, 이러한 시장이 경제학자들이 연구하는 종류의 시장을 특징짓는 과대평가와 호황, 그다음에는 과소평가와 불황의 터무니없는 연속을 경험한다는 것이다. 시장은 규제가 필요하다. 그러나 사상은 누가 규제를 하고, 무엇을 근거로 한단 말인가? 이러한 개념 자체가 당장 폭정과 불의를 낳는 아주 나쁜 사상 아닌가?

또 다른 결론은 이 책의 전제이기도 하다. 사상은 정확하게 가치를 매길 수 없기 때문에 시장이 제대로 작동하지 않는다. 사상은 항상 변하고, 상당히 불확실하다. 교환을 가능케 하는 가격이 존재하지 않기 때문에 시장도 작동하지 않는다. 가격은 의미가 있지만, 각 용어의 의미는 분명하지 않다. 따라서 가격을 확정할 방법이 없다.

여기에 나오는 용어들은 국가들 사이에서, 그리고 국가들마다 용법을 형성하고 때로는 왜곡하기 위해 사용되는 의미와 이해에 관한 독특한 전통들 사이에서, 자세히 검토되었다. 그러나 이러한 용어들은 모두가 서로 다른 정치 질서 사이의 파급 효과에 관한 사상과 관련이 있다. 이러한 파급 효과 중 일부는 20세기 세계 질서에서 사상의 중심에 있던 국가들이 왜 가장 심각하고도 특이한 반응을 보였는지를 설명할 수 있다. 브렉시트 국민투표와 도널드 트럼프의 대통령 당선은, 1945년 나치 체제가 패망한 이후에 형성되었고 1989년과 1991년 사이 소비에트 체제가 붕괴된 이후로 강화되었던 자유주의 국제 질서에 커다란 도전이 되는 새로운 정치 스타일을 가져왔다. 유엔 체제의 출범과 함께, 미국과 영국이 1945년 이후 국제 질서의 주요 설계자가 되었지만, 이제는 이들 두 나라가 그 반대의 길, 즉 다자주의에서 벗어나서 불규칙적이고 일관성 없는 대내적으로 상당한 논란을 일으키는 길의 개척자로 여겨진다.

20세기에는 미국이 사상의 중심지가 되었다. 이러한 역할은 19세기 사상계를 지배하던 프랑스와 독일로부터 넘겨받은 것이었다. 현대 정치 저널리즘의 창시자로 여겨지고, 우드로 윌슨Woodrow Wilson 대통령이 미국을 세계 정치 무대에 올려놓는 데에 중요한 역할을 했던 월터 리프먼Walter Lippmann은 영감이 풍부한 인물로서 많은 용어를 만들어냈다. 그는 카를 슈미트와는 다르게, 용어를 항상 양극화의 시각에서 바라보지는 않았다. 그는 분석을 위해서는 사용 가능한 일괄된 개념들이 필요하다는 것을 알았고, 이들 중 많은 것들을 자신이 직접 제공했다. 그는 정치 언어의 초기, 양극화와 전시 체제화의 배경을 제공했던 냉전Cold War의 개념뿐만 아니라 이러한 용어들이 스스로 손쉽게 부여할 수 있는 고정관념stereotype의 개념을 소개했다. 비록 기성 종교에 대한 회의론이 그의 삶 전반을 꿰뚫었지만, 그 자신은 젊은 사회주의자에서 과학 신봉자, 윌슨주의의 포용자, 다수결주의와 민주주의에 대한 회의론자, 윌슨주의의 포기자, 현실 정치와 종교를 결합하려는 최종적인 시도자에 이르기까지, 다양한 사상을 빠르게 옮겨갔다. 1929년 대공황 직후, 그는 이렇게 말했다. "세상에서 가장 잘못된 것은 드디어 권력을 잡은 민주주의가 한순간에 만들어진 것이라는 주장이다. 민주주의 위에 권위가 없고, 민주주의에 대한 의견을 지배하는 종교적, 정치적 또는 도덕적 신념이 없다면, 민주주의는 일관성이나 목적이 없다. 이러한 종류의 민주주의는 오래 지속될 수 없다."[11]

또한 리프먼은 용어 신자유주의와도 연관되어 있는데, 이 용어는 2차 대전 직전인 1938년에 파리에서 개최된 콜로키엄 이후로 그의 사상을 기념하기 위해 사용되었다. 또한 그는 종종 글로벌리즘을 분명하게 비판했다. 글로벌리즘은 마치 세계를 하나로 묶는 연결 고리를 이해하기 위한 방법처럼 보였다. 오늘날의 고정관념을 깨려면, 리프먼의 정의와 그 기반으로 되돌아가서 그것을 재고해야 한다.

여기서 살펴본 용어들은 정확한 초점과 정의를 가지고 출발했다. 그러나 일단 이들이 공인받고 관심을 끌게 되면서, 더욱 널리 사용하고, 은유적인 의미를 도입하려는 유혹을 거부할 수가 없게 되었다. 새로운 개념적 영역에서는 원래의 의미와 은유적인 의미를 구분하기가 어려워지고, 용어의 의미가 확장된다. 도덕성과 도덕주의가 용어에 주입되면서, 이것이 대체로 비난을 위한 손쉬운 꼬리표가 된다. 원래 구체적인 정치 또는 사회 현상의 경계를 설정하던 표현을 가져와서 손쉽게 정신 상태를 묘사하는 용어가 되게 할 수 있다. 역설이 등장하여 정치 혼란을 낳는다. 이러한 용어들은 정치 논쟁을 오염시키고 악마의 단어가 된다.

정치 논쟁으로 비롯된 언어의 혼란은 인플레이션을 통한 유추, 즉 신용의 확대, 통화 팽창을 연상시킨다. 따라서 나는 화폐가 정보, 사상과 어떻게 연결되는가, 그리고 결과적으로 경제 과정에 대한 커다란 충격에서 비롯되는 통화 관행의 변화가 어떻게 우리의 사회 세계를 구성하는 새로운 방법을 만들어낼 수 있는가를 살펴볼 것이다. 또 다자주의를 다루는 과정에서 금융 및 통화 다자주의의 주요 결함, 즉 단 하나의 국가 통화인 미국 달러화를 향한 집착을 확인할 것이다. 원활한 전환 혹은 교환으로 이어지는 등가성을 지닌 진정한 통화 다양성이 이루어지는 세상에서는 어떤 일이 일어날까? 이것이 현재 화폐뿐만 아니라 정보에 의해 작동하는 세계화 속 사회적, 정치적 영역에서 더욱 보편적인 유연성을 가질 수 있게 할 것인가?

세계화와 이에 따른 문제는 이미 많은 용어로 서술되어 있고, 독자들은 자신이 좋아하는 세계화라는 단어가 글로벌 어휘 분석에서 하나의 챕터로 등장하지 않는다는 사실을 확인할 수 있다. 일부 개념들은 중요하지만, 그 사용법 자체에는 논쟁의 여지가 없다. 불평등은 다른 용어들에 대한 논의에서 자주 등장하지만, 이 책에는 토마 피케티Thomas Piketty, 토니 앳킨슨Tony Atkinson, 브랑코 밀라노비치Branko Milanovic의 명료하고도 영향력이 있는 최근 주제인 불평등에 관한 챕터는 없다.[12] 무역과 상업 혹은 금융 흐름은 세계화에 대한 표준적인 분석 가운데 하나이고, 이 책에서도 그와 같이 취급된다.

다른 쪽 극단에서 어떤 단어들은 그 의미가 쉽게 변하여, 개념적으로 이해하기가 어렵다. 이 책에서는 정치 용어들 중 매우 빈번하고도 과장되게 사용되는 용어들은 다른 용어들의 영역을 침범하는 경우에만 다루어졌다. 특히, 파시즘이라는 용어는 널리 남용되었다. 트럼프는 파시스트라고 널리 불리는데, 정작 자신은 반대 세력을 좌파 파시스트 집단이라고 불렀다.

상당히 자주 사용되는 또 다른 용어도 이 책의 구상에 중요한 동기가 되었다. 어떤 사람들에게는 막연한 명예의 증표이고, 다른 사람들에게는 독설로 남용되는 용어인 자유주의는 논쟁이 필요하지만, 문맥에 따라 미묘한 차이가 있는 정의에 의해 뒷받침되는 용어이다. 최근에 헬레나 로젠블라트Helena Rosenblatt는 이 용어가 엉뚱한 변덕을 부렸던 화려한 역사를 구성했다. 18세기 후반 대서양 연안 국가들의 혁명이 어떻게 로마인의 이상을 취하여 그것을 기독교화하고, 민주화하고, 사회화하고, 정치화하여 혁명가들의 열망을 묘사하는 데 사용될 수 있었는가?[13] 그 이후 자유주의는 보편적으로 사용되었고, 미국의 역사학자 질 레포레Jill Lepore는 자유주의를 다음과 같이 간단하게 묘사할 수 있었다. "그것은 사람들이 선하고 자유로워야 하고, 이러한 자유를 보장하기 위해 정부를 세워야 한다는 믿음을 말한다."[14]

자주 사용되는 그 밖의 일부 용어들도 다른 용어들과 겹치거나 밀접한 관계를 맺는다. 따라서 나는 세계화를 이야기할 때 중요한 부분이지만, 지금은 헤게모니와 관련하여 제국의 비공식적인 사상이 공식적인 통치의 확장에 관한 연구에 추가되었다는 의미에서 융통성 있게 사용되는 제국주의에 대하여 논의할 것이다.

각 용어를 어떻게 정의하느냐 하는 문제는 실제 현재 딜레마의 핵심이다. 용어들의 의미가 갖는 불확실성이 생산적인 논쟁과 엄격한 논리를 적용하는 데 장애가 되었다. 이처럼 시급한 문제들을 해결하기 위해, 각 용어는 불필요한 요소들을 제거하는 지적 행위의 일환으로 무엇을 생각할 수 있는가의 관점에서 재고되어야 한다. 라이프스타일 전문가 곤도 마리에Marie Kondo는 사람들의 집을 청소하는 데서 매우 성공적인 관행을 만들어서 미니멀리스트 미학을 실현했다. 그녀는 더 이상 기쁨을 주지 않는 물건들은 버려야 한다고 주장한다. 곤도의 원칙은 가족들이 이전 세대가 남긴 물건들을 꼼꼼하게 추려내는 것을 포함한다. 이러한 방법을 지적 청결에 적용하는 것은 창조성을 촉발하는 아이디어를 위해 더 많은 공간을 창출하는 방법이기도 하다. 이는 불필요한 요소들을 제거하는 집 청소가 국내뿐만 아니라 국제적으로도 논쟁이 될 것이라는 사실을 의미한다. 존 스튜어트 밀의 말을 또다시 인용하면, "우리가 (……) 도덕, 종교, 정치, 사회관계, 인생에서의 사업을 살펴보면, 모든 논란의 대상이 되는 의견에 찬성하는 주장에서 4분의 3은 그것과는 다른 의견에 찬성하는 것으로 보이는 요소들을 떨쳐버리는 것으로 구성되어 있다."[15]

시작은 사상이 어떻게 진화했는가, 왜 일반화되고 세계화되었는가를 살펴보아야 하지만, 끝맺음은 원래의 개념화를 주도했던 의미와 유용성을 어떻게 회복할 수 있는지를 고민해야 한다. 여러 국가에 걸쳐서 그리고 시간이 지남에 따라 기술과 삶의 경험에서 나타나는 급격한 변화에 대응하는 공동체에 걸쳐서 발생하는 서로 다른 인식의 차이를 극복하면, 기본으로 되돌아갈 수 있다. 이것은 사회적 응집력과 정치 조직의 뿌리뿐만 아니라, 우리 자신의 경험을 다른 사람들의 경험에 대한 우리의 사상으로 전환하는 데에 사용되는 용어정치 언어와 도구화폐에 대해서도 성찰하는 것을 의미한다. 정말로 중요한 것으로 돌아가려면, 개념 어휘가 매우 혼란스러워지기 전에 무엇이 위기에 처했는지를 알기 위하여 이전 시대로 다시 돌아가야 할 것이다.

자본주의

현대의 많은 것을 정의하는 단어

CAPITALISM

PART 01

자본주의는 현대 생활의 많은 것을 정의한다. 그리고 지난 30년은 자본주의의 최전성기였다. 1989년에 자본주의는 승리한 것으로 널리 여겨졌다. 그러나 소련 공산주의가 무너졌을 때, 자본주의가 정확하게 무엇을 승리했는가? 자본주의를 어떻게 정의해야 하는가는 자본주의 논쟁에서 많은 부분을 차지한다. 자본주의를 애덤 스미스Adam Smith가 말하는 인간의 물품을 교환하고자 하는 성향의 결과물로만 생각한다면, 이것은 인간의 삶에 대한 상당히 보편적인 특징에 해당한다실제로 인간이 아닌 동물도 자본주의적 행위를 보여준다. 예를 들어, 남극 대륙에 서식하는 펭귄은 자본 축적의 수단으로 둥근 조약돌을 수집하여 성행위를 할 때 거래한다. 심지어는 교도소나 강제 수용소와 같은 극단적인 상황을 포함해 거의 모든 인간 사회에서 저장과 교환이 이루어진다. 사람들이 저장할 때, 자본 축적이 일어난다. 자본주의는 사람들이 저장한 물품을 교환할 수 있을 때 발생한다. 자본주의는 본질적으로 중앙에서 통제할 수 있는 대상이 아니고 분권화되어 있다.

따라서 자본은 상당히 광범위하게 확대될 수 있는 탄력적인 개념이다. 이러한 확대의 과정은 어떤 분석가들에게는 활발한 지적 운동을 제공한다. 프랑스의 사회학자 피에르 부르디외Pierre Bourdieu는 자본을 네 가지 형태로 분류했다. 다시 말해 우리에게 익숙한 경제적 개념의 자본에 상징적 자본, 사회적 자본, 문화적 자본을 추가했다. 그는 경제적 논의를 다음과 같이 인위적으로 제한하기도 했다. "경제 이론은 자본주의 역사의 발명품과도 같은 경제 행위의 개념을 설정하는 작업을 떠맡았다. 교환의 영역을 주관적, 객관적, 경제적으로 이기적인 이윤 극대화를 향한 물품 교환으로만 축소함으로써, 암묵적으로는 다른 형태의 교환을 비경제적인 것, 즉 관심이 없는 것으로 정의했다. 특히, 자본의 가장 물질적인 형태가 (……) 문화적 자본 혹은 사회적 자본과 같은 비물리적인 형태가 될 수 있는, 혹은 그 반대가 될 수 있는 변역transubstantiation, 본질이 바뀌는 것을 의미한다_옮긴이을 보장하는 교환의 형태를 관심이 없는 것으로 정의한다."[1] 상징적 자본은 특정 사회의 관습이나 전통에 달려 있고, 특정한 시장 메커니즘을 통해 쉽게 거래가 이루어지지 않는다.

특히 자본주의가 승리를 거두면서 상징적 자본과 문화적 자본은 자본주의를 생각하는 데 더욱 중요하게 여겨진다. 이러한 형태의 자본은 혁신적, 창의적, 파괴적 과정이 왜 결국 기존의 불평등을 영속시키는지 설명하는 데 도움이 된다. 또한 이러한 자본은 자본주의가 어떻게 발전하는가를 조명해 준다. 자본주의가 더 이상 카를 마르크스Karl Marx가 자본의 원시적 축적primitive capital accumulation이라고 했던 초기의 대규모 자본 축적을 요구하지 않기 때문이다. 예를 들어, 역사학자 조이스 애플비Joyce Appleby는 자본주의의 역사에서 문화적 자본의 축적, 특히 생산 방식의 혁신을 위한 전문 지식과 의지가 어떻게 물리적 자본의 축적보다 더 결정적으로 작용하게 되었는지를 설명한다. 중세의 성당은 물리적 자본의 측면에서 엄청난 투자였지만, 자본주의 혁명을 일으키지는 않았다.[2] 경제사학자 조엘 모키르Joel Mokyr도 경제의 역사에서 중요한 것은 변혁의 힘, 사회적 위신, 유용한 지식의 고결성에 대한 믿음이 오랜 시간에 걸쳐 커지는 것이라고 보았다.[3]

자본주의의 역사에는 두 가지 역설이 있다. 이러한 역설들은 1989년 이후에 명료하게 등장했다. 첫 번째 역설은 자본주의가 수백만 개에 달하는 개별적인 결정을 한데 모으기 위해 분권화된 의사 결정에 의존하지만, 자본은 이러한 의사 결정과 함께 한곳으로 집중된다는 것이다. 두 번째 역설은 자본주의의 효과적인 작동은 정부가 제공하는 외부의 주문에 의존하지만, 자본의 집중은 대규모 자본가가 정부를 포획하게 될 것을 의미한다이러한 현상은 정실 자본주의crony capitalism라고도 불린다.

교환 행위의 제도화

자본주의는 빈번한 교환에 의존한다. 그리고 이러한 교환을 위한 메커니즘은, 비용이 소요되기는 하지만 더욱 복잡해지거나 제도적으로 정교해질 수 있다. 본위화폐에 대한 의혹과 불확실성이 교환의 과정을 방해하고, 이러한 교환이 자발적인 거래가 아니라 약탈에 가까운 비합법적인 것으로 보이게 할 수 있다.

자본주의의 정의는 실증적인 부분뿐만 아니라 때로는 이러한 구분이 애매하기도 하지만 규범적인 부분도 포함한다. 비판을 위해 만든 개념이 갑자기 중립적이거나 심지어는 찬양의 의미가 되기도 하고, 다시 비판의 의미로 되돌아오기도 한다. 자본주의는 19세기 중반에 혁명가와 사회 비판 세력이 추상적인 힘에 대한 인류의 비인간적인 복종을 표현하기 위하여 사용하는 용어로 등장했다. 그러나 19세기가 지날 무렵, 막스 베버Max Weber의 분석에서는 자본주의가 단순히 새롭고도 합리적인 행위의 형태, 교환의 제도화, 상징적 자본을 포함한 전통적인 가치의 교환에 대한 무관심을 의미하게 되었다.

규범적인 설명은 이것이 부정적인 입장을 취한다면 청구권 거래가 인간관계를 일차원적이고 인권에 반하는 관점의 지배를 받게 하여 관계를 말살시키는 소외의 과정이라는 점에서, 이 모델이 인간 본성이 갖는 기본적인 특징과 어떻게 상충되는지를 강조한다. 이러한 비판은 마르크스의 자본주의 분석에서 나온 것이지만, 여기에만 국한되지는 않는다. 예를 들어, 가톨릭교회가 전하는 1991년 회칙 「백주년Centesimus Annus」에는 다음과 같은 가르침이 나온다. "서구 세계의 역사적 경험은 마르크스의 분석과 소외의 근거가 잘못되었다고 하더라도, 삶의 진정한 의미의 상실을 뜻하는 소외가 여전히 서구 세계의 현실이라는 것을 보여준다. 소외는 사람들이 진실되고 구체적인 방식으로 각자의 개성에 따라 경험하도록 도움을 받기보다는, 거짓되고 피상적인 만족에 갇혀 있을 때 컨슈머리즘consumerism, 건전한 경제의 기초로서 소비의 확대를 주장한다_옮긴이 에서 나타난다. 또한 기업이 노동자가 노동을 통해 개인으로서 발전하는가 혹은 퇴보하는가에는 관심이 없고 오직 최대의 이윤을 보장하기 위해서만 조직되는 경우, 소외는 일터에서도 일어난다."[4] 신아리스토텔레스주의neo-Aristotelean를 신봉하는 철학자 알래스데어 매킨타이어Alasdair MacIntyre는 선진 자본주의의 윤리적 빈곤에 대하여 이야기한다.[5]

이와는 대조적으로, 규범적인 설명이 자본주의에 대해 긍정적인 관점 혹은 찬양하는 관점을 갖기도 한다. 이것은 물품을 교환하고자 하는 인간의 성향에서 출발한다. 애덤 스미스를 신봉하는 사람들은 시장이 항상 존재하며, 시장의 자연적 신호를 억압하면, 사람들이 서로 합의하여 거래하지 않고 폭력과 강제력을 행사하기 때문에, 그 결과는 효율성의 상실뿐만 아니라 인간성의 상실로 이어진다고 주장한다.

어떠한 사회라도 어느 정도는 자본주의의 성격을 띤다. 추상적인 단어의 유용성은 우리가 그것을 사용하여 현상의 정도 혹은 규모를 판단할 수 있는가에 달려 있다. '스피드: 속도가 얼마나 되는가?', '선: 어떤 것이 더 선한가, 혹은 덜 선한가?' 자본주의나 세계화와 같은 단어의 개념도 이런 식으로 사용될 수 있다. 경제가 얼마나 세계화되었는가? 사회가 얼마나 자본주의화되었는가? 자본주의가 다른 사회적, 조직적 형태와 혼합될 수 있는가? 이처럼 다른 조직적 형태가 창출하는 가치가 자본주의의 과정에서 진행되는 거래에 얼마나 영향을 미치는가?

다수의 노동자들이 고정된 요율에 따른 노동 계약에 묶이게 되는 근대적 형태의 산업자본주의Industrial capitalism가 노동에 대한 시장 교환의 유일한 형태는 아니다. 이것은 고정된, 그리고 비자발적인 노동 의무를 부과하는 농노제 혹은 노예제와 대비되지만, 이러한 형태의 계약상의 의무가 있는 제도에서도 가격이라는 것이 존재한다농노와 노예는 매매의 대상이 된다. 노동의 대가라는 의미에서의 임금은 없었지만, 농노나 노예 소유권의 운영이 이익과 손실의 계산에 반영된다. 지난 50년 동안 발표된 역사 저작 중 상당 부분은 노예제의 배후에 있는 근거로서 시장 혹은 자본가의 존재를 입증하는 데 힘써왔다. 엘리자베스 제너비즈와 유진 제너비즈Elizabeth and Eugene Genovese가 밝혔듯이, "자본주의의 확대는 세계적으로 노예 노동을 획득하고 흡수하고 강화하는 것이었다."[6] "좁은 의미에서 보자면, 어쩌면 노예 플랜테이션plantation, 백인들이 열대나 아열대 지방에서 원주민의 값싼 노동력을 이용하여 대규모의 농장을 건설하고 열대농작물을 단일 경작에 의하여 재배하는 농업_옮긴이이 가장 자본주의적으로 운영되었을 것이다."[7] 과거의 관행은 이후의 시장 프로세스를 위한 유산을 남겼다. 공장 혹은 현대의 서비스 경제에서는 노동자들이 종종 나이, 성별, 인종에 따라 별개의 집단으로 분리된 다음 분리된 시장 시스템 안에서 작동한다. 따라서 서로 다른 제도가 관례적으로 생각하는 것보다는 훨씬 덜 분명하게 차별화된다.

초기의 상업 자본가mercantile capitalist들은 비자발적인 노동에 의존하는 생산 시스템을 개발했다. 1차 십자군 전쟁 이후로 이탈리아인들은 레반트 지역에서 이슬람 노예 노동을 이용하여 식민지 방식의 수출 주도형 설탕 생산에 관여했다. 베니스인들의 지배를 받는 크레타섬과 키프로스섬이 이러한 무역의 중심지였다. 이후로 제노바인들이 서부 아프리카로부터 수입한 노예를 이용하여 마데이라 제도를 개발했다. 포르투갈인들이 브라질에서 운영한 플랜테이션은 다른 지역에서 개척된 시스템을 단순히 확장한 것이었다.[8] 이것은 나중에 미국 남부의 모델이 되었다.

이와는 반대로, 자발적인 노동은 종종 법적으로 보이는 것보다 훨씬 덜 자발적이었다. 최초의 근대적인 산업 국가이자 19세기 후반까지 농업 부문의 고용이 적었던 영국에서는 노동 계약이 있었다. 그러나 1875년까지는 고용주가 아니라 노동자가 계약을 이행하지 않는 것이 범죄 행위로 취급되었다.[9] 특히, 농촌 지역을 포함하여 많은 사회에서는 임금을 받지 않는 가족 구성원들이 농사뿐만 아니라 선대제도先貸制度, 상업 자본가가 가내 수공업자들에게 미리 원료와 설비를 대어 주어 물건을 만들게 하고, 그들이 생산한 물건을 도맡아서 파는 제도_옮긴이 하의 가내 수공업에서 노동의 대부분을 담당했다.

20세기의 대부분은 세계가 시장 지향적인 사회와 중앙 계획에 따라 움직이는 사회, 그 중간에 해당하는 사회로 구성된 경쟁적인 경제 제도하에서 움직였다. 2차 대전 이후 수십 년 동안, 제임스 버넘James Burnham, 존 케네스 갤브레이스John Kenneth Galbraith에 이르기까지 다수의 영향력 있는 분석가들이 고도의 중앙 계획을 특징으로 하는 혼합된 체제로의 수렴이 이루어질 것이라고 주장했다. 그들은 기업을 시장 프로세스와 관련된 고비용과 비효율성을 방지하기 위한 수단으로 인식했다. 한편으로는 체코슬로바키아의 오타 식Ota Šik과 구소련의 예프사이 리버만Yevsai Lieberman과 같은 사회주의 개혁가들은 중앙 계획을 더욱 효율적으로 수립하기 위해 가격을 도입하기를 바랐다. 당시는 계획 경제와 시장 경제 모두가 성장을 달성하려고 했고, 연구는 주로 성장 패턴에 대한 분석에 집중됐다. 1970년대에는 자원의 제약과 환경 문제, 그리고 서로 다른 두 체제에서 이러한 문제를 어떻게 극복할 것인가를 강조했다. 한편에서는 더욱 중앙 집중적이고 세계화된 계획이 자원의 희소성을 효과적으로 다룰 수 있다고 주장했고, 다른 한편에서는 적절한 판단에 입각하여 인센티브 제도를 도입하면 시장이 생태학적 문제에 대한 합리적인 반응을 이끌어내기 위한 유일한 방안을 제공한다고 주장했다. 1980년대에는 국제적인 쟁점에서 새로운 주제가 등장했다. 그것은 경제 추격economic catch-up에 나선 개발도상국의 외채와 개발의 동학dynamics이었다. 개발 문제에 가장 잘 접근하고, 외채 상환 비용이 더 나은 미래를 위한 기회를 빼앗는 잃어버린 수십 년lost decades을 방지하기 위한 방법에 대한 평가의 이면에는 날카롭게 대립되는 이데올로기가 작용했다.

1989년부터 1991년 사이에 공산주의 국가들이 붕괴한 이후로, 양 체제 간의 충돌은 사라졌다. 그러나 체제에 관한 논쟁에서 형성된 지적 신조가 시장과 경제 제도의 특성을 고민하는 데 계속 영향을 미쳤다. 예를 들어, 자본주의의 다양한 방식에 관한 생각들이 아시아, 라인 지방, 앵글로색슨 자본주의의 서로 다른 제도적 특성을 강조하는 접근 방식에 자리를 잡고 있었다그리고 때로는 그 성과에서 차이가 있음을 주장했다.[10] 가장 경쟁적인 쟁점 중 일부는 법적 조직, 기업 구조, 규제와 감시, 경쟁 정책에 관한 다양한 모델들이 어느 한 지역에서 다른 지역으로 어느 정도로 이전될 수 있는가와 관련되었다. 이것이 세계화의 대상이 될 수 있는가? 그렇다면, 이에 따른 비용과 편익은 얼마나 되는가? 특정한 기업가적, 관리적 방식의 여러 측면들이 국경을 넘어서 끊임없이 이전되고 모방되고 있다. 1990년대에는 유럽인들이 주주 가치에 대한 미국인들의 접근 방식을 앞다투어 채택했다. 지금은 미국인들이 유럽식 직업 교육의 전통을 따르려고 한다. 그리고 신뢰에 기반을 둔 아시아 모델이 소비자의 수요와 충성도에 대한 적응을 더욱 효과적으로 처리하는 것으로 여겨진다. 특정한 문화적 패턴이 다른 지역에서 수용될 수 있는가? 아니면 먼저 그것을 만든 고유의 환경에 항상 얽매이게 되는가? 세계화에 대하여 알려진 한 가지 효과는 상징적 자본과 전통적 자본이 거래가 될 수 없다는 사실을 지적함에 따라 그 가치가 줄어든다는 것이다.

단어의 기원과 의미

자본주의와 관련 있는 문헌을 보면, 대비되는 두 가지 경향이 나타난다. 첫 번째 경향은 자본주의는 명확하게 근대의 현상이고, 고대나 유럽의 중세 혹은 식민지 이전 아프리카의 경제 현상은 자본주의가 될 수 없다고 주장한다. 칼 폴라니Karl Polanyi는 근대 경제의 탄생에 관한 지침서로 지금도 널리 인정받는 자신의 저작 『거대한 전환The Great Transformation』에서 근대 이전의 세계를 다음과 같이 서술한다. "18세기 사회는 시장의 단순한 부속물이 되게 하는 어떠한 시도에도 무의식적으로 거부했다. 노동 시장을 포함하지 않은 시장 경제는 상상할 수가 없었다. 그러나 영국의 농경 문명에서 이러한 시장을 개설하는 것은 사회의 전통적인 구조를 대대적으로 파괴하는 것과 마찬가지였다."[11] 이것은 말도 안 되는 소리다. 인생의 쾌락에 빠져든 "즐거운 잉글랜드merrie England"의 기괴한 기준에 입각한 감상적인 생각에 불과하다. 18세기 훨씬 이전에도 노동 시장은 존재했다. 그리고 시장 논리에 따라 임금과 노동 조건이 결정되었다.[12]

두 번째 경향은 훨씬 더 설득력 있다. 인간의 정신에는 자본주의 본능이 깊이 뿌리내리고 있고, 따라서 실제로는 널리 퍼져 있다는 것이다. 기독교 사회주의자이자 경제사학자 토니R.H. Tawney는 다음과 같이 정확하게 지적했다. "자본주의 정신은 역사만큼 오래된 것이며, 흔히 알려진 것처럼 자본주의가 청교도주의의 산물이라는 주장은 옳지 않다." 그는 막스 베버의 프로테스탄트 윤리와 초기의 근대 자본주의에 관한 유명한 논문으로 촉발된 논의에 대하여 생각하고 있었다. 토니가 종교적인 관점에서 재구성한 것에 따르면, 17세기의 청교도주의는 단순히 시장 혹은 자본주의 과정에 내재된 논리의 새로운 형성을 위한 강장제를 제공한 것에 불과하다.[13]

이러한 논의를 이해하는 열쇠는 자본주의라는 단어가 발생하게 된 배경을 생각하는 것이다. 19세기 이전에 자본주의가 존재하지 않았다는 주장은 납득하기 어렵지만, 자본주의라는 단어 자체가 그 당시에 나왔고, 이와 함께 경제 현실을 해석하는 방법에 관한 이전과는 상당히 다른 개념적 틀도 나왔다. 그때 시장이 만들어진 것이 아니라이것은 당치도 않다, 시장을 생각하는 방법이 만들어진 것이었다.

그러나 초기 고전파 경제학자들인 애덤 스미스와 데이비드 리카도

David Ricardo는 자본주의라는 단어를 사용하지 않았다. 19세기가 되어 서유럽에서 이전의 사회보다는 더욱 자본주의적인 것으로 보이는 새로운 종류의 사회에 관한 논의가 시작되었다. 『옥스퍼드 영어사전Oxford English Dictionary』에 따르면, 1833년, 영국 신문 「더 스탠더드The Standard」에서 자본주의라는 단어가 처음 등장했다고 한다. "영국 산업을 마비시키는 것이라면 무엇이든, 프랑스에 이에 상응하는 피해를 초래할 수밖에 없다. 이러한 질병을 처음 일으킨 자본주의의 횡포는 융자 등의 가능성을 계속 유지하여 조만간 그 증상을 악화시킬 것이다." 1848년에 유럽 전역으로 확산된 혁명 직후, 새로운 사회를 설명하기 위한 수단으로 자본주의가 등장했다. 혁명이 일어나던 해에 스코틀랜드 신문 「칼레도니언 머큐리Caledonian Mercury」는 자본주의를 구체적인 금융 현상과 명백하게 연결시키면서, 다음과 같이 비판했다. "자본주의와 돈을 향한 사랑이 광범위하게 퍼지면서, 이 나라를 금권 정치의 공포로 몰아넣었다."

프랑스가 자본주의를 최초로 언급한 것은 1839년의 일이었다. 이것은 마퀴 드 빌뇌브Marquis de Villeneuve가 동시대의 프랑스 상황을 비판한 데서 나왔다. 이 반동적인 인물은 당대의 악이 언론과 자본주의라고 보면서 이렇게 말했다. "어떤 이는 굳건하게 유지해야 할 재산을 낭비하고, 또 다른 이는 전파해야 할 가르침을 증발시킨다. 이 두 가지는 잘 사용하면 소중한 것이지만, 남용하면 위협적이다."[14] 1850년에 프랑스의 사회주의 지도자 루이 블랑Louis Blanc은 자본주의를 어떤 사람이 다른 누군가를 배척하기 위한 자본의 전용으로 규정했다. 1869년에 독일의 경제학자 요한 카를 로트베르투스Johann Karl Rodbertus는 이렇게 적었다. "자본주의가 사회 시스템이 되었다." 1870년, 또 다른 독일의 경제학자 알베르트 셰플레Albert Schäffle는 『자본주의와 사회주의Kapitalismus und Sozialismus』라는 저작을 발간하면서, 자본주의를 기업가적 자본가의 리더십 아래 최고의 이윤을 얻기 위해 경쟁하는 생산의 국내적, 국제적 기구라고 정의했다.[15] 셰플레의 저작에서는 사회주의와 자본주의가 개념상의 쌍둥이에 해당한다.

개인을 설명하는 명사로서의 자본가는 이보다 더 오래전에 사용되었다. 토리당의 낭만적인 정치인 벤저민 디즈레일리Benjamin Disraeli는 1845년에 발표한 소설 『시빌Sybil』에서 하나의 국가를 강력하게 주장하면서, 사회 분열, 계급 분리를 두고 혹독하게 비난했다. 디즈레일리는 다음과 같이 묘사했다. "자본가들은 번창하면서 막대한 부를 축적하지만, 우리는 점점 더 아래로 가라앉는다. 짐 나르는 짐승보다 더 아래로 말이다." 고전파 경제학자 나소 시니어Nassau Senior는 생산 수익에서 자본가의 지분이라는 개념이 어떻게 경제학자들에 의해 익숙하게 사용되었는지를 설명했다.[16]

19세기 중반에는 자본, 자본가, 자본주의라는 단어가 상당히 구체적으로 사용되었고, 대체로 제조업 혹은 산업 활동이 아니라 자금 축적과 관련이 있었다. 이렇게 초기의 비난은 고리 대금업에 대한 이야기에서 시작되었다. 1845년 영국인의 성격 유형을 다양하게 묘사한 글에는 자본가에 관한 것도 있다. "평범하고 경험이 없는 사람들에게는 그의 술책이 놀랍기도 하고, 스핑크스의 수수께끼처럼 여겨지기도 한다. 자본가는 정부의 적인가? 부와 연줄을 바탕으로 귀족이 되는가? 그럼에도 곡물법에 반대하는가? 선거법 개정 법안을 지지하는가? 심지어는 선거권 확대를 주장하는가? 부유하고 사치스러운가? 취향이 세련되고, 관계를 맺기가 까다로운가? 그럼에도 군중들을 옹호하는가? 떠들썩한 청원을 장려하는가? 자본가는 이 나라의 점잖은 사람들을 당혹스럽게 한다. 자본가는 다수의 사람들을 현혹한다. 자본가는 수수께끼와도 같은 사람이다. 심지어는 신문사의 현인들도 당황한다. 그들은 자본가를 어떤 사람으로 단정해야 하는지를 모른다. 자본가는 오늘은 평등과 빵 가격의 인하를 주장한다. 그리고 내일은 가격 인상과 전제 정치를 주장한다. (……) 그러나 자본가는 한 가지 원칙만큼은 일관성을 유지한다. 그것은 자신의 원금이다."[17] 금융의 본질은 쉽게 양도할 수 있고, 도처에 존재한다는 것이다. 영국의 브루엄 경Lord Brougham은 선거법 개정 법안을 작성하여 선거권 확대에 앞장선 주요 인물인데, 상원에서 이렇게 주장했다. "자본가는 이와 같은 원칙이 이미 확립된 다른 국가의 비슷한 모델을 거울삼아 그것을 확립할 수 있는 국가에 자신의 자본을 제공하지 않는다."[18] 한편, 오스트리아의 어느 화학자는 과학 백과사전에서 기본 단어들을 설명하면서, 다음과 같이 서술했다. "자본가는 확정된 이자를 받기만 한다. 자신의 자본과 이자가 안전하기만 하다면, 그 자본이 어떻게 사용되든, 그에게 달라지는 것은 없다. 생산품의 증가는 이윤이 아니라 손실만을 초래할 뿐이다."[19]

따라서 금융과 금융 자본주의는 이번 이야기에서 특별한 역할을 한다. 여기서 특이한 것은 금융 기관이 시장 과정을 위장하거나 애매하게 하는 데에 어느 정도 기여한다는 것이다. 금융화의 정도는 측정할 수 있지만, 때로는 금융 기관의 규모가 커지는 것이 기본적인 시장 신호를 위장하거나 심지어는 억압하는 것을 의미하기도 한다. 결과적으로 금융 자본주의의 중심에 있는 은행은 많은 관찰자들을 당혹스럽게 한다. 은행은 개념상 블랙박스와도 같다. 외부자즉 예금자는 실제 자신의 돈이 어떻게 사용되는지 알지 못한다. 따라서 일부 예금자들이 자신의 예금이 안전하지 않다고 생각하게 되고, 다른 예금자들도 자신의 예금이 지급되지 않을 수도 있다는 것을 깨닫고서 예금 인출을 위해 맨 앞에 서는 것이 유리하다고 생각하게 되면, 은행은 패닉과 함께 대규모 예금 인출 사태에 처하게 된다.[20] 현대의 은행은 복잡성이 증가한 만큼 투명성은 감소했다. 최근 금융 위기에서 관찰자들은 놀라운 사실을 발견하고는 놀라움을 금치 못했다. 바로 가격 신호가 더 이상 시장 청산을 위해 작동하지 않으며, 복잡한 파생 상품의 가치를 결정하는 것 역시 불가능하다는 사실이었다.

불투명성은 현대 자본주의의 다른 주요 특징으로서 자신의 인격을 가진 법인에도 문제를 일으켰다법인이라는 단어는 조합에 대한 중세적, 비자본주의적인 견해에서 벗어나서, 여기에 현대의 경제적 생명력을 불어넣는다.[21] 법인은 자발적인 거래를 위계적 권한으로 대체할 뿐만 아니라 소유권을 집단화한다. 혁신은 거래 비용을 줄이기 위한 수단으로 정당화된다. 어느 제조업자가 다수의 개별 도급업체로부터 부품을 구매해야 한다면, 비용을 적게 들여 품질을 효과적으로 관리할 수가 없다.[22] 노동자를 고용하여 그들이 공장 규율을 따르게 하면, 이러한 불확실성의 원천을 제거할 수 있다.

이러한 관점에서 보자면, 금융 자본주의는 역설마르크스는 자본주의를 이야기할 때, 모순contradiction이라는 단어를 즐겨 사용한다의 성격을 띤다. 금융은 자본주의의 혁신이라 할 파생 상품미래에 발생하는 청구권의 거래를 촉진했다. 그러나 이와 동시에, 금융은 자본주의의 작동에 아주 중요한 가격 신호 효과의 일부 측면을 억압함으로써, 대단히 효과적으로 작동한다.

자본주의의 유형

금융 자본주의는 자본주의 이야기의 몇 가지 국면에서 점점 더 중요한 역할을 한다. 스미스와 마르크스 이후로 자본주의에 관한 거의 모든 분석에는 단계의 개념이 들어가 있다. 페르낭 브로델Fernand Braudel은 지리적 헤게모니의 중심지제노바, 암스테르담, 런던, 뉴욕를 둘러싸고 전개되는 네 개의 주기를 확인했다. 여기서 각각의 주기는 실물 자산에서 금융 자산으로 전환하는 점진적인 과정을 갖는다.[23] 먼저 전개되는 두 개의 주기가 아니라 나중에 전개되는 두 개의 주기가 역사학자 폴 케네디Paul Kennedy의 책 『강대국의 흥망The Rise and Fall of the Great Powers』에 나오는 이야기, 즉 스페인이 영국, 그다음으로는 미국의 헤게모니를 예상하는 것과 일치한다는 사실이 인상적이다.[24] 이탈리아의 도시국가와 네덜란드공화국은 세계를 대상으로 안보 질서를 부과하기보다는 강력한 규정에 입각한 복합적, 보편적 금융 시스템을 운영할 필요가 있었다.

정부도 마찬가지로 두드러지고도 필요한 역할을 한다. 시장 거래의 본질은 안전 자산의 관점에서 측정하는 등가성 혹은 가격을 측정할 역량에 달려 있다. 아리스토텔레스가 살던 시대로 거슬러 올라가는 오랜 세월에 걸친 해석상의 대립은 이러한 안전 자산이 상인들의 거래에서 나오는 사회적 혹은 시장의 논리에 따라 발생하는가, 아니면 정부의 재정적 필요에서 통화가 발행되므로 정부에 의해 부과되는가에 있었다. 분명 단일한 사법 당국의 통제 범위 밖에서 존재하는 자립적인 거래 시스템이 있다. 그러나 정부는 어떠한 화폐를 사용하고 거래하는가에 대한 조건을 정하는 데 거의 항상 중요한 역할을 했다. 자본가들은 정부가 발행하는 자산으로 더욱 안전하고 손쉽게 거래를 해왔다.

여기에 단계 혹은 역사적 기간에 따라 조금은 다르게 나타나는 자본주의의 유형을, 느슨하게 구분한 것이 나와 있다.

중상주의/상업 자본주의: 1300~1690

안전한 (정부가 발행하는) 자산이 있는 중상주의 자본주의: 1690~1800

산업 자본주의: 1800~1890

금융 자본주의: 1890~1914

(조직화된) 경영자 자본주의: 여기에는 다양한 유형이 있다(자유 시장 경제와 조정된 시장 경제, 때로는 이것을 시장이 지배하는 앵글로색슨 경제와 이보다는 당사자 간 협의를 더 많이 하는 라인 지방 자본주의 모델의 대비로 생각할 수 있다). 1914~1990

(하이퍼 혹은 세계화된) 금융 자본주의: 1990~2008

그다음에는 무엇이 등장하는가? 2008년 이후는 가히 혁명적이었다. 단순히 금융화, 은행의 역할, 금융 기관을 규제하고 감시할 수 있는 당국의 역량에 널리 의문을 갖게 한 글로벌 금융 위기Global Financial Crisis의 여파만은 아니었다. 이와 함께, 급진적이고도 새로운 기술이 등장했다. 금융 긴장의 첫 번째 신호가 발생한 2007년은 아이폰이 처음 출시되고, 아프리카 동부 지역에서 엠페사MPesa라는 결제 시스템이 도입된 해이기도 했다. 그 결과 금융은 민주화를 맞이하면서, 동시에 의문의 대상이 되고 심지어는 악령으로 묘사되었다. 밀레니얼 세대는 헤지펀드와 금융 기관에 맞섰다. 그들은 월스트리트 점령 운동Occupy Wall Street과 같은 저항 운동을 통해 자본가 권력층을 공격하기보다는 로빈후드Robinhood

와 같이 저렴하고 널리 통용되는 플랫폼을 사용하기로 했다.

이제는 다양한 개인 결제 방식이 존재한다. 그러나 이들 중에서 모두는 아니더라도 많은 것들이 전통 화폐와 연계되어 있다. 예를 들어, 지금 스타벅스 고객 카드에 16억 달러가 충전되어 있고, 페이팔PayPal 계정에는 200억 달러가 입금되어 있는 것으로 추정된다. 이와 비교하면, 대부분 미국을 벗어난 지역에서 누군가가 쥐고 있는 물리적 미국 달러화는 물론 이보다 훨씬 더 많아서 1.7조 달러에 달한다. 전통 화폐를 사용하지 않고 옛날 방식의 은행 거래를 하지 않는 추세가 점점 더 빠른 속도로 진행되고 티핑 포인트tipping point에 이르게 된 한 가지 원인은 은행 수수료는 계속 상승하지만, 전자상거래 비용은 급격하게 하락하는 데에 있다. 이것은 투자자들의 세계에서 관리 운용 펀드managed fund, 보험 회사 등이 투자자를 대신해서 운용하는 투자 신탁_옮긴이를 저비용의 상장지수 펀드exchange-traded fund, KOSPI200지수와 KOSPI50지수와 같은 특정 주가지수의 수익률을 따라가는 지수연동형 펀드를 구성한 뒤 이를 거래소에 상장하여 주식처럼 실시간으로 매매할 수 있도록 발행·유통·환매 구조를 변형한 상품_옮긴이로 광범위하게 교체하는 것과 닮은 데가 있다.

새로운 종류의 화폐가 개발되고 새로운 투자 관행이 확립된 것은 규제 문제를 분명하게 드러낸다. 개인 결제 플랫폼의 사용은 금융 안정성 문제를 제기한다. 이러한 플랫폼이 대규모 예금 인출 사태를 맞이할 수도 있지 않는가? 또한 알리페이AliPay 혹은 페이팔이 자기만의 통화 정책을 계획하고 있지 않는가? 기존의 금융 기관들은 이처럼 근본적으로 다른 기술에 의해 가해지는 위협을 인식하고는 이와 같은 금융과 통화의 안정성 문제를 선동하고 강조할 것이다. 최근에 발생한 두 가지 사건이 이 문제의 시급성을 보여준다. 하나는 페이스북이 주요 통화로 구성된 바스켓에 고정된 디지털 통화 리브라Libra, 지금은 디엠Diem으로 개명를 제안한 것이고, 다른 하나는 중국이 미국 달러화에 대한 명백한 도전으로 널리 통용되는 디지털 통화를 개발한 것이다. 이처럼 새로운 형태의 자본주의를 가장 잘 표현하자면, 정보 자본주의가 될 것이다.

제도의 발전

지금까지 두 가지 발전이 중요하게 작용했다. 하나는 신용기관으로서의 은행이고, 다른 하나는 은행의 활동을 조직하기 위한 기구로서 유한책임 주식회사이다. 신용 창출은 현대 화폐 경제의 원동력이고, 주식회사는 19세기 중반까지의 금융업을 규정짓던 가문 중심의 은행 겸 제한적인 조합 형태에서는 불가능했던 규모를 가능하게 했다.

우선, 예금과 대출 업무를 주로 하는 은행의 등장을 살펴보자. 종교가 고리대금업을 금지해 온 탓에, 고정 금리로 돈을 빌려주는 것도 오랫동안 문제가 되었다. 국제 은행업은 상품의 흐름과 엄격하게 관련된 환어음 거래 혹은 무역 어음 거래의 결과물로 등장했다. 14세기에는 이탈리아의 도시국가들이 처음에는 지중해를 건너서, 이후로는 유럽 대륙으로 상업 네트워크를 확대하면서, 상업 자본주의 시대의 기반이 조성되었다. 90일짜리 어음이 표준이 된 것은 중세 시대의 양모와 직물 무역에서 그 기원을 찾을 수 있다. 당시 영국의 양모가 플로렌스에 도착하는 데는 약 3개월이 소요되었고, 플로렌스의 직물이 영국 혹은 플랑드르에 도착하는 데도 같은 기간이 소요되었다. 초기 플로렌스의 은행들은 주로 어음 할인 업무를 취급하였고, 개인에게 돈을 빌려주는 것처럼 도덕적으로 문제가 있는 사업은 회피하려고 했다. 그들이 했던 대부업은 부차적인 것이었다. 규모가 큰 은행들은 무역 확대를 모색하기 위한 일환으로 각국 정부에 자금을 빌려주었는데, 특히 바르디Bardi와 페루치Peruzzi와 같은 은행 가문은 영국 왕실에 자금을 빌려주고 영국의 양모를 수출하고 플로렌스의 직물을 수입하기 위한 허가를 얻을 수 있었다. 그리고 메디치Medici 가문은 백반白礬 무역을 확대하고 이탈리아 정계에 영향력을 발휘하기 위하여 교황청에 자금을 빌려주었다.

이후 유럽 자본주의의 주요 중심지인 네덜란드는 강력한 무역회사를 보유했고, 18세기까지 외국 정부에 대량의 자금을 제공했지만, 근대 초기의 영국 은행들과는 다르게 실제로는 신용 창출을 하지 않는 은행들의 총본산이었다. 암스테르담에서 가장 규모가 큰 위셀은행Wijsell Bank은 고객의 예금 송금을 주요 업무로 하는 일종의 지로은행girobank, 우체국 창구를 통해 운영하는 영국의 은행_옮긴이 혹은 결제은행으로 베니스의 리알토은행Rialto Bank을 모델로 했는데, 신용 창출 메커니즘을 갖고 있지는 않았다. 이와는 대조적으로 17세기 말에 런던에 거주하는 다수의 금세공인들이 실질적으로 대부업을 하기 시작했다. 근대 은행의 기원이 바로 여기에 있지만, 이러한 행위가 조합 형태에 기반을 두는 한, 그 규모는 작을 수밖에 없었다. 스코틀랜드 출신의 금세공인 아들, 존 로John Law는 근대 은행 업무에 관한 뛰어난 이론가로서, 통화 관리에서 상당히 파괴적인 실험을 고안했던 사람이었다.[25]

이 시대를 분석하다 보면, 금융 행위의 결과로 얻을 수 있는 일반적인 혜택을 강조했음을 알 수 있다. 영국왕립학회English Royal Society 회원 존 호튼John Houghton은 영국 금융 혁명이 시작되던 1692년에 이렇게 말했다고 한다. "확실히, 이러한 거래가 더 잘 알려져 있었더라면, 영국

왕실에 커다란 혜택이 되었을 것이다. 오직 나만이 초보자는 아주 신중해야 한다고 경고했다. 그들 중에는 교활한 자들이 많기 때문이다."[26]

금융 자본주의의 발전에 반드시 필요한 두 번째 주요 장치는 기업에 적용되는 유한책임의 원칙이었다. 이처럼 새로운 접근 방식은 네덜란드에서 네덜란드 동인도회사Dutch East India Company, VOC의 주주와 경영자의 상대적 책임에 관한 토론을 통하여 진화했다.[27] 이러한 두 가지 장치가 작동하던 18세기 초에, 영국에서는 주식회사가 폭발적으로 등장했는데, 이들 중 대다수가 국채 관리와 연관되었다.

또한 유한책임이라는 새로운 혁신은, 은행 업무와 정부 채권의 관리에 대한 새로운 접근 방식이 신뢰라는 탄탄한 망의 기반을 형성하면서, 광범위한 금융 혁명과 연관되었다. 1694년 이후로 주식회사 형태의 잉글랜드은행Bank of England이 관리하던 정부 채권이 신뢰할 만한 금융 시스템의 기반이 될 안전한 자산을 제공했다. 영국에서 이러한 금융 질서는 차입 비용을 현저하게 낮추었다. 이것은 영국 해협의 맞은편에 있는 국가, 프랑스가 부러워할 만한 전략적, 상업적 혜택을 제공했다. 이 나라는 프랑스 혁명이 일어나고 나서야 이러한 금융 질서를 모방할 수 있었다.[28]

정부 재정의 변화는 민간 부문 금융 발전의 기초가 되었다. 영국에서 오랜 세월에 걸쳐 보험업계를 지배하던 양대 보험사 로열 익스체인지 어슈어런스Royal Exchange Assurance와 런던 어슈어런스London Assurance는 모두가 영국과 프랑스에서 금융 투기 광풍이 불던 1720년에 설립되었다. 당시에는 남해회사South Sea Company 주식이 엄청나게 인기를 끌었고, 존 로가 미시시피 컴퍼니Mississippi Company를 통해 프랑스 왕실의 부채를 인수하여 프랑스 금융에 일대 혁신을 일으킬 계획을 추진하고 있었다. 로열 익스체인지 어슈어런스는 해상보험사 설립을 위해 대규모 출자금 조성 계획을 발표하던 1717년에 그 기원을 둔다. 출자금 총액이 너무나도 많아서 주식회사로서 설립 인가를 받아야 했지만, 이것은 1694년에 잉글랜드은행이 그랬던 것처럼 그리고 남해회사가 그렇게 하기로 되어 있었던 것처럼, 신설 회사가 영국의 국채를 인수하려는 계획을 제시해야만 가능한 일이었다. 투기 광풍이 불던 해에 엄청나게 많은 주식회사들이 쏟아져 나왔는데, 로테르담보험사Rotterdamsche Maatschappij van Assurantie가 설립된 네덜란드에서도 이 같은 현상이 벌어졌다. 여기서도 신설 주식회사의 주식을 사기 위해 엄청나게 많은 자금이 몰려들었지만, 투기적 거품이 걷히고는 가격이 폭락했다.

1720년의 극심한 금융대란이 지나고 얼마 동안 주식회사 모델은 불신의 대상이 되었고, 영국에서는 회사 설립이 완전히 금지되었다. 프랑스에서는 복잡한 인가 절차를 거쳐야 했다. 은행들은 온갖 비난을 받아야 했다. 경제학자 찰스 킨들버거Charles Kindleberger는 금융에 관한 집단 기억의 고전적인 사례로, 프랑스에서 어떻게 약간의 과장이 있기는 하지만 사람들이 150년 동안 은행이라는 단어를 일컫는 것조차 주저하게 되었는지를 기록했다.[29] 산업 혁명에 따른 기술 변화로 주식에 대한 새로운 수요가 발생하고 유럽에서 예전에 품었던 불신이 다시 떠올랐을 때에, 새로 건국한 벨기에 왕국Kingdom of Belgium처럼 법인 설립이 까다롭지 않은 국가들이 상당한 혜택을 누렸다. 벨기에에서는 기업 활동이 폭발적으로 증가했는데, 이것은 프랑스와 독일 기업에 새로운 서비스를 제공하는 것과 관련이 있었다.

1720년의 열광적인 금융 혁신은 자본주의에 대한 태도를 보여주는 리트머스 시험과도 같았다. 1720년과 근대와의 관계에 관한 두 가지 견해를 대비하는 것도 가치가 있을 것이다. 먼저 오스트리아의 의사이자 경제학자 루돌프 힐퍼딩Rudolf Hilferding의 견해를 살펴보자. 그는 기업이 더욱 조직적으로 활동하면서, 투기의 역할이 축소된 것에 대하여 다음과 같이 미사여구를 동원하여 설명한다.

> 자본주의 시대가 시작되면서 투기가 낳은 군중 심리, 모든 투기자들이 자신이 마치 아무것도 없는 데서 세상을 창조한 신이라도 되는 것처럼 느끼던 축복받던 시간, 이 모든 것들이 회복될 수 없을 정도로 사라져 버렸다. 시적 상상과 함께 목가적 분위기를 풍기던 튤립 사기, 지금까지 들어본 적이 없는 발견에 대한 모험적인 공상을 자극하던 남해회사 사기, 세계를 정복할 것이라던 존 로의 계획, 이 모든 것들이 1873년의 공황(Krach of 1873)으로 끝을 맺은 명백한 차익거래 행위에 길을 내주었다. 이후로 신용과 주식 거래의 놀라운 위력을 향한 믿음이 약해지고, 봉투(Bontoux, 1882년에 파산한 프랑스의 가톨릭 은행 위니옹 제네랄(Union Générale)의 기획자)의 노력에도 불구하고 아름다운 가톨릭 숭배가 쇠퇴하고 (인간이 태어날 때부터 갖고 있는 것이라는) 투기 심리에 입각한 무원죄 잉태설(Immaculate Conception, 동정녀 마리아가 예수를 잉태한 순간부터 아담의 죄(원죄)의 영향을 받지 않았다는 로마 가톨릭의 교리)을 믿지 않고 타고난 것을 자연스럽게 받아들이고 아직은 거기에 이르지 않은 어리석은 자들에게 믿음을 갖게 하는 냉철한 계몽주의로 대체되었다. 주식 거래는 지지자를 잃었고, 타인에 대한 믿음 없이 사업을 하는 성직자들만이 계속하고 있었다. 신앙이 사업이 되면서, 이러한 사업은 그 어느 때보다도 규모가 작아졌다. 아름다운 광기가 지나가고, 튤립은 시들고, 커피만이 투기적 이익이 아니라 상업적 이

익을 발생시키고 있다. 산문이 이익의 시적 상상을 무찔렀다.[30]

막스 베버와 거의 동시대를 살았던 힐퍼딩은 점점 합리화되어 가는 세상을 보았다. 규율 없이, 길들이지 않은 자본주의가 더 이상 목적의식을 갖고 있지 않는 곳에서, 이제는 일상의 규율이 요구되었다. 이와 대비되는 견해는 더욱 최근 저자들의 저작에서 찾아볼 수 있다. 다방면에 걸쳐서 박식한 역사학자들인 네덜란드공화국의 얀 데 브리스Jan de Vries와 애드 반 데르 우데Ad van der Woude는 정반대의 결론에 도달했다. 그들은 이렇게 주장했다. "금융 기관과 이들의 활동이 현대 경제에 개선해야 할 부분을 많이 남겼다는 것은 부정할 수 없는 사실이다. 그러나 튤립, 히아신스, 네덜란드 동인도회사 주식, 영국 국채에 대한 비이성적 투기 광풍이 심각한 비난의 대상은 아니다. 오히려 이러한 광풍은 현대 경제의 특징을 확연히 보여준다."[31] 따라서 금융 자본은 창조성과 확장성이 있지만, 불안정성과 파괴성도 있다.

벨기에가 독립한 이후 하나의 사업 모델로서 현대의 주식회사 형태의 은행이 등장했다. 벨기에는 작은 국가로 일부 지역플랑드르와 브라반트은 한때 이탈리아 도시국가들과 함께 유럽에서 가장 활기가 넘치던 곳이었지만, 1572년 이후로 2세기 반 동안에 더욱 역동적인 네덜란드 북부the United Provinces, 스페인의 지배를 벗어난 네덜란드 북부 7개 주의 연합에 의해 탄생한 네덜란드공화국_옮긴이와 비교되며 상대적으로 정체되어 있었다. 벨기에는 1830년 독립한 뒤, 성장을 촉진할 방법을 찾다가, 그 특징을 잘 나타내는 소시에테 제네랄Société Générale, 일반 회사를 의미한다에서 답을 얻었다. 이 회사의 총수 페르디난드 드 메우스Ferdinand de Meeûs는 충분한 자금을 모집할 수가 없었다. 따라서 새로운 산업 환경에서 충분한 혁신을 할 수 없는 가족 기업을 대체하기 위해 주식회사의 개념을 널리 선전했다.[32] 벨기에식 기업 설립 모델은 상당히 매력적인 것으로 드러났고, 프랑스와 독일 기업가들이 곧 브뤼셀에서 기업을 설립하기 시작했다. 이후 다른 국가들도 벨기에의 뒤를 따랐다. 영국에서는 1855년 유한책임 규정과 함께 획기적인 발전이 이루어졌다. 프랑스도 1867년에 주식회사를 허용하는 새로운 법을 도입했다. 프러시아의 법은 1843년부터 주식회사 설립을 허용하는 쪽으로 변경되었지만, 주식회사가 공익을 위하여 더 많이 기여하고, 주식회사의 목표가 공익이 아닌 다른 방식으로 실현되어서는 안 된다는 단서를 달았다. 무엇보다도 이 법은 철도 건설을 장려하기 위한 것이었다. 실제로 1870년에 시행된 이보다 더 관대한 법은 신설 기업이 쇄도하는 결과를 낳았다.

은행과 주식회사는 자신들이 자본가라고 부르는 대상을 혐오하던 19세기 기업가들에게 주적으로 인식되었다. 예를 들어, 독일의 석탄 및 엔지니어링 부문의 개척자 프란츠 하니엘Franz Haniel은 회사를 조합 형태에서 주식회사 형태로 전환하자던 동업자의 제안에 몹시 화를 냈다고 한다. 주식회사 형태는 그가 항상 의심하고 혐오하던 금융 거래의 냄새를 풍기는 것이었다. 그러고는 회사를 3개 부문으로 분리할 것이라고 위협했다. 그는 이렇게 말했다. "결과적으로 주식 사기를 방지할 수 있었고, 공장과 회사는 문을 닫지 않았다. 내가 거의 60년 동안 회사를 위하여 사심 없이 헌신했는데, 이처럼 배은망덕한 모습을 보면서 몹시 불쾌했다."[33] 철강업자 알프레드 크루프Alfred Krupp는 이렇게 말한다. "우리는 가능하다면 은행의 지원을 받지 말아야 한다."[34] 그러나 크루프가 보기에는 은행이 발전하면서, 기업가의 활력과 애국적 참여에 끊임없이 위협이 되었다. 1873년 7월에 자기 회사그리고 독일 경제가 커다란 위기를 맞이했을 때, 크루프는 다음과 같이 자신의 삶의 철학을 정립했다. "투기 혹은 도박을 하지 않으면서, 자기 자본에서 항상 가장 많은 배당금을 가져가려는 영리 위주의 기업가가 정한 원칙을 의도적으로 준수하지 않으면서, 국가의 발전에 도움이 되는 성과를 창출하기 위해 노력한다."[35]

기업가들이 은행에 갖는 적대감은 지식인들에게도 깊이 뿌리내렸다. 애덤 스미스는 『국부론Wealth of Nations』에서 주식회사의 비뚤어진 동기를 보여주는 데 많은 지면을 할애했다. 그의 표적은 주로 동인도회사와 이 회사에서 말도 안 될 정도로 높은 임금을 받아가는 관리자와 이사진이었다. 그는 자본주의에 대한 비판을 미리 예상이라도 한 듯, 다음과 같이 적었다. "동인도회사의 자산 증가는 관리자들에게 높은 임금을 주기 위한 구실이 되었고 공금 유용을 위한 방패막이 되었다." 그러나 스미스는 표준화된 은행 업무를 포함하여 공공사업과 같이 표준화된 서비스의 비기업가적인 기본적인 제공에서는 주식회사가 유용한 기능을 한다고 보았다. "주식회사가 독점적 특권이 없이도 성공적으로 운영할 수 있는 유일한 사업은 그 업무가 이른바 천편일률적이어서 임기응변이 필요 없는 것들이다. 이런 것들 중의 첫째는 은행업이고, 둘째는 화재보험업, 해상보험업 및 전쟁 시 나포될 위험에 대한 보험업이며, 셋째는 운송가능한 수로나 운하를 개설하고 운영하는 사업이며, 넷째는 대도시에 식수를 공급하는 사업즉, 수도업이다."[36] 스미스의 뒤를 이어 경제학자 조지프 슘페터Joseph Schumpeter도 혁신과 활력의 원천으로 이상화된 기업가를 자본가와는 근본적으로 다른 사람으로 보았다. 그는 은행가들을 단순히 감독관, 회계감사관 정도로만 보았다.[37]

또 다른 비판은 금융 형태 조직의 등장이 전통적인 사회적 가치를 손상하거나 파괴한다고 보는 보수주의자들에게서 나왔다. 마르크스와 프리드리히 엥겔스Friedrich Engels 역시, 자본주의가 가문을 어떻게 파괴하는지를 지적하면서, 이러한 우파의 비판을 받아들일 준비가 되어 있었다. 보수주의자들의 관점에서 이러한 논의는 주식회사와 관련하여 발생했다. 19세기 초 주식회사의 관리적, 관료적 형태가 기업 단위로서 가문을 단결시켜 주던 재정적, 상업적 압박을 서서히 사라지게 했다. 역사학자 오토 폰 기르케Otto von Gierke는 다음과 같이 비판했다. "주식회사가 단독으로 지배하면 자본의 독재에 이르게 될 것이다."[38]

구체제에서 가문은 왜 그렇게 중요했는가? 기업은 경쟁 기업으로부터 숙련 노동자들을 끊임없이 끌어들이려고 했다. 그리고 산업 스파이 행위가 앙시앵 레짐ancien-régime, 1789년의 프랑스 혁명 때 타도의 대상이 되었던 정치, 경제, 사회의 구체제_옮긴이에서 주요 활동이 되었다. 장인들의 이탈에 맞서는 최선의 방어 체제는 가장 중요한 비밀을 아들 혹은 딸에게만 알려주는 것이었다. 이때 아들들은 사업에만 몰두하고, 딸들은 왕족과의 정략결혼을 위한 유용한 도구가 되었다. 주식회사 설립이 확산되면서, 유럽인들이 사업을 하는 방식이 근본적으로 변했고, 그들이 살아가는 방식도 크게 달라졌다. 효율성을 증대하고 규모의 경제를 일으키는 근대 기업이 가족 기업에 새로운 위협이 된 반면에, 가족 기업에 근대 기업의 효율성을 활용할 새로운 기회를 제공하기도 했다.

또한 근대 기업은 소유권을 더욱 광범위하게 분산시킬 가능성을 제시하고, 기업가들에게 주식 시장에서 자신의 주식을 판매함으로써 결실을 얻어낼 수 있고, 이에 따라 자신이 위험을 감수한 것에 대한 보상을 즉각적으로 받아낼 수 있다는 점에서 그들에게 혜택을 제공했다.[39] 이처럼 신기한 혜택은 시장을 개척하기 위해 노력하는 개별 기업가에서 시장을 통제하는 관료화된 기업의 세분화된 소유권자로 가는 길이 일방통행로라는 인상을 불러일으켰다.

다른 한편으로 근대 기업은 가족 기업에 스스로를 제도화할 수 있는 수단을 제공했다. 이는 가족 기업이 세대가 지날수록 가족 규모는 커지고 그 구성원 간 거리는 멀어지고 창업자 세대에 대한 개인적인 기억에 따른 결속력이 약해짐에 따라 더욱 매력적으로 여겨졌다. 또한 경영자의 등장은 소유권과 경영권의 분리를 의미했다. 진보적인 경제학자 아돌프 베를Adolf Berle과 가디너 민즈Gardiner Means는 이것을 두고 "소유권의 원자 분열"이라고 일컬었다.[40] 가족 기업의 입장에서는 이것이 신뢰특히 가족 규모가 커지면 문제가 될 수 있다를 계약으로 대체하는 수단을 제공했다. 계약 관계에서는 배우자의 선택권을 제한함으로써 신뢰를 강요할 필요가 없다.

프랑스의 사회개혁가 그리고 사회적 보수주의자 프레데리크 르 플레Frédéric Le Play는 주식회사의 인기를 나폴레옹 법전에 나오는 분할 상속유산을 상속인들 간에 거의 동등하게 나눈다 문제와 연관시켰다. 그는 이 법전을 가문이 해체되고 국력이 쇠퇴하게 된 원인으로 보았다. "오늘날 프랑스에서는 주식회사가 필요 이상으로 많아지고 있다. 그러나 이러한 현상을 정기적인 변동으로 간주하기보다는 강제 분할분할 상속의 결과에 대한 모든 이해관계자들의 암묵적인 반응으로 간주해야 할 것이다."[41]

따라서 자산의 금융화주식을 주요 사례로 들 수 있다는 예를 들어, 가족의 경우에 개인의 인간적 상호작용을 약화시키고, 이러한 상호작용을 증권 거래소에서의 익명의 거래와 비시장적 통제로 대체하기 위한 수단으로 해석되었다. 이러한 거래의 소외 혹은 물화reification, 물질적인 것의 성격을 띠어가는 것. 특히, 인간이 상품의 성격을 띠거나 기계 체계의 일부처럼 되어가는 현상을 말한다_옮긴이가 때로는 자본주의와 사악한 외부 세력과의 동일시를 낳는다. 적을 찾는 작업은 종종 자본주의와 유대인과의 구체적인 동일시에 이르게 한다. 경제 토론의 주류에 자본주의라는 단어를 가져왔던 독일의 경제학자 베르너 좀바르트Werner Sombart는 1911년에 막스 베버의 그 유명했던 프로테스탄트 정신과 자본주의 윤리와의 동일시에 대한 대답으로서 자신의 생각을 담은 저작을 발표했다. 그는 자신의 책 『유대인과 경제 생활The Jews and Economic Life』에서 이렇게 주장했다. "유대인들이 조직적인 성향이 없고 정상적으로 성장하지 않은 것은 오히려 아무런 장애가 되지 않았다. 자본주의 세계가 조직적이지 않고 정상적이지 않고 역사적으로 발전하지도 않았고, 기계적이고 인위적으로 만들어진 것이기 때문이다."[42] 좀바르트의 저작은 자본주의와 유대인을 향한 반감의 대중적인 혼합물에 학문적인 광택을 입힌 것이었다. 이것이 이제는 그 예언자를 갖게 된 강력하고도 파괴적인 이데올로기가 되었다.[43] 이러한 결합은 훨씬 더 오래되었다. 일부 학자들은 카를 마르크스가 그의 악명 높은 초기 저작 『유대인 문제에 관하여Zur Judenfrage』를 집필할 때 자본주의를 공개적으로 거론하면 검열을 받게 될 것을 두려워하여, 유대인 기질Judentum이라는 단어를 자본주의에 대한 완곡한 표현으로 사용했다고 주장한다.[44]

현대 금융 시스템의 영향

금융 중개업은 19세기 경제 성장을 일으키는 데 큰 역할을 했다. 따라서 일부 분석가들은 금융 중개업을 경제 성장 과정에서 매우 중요한 부분이라고 생각한다. 경제학자 레이먼드 골드스미스Raymond Goldsmith는 발전의 추동력으로서 금융 중개업의 성장에 관한 현대적 분석을 개척한 사람이었다. 그는 실질 소득과 부의 증가, 그리고 그가 말하는 금융 상부 구조financial superstructure의 규모 사이의 밀접한 관계를 입증했다. 그는 신중하게도 분명한 인과 관계를 밝히지는 않았지만, 금융 상부 구조가 자금이 최고의 사용처, 즉 최고의 사회적 수익을 낳는 곳으로 흘러가는 것을 용이하게 한다는 점에서, 경제 성장을 가속화한다는 주장을 펼치려고 했다.[45] 골드스미스는 전체적인 국부에 대한 금융 자산의 비율을 의미하는 금융 중개의 비율을 계산했다. 그는 금융 중개업이 경제 성장의 초기 단계에서 국부를 엄청나게 증가시키는 경향이 있지만, 금융화의 증대를 통한 사회적 혹은 경제적 편익이 점점 작아지면서 이러한 비율이 일정한 수준을 유지할 것으로 보았다.

경제사학자 알렉산더 거쉔크론Alexander Gerschenkron은 가난한뒤떨어진 국가에서 은행이 어떻게 저축을 동원하는 요인이 되는지, 그가 생각하는 독일식 유니버설은행universal bank, 독일, 프랑스, 스위스의 은행들처럼 은행 업무와 증권 업무를 겸업하는 은행_옮긴이 모델이 어떻게 저축을 동원할 뿐만 아니라 산업을 진흥하고 기업 활동을 개편하는 데에 개입하게 되었는지를 설명하면서, 골드스미스의 접근 방식을 수정한 방식을 제시한다.[46] 거쉔크론의 가설은 기업 활동에 대한 은행의 개입, 특히, 그 시대의 은행이 조정 문제를 극복하는 방안에 관한 연구에 유익한 자극이 되었다. 은행은 겸임임원제도Interlocking directorate를 통해 기업들을 결합시키고, 기업 합병을 직접적으로 장려한다.[47] 대체로 이러한 방식으로 서술하면, 은행 활동이 갖는 안정적이고 유익한 측면을 보여주게 되고, 신용 창출은 은행 혁신에서 작은 부분만을 차지하게 된다. 당시 다른 국가들은 이러한 독일식 모델의 채택을 뒤로 미루었다. 예를 들어, 이탈리아에서는 금융 위기와 은행 파산을 계기로 1890년대 초반에야 독일식 유니버설 은행 모델이 적용되었고, 미국에서는 1907년 위기 이후, 국가통화위원회National Monetary Commission가 금융 개혁을 위한 영감을 얻기 위해 독일의 유니버설은행과 중앙은행의 지원 메커니즘을 검토할 때 적용되었다.[48] 독일의 일부 학자들은 다른 나라와 비교하면서 주장을 펼치려고 했다. 예를 들어, 아돌프 바그너Adolf Wagner와 프란츠 오펜하이머Franz Oppenheimer는 1차 대전이 한창 진행되던 시기에, 영국은 은행 업무와 런던증권거래소의 조직이 낙후되어 이보다 더 우월한 독일과의 경쟁에서 뒤처졌다고 주장했다.[49] 최근의 문헌에서도 은행의 역할과 은행가의 관점에서 본 국제화가 평화를 이룩하고, 과거 유럽의 귀족적, 군사적 지배 계층의 원초적인 국민주의nationalism에 맞서기 위한 힘이 된다고 주장한다.[50]

양 대전 사이의 기간에는 은행의 역할에 대한 평가가 오히려 부정적으로 변해갔다. 유럽 중부의 은행들은 전시 재정과 초인플레이션의 영향을 받아서 무력해졌다. 유럽 경제가 안정을 되찾자, 대형 은행들은 나중에 충분하지 않은 것으로 드러났듯이 적은 자본을 기반으로 재건에 착수했다. 이들은 대차대조표의 확대를 기반으로 엄청난 금액의 차입금을 유치했다. 가장 두드러진 모험은 오스트리아에서 일어났는데, 이곳에서는 전쟁 이전 왕가가 이용하던 은행들이 신생 오스트리아공화국 내에서 활동을 재개했다. 당시 유럽 중부에서 가장 부자였던 카밀로 카스틸리오니Camillo Castiglioni는 거대한 공업단지를 조성하기 위해 은행을 이용했다.[51] 독일 다름슈태터은행Darmstädter Bank 은행장 야콥 골드슈미트Jakob Goldschmidt는 은행 주도의 자본주의가 왜 세상을 더 나은 곳으로 만드는지를 소리 높여 분명하게 주장했다. 그는 이렇게 말한다. “이윤에 대한 사적 추구가 경제 활동의 주요 동력이며, 이것이 개인의 발전과 함께 인간의 협력을 더욱 높은 발전 단계에 이르게 할 것이다." 개인은 더 큰 규모의 조직에 포함될 수 있다. 그가 하는 이야기는 자금을 빌리는 능력, 즉 신용에 중점을 둔다. 독일은 민간 경제에 대한 신뢰를 회복해야 했다. 그렇게 해야만 외국의 채권자들이 자금을 더 많이 빌려줄 것이다. 그의 생각에 따르면, 국제 경제는 독일인들이 부유해지기 위해 사용할 수 있는 도구였다. "우리는 세계의 신용에 의존하고 있다."[52]

카스틸리오니와 골드슈미트가 은행 주변에서 건설한 사상누각은 무너지고 말았고, 금융 붕괴는 주기적인 하락 국면이 대공황이 되는 데 주된 역할을 했다. 1931년 위기는 명백하게 예기된 사건이었다. 이것은 은행이 갖는 근본적인 취약성, 특히 악성 디플레이션에 직면했을 때 갖는 취약성에서 비롯되었다. 이러한 악성 디플레이션은 당장 1929년 미국 주식시장의 붕괴보다 훨씬 더 심각한 결과를 낳았다. 일련의 전염성이 강한 은행과 통화 위기는 유럽 중부의 국가들을 차례대로 무너뜨렸다. 이러한 연대기의 시작은 1931년 5월 11일에 파산한 오스트리아의 크레디탄슈탈트Creditanstalt 은행의 특별한 사례에서 출발한다. 당시 패닉은 헝가리로 그리고 더욱 중요하게는 1931년 7월 13일, 다름슈태터 은행이 파산한 독일로도 번져갔다. 그다음에는 영국에서 위기를 재촉하여 1931년 9월 21일 금본위 제도를 폐지하게 만들었다. 투기 세력은 미국에서 등을 돌렸고, 이것이 미국 은행들에 엄청나게 파괴적인 영향을 미쳤다. 이러한 현상은 정권을 잡은 프랭클린 루스벨트Franklin Roosevelt 행정부가 금본위 제도를 폐지하면서, 1933년 4월에 중단되었다. 대공황의 슬프고도 오랜 여파 속에서 벨기에, 네덜란드, 스위스와 같이 금본위 제도를 유지한 국가들이 1936년 9월 이른바 금경제권Gold Bloc 이 해체될 때까지 금융 패닉과 은행 파산의 위협에 계속 시달렸다.

1차 대전으로 인한 통화 혼란의 여파에 시달리던 양 대전 사이의 기간에는 신용 창출이 시스템의 동력이자 시장을 손상시키고 파괴하는 혼란의 주범으로 여겨졌다. 신용에 관한 당대의 가장 영향력이 있는 비평가들이 오스트리아 출신이라는 사실은 전혀 놀라운 일이 아니었다. 프리드리히 하이에크Friedrich Hayek는 1930년대 초 신용 창출이 갖는 위험을 다음과 같이 경고했다. "우리가 깊이 고민한 끝에 나온 유일하게 실용적인 교훈은 부정적인 것으로서, 생산과 무역의 증가라는 단순한 사실이 신용 확대를 정당화하지는 않고, 격심한 위기를 제외하고는 은행가들이 지나치게 소심하게 행동하여 생산에 피해를 입힐 것을 두려워할 필요가 없다는 것이다."[53]

하이에크만 이런 생각을 했던 것은 아니었다. 이러한 맥락에서, 어떤 제도적 메커니즘이 시장 이자율을 자연 이자율하이에크와 케인스가 스웨덴 경제학자 크누트 빅셀Knut Wicksell에게서 받아들인 개념으로 투자와 저축이 일치할 때에 나타나는 금리를 말한다보다 낮출 때 발생하는 문제를 설명하기 위한 노력도 있었다. 시장 이자율을 인위적으로 끌어 내리면, 기본재와 투자재 산업에서 과잉 투자를 조장하고, 이것이 생산 능력의 만성적인 과잉 상태를 초래하여 디플레이션에 이르게 한다는 것이다. 이러한 설명은 투자재 생산 능력이 경제 순환을 일으키는 방식에 집중하던 당대의 마르크스주의 경제학자들의 해석과도 닮은 데가 있다. 이와 비슷한 우려는 존 메이너드 케인스의 1930년 저작 『화폐론A Treatise on Money』에서 두드러지게 나타난다. 케인스는 이 책에서 신용 순환이 물가와 생산에서 어떻게 급격한 변동을 일으키는가에 대한 우려를 바탕으로 분석을 진행했다. 여기에는 비이성적이고 투기적인 요소를 바라보는 그의 견해가 담겨 있다.

"생산도 소비도 하지 않고 단순히 교환만 하는 금융업자, 투기자, 투자자의 세계에서 특정한 부 혹은 자격을 서로 차례로 돌리는 속도는 현재의 생산 속도와는 아무 관계가 없다. 이러한 거래량은 광범위하고도 헤아릴 수 없을 정도로 변동을 하고, 투기적 심리 상태와 같은 요인에 따라 한순간에 금방 두 배가 된다. 그리고 거래량이 생산 활동에 의해 증가될 수도 있고 생산 활동의 중단에 의해 감소될 수도 있지만, 그 변동은 생산 활동의 변동과는 그 정도에 있어서 크게 다르다."[54] 지나치게 느슨한 통화 정책 때문에 붐은 감당할 수가 없게 된다. "내가 생각하기로 붐은 거의 항상 더디거나 부적절한 조치 때문에 발생한다."[55] 따라서 케인스는 자신의 저작 『화폐론』에서 은행가를 불안정의 원인일 뿐만 아니라 그의 전기작가 로버트 스키델스키Robert Skidelsky가 적절하게 표현했듯이, "경제 치료사economic therapist"로도 꼽았다.[56]

케인스의 『화폐론』도, 하이에크의 『가격과 생산Prices and Production』도 경제학자들에게 커다란 찬사를 받지는 못했다. 두 책은 신용 창출 과정에서 시장 메커니즘이 효과적, 효율적으로 작동하는 시장의 역량을 어떻게 파괴하는 결과를 낳는지에 집중했다. 두 책은 혼란을 자극한다는 평판을 얻었다. 케인스 자신은 서문에서 "혼란스러운 정글을 억지로 통과하는 사람과도 같은 기분이 들었다."고 적었다. 나중에 그는 더욱 영향력이 있는 자신의 저작 『고용, 이자, 화폐의 일반이론The General Theory of Employment Interest and Money』에서 경제 치료사의 영예를 누리는 자가 신용을 관리하는 은행가 혹은 중앙은행가가 아니며, 총수요를 관리하는 국가가 더 나은 치료를 해줄 것이라고 주장했다.

1930년대는 부채 축소deleveraging, 탈세계화, 금융의 재국유화renationalization로 규정되었다. 국가는 더 많이 개입하고, 금융 기관은 예금자의 예금을 정부 채권으로 재활용하는 단순한 업무에만 더욱 집중했다. 금융화와 세계화의 퇴조를 반전하는 데는 오랜 시간이 걸렸다.

20세기가 지나갈 무렵이 되어서야 금융 활동이 폭발적으로 증가했다. 경제학자 오스카르 호르다Òscar Jordà, 모리츠 슐라릭Moritz Schularick, 앨런 테일러Alan Taylor는 골드스미스의 접근 방식을 새롭게 구성하면서, GDP 대비 은행 자산이 GDP 대비 은행 대출과 비교하여 훨씬 더 빠른 속도로 증가하는 것을 보여주고는그림 1을 보라 은행의 사회적 유용성신용 제공이 은행이 대차대조표를 확대할 능력을 따라잡지 못한다는 사실을 지적했다.

대형 은행들이 한 국가의 자금원을 활용하여 다른 국가의 사용자들

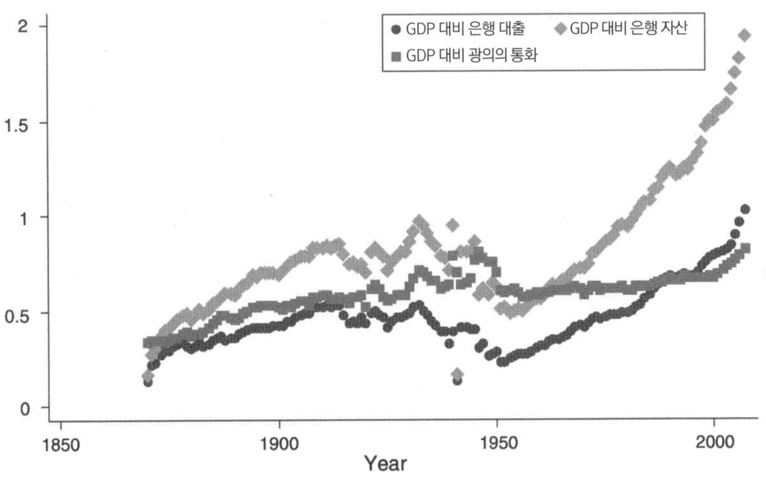

그림 1. 세계 GDP 대비 글로벌 금융 활동

출처: Moritz Schularick and Alan M. Taylor, "Credit Booms Gone Bust: Monetary Policy, Leverage Cycles, and Financial Crises, 1870~2008," American Economic Review 102, no. 2 (2012): 1035.

에게 제공하는 것과 함께, 금융 거래의 상대적인 규모가 커지고 새로운 금융 상품이 등장한 것은 2000년대에 보았던 마찰이 없는 글로벌 금융 시스템에 기여했다. 국경을 넘은 거래가 급증하여, 1980년에 세계 GDP의 4%에 달하던 자본 유출입이 1990년에는 5%, 2000년에는 13%, 2007년에는 20%로 증가했다이러한 자본 유출입은 글로벌 금융 위기를 맞이하여 급격하게 하락했고, 2012년에는 세계 GDP의 겨우 6%로 회복되었다.[57] 대형 금융 기관들은 자본의 국제적 이동의 핵심 중개자가 되었다. 실제로는 그들만이 명백한 혹은 자연적인 시장이 존재하지 않는 복잡한 금융 상품의 거래를 위해 당사자가 필요한 고객연금과 신탁 펀드 관리자에게 시장을 제공할 수 있기 때문이었다. 규제의 효과는 대형 금융 기관들의 금융 행위가 그들의 장부에 드러나지 않게 하고, 그들이 관리할 수 있는 장부에 드러나지 않는 콘듀잇conduits 혹은 구조화 투자회사에 몰두하는 결과를 낳았다. 실제로 비교적 소수의 금융 기관2008년 이후로는 시스템적으로 중요한 금융 기관을 의미하는 SIFIs(Systemically Important Financial Intermediaries)만이 시장을 조성하는 데 중요한 역할을 했다. 나중에는 시장이 의존하던 중요한 신호 중 일부특히, 널리 사용되는 금리로서 런던 은행 간 자금 대출 금리를 의미하는 LIBOR(London Inter-Bank Offered Rate)가 정상적인 시장 과정이 아니라 소수의 핵심 참가자들의 공모에 의해 결정되는 상황도 벌어졌다.

은행의 지배는 대중적인 저작에서도 찬양의 대상이 되었다. 가장 대표적인 것이 1987년에 발표된 톰 울프Tom Wolfe의 소설 『허영의 불꽃The Bonfire of the Vanities』이었다. 이 소설은 "우주의 거장들"이라는 표현을 유행시켰다. 같은 해에 올리버 스톤Oliver Stone이 제작한 영화 「월스트리트Wall Street」에서는 순식간에 문화적 아이콘이 된 금융업자 고든 게코Gordon Gekko가 반反영웅적 인물로 등장한다. 마이클 더글러스Michael Douglas가 맡은 게코는 다음과 같은 연설로 널리 기억되었다. "나는 탐욕스러운 인간이다. 그러나 많은 사람들이 탐욕을 잘못 이해한다. 탐욕은 강력한 추진력이다. 역사 전반에 걸쳐서, 인류의 가장 위대한 업적은 더 나은 지위를 원하는 사람에 의해서 이루어졌다. 바로 탐욕에 의해 이루어졌다. 적당한 표현을 찾기가 힘들기는 하지만, 탐욕은 좋은 것이다."[58]

금융 부문이 확대되면서, 학계에서는 신용에서 비롯되는 현상에 더 많은 관심을 갖게 되었다. 처음에는 금융 패닉이 일으키는 주요 현상에 대하여, 역사에는 깊은 바탕을 두었지만 수학 도구는 별로 사용하지 않으면서 설명한 하이먼 민스키Hyman Minsky가 그다지 주목을 받지 못했다. 1989년 제임스 토빈James Tobin이 그를 두고 "차입 투자가 자본주의의 아킬레스건이라고 믿는 당대의 경제학자 중에서 가장 정교하고 분석적이고 설득력이 있는 사람"이라고 평가했다.[59] 당시에는 주로 벤 버냉키Ben Bernanke를 비롯하여 앨런 블라인더Alan Blinder, 마크 거틀러Mark Gertler를 포함한 다수 공저자들의 논문에 의해서 신용에 대한 분석이 주류에 진입하는 단계였다. 이들은 금융 기관들이 금융가속기financial accelerator가 작동하는 "신용 경로credit channel"를 통하여 통화 정책을 전송하는 아이디어를 개발하고 있었다.[60] 버냉키는 그 결과를 두고서 "신용주의creditism"라고 불렀다.[61] 이 아이디어는 학문적으로 영향력이 있었을 뿐만 아니라 특히 블라인더가 1994년부터 1996년까지 연방준비제도이사회Federal Reserve Board 부의장을 지내고, 버냉키가 2002년에 연방준비제도이사회 이사로 임명되고, 2006년 조지 부시George W. Bush 행정부 시절에 의장으로 임명되고, 버락 오바마Barack Obama 행정부 시절에도 의장직을 계속 수행한 이후 정책적 접근 방식으로도 영향력이 있었다. 이러한 연구 논문들이 전하는 주요 결론은 중앙은행이 은행 시스템과 담보 정책의 경기순행적 효과에서 비롯된 취약성에 대응하는 통화 정책을 입안할 때 신용 경로를 고려할 수 있고, 고려해야만 한다는 것이다.

학계에서 신용 버블과 자산 가격 인플레이션이 불안정의 근원일 수도 있다는 견해를 가졌던 사람은 소수에 불과했다. 일부 학자들은 신용이 갑자기 확대되는 시기가 지나고 주요 위기가 발생한다고 보았다. 중앙은행의 중앙은행이라 할 국제결제은행Bank for International Settlements은 당대의 신용 붐이 갖는 의미를 경고했다. 클라우디오 보리오Claudio Borio를 비롯한 그 밖의 사람들은 신용 순환에 대한 하이에크식 분석에 나오는 요소들을 부활시켰다.[62]

주식회사가 도덕적 해이moral hazard의 원천이라는 비판도 있다. 2009년 독일의 경제학자 한스-베르너 진Hans-Werner Sinn은 금융 기관의 유한책임의 원칙이 잘못된 인센티브의 결정적인 원인이라고 주장하면서, 1999년에 거대 은행 골드만삭스Goldman Sachs가 그랬던 것처럼, 민간 은행들이 주식 공개를 한 이후의 결과를 상기시켰다.[63] 2000년대에, 특히 2007~2008년의 글로벌 금융 위기 이후로, 델Dell과 하인츠Heinz와 같은 영향력 있는 기업들이 주식 비공개를 결정하면서 반전이 시작되었다. 금융화는 잘못된 혹은 오도하는 신호를 낳는다. 그리하여 미래 공동의 이익과 역동적인 성장을 위한 자원 할당의 과정을 방해한다. 위기가 지나고, 자본주의에 대한 반감이 널리 퍼져갔다.

글로벌 금융 위기의 장기적인 결과는 정상적인 은행이 많아지고 금융 혁신이 덜 일어나고 금융 기관의 수익성이 떨어지고 불확실성이 커지는 세상이 될 것이다. 초기의 중상주의 혹은 상업 자본주의, 19세기의 산업 자본주의, 20세기를 맞이하여 금융 자본주의, 20세기 중반의 경영자 자본주의, 21세기를 맞이하여 하이퍼 금융 자본주의 이후로, 새로운 종류의 자본주의가 등장하게 될 것이다. 나는 이러한 자본주의가 정보 자본주의가 될 것으로 본다. 물리적 상품은 덜 빈번하게 움직일 것이고, 그 양도 줄어들 것이다. 대신에, 생산을 더욱 국지적으로 재할당하기 위하여 아이디어, 프로세스, 서비스와 같은 비물리적 상품이 거래될 것이다이러한 주제에 대해서는 나중에 다시 살펴볼 것이다. 이처럼 다양한 유형의 자본주의가 등장하는 자본주의 연대기에서는 금융 자본주의가 확 타올랐다가 폭발하고 그다음에 사라지는 순환 과정을 반복하면서 중요한 역할을 했다. 연대기와 예측은 자본주의에 대한 실증적인 유형 분류 체계에 의존하지만자본주의는 무엇인가, 우리가 규범적인 측면에서 자본주의의 발전에 관하여 생각할 수도 있다자본주의는 무엇이 될 수 있는가 혹은 무엇이 되어야 하는가. 정보 자본주의가 인류의 소망의 범위를 확장하고, 이것을 실현하는 데, 금융 자본주의보다 더 많은 기여를 할 것인가?

사회주의

서로 의존하는 자본주의의 쌍둥이

SOCIALISM

PART 02

자본주의가 불평등과 갈등의 근원이고, 따라서 이에 대한 통제가 가해져야 한다는 고발과 함께, 자본주의에 대한 반감이 오늘날 정계에서 강력한 동력으로 작용하듯이, 사회주의에 대한 반감도 정치 충돌에서 두드러지게 나타난다. 2020년 공화당 전국대회에서 재선 후보자 지명 수락 연설을 하던 도널드 트럼프가 자신의 경쟁 상대를 과격한 마르크스주의자에게 맞서 싸울 힘이 없는 사회주의자들이 보낸 트로이 목마라고 공격했다.[1] 여기서 사회주의가 무엇인지에 대해서는 전혀 정의되지 않았다.

계획된 유토피아는 오랫동안 인류의 상상력을 자극했다. 플라톤Plato, 세인트 프랜시스Saint Francis, 토머스 모어Thomas More, 토마소 캄파넬라Tommaso Campanella는 인류를 위한 더 나은 길을 떠올리면서 다양한 유토피아를 상상했다. 그러나 근대의 사회주의는 분명히 근대 자본주의의 산물이다. 집산주의를 향한 과거의 비전은 사람들을 한데 모이게 하는 정신적인, 심지어는 신비주의적인 연대에 의존하곤 했다. 이에 반하여, 사회주의는 두 가지 상황의 연속으로 발생한다. 그것은 경제적 발전에 해당하는 대규모 공장 생산의 발전과 문화적 발전에 해당하는 서로 더 많이 연결되는 세상을 의미한다. 카를 마르크스는 생산 수단 혹은 통신 기술의 변화와 같은 경제적 변화가 문화적 변화를 이끌어간다는 주장을 그럴듯하게 펼치면서, 이들 두 가지를 우아하고도 복잡한 매듭으로 연결할 수 있는 천재성을 지닌 사람이었다. 그런 다음 그는 프랑스 혁명의 전통이 제공하는 정치적 불꽃을 덧붙였다.

또한 새로운 독트린은 본질적으로 보편적인 메시지를 담고 있었다. 즉 사회주의를 만든 모든 것들이 정치적 국경을 넘는다는 것이었다. 이것은 사상이 자유롭게 이동할 수 있는 세상을 의미했다. 자본주의는 국제적 분업을 통하여 하나의 세계 경제를 창설하고 있었다. 문화는 차용과 학습으로 가득했다. 그리고 프랑스 혁명의 전통은 공격적으로 세계를 향해 퍼져갔다. 그러나 이와 동시에, 사회주의를 어떻게 실행할 수 있는가의 문제가 점점 더 특정한, 영토가 한정된 정치 사회에 속하는 것으로 여겨졌다. 다시 말하자면, 생산 수단을 인수하는 일은 고유의 정치적 통제의 틀을 통해서만 실행될 수 있다는 것이었다. 이후로 대안이 되는 전통이 개발되었고, 사회민주주의는 산업을 실질적으로 훨씬 덜 통제하고 조세와 복지 제도를 통한 재분배의 원칙을 더욱 강조했다. 그리고 이러한 재분배는 거의 항상 전적으로 국제적이 아니라 국내적으로 이루어졌다. 따라서 사회주의의 실행에 관한 이야기는 항상 보편주의 혹은 국제주의 사상과의 일정한 긴장 관계를 보여주었다.

실용적 사회주의practical socialism는 종교적 영감이 없이도 다수의 사람들을 집단적으로 조직화할 수 있는 방법을 분명하게 그리고 구체적으로 설명할 수 있는가에 달려 있다. 1800년대 초반에는 대규모의 집단적인 조직 모델이 군대 혹은 훨씬 더 혐오스럽게는 따뜻한 기후 지역의 노예 플랜테이션이었다. 이들 두 가지는 유토피아 비전을 위한 매력적인 모델은 아니었다. 그러나 1800년대가 진행되면서, 소규모 작업장이 점점 더 커지고 공장에 의해 대체되면서, 공장이 다른 방식으로 운영될 수 있는 모델로 여겨졌다. 예전의 모델은 잘못되었고, 이것을 대체하기 위한 무엇인가를 찾아야 했다. 제분업자의 아들 조지프 리브시Joseph Livesey는 산업혁명 당시의 초기 노동자들에 대해 이렇게 적었다. "그들은 서인도 제도의 노예들을 떠올릴 정도로 열악한 시스템에서 일하는 견습공들이었다."[2] 인간의 더 나은 미래를 조직할 수 있는 방법은 분명히 있었다.

노동을 조직하기 위한 방법

따라서 초기의 가장 유명한 사회주의자들은 산업 조직에 깊은 관심을 가졌다. 여기서 그들이 기업 소유주이기도 한 것은 피상적인 역설에 불과하다. 스코틀랜드 뉴 래너크에서 성공한 직물 기업가 로버트 오웬Robert Owen이 아마도 가장 흥미로운 사람일 것이다. 그가 공장 노동자들의 삶의 여건을 개선하기 위하여 노력한 것은 협력을 통해 효율성과 생산성을 증진하기 위한 것이기도 했다. 그는 자신이 방적 공장이라는 소우주에서 합리성, 계몽, 절약, 노인을 위한 지원 등을 장려하기 위하여 했던 것들을 국가의 규모에서도 할 수 있고, 이는 강력한 경제와 정치적 조직체를 만드는 데도 기여할 것이라고 생각했다. "전체 인구가 잘 훈련받고 인간의 본성에 대한 정확한 지식에 근거한 법으로 통치하는 국가가 가진 효율적인 강점은, 전체 인구는 같지만 이들 중 대다수가 제대로 훈련받지 못하고 무지에 근거한 법으로 통치하는 국가가 가진 그것을 크게 능가할 것이다."[3]

프랑스의 계몽 귀족 앙리 드 생시몽Henri de Saint-Simon은 프랑스 혁명에 동참하고 나중에 샤랑통에 있는 정신 병원에 입원했던 사람으로, 사회주의의 초기 역사에 등장하는 매우 특이한 인물이었다. 그는 마르크스와 엥겔스, 20세기의 국가 발전 전략가뿐만 아니라 19세기의 프랑스 보나파르트주의자Bonapartism, 20세기의 드골주의자Gaullism에게도 영감을 주었다. 그는 처음에는 인간이 통치가 아닌 관리의 대상이 되는 산업주의의 독트린을 정립하기를 원했다. 그는 프롤레타리아proletarian라는 단어를 처음 사용한 사람이었고 은행가, 지식인, 예술가가 시대에 뒤떨어진 신학적, 봉건적 제도를 타도하는 미래를 그렸다. 그는 은행이 산업을 지원하기를 바라면서 이렇게 적었다. "가장 생산적이고 효력이 있는 자극제는 파리의 일류 은행들의 은행장들이 산업의 깃발을 꽂는 것이었다."[4] 그를 추종하는 사람들 중 일부는 실제로 대규모의 산업화에 헌신하는 은행을 설립했다.[5] 그는 사회주의 이론가인 만큼이나 자본가이기도 했다.

또한 사회주의의 발전은 어떤 점에서는 산업화 이전이기는 하지만 1848~1849년의 국제적인 정치 혁명에서 그 기원을 확실히 찾아볼 수 있다. 공장 노동자들이 이 혁명에 참여했지만, 그들은 소수에 불과했다.

1848년의 혁명들은 처음에는 자본주의가 아니라 전제 정치에 맞서는 국제 운동이 확대된 것으로 보였다. 나폴레옹 전쟁과 빈 회의 이후로 모든 국가에서 전제 정치에 대한 저항으로서 청년당 운동이 일어났다. 이탈리아 청년당, 영국 청년당, 독일 청년당은 서로 뜻을 같이하는 형제로 인식했고, 1820년대의 그리스 혹은 1830년 혁명 이후의 폴란드처럼 억압받는 국가의 편에 서서 단결했다. 노년의 괴테Goethe가 세계 문학Weltliteratur의 이론을 개발하기 시작했고, 문화의 세계화를 향한 추세가 있었다. 1848~1849년의 실패는 국가들의 연대를 향한 꿈이 사라지게 했다. 이 혁명은 부분적으로는 다른 국가들의 지원이 부족하여 완성되지 못했다. 예를 들어, 체코인과 폴란드인은 새로 창설되고 단명에 그친 독일의 프랑크푸르트 의회를 지원하는 데 미온적이었다. 특히 크로아티아인들은 합스부르크 왕조가 체코, 독일, 이탈리아, 헝가리의 국민주의 운동을 진압하도록 군대를 지원했다. 또 다른 젊은 기업가인 독일의 프리드리히 엥겔스는 남부 슬라브인들이 극도의 혼란에 빠져 있던 잔존 세력을 어떻게 규합했는지 서술하면서, 다음과 같이 적었다. "그들은 유럽 전역에서 운동의 방향을 반전시키는 것에서 구원을 보았다. 또한 그들은 이러한 운동이 서부에서 동부로 퍼져나가는 것이 아니라 동부에서 서부로 퍼져나가야 하고, 이를 위한 해방의 도구와 단결을 가져오는 연대는 러시아의 차르 독재에 대한 저항에서 나온다고 보았다. 이것은 세상에서 가장 자연스러운 현상이다." 그리고 그는 소름이 끼칠 정도로 이렇게 예언했다. "이후의 세계 전쟁은 반동 계급과 왕조뿐만 아니라 반동적인 인간들이 지구상에서 사라지게 할 것이다. 그리고 이는 한 단계 더 나아간 것이다."[6]

1848년 혁명이 실패한 여파로, 사회주의자들은 국제적 연대를 강조하는 진영과 국내에서의 입지가 점점 더 중요해지는 곳에서 정치적 해법을 실행하며 실용적 측면을 강조하는 진영으로 갈라졌다. 이들 두 진영 사이에서 균형을 잡는 일은 쉽지 않았다. 국민주의와 국민국가에 너무 가까이 다가갔던 사회주의자들은 계급의 적들과 제휴하면서 스스로 타협하는 것처럼 보였다. 결국 독일 사회당과 합당하게 된 운동 진영을 결성했던 페르디난트 라살Ferdinand Lassalle은 국제적 연대를 지향하는 카를 마르크스와는 다르게, 시종일관 국내에서의 운동을 훨씬 더 강조했다. 매우 낭만적인 인물이었던 라살은 사랑하는 여인과 결혼할 사람과 결투를 벌이다가 패배하여 비교적 이른 나이에 세상을 떠났다. 이러한 결투는 상류 계급에서나 볼 수 있는 의식儀式으로서, 프롤레타리아 계급에서는 찾아볼 수 없는 것이었다. 하지만 생전의 그가 국가, 그리고 국가가 달성할 수 있는 것에 대하여 낭만적인 비전을 강하게 품고 있었고, 또한 실용적 감각도 가지고 있었기 때문에, 프러시아의 총리 오토 폰 비스마르크Otto von Bismarck가 개방적인 자세로 사회 및 정치 조직에 대하여 대담한 실험을 할 수 있었을 것이다. 그는 기존의 국가가 특히, 민족적 통합 계획을 지지한다면 개혁 법안을 시행할 수 있다고 생각했다. 라살이라면, 비스마르크에게 통일 전쟁에 대한 지지를 얻기 위하여 남성에게 보편적인 선거권을 부여하도록 적극적으로 설득했을 것이다.[7] 그러나 국경을 초월하는 노동자 계급이 정부를 전복하고 자본가 계급을 타도하고 제국주의자와의 전쟁에서 승리할 수 있다는 사상은 국가가 통합되고 강화되면서 점점 더 실현성이 없어 보였다. 국가가 막강한 관료 체제, 경찰 체제를 구축하고, 군대를 육성하고, 국민들이 새로운 국가 의식을 형성하도록 교육하기 때문이다.

사회주의, 국제주의

카를 마르크스는 자신의 지적 발전 초기부터 자본주의와 사회주의를 국제적 발전의 관점에서 보았다. 경제 발전에 대한 그의 비전은 동시대를 살면서 자본주의를 국가 발전을 위한 탁월한 제도로 인식하던 프리드리히 리스트Friedrich List와는 뚜렷하게 대비되었다. 이들 두 사상가들은 지금까지도 계속되는 논쟁에서 양대 진영을 대표하는 인물들이다.[8] 마르크스는 자신의 저작 『독일 이데올로기The German Ideology』에서 국가가 어떻게 소멸하는지를 설명했다.[9] 1846년, 마르크스는 프랑스의 사회주의 아나키스트 피에르 조제프 프루동Pierre-Joseph Proudhon 을 공격하면서, 다음과 같은 수사적 표현으로 질문했다. "국가의 모든 국제 관계와 함께 모든 내부 조직이 노동의 특정한 분업 외에 다른 특별한 것이 있는가? 그리고 노동의 분업이 변할 때에, 이러한 것들이 변해서는 안 되는가?"[10]

자본주의는 하나의 일반적인 시스템으로서 세상에 대한 비전을 창출한다. 마르크스는 『정치경제학 비판A Contribution to the Critique of Political Economy』에서 이렇게 적었다. "화폐가 세계 화폐로 발전하는 것처럼, 상품 소유자가 세계주의자로 발전한다. 세계주의자의 관계는 원래 상품 소유자의 관계일 뿐이다."[11] 『공산당 선언The Communist Manifesto』에서는 근대의 산업이 세계 시장을 어떻게 형성하는지를 설명한다. "자기 생산물의 판매 시장을 끊임없이 확장해야 하는 요구는 부르주아로 하여금 지구상의 모든 곳을 쫓아다니게 한다. 부르주아는 가는 곳마다 정착해야 하고, 뿌리를 내려야 하며, 관계를 맺어야만 한다. 부르주아는 세계 시장을 개척하여 모든 국가에서 생산과 소비에 세계주의적 특성을 부여했다. 반동주의자들에게는 원통한 일이겠지만, 부르주아는 제조업이 딛고 서 있는 국민적 기반을 제조업의 발밑에서부터 허물었다."[12]

19세기 후반과 20세기 초반의 논쟁은 사회주의가 구체적인 정치 상황 속에서 무엇을 해야 하는가에 집중되었다. 정치를 변화시키고 정치권에 진입하기 위하여 결국 다른 당과 타협해야 하는가? 혹은 혁명을 기다려야 하는가? 유럽에서 가장 규모가 컸던 사회주의 운동 세력인 독일의 사회민주당Sozialdemokratische Partei Deutschlands, SPD 은 1891년에 마르크스주의 정당 강령을 공식적으로 채택했지만, 그 규모와 영향력이 커지면서 이 강령이 확대 해석되었다. SPD는 혁명적이지만 혁명을 실천에 옮기지 않는 정당으로서, 신비주의적인 방식으로 등장했다. 실제로 이 정당의 당원들과 지지자들은 일상적인 삶에 깊이 관여하고 있었다. 당원들의 대다수는 전형적인 제조업 노동자들조차도 아니었다.[13]

SPD의 설립 강령에 대한 마르크스의 유명한 비판 『고타 강령 비판 Critique of the Gotha Program』에서, 마르크스는 국내 노동자 계급의 존재 자체가 단순히 자본주의에서 사회주의로의 이행을 위한 과도기적 특성이라는 자신의 믿음을 설명했다. 마르크스는 SPD가 라살의 국민주의와는 더욱 단호하게 거리를 두어야 한다고 믿었다. 당시 라살의 정당은 새로운 SPD로의 합당을 추진하고 있었다. 마르크스는 이렇게 주장했다. "『공산당 선언』과 이전의 모든 사회주의에 반대하는 라살은 국내라는 가장 좁은 관점에서만 노동 운동을 생각한다." 라살의 생각이 잘못되었다는 것이다. "계급 투쟁이 국내에서 벌어지는 한, 노동자 계급은 싸울 수만 있다면 국내에서 하나의 계급으로서 스스로 조직해야 하고, 국내는 투쟁의 당면한 무대라는 것이 전적으로 자명하지만, 실제로는 그렇지 않다. 『공산당 선언』에서 말하듯이, 형식상으로만 그렇다. 그러나 예를 들어, 독일 제국은 오늘날 국민국가의 틀에서 경제적으로는 세계 시장의 틀 안에 있고, 정치적으로는 국가 체제의 틀 안에 있다." 이처럼 새로운 운동은 조국을 모르는 악당vaterlandslose Gesellen이라는 보수주의자들의 비난을 열렬히 감수해야 한다. 마르크스가 말했듯이, "비스마르크의 「노르트도이체Norddeutsche」 신문이 주인을 즐겁게 하기 위해 독일 노동자 정당이 새로운 강령에서 국제주의를 버릴 것을 선언해야 한다고 주장하면서, 완전히 우파적 시각을 드러냈다."[14]

『고타 강령 비판』은 마르크스가 사회주의로의 이행 문제를 거론한 몇 안 되는 저작들 중 하나에 해당한다. "개인의 분업으로의 예속과 이에 따른 정신노동과 육체노동 간의 대립이 사라지고, 노동이 삶의 수단일 뿐만 아니라 삶의 가장 중요한 요구가 되고, 생산력이 개인의 전반적인 발전과 함께 증가하고, 협력적 부의 모든 원천이 더욱 풍부하게 흐르고 나서, 그다음에 등장하는 공산주의 사회의 더 높은 단계에서만, 완전한 상태에서만, 부르주아 우파의 편협한 한계를 뛰어넘을 수 있고, 사회는 공산주의의 깃발을 꽂을 것이다. 각자의 능력에 따라에서 각자의 요구에 따라로!"[15] 그러나 이러한 청사진은 모호하기로 유명했다. 협력적 부를 실제로 어떻게 구성할 수 있는가?

특히, 독일의 일부 사회주의자들은 점점 조직화되는 기업 구조카르텔과 트러스트를 통하여 서로 연결되고 때로는 은행의 지배를 받는 대기업를 생각하면서, 이것이 사회주의로의 이행 문제를 해결할 수 있다고 보았다. 이러한 해석 중에서 가장 두드러진 것이 『금융 자본Das Finanzkapital』에서 조직 확장의 이론을 개발했던 루돌프 힐퍼딩에게서 나왔다. 자본주의는 더욱 집중될 뿐만 아니라 안정되고 있었다. 이것은 최종적인 전복이 경제 위기힐퍼딩은 이것이 점점 온건해지고 있다고 생각했다가 아니라 정치 붕괴에서 나온다는 것을 의미한다. 따라서 행동의 무대를 정치 영역으로 옮겨야 한다고 보았다. 그는 SPD의 주요 경제 사상가로 활동하던 그는 두 차례에 걸쳐 재무장관을 역임했다 1920년대에 조직화된 자본주의가 정치 과정에 의해 쉽게 통제될 수 있을 것으로 생각했다.[16] 그는 자본주의에서 사회주의로의 이행 상황을 바라보는 마르크스주의적 전통과 재분배 상태를 관리하기 위한 사회민주적 시각 사이에서 유일하지는 않지만 중요한 중재자 중 한 사람이었다.

사회주의자들은 항상 국내의 정치 집단과 합의를 보기 위해 노력했다. 이것은 기본적으로 사회주의 이론이 19세기 중반에 근대 국민국가 새로운 국내 정치의 모델로서 독일, 이탈리아, 일본가 등장하기 전에 발전했기 때문에, 전혀 놀랍지 않다. 또한 이러한 새로운 국민국가는 본질적으로는 공격적이고 수정주의적이다. 내부의 긴장을 대외 정책과 군사 행동으로 돌리는 것이 사회적 저항의 가능성을 제거하는 데 도움이 되었다.

20세기 초반에는 전쟁과 군사주의에 저항하는 평화주의에 대한 의문이 사회주의 세력을 양분했다. 유럽에서 가장 규모가 컸던 사회주의 운동 세력인 독일의 SPD 역시 어찌할 도리 없이 양분되었다. 1907년까지는 SPD의 존경받는 지도자였던 저널리스트 출신의 아우구스트 베벨August Bebel이 국방 예산에 관한 의회 토론을 기회로 활용해 SPD가 국방을 위한 민병대 제도를 지지한다고 선언했다. 젊은 사회주의자이자 의회의원인 구스타프 노스케Gustav Noske도 SPD가 국가의 원칙을 수용하기로 되어 있으며, 독일 국민이 다른 나라 국민에 의해 불이익을 당하지 않도록 보장하는 것이 SPD의 의무라고 설명했다.[17] 이러한 연설은 당내 좌파 세력의 극심한 반발을 일으켰다. 1914년 전쟁이 일어날 때까지, SPD 의회의원, 당원, 지지자의 대다수가 독일의 전쟁 준비에 찬성했다. 특히, 독일 정부가 이것을 구시대적인 차르 독재에 맞서기 위한 점진적인 전시 체제화라고 설명했기 때문이었다. 사회주의자들은 이러한 전쟁 준비를 관리하는 데 신속하게 빠져들었고, 국가 공동체에서 중요한 부분이 되었다.

따라서 사회주의자들은 국가라는 배경 속에서 현실적으로 재고하고, 국제적 변혁이라는 들뜬 꿈에서 빠져나와야 했다. 그들에게는 두 가지 가능한 전략이 있었다. 하나는 생산을 관리하는 것에 관한 것이고, 다른 하나는 자원을 재분배하는 것에 관한 것이다. 20세기에 이러한 전략들이 실행에 옮겨지면서, 필연적으로 국가적 해결 방안으로서 분석되고 비교되었다.

계획된 대안

1차 대전은 사회주의 질서가 특징과 실용적 측면에서 무엇이 될 수 있는가에 대하여 결정적인 답을 주었다. 이 전쟁 기간에 사회주의자들은 정부에 들어갔다. 정부의 우선적인 노력은 새로운 원재료를 얻는 것이었고, 그다음에는 대체로 제조업 생산에 착수하여 할당을 부과하는 것이었다. 이 모든 것들이 "전시 사회주의war socialism"라고 일컬어질 수 있다. 이러한 실험은 무기 생산을 이례적으로 신속하게 확대하는 데 매우 성공적이었고, 레닌Lenin에게 사회주의가 정말 가능하다는 믿음을 주었다. 그러나 군사 수요에 대응하기 위한 생산은 계획자가 어떤 무기 혹은 어떤 제품이 가장 효과적인지를 결정하고 그다음에 이를 위한 생산에 자원을 전용할 수 있는 그리고 불필요한 행동에서 빠져나올 수 있는 비교적 간단한 종류의 것이었다.

1차 대전이 끝날 무렵, 독일 제국이 무너지고 혁명적인 변혁이 일어나고, 민주주의로의 위태로운 전환이 있고 나서, 거대 기업 제국의 계승자이자 전시 경제 계획자 발터 라테나우Walther Rathenau가 그의 주요 협력자인 비히아르트 폰 묄렌도르프Wichard von Moellendorff와 함께 새로운 사회를 건설하기 시작했다. 묄렌도르프는 이렇게 말했다. "지금까지 다음과 같은 원칙이 독일을 지배했다. 모든 경제 문제에서 자유로웠고, 모든 사고에 구속되어 있었다. 공동체 경제Gemeinwirtschaft의 목표는 이것을 뒤집는 것이다."[18] 그는 국가의 자급자족과 이에 입각한 자기 결정에 기초한 세계관을 개발했다.[19] 독일에서는 이러한 과정이 금방 끝나지 않았다. 특히, 광범위한 국유화에 반대하는 이들이 이러한 접근 방식이 서방 연합국들이 배상금을 받아내기 위하여 독일의 국가 자산을 수탈하기 쉽게 만든다는 주장을 펼쳤기 때문이었다. 일부 사람들은 독일이 새로운 경제 질서를 통해 혜택을 얻을 수 있고, 지적 리더십을 입증할 수 있다고 여전히 믿고 있었다.[20] 그러나 소련에서는 계획 경제의 아이디어가 하나의 영감으로만 남아 있었다.

처음에는 계획된 생산이 평화시의 복잡한 수요를 관리하기 위한 적절한 방식으로 보이지는 않았다. 소련에서조차도 처음에는 생산이 1920년대의 신경제정책New Economic Policy을 통해 장인이나 소규모 기업 소유주의 손으로 되돌아왔다. 불확실한 정치 시스템에서는 새로운 투자가 거의 없었고, 이론가들은 국가 주도의 투자 증진을 주장하기 시작했다. 실제로 신경제정책의 종식, 1920년대 말과 1930년대 초의 집산화와 공업화의 추진으로 전쟁의 사회 심리가 다시 조성되었다. 이번에는 전쟁이 부농kulak 혹은 농촌 기업가의 이익에 반하는 것으로 인식되었다.

계획이 정략, 갈등의 이데올로기에 의해 좌우되면서, 합리성과는 점점 더 멀어졌다. 소비자들은 돈은 있지만, 물품을 구매할 수 없어서 불만이었다. 블라디미르 소로킨Vladimir Sorokin은 소설 『줄서기The Queue』에서 사회주의 국가의 독특한 배급 방식 때문에 시간을 허비하는 모습을 통렬하게 묘사했다.[21] 유진 잘레스키Eugene Zaleski의 기념비적인 저작으로 스탈린주의자들의 계획 경제에 관한 가장 권위 있는 안내서에서는 이렇게 결론 내렸다. "이처럼 일관성이 있고 완벽하고 모든 수준에서 세분되고 실행되는 전국적인 중앙 계획의 존재는 신화에 불과하다."[22] 이와 비슷한 맥락에서 폴란드의 사회주의 경제학자 오스카 랑게Oskar

Lange는 이렇게 주장한다. "계획은 허구의 것이 되었다. 실제로 관찰되는 것은 기초적인 발전이다."[23] 이것은 스탈린Stalin의 생각이기도 했다. 1921년에 그는 레닌에게 보내는 편지에서 교수들이 왜 "건전한 의심"을 하지 않는지에 대하여 설명하고, 계획을 실행 보고의 원칙에 따라 행동할 준비가 되어 있는 활동적인 정치인들의 손에 넘길 것을 촉구했다.[24] 그러나 스탈린은 이 모든 투쟁을 거치면서 그리고 다른 국가들이 프롤레타리아 혁명에 실패할 때에 일국사회주의socialism in one country의 장점을 선언하면서, 소비에트 실험이 세계적인 운동을 자극하기 위한 방안으로서 중요성이 있다고 보았다. 사회주의는 여전히 강력한 국제주의의 성분을 가지고 있었다. 스탈린은 이렇게도 주장했다. "5개년 계획의 성공으로 자본주의에 맞서는 모든 국가에서 노동자 계급으로 구성된 혁명 세력을 동원하고 있다. 이것은 명백한 사실이다."[25]

1930년대에는 폴란드 경제학자이자 외교관인 오스카 랑게와 오스트리아 경제학자이자 정치철학자인 프리드리히 하이에크 간에 이론적 논쟁이 펼쳐졌다. 랑게는 수학적 모델이 시장 반응의 결과를 가격으로 구현할 수 있는 세상을 떠올렸다. 그는 심지어 마르크스 경제학의 놀라운 재활을 주장했다. "마르크스 경제학의 이러한 우월성은 그것이 오래전부터 구식이고 리카도 시절 이후로 나타난 경제 이론의 전반적인 발전을 무시하는 개념으로 작동한다는 사실에 비추어볼 때 정말 이상하게 여겨진다."[26] 랑게는 힐퍼딩의 주장을 완전히 뒤집는 주장을 펼쳤다. 그의 견해에 따르면, 자본주의의 카르텔화되고 트러스트화된 과점적 시스템이 경제가 작동하는 데 필요한 조정 신호를 전달하는 작업을 제대로 하지 못한다는 것이었다. "따라서 시행착오 절차가 경쟁 시장에서보다 사회주의 경제에서 훨씬 더 효과적으로 작동할 수 있다는 것이다. 중앙 계획위원회는 전체 경제 시스템에서 벌어지는 일에 대하여 민간 기업가보다 훨씬 더 많은 정보를 가지고 있다. 따라서 경쟁 시장에서보다 훨씬 더 단축된 일련의 연속적인 시행을 통하여 적절한 균형 가격에 도달할 수 있다."[27]

하이에크의 대답은 계획된 수학 시스템이 시장 작동과 비슷한 방식으로 반응하게 만들기 위해 끊임없이 가공되고 계산되어야 할 정보의 엄청난 양과 복잡성을 강조하는 것이었다. "단 하나의 가격의 변화는 거의 항상 수백 개의 다른 가격의 변화를 필연적으로 일으키고, 이러한 다른 가격 변화의 대부분은 결코 비례하여 변하지 않고 다양한 크기의 수요 탄력성, 대체 가능성, 생산 수단의 변화에 의해 영향을 받을 것이다."[28]

실용적 사회주의 문제에 대한 랑게의 설명은 상당히 인상적이었다. 이 문제는 분명하게 나타나지만, 그가 생각하기에는 부적절하고 급조된 관료주의 구조에서 나오는 단순히 기술적인 것이었다. 전문성이 부족하거나 테크노크라시가 제대로 정착되지 않았던 것이었다. 그는 이렇게 주장했다. "사회주의의 진정한 위험은 경제 활동의 관료 체제화에 있지, 자원 할당 문제를 제대로 처리할 수 없다는 데 있지는 않다."[29] 그러나 2차 대전 동안에, 계획을 위한 정치적, 사회적 동원은 마치 이것이 새로운 현실을 창출하고 있는 것으로 보였다.

전문성을 고려하면, 이 문제는 극복할 수 있는 것이었다. 인도의 민족주의 지도자이자 총리인 자와할랄 네루Jawaharlal Nehru는 과학적 전문성의 가능성에서 하나의 수렴 현상을 보았다. "계획과 개발은 과학적으로 해결할 수 있는 하나의 수학 문제가 되었다. (……) 소련과 미국의 전문가들이 이에 동의하는 것은 상당히 이례적인 일이다. (……) 소련의 계획자와 미국의 전문가가 인도에 와서 우리의 프로젝트를 검토하고 조언하면서 똑같은 결론을 제시한다는 것은 매우 놀라운 일이다. 과학자 혹은 기술자가 현장으로 오는 순간에, 그들이 소련 사람이든, 미국 사람이든, 오늘날의 계획과 개발이 거의 수학 문제라는 단순한 이유로 똑같은 결론을 내린다."[30]

이와 함께, 계산 능력이 발전함에 따라 사회주의 계산 논쟁도 새로운 국면에 접어들었다.[31] 1960년대에 랑게는 이렇게 말했다. "내가 「사회주의 경제 이론에 관하여On the Economic Theory of Socialism」라는 논문을 고쳐 쓸 수 있다면, 지금 해야 할 일은 훨씬 더 단순했을 것이다. 하이에크그리고 하이에크의 초기 멘토였던 라이어널 로빈스Lionel Robbins에게 전하는 나의 대답은 이러했을 것이다. '그래서 무엇이 문제라는 것입니까? 연립 방정식을 컴퓨터에 입력하면, 1초가 안 되어 답을 얻을 수 있을 것입니다.' 다루기 힘든 모색 과정tâtonnement을 지닌 시장 과정은 시대에 뒤떨어진 것으로 보였다. 이것은 실제로 전자 시대 이전의 계산 장비와도 같은 것이었다."[32] 1965년에 처음 발표된 계산 능력이 2년마다 2배로 증가한다는 고든 무어Gordon Moore의 법칙은 사회주의의 실현을 위한 새로운 길을 열어주는 것으로 보였다.

1989년에는 이러한 논의가 완전히 사라졌지만, 그것도 잠시에 불과했다. 정보 기술의 발전은 엄청난 양의 분산된 데이터가 중앙에서 평가되고 무엇보다도 중요한 계획 기준을 따라야 한다는 것을 의미했다. 이것이 바로 2014년에 발표된, 보상과 처벌에 관한 복잡한 시스템 때문에 개인과 기관이 법을 준수하게 되는 '신뢰 수준이 높은 사회high trust society'를 건설하려는 중국 사회주의 신용 시스템의 목표이다. 이것은 랑게가 개탄했던 관료주의와 독단을 더 이상 요구하지 않는 시스템이었다이것이 내부적으로 완전한 일관성을 가질 수 있었다.

사회민주주의 노선

사회민주주의도 생산 수단의 통제에 대한 민주적인 방향을 정립하기 위하여 국가라는 배경 속에서 작동했다. 이것이 강조하는 주요 지점은 생산의 통제 혹은 계획에 있지 않고, 조세를 통한 자원의 재분배에 있었다. 원래 군사 국가의 핵심을 구성하던 메커니즘군비를 위한 재정 조달이 이제는 국내의 사회 안정을 유지하는 데에 활용되었다. 린든 존슨Lyndon Johnson 대통령의 빈곤과의 전쟁War on Poverty에서처럼, 군사적 비유가 때로는 명시적으로 사용되었다. 한때는 군사적 목표를 가지고 있었던 국가가 지금은 이전 지출transfer payment에 더 많이 지출한다. 예를 들어, 1980년대 중반에 스웨덴은 GNP의 약 3분의 1을 사회복지를 위해 지출했다.[33]

스웨덴은 양 대전 사이의 기간, 그리고 1945년 이후, 사회민주당이 수십 년에 걸쳐 집권한 이후로 사회민주주의가 어떻게 작동하는가에 대한 모델이 되었다. 이 정당은 결코 정치적 다수당이 되기 위한 기반을 제공할 정도의 다수를 차지하지는 않는, 전통적인 노동자 계급뿐만 아니라 농부와 사무직 노동자의 마음을 사로잡기 위한 운동 조직의 결성에 의존했다. 무엇보다도 이 정당은 확장된 가정 혹은 국민의 가정folkhemmet이라는 국가의 비전을 창출했다. 스웨덴 사회주의의 아버지로 불리며 1920년부터 1925년까지 총리를 지냈던 저널리스트 얄마르 브란팅Hjalmar Branting은 1921년 노벨평화상 수상 연설에서 이렇게 설명했다. "국가 영토 내에서의 주권을 거부하고 궁극적으로는 국제적 단결을 위하여 완전한 말살을 목표로 하는 국제주의는 진정한 국제 정신을 희화한 것에 지나지 않는다."[34] 그는 프랑스의 위대한 사회주의 지도자 장

조레스Jean Jaurès를 인용하여 이렇게 말했다. "노동자가 자기가 태어난 국가를 저주하는 것은 실제로는 국가를 괴롭히고 있는 사회적 부적응을 저주하는 것이다. 그리고 이처럼 명백한 저주는 새로운 국가에 대한 동경의 표현일 뿐이다." 브란팅은 이렇게 결론을 내렸다. "이후로 정확하게 국가의 중요성에 대한 이처럼 깊이 뿌리내린 감정이 진정한 국제주의, 즉 국가가 없는 원자가 아니라 자유로운 결합 속에서 주권 국가에 기초한 인간성의 기반이자 출발점이 되었다."

국민의 정서만으로는 충분하지 않다. 이 정당은 사회 문제의 근원적인 원인을 제거하는 예방적인 사회 정책으로 변혁을 약속했다. 이러한 변혁적인 사회 정책의 철학은 위대한 이론가들이자 부부이기도 한 군나르 뮈르달과 알바 뮈르달Gunnar and Alva Myrdal에게서 나왔다특히, 군나르 뮈르달은 1974년에 자신이 통렬하게 비판했던 프리드리히 하이에크와 함께 노벨 경제학상을 공동 수상했다. 그들은 1934년에 펴낸 책, 『인구 문제의 위기Crisis in the Population Question』로도 유명하다. "목표는 떠오르는 세대의 삶과 발전의 전망에서 진정한 양적 증가를 달성하고, 이와 함께 이들의 부양에 따르는 비용 부담과 책임을 개별 가정의 부양자에서 국가로 이전하는 것이다."[35]

스웨덴 모델은 대규모의 국가 소유와는 아무런 관련이 없었다. 복지국가의 아버지로 추앙받는 스웨덴 정치인 구스타프 묄러Gustav Möller는 사회주의 사회를 완전한 민주적 통치와 경제적 착취가 존재하지 않는 곳으로 보았다. 그러나 그는 국가의 기업 소유 혹은 통제에 대해서는 대단히 회의적이었다. "국가의 관리가 민간의 관리와 비교하여 경제적으로 유리하지 않다는 우리의 반대자의 주장에는 커다란 진실이 담겨 있다. 이것은 특히 국영 기업 내의 관료주의 때문이다."[36] 사회민주주의에 입각한 자극이 이것을 확대하지 않고서 개선할 수 있을 것이다. 20세기 후반에 사회민주주의 정당으로 거듭나려는 영국 노동당의 배후에서 주요 브레인 역할을 했던 앤서니 크로스랜드Anthony Crosland는 영국이 이제는 더 이상 자본주의 국가가 아니라고 믿었다. 그는 이렇게 주장했다. "이 시대의 복지국가에서 지배적인 이데올로기가 자조 혹은 적극적인 개인주의라고 주장하는 사람은 아무도 없을 것이다." 노동자의 투쟁성과 계급 갈등은 점점 약화되고 있었다. 크로스랜드가 19세기의 위대한 예언자 엥겔스를 인용하여 말했듯이, "대중은 이러한 번영 이후로 대단히 무기력해졌다." 그다음에 그는 이렇게 자신의 생각을 덧붙였다. "그러나 그의 생각과는 다르게, 모두가 이것을 나쁜 것으로 생각하는 것은 아닐 것이다."[37]

이러한 개선을 위한 자극이 딜레마를 낳았다. 이것은 분명히 독일 바이마르공화국의 정치권이 서로 대립하던 중에 발생한 것이었다. 1920년대에 의회의원이자 목공 부문의 노동조합 조직책인 프리츠 타르노우Fritz Tarnow는 경제적 민주주의 사상의 주요 제안자였다. 또한 그는 경제적 재균형에 이르게 하는 구매력 이론purchasing power theory을 지지했다. 그가 SPD 전당대회에서 '자본주의 경제의 혼란기와 노동자 계급Capitalist Economic Anarchy and the Working Class'이라는 주제로 기조연설을 하던 1931년 6월은 대공황이 한창 진행 중일 때였다. 그는 다음과 같이 상당히 인상적인 비유를 했다. "우리가 진단자로서뿐만 아니라 어떻게 표현해야 할까? 치료하기를 원하는 의사로서 자본주의의 병실에 와 있는가? 아니면 한시라도 빨리 상속을 받고 그 과정에서 조금이라도 도움을 주기를 원하는 즐거운 상속인으로서 와 있는가? (……) 의사로서 그리고 상속인으로서의 이 두 가지 역할은 상당히 어려운 배역이다." 공산주의자이자 시각예술가, 선동가인 존 하트필드John Heartfield는 뛰어난 호랑이 포토몽타주 작품으로 대답했다. “물론 우리가 자본주의라는 호랑이의 이빨을 부수어버릴 것이다. 그러나 먼저 호랑이의 건강을 회복시키고 나서 그렇게 해야 한다.”[38]

이러한 생각이 국경을 넘어서 확장될 수 있을까? 국제 평화를 유지해야 할 필요성에 대한 논의가 하나의 자극이 될 수 있을 것이다. 이론가 루돌프 브라이트샤이트Rudolf Breitscheid는 1925년 하이델베르크 프로그램Heidelberg Program에서 유럽의 경제통합에 관하여 이렇게 말했다. “경제적 이유로 통합이 필요해졌고, 이것은 유럽합중국United States of Europe의 기반을 조성하는 데 도움이 되고, 세상 사람들의 관심을 하나로 모으는 결과를 가져올 것이다.”[39] 그러나 특정 영토와의 정서적인 동일시가 항상 다른 방향을 가리키고 있었다.

2차 대전이 끝나고 쿠르트 슈마허Kurt Schumacher라는 영웅적인 인물이 나서서 SPD가 라살의 원칙을 재건하게 만들었다. 그는 나치 치하에서 고통받은 인물로서, 그의 몸에는 야만적인 고문의 자국이 뚜렷하게 남아 있었다. 그는 진정한 국가를 표현하기 위하여 다음과 같이 인상적인 주장을 펼쳤다. “SPD를 위해서는 노동자의 가상이 아닌 조국이 있다. SPD에게는 우리가 정부, 국가, 경제의 통일체가 되기를 원하는 독일이라는 조국이 있다.”[40] 다른 사회주의 정당들도 같은 길을 걸었다. 영국의 철학자 알래스데어 매킨타이어는 통렬한 어조로 다음과 같이 주장했다. “영국의 좌파는 외국인들에게 불만을 갖고 있는데, 부분적으로는 그들이 이론을 정립하기 때문이다.”[41]

사회민주주의 모델의 몇 가지 측면은 20세기 후반의 세계화에 의해 서서히 손상되었다. 높은 법인세율은 기업이 그 나라를 떠나고 싶은 생각이 들게 했다. 따라서 규모가 작은 사회민주주의 국가는 법인세율을 낮추고 개인세율을 상당히 높게 유지했다. 아일랜드처럼 규모가 상당히 작은 사회민주주의 국가의 경우, 낮은 세율이 경제 활동을 전체적으로 촉진시킬 뿐만 아니라 다국적기업이 그곳에 본사를 두도록 장려하는 특별하고도 더욱 급진적인 모델에 모험을 걸 수가 있었다.

사회민주주의가 타당성을 잃는 것으로 여겨지는 더욱 광범위한 원인이 있다. 전성기 시절의 사회민주주의는 전문가, 특히 사회과학자에게 의존했다. 어떤 의미에서 이러한 현상은 사회주의의 과학적 특징에 관한 마르크스 주장의 논리적 결과였다. 또한 이는 최고의 과학적 데이터와 해석을 반영하기 때문에, 하나의 진정한 원칙이 되었다. 북유럽 모델의 최고 분석가 프랜시스 세예르스테드Francis Sejersted는 북유럽 국가의 전망을 분석하면서, 다음과 같은 결론을 내렸다. "경제학자들을 위시하여 사회과학자들이 정계를 장악했고, 합리적 담론이 우위를 차지했다. 그러나 영원히 지속되는 것은 아무것도 없다."[42] 다른 국가들도 비슷한 길을 걸었다. 예를 들어, 영국은 2차 대전 이후로 수십 년이 지나서, 양대 정당 사이에 사회적, 경제적 쟁점에 대한 한 가지 합의가 이루어졌다. 그것은 케인스가 제시한 경제 관리의 원칙에 기반을 둔 개혁주의였다. 이것은 노동당을 이끄는 휴 게이츠컬Hugh Gaitskell과 보수당을 이끄는 사회사상가 R. A. 버틀러R. A. Butler, "Rab"의 이름을 따서 버츠컬리즘Butskellism이라고도 불렀다. 크로스랜드는 사회주의가 계획의 수립이라기보다는 일반적인 삶의 수준의 향상에 관한 것이라고 주장했다. "계획은 10년 전과 비교하여 우선순위가 떨어졌다. 이에 반하여, 개인의 소비 수준의 향상이 근본적으로 평등주의에 입각한 사회주의 목표의 진술에서 한 부분을 차지해야 한다." 이러한 접근 방식이 갖는 사고방식은 경제학자 로이 해로드Roy Harrod가 케인스에 대하여 칭송 일색으로 써

놓은 전기에 잘 요약되어 있다. "현명한 사람이 권력을 행사할 수 있는 곳은 행복의 땅이다. 그 이유는 단순히 그가 현명하기 때문이다. 비록 그가 정치 집단, 혹은 금융, 혹은 노동조합의 이해관계자로부터 지지를 얻지 못하더라도 말이다."[43]

사회주의의 딜레마

사회주의와 자본주의는 접착 쌍둥이이다. 항상 다른 방향으로 서로를 당기게 되어 있지만, 어쩔 수 없이 서로 의존해야 한다. 사회주의는 자본주의가 근절될 것으로 믿어야 한다. 그러나 이런 일이 실제 발생한다면, 사회주의는 단순히 기술관료적 경영의 한 가지 형태가 되고, 그 존재 이유가 사라진다. 사회주의자들이 혁명적인 대안, 재산 관계의 변혁을 강조하면, 자본주의가 사라질 경우나 자본주의의 복원력이 강하거나 적응력이 강할 경우, 그들의 주장도 사라진다. 그러나 사회주의자들이 사회민주적 방식의 수렴과 재정 재분배를 통한 경제 관리와 같은 방식을 강조한다면, 시장 작동에 의존하는 것은 사회민주적 방식이 어느 정도는 자본주의를 닮은 것을 의미할 것이다.

20세기의 주요 사회주의 경제 이론가들이 개인적으로 매우 비극적인 삶을 살았다는 사실은 그다지 놀랍지 않다. 그들은 사건뿐 아니라 사상에도 시달렸다. 힐퍼딩은 나치 치하에서 탈출하여 말년을 보냈다. 결국 그는 프로방스 지역 아를의 어느 공공도서관에서 지내면서, 종교와 윤리 사상의 부활을 촉구하는 「역사 문제The Historic Problem」라는 제목의 긴 논문을 쓰기 시작했다. 이것은 과거 자신이 신봉하던 마르크스주의자들의 경제 결정론을 명백하게 반대하는 주장으로 시작한다. "물리력이 결과를 결정한다. 이러한 관계는 경제가 내용, 목표 그리고 물리력의 결과를 결정한다는 것을 의미하지는 않는다. 물리력을 통한 결정의 결과가 경제를 결정한다."[44] 그는 1941년 2월에 비시 프랑스Vichy France 당국에 의해 체포되어 독일인들에게 넘겨졌고, 파리에 위치한 게슈타포 감옥에서 세상을 떠났다.

스탈린의 경제 고문을 지냈던 예브게니 바르가Eugene Varga는 1921년부터 1935년 사이에 코민테른 회의에 제출하는 경제 보고서 작성을 담당했다. 그는 사회주의 혹은 소비에트 경제와 자본주의 혹은 서방 경제의 관계에 관한 주요 이론가였다. 그는 1946년에 발간한 『2차 대전 종식과 자본주의의 경제 변혁The Economic Transformation of Capitalism at the End of the Second World War』이라는 저작에서, 자본주의 체제가 지금까지 생각했던 것보다는 본질적으로 더 안정적이라고 주장했다. 이는 그가 이끌어왔던 연구소가 폐쇄되는 결과를 낳았다. 1949년 4월 27일, 바르가는 거의 3년에 걸친 논쟁이 끝나고 자신의 주장을 철회했다. 그는 자신의 오류를 인정하고, 이렇게 적었다. "이러한 오류가 자본주의를 미화하기 때문에 개혁주의 경향을 띠는 오류들의 사슬을 형성했다. 또한 이러한 경향은 자연스럽게 세계주의 경향의 오류를 의미한다." 그는 "집이 없는 세계주의자"의 숙청에 관한 최근의 논쟁이 있기 전에 자신이 3년 넘게 저질렀던 오류들을 연결시켰다. 그리고 늦더라도 안 하는 것보다는 더 낫다는 생각으로, 오류들을 바로잡는 새로운 책을 쓰기로 약속했다. 이러한 철회는 1949년 3월 15일, 그가 「프라우다Pravda」 편집장에게 자신을 친서방 성향을 띠고 과잉생산에 따른 위기의 가능성을 부정하는 인물이라고 비난한 기관지들의 악의적인 반응을 공격하는 내용의 편지를 보낸 뒤 한 달이 지나서 이루어졌다.[45] 이후 그는 헝가리로 이주하여 강경한 스탈린주의자 라코시 마차시Rákosi Mátyás 정권을 지지했다. 1956년 헝가리 혁명과 라코시의 실각 이후로, 그는 또다시 물 밖에 나온 물고기와 같은 신세가 되었다. 자본주의의 종말이 임박했다는 그의 예상이 헝가리의 카다르 야노시Kádár János의 개혁주의 경향을 띠는 사회주의 개념과 충돌했기 때문이었다.

힐퍼딩과 바르가는 계획 사회를 지향하는 사회주의 이론과 급진적인 국민주의 및 국가의 특수성을 강조하는 정치, 즉 1945년 이후 중부 유럽에서도 사회주의 조작화에 깊이 파고드는 정치 사이에서, 다른 국가를 무대로 다른 방식으로 싸웠던 비극적인 갈등의 희생자들이었다. 20세기 후반에도 새로운 사회주의를 실현하려고 했던 주요 인물들이 비록 완전히 다른 방식이기는 하지만 비극을 맞이했다. 서유럽의 주요 4개국에서, 사회주의의 운명은 오류를 범하기 쉬운 지도자가 살아온 과정과 연관되었다.

영국의 토니 블레어Tony Blair는 시장 지향의 요소들을 많이 지닌 "신노동당New Labour"을 다시 만들려고 했다그에게 반대하는 사람들은 그를 신자유주의자라고 생각했다. 이에 대해서는 나중에 자세히 살펴볼 예정이다. 이것은 정치를 변혁하기 위한 상당히 성공적인 시도였다. 그가 총리가 되기 전에, 시사평론가들은 "블레어가 사회주의자 행세를 거의 하지 않는 첫 번째 노동당 지도자"라는 결론을 내렸다.[46] 그러나 그가 2003년 조지 부시가 일으킨 이라크 전쟁과 이 전쟁에 정당성을 부여하는 잘못된 주장을 무조건적으로 지지한 것을 계기로, 그의 리더십이 흔들리고 말았다. 작가인 콜린 맥케이브Colin MacCabe는 수많은 노동당원들을 대신해 블레어의 배신과 돈과의 연애를 비난했다.[47] 블레어는 총리 자리에서 물러나면서, 강연자와 로비스트로서 연봉을 많이 받는 직업 활동을 시작했다.

독일의 총리 게르하르트 슈뢰더Gerhard Schröder는 미국의 대외 정책에 말려들지 않는 데에는 성공했다. 그 역시, 독일의 경쟁 여건을 강화하는 것을 목표로 하고, 돌이켜 보면 크게 성공한 것으로 평가받는 하르츠 아젠다Hartz agenda라고 알려진 노동시장 개혁을 주장하면서 신자유주의자라는 비난을 받았다. 그러나 이러한 개혁이 대중들의 인기를 잃는 결과를 초래했다. 그는 총선에서 근소한 차이로 패배한 이후, 독일 제조업계특히 자동차 산업와 러시아의 블라디미르 푸틴Vladimir Putin 주변에서 활동했다. 그는 자신의 정치적 비전만큼이나 브리오니Brioni 정장으로도 알려져 있다. 2017년에 그는 러시아의 에너지기업 로스네프트Rosneft 회장에 취임했다. 러시아에서는 슈뢰더화Schroederization가 정치 엘리트의 부패의 기술을 의미하는 단어가 되었다.

이탈리아 사회당의 마지막 지도자였던 베티노 크락시Bettino Craxi는 부패의 증거가 훨씬 더 분명했다. 그는 1980년대에 상당히 오랫동안 총리를 지냈지만, 공산당과 기독교민주당을 해체하게 했던 광범위한 부패 스캔들의 여파로 총리 자리에서 물러나야 했다. 1994년에 그는 튀니지로 망명하여, 2000년에 그곳에서 세상을 떠났다.

프랑스 사회주의 지도자 프랑수아 미테랑François Mitterrand은 훨씬 더 급진적인 경제 강령을 2년 동안 실험하고, 1983년에 프랑스 사회당을 정치적 중심에 올려놓았다. 그를 향한 비난은 정치 현안에 대한 논쟁이 아니라 그의 재선 대통령 임기가 끝나고 폭로된 과거 행적에서 비롯되었다. 저널리스트 피에르 페앙Pierre Péan은 미테랑 대통령이 젊은 시절에 전시 비시 정권의 공직자로 일한 사실과 그 시절에 경찰서장을 지냈던 르네 부스케René Bousquet와 같은 인물과도 친밀한 관계를 계속 유

지한 사실을 폭로하는 저서를 발간했다.[48]

이처럼 국민국가에 집단적으로 커다란 모험을 걸었던 사회민주주의는 위기를 맞이하게 되어 있었다. 그럼에도 역설적으로는 1980년대에 실패한 것으로 보였던 소련식 계획 모델이 정보 기술에 의해 구제되는 것으로 보였다. 1980년대에, 나는 컴퓨터 칩이 부족해지면, 공산주의가 바이트를 상실할 것이라고 주장했다. 이제는 중국식 사회주의가 국제주의적 자본주의 혁신으로부터 탄력을 받아서 구제되고 있는 것으로 보인다. 사회주의가 다시 한번 바이트를 보유하게 되었다.

민주주의, 국민국가, 국민주의

시민 사회의 한 형태인가, 효과적인 통제 메커니즘인가

DEMOCRACY, THE NATION-STATE, AND NATIONALISM

PART 03

세계는 주로 국민국가들로 구성되어 있다. 그리고 오늘날 가장 풍요로운 국가의 대부분은 일정 기간에 걸쳐 실시되는 보통 선거로 결정되는 정부가 지배하는 민주주의 국가이다. 놀랍게도, 이러한 상황에 만족하는 사람정치인, 분석가, 시민들이 점점 적어지고 있다.[1] 또한 때로는 환상이기는 하지만 코로나와 같은 보건 문제를 처리하는 데는 단호한 독재가 분열되고 다투고 간섭하는 민주주의보다 더 낫다는 인상을 주기도 한다.

국민국가에 대한 근대적 개념은 자본주의와 사회주의 사상이 등장하던 19세기에 등장했다. 이러한 개념들은 단순히 이들을 처음 만들어낸 상황의 논리에 의해 서로 연관되어 있다. 위대한 경제학자 조지프 슘페터는 다음과 같은 사실에 주목했다. "역사적으로 근대 민주주의는 자본주의와 함께, 자본주의와의 인과관계 속에서 등장했다."[2] 국민국가의 목표는 자본주의를 관리하거나 그렇지 않으면 사회주의로의 이행을 준비하는 것이었다. 실제로 경제와 국가 건설의 관계는 경제학을 의미하는 독일어 나찌오날뢰코노미Nationalökonomie 혹은 라틴어와 그리스어에 어원을 둔 독일어 폴크스비르트샤프트Volkswirtschaft에서 분명하게 나타난다. 처음에는 폴크스비르트샤프트가 세계경제 혹은 벨트비르트샤프트Weltwirtschaft의 반의어로 정의되었다비록 영어권의 일부 시사평론가들이 조금은 시대착오적으로 벨트비르트샤프트를 세계화로 번역하지만 말이다.[3]

2007~2008년 글로벌 금융 위기가 있기 전에 그리고 코로나 위기가

있기 훨씬 전에, 많은 전문가들이 민주주의가 곤경에 처하고, "민주주의의 불황"이 도래하고, 반反민주적 포퓰리스트들이 안정적인 정치 질서를 허물 것을 걱정했다. 대니 로드릭Dani Rodrik의 매우 설득력 있는 해석에 따르면, 민주주의의 약점이 세계화의 승리와 관련이 있다는 것이다. 그 이유는 세계화가 민주 정부가 시민들의 삶을 개선하기 위한 주요 정책을 선택할 능력을 약화시키기 때문이다.[4] 자본주의도 분배에서 갈등을 일으키기 때문에 민주주의에 부담을 가한다. 경제 문제를 둘러싼 갈등이 민주주의를 파괴한다는 주장은 오랫동안 확립되었다. 세계화는 승자해외 경험이 풍부한 세계인 혹은 모바일 시대의 엘리트와 교육을 덜 받고 모바일 경험이 부족한 패자 사이의 새로운 갈등을 야기했다. 슘페터는 이러한 점을 분명하게 보았다. 그리고 "은행과 호텔을 제외하고는 규모가 큰 자본주의 산업이 존재하지 않는 농부들의 세상에서는 싸울 것이 별로 없다."고 말하면서, 자신이 아웃라이어로 취급하는 것, 즉 스위스가 민주주의에서 특별히 성공한 사실을 설명했다.[5]

2000년은 민주주의의 조류에서 전환점 혹은 최고점으로 여겨진다. 2000년 6월에 공산주의를 해체시킨 원동력을 제공한 것으로 널리 알려진 국가의 수도 바르샤바에서 100여 개 국가의 지도자들이 참석하여 민주주의 공동체를 과시했다. 그들은 자국 정부가 민주적 원칙과 행동을 준수하기로 약속하는 바르샤바 선언에 서명했다. 이번 회의에서는 참석자들이 정보를 공유하고 민주주의와 관련된 쟁점을 지지하기 위한 유엔 총회의 비공식 회의를 포함, 다양한 방법으로 정부 사이의 협력을 증진하기로 결의했다. 미국 국무부는 정부뿐만 아니라 비정부 영역에서도 민주주의의 세계적 전파를 확인할 수 있었다고 발표했다.[6] 2000년 싱크탱크인 프리덤 하우스Freedom House는 민주주의 국가가 120개에 달하는 것으로 분류했다. 2019년에는 세계의 자유가 후퇴한 지 13년째 되는 해라고 보고했다.[7] 국가를 무대로 하는 민주주의는 마치 이것이 정치 안정을 이루어낼 수 없는 것처럼 여겨졌다. 민주주의와 국민국가와의 관계가 긴장되거나 어쩌면 깨질 수도 있다.

민주주의의 정의

민주주의는 에이브러햄 링컨Abraham Lincoln 대통령이 남북 전쟁 중에 그 의미를 가장 분명하게 제시한 대단히 규범적인 개념이다. 이것은 링컨 대통령이 게티즈버그 연설Gettysburg Address에서 말했듯이, "국민에 의한 국민을 위한 국민의 정부", "자유의 새로운 탄생"을 의미한다. 지도자가 정부그리고 민주주의를 다시 만드는 극적인 순간에는 이러한 생각을 표현하곤 한다. 1차 대전 이후 과거의 제국이 무너지고 국민국가가 그 자리를 대체할 때에도 이러한 생각이 다시 등장했다. 또한 우드로 윌슨 대통령의 프로그램에 입각한 성명에서도 크게 선전되었고, 1989년 이후 동유럽의 소비에트 제국과 소련이 붕괴될 때도 등장했다. 그러나 이러한 생각은 상당히 오래전부터 있었는데, 페리클레스Pericles의 유명한 추도 연설문에서 가장 명료하게 표현되었다.

> 우리의 정부 형태는 다른 나라의 제도와 경쟁하지 않는다. 우리의 정부는 이웃 나라의 것을 모방하지 않고, 그들에게 모범이 된다. 우리가 민주주의라고 부르는 것은 행정이 소수가 아니라 다수의 손에 달려 있기 때문이다. 사적인 분쟁에서 사법이 모두에게 평등하게 적

> 용되는 한, 그 우수성을 인정받는다. 어느 한 시민이 어떻게든 탁월한 모습을 보인다면, 특권으로서가 아니라 이러한 능력에 대한 대가로서 공직에 우선 발탁된다. 가난이 장애가 되지 않는다. 누구든지 자신의 신분이 높지 않더라도 국가에 도움이 될 수 있다. 자기가 좋아하는 일을 하고 있는 사람이라면, 공적인 일에서 누군가를 배제하지 않고, 사적인 일에서 서로 의심하지 않고, 이웃에 화를 내지 않는다. (……) 우리의 도시는 세계에 개방되어 있고, 적에게 알려지면 도움이 될지도 모르는 비밀이 누설되는 것을 방지하려고 외국인을 결코 추방하지 않는다. 우리는 술책이나 속임수에 의존하지 않고, 우리 자신의 열정과 협력에 의존한다.[8]

아테네 모델 혹은 초기 스위스주의 모델은 많은 사람들이 모이는 집회에 의존했다. 투키디데스Thucydides가 찬양했던 이러한 종류의 공개 토론은 항상 환상에 불과한 것일 수도 있었다. 미국과 프랑스 혁명의 여파로, 고대 그리스의 이상형이 새로운 방식으로 재창조되었지만, 이러한 이상형은 프랑스 혁명의 가장 급진적인 단계를 제외하고는 실제 회의가 아니라 상상의 시민 공동체를 요구했고, 직접 민주주의를 요구하지는 않았다. 이제 국가는 베네딕트 앤더슨Benedict Anderson이 상상의 공동체라고 불렀던 것으로 재구성되었다. 새로운 이론을 제시한 가장 대표적인 인물은 1882년, 소르본대학교에서 언어와 조상에 의존한 독일 모델을 통해 국가에 대한 자신의 유명한 개념을 강의했던 에르네스트 르낭Ernest Renan이었다. "국가는 일종의 정신이고, 영적 원리이다. 진정 하나라고 말할 수 있는 이 두 가지 특징들이 정신과 영적 원리를 구성한다. 하나는 과거에 있고, 다른 하나는 현재에 있다. 하나는 기억이라는 풍부한 유산에 대한 공동의 소유물이고, 다른 하나는 함께 살고자 하는 현재의 합의이자 욕망이고, 과거로부터 물려받은 유산을 분할하지 않을 것을 계속 주장하려는 의지이다."[9] 따라서 그는 국가는 일상적인 국민투표라는 유명한 결론에 도달했다. 실제로 사회과학자와 역사학자들은 무엇이 이러한 국민투표가 민주주의에 대한 긍정적인 확언이 되게 하는지를 확인하기 위해 노력하면서, 광범위한 제도적 기반국가를 묶어주는 수송 시스템, 보통 교육, 일반 군대을 지적했다. 한 가지 해석에 따르면 이러한 제도적 기반이 농부를 프랑스 시민으로 변화시켰다.[10] 민주주의는 여전히 공동체의 이상형에 의존했다.

19세기가 시작되면서, 개인을 어떻게 하나의 공동체로 묶을지에 관한 논의가 이루어졌다. 이는 주로 개인을 시민으로 변화시키는 교육 혹은 육성의 관점에서 다루어졌다. 이 중 이론 제시가 활발하게 이루어졌던 독일의 사례는 언어적으로 가장 흥미로웠다. 시민을 의미하는 뷔르거Bürger가 프랑스어로 이에 상응하는 명사 부르주아bourgeois도 의미하기 때문이었다. 특히, 프러시아의 훔볼트 형제들Humboldt brothers은 "도덕적 인간과 훌륭한 시민"의 육성에 관한 이론을 개발했다. 여기서 도덕적 감성은 교육을 통해 세련되게 만들어진다는 의미다.[11] 빌둥Bildung이라는 단어는 실제로 교육과 육성 혹은 형성을 의미한다.

정치학자들이 민주주의를 순수하게 규범적인 형태로 여기는 것과는 대조적으로, 민주주의의 운영에 대한 견해에서는 민주주의가 단순히 엘리트를 뽑는 과정이라는 것을 강조한다. "민주주의는 '국민'과 '통치'라는 단어가 갖는 어떠한 명백한 의미에서, 국민이 실제로 통치하는 것을 의미하지도 않고, 의미할 수도 없다."[12] 기껏해야 민주주의는 책임의 투명한 경로를 창출하는 효과적인 통제 메커니즘으로 여겨질 수 있다.

민주 혁명에 가장 열렬히 참여하는 사람들은 이것을 아주 분명하게 지적한다. 1918년 이후로 독일이 전쟁에서 패배한 혼란의 과정에서 모든 급진적인 정치 선택을 놓고서 거리에서 싸움이 벌어졌을 때, 사회학자 막스 베버가 민주주의가 어떻게 작동하는가에 대한 실용적인 견해를 정립했다. 당시 그는 왕조가 무너지고 단명한 볼셰비키공화국이 선포된 다음에, 우파 국민주의 정권이 등장한 뮌헨에서 활동하고 있었다. 또한 베버는 바이마르 헌법의 입안에도 참여했고, 행정 기구, 관료, 전문가에 의해 선택이 어떻게 이루어질 것인가를 확실히 이해했다. "한편으로는 완전한 자격을 갖춘 구성원이 수천 명을 초과하여 규모의 한계를 뛰어넘는 조직 내에서, 혹은 다른 한편으로는 기술적 훈련과 정책의 연속성을 요구하는 기능이 관련된 곳에서, 직접적인 민주주의와 중요 인물들에 의한 통치는 기술적으로 적절하지 않다. 이러한 경우, 기관장이 자주 바뀌고 정규직 기술 관료가 임용되면, 실질적인 권한이 실제로 일을 하는 정규직 기술 관료에게 주어지고, 기관장은 기본적으로 어설픈 전문가로만 남는다."[13]

체코의 반체제 인사 바츨라프 하벨Václav Havel은 베버보다 훨씬 더 이상주의자였다. 하벨은 정부 직원을 선발하기 위해 등장하는 정당은 중요하지 않고, 선발된 직원들의 자질이 더 중요하다고 생각했다. "전체주의 체제 이후를 살아가는 사람들은 인간답게 살 수 있는가의 문제가, 단일 정당 혹은 복수 정당이 권력을 잡아야 하는가, 이러한 정당들이 스스로를 어떻게 정의하고 이름을 붙일 것인가의 문제보다 훨씬 더 중요하다는 사실을 아주 잘 안다."[14]

규범적인 정의와 운영적인 정의는 국가를 구성하는 사회적 결속이 어떻게 창출되는가에 대한 평가를 요구한다. 19세기 동안에, 민주주의를 자유와 자아실현을 향한 단계로 해석하던 원래의 비전이 갑자기 이와는 상당히 다른 것으로 대체되었다. 국가를 결속시키고 민주주의를 작동시키는 것은 시민의 육성을 낳는 의식의 변화가 아니라 경제 관계와 경제 성장이었다.

순전히 사업에 관한 문제

19세기에 국민국가가 실제로 시작된 것은 이것이 경제 성장을 달성할 수 있다는 약속 덕분이었다.[15] 19세기 중반에 무엇이 변하였고, 무엇이 이상적인 비전을 무너뜨렸는가? 국가를 이론 혹은 철학이 아니라 실제로 형성하는 것은 조잡한 무력 정치에서 비롯되었다. 이러한 현상은 특히 독일과 이탈리아에서 정확하게 맞아떨어졌다. 이들 두 나라는 1860년대와 1870년대에 이룬 통일이 국민국가와 그 특징에 대한 새로운 패러다임을 설정했다. 이것은 국가들states, state로서의 국가는 현실적 실체로서의 권력을 뜻하며 군대와 관료조직이 그 구체적인 형태이다_옮긴이 간의 전통적인 힘의 균형에 대한 대안을 제시하기보다는, 교묘한 외교적 술책, 가식, 속임수로 이러한 균형을 조작하는 데에 의존했다. 또한 이렇게 등장한 새로운 국가들은 정의상으로는 분명히 국민국가가 아닌 과거의 국가들예를 들어, 사보이아공국(피에몬테)과 프러시아에서 유래한 계책에 의존했다. 이러한 새로운 국가들의 존재 자체가 자유주의적 다수파가 아니라 피에몬테와 프러시아의 협상가그리고 군대의 성공을 나타낸다. 민주주의는 방해가 되었다. 피에몬테의 정치인 카밀로 카보우르 백작Count Camillo Cavour은 "민주주의 정당과의 경쟁이 이탈리아의 독립이라는 대의를 손상시킬 것"이라고 여러 차례에 걸쳐서 강조했다. 그러나 국가의 형태와 특징이 결국에는 대중적 혹은 민주적 정치의 특징을 형성할 수도 있다. 예를 들어, 독일에서는 프러시아의 총리 오토 폰 비스마르크가 여전히 투표권 행사에서 재산 소유권에 따라 가중치를 부여하더라도 성인 남성에게 보편적인 선거권을 부여했다.

아우구스트 루드비히 폰 로하우August Ludwig von Rochau는 현실 정치Realpolitik에 관한 위대한 이론가이자 단어 고안자로서, 1848년 유럽 전역에 걸친 혁명의 물결 시기에는 독일의 노련한 저널리스트로도 활동했던 사람이었다. 그는 자유는 정치의 변화로 성취할 수 없고, 오직 재산 취득을 통해서만 성취할 수 있다고 주장했다. 국가의 통일을 향한 어떠한 발전이 있든지 간에, 이것은 인간이 사적 이익을 도모한 결과이다. 이제 조국은 더 이상 애국자의 소망에 관한 문제가 아니다. "독일인들에게 통일은 기본적으로 순전히 사업에 관한 문제이다eine reine Geschäftssache."[16]

19세기 중반이 지나면서 독일 사상가들에게 흔하게 나타난 이러한 원칙은, 경제 결정론이 되기에 이르렀다. 물론 이러한 결정론에 관한 불후의 저작은 1867년에 1권이 출간된 카를 마르크스의 『자본론Das Kapital』이었다. 이 책은 우리가 일반적으로 생각하는 것보다 덜 독창적이다. 그 이유는 동시대의 독일에서 퍼져 있는 견해들을 반영했기 때문이다. 이 책은 커다란 사건의 필요성을 입증하려고 했다. 마르크스는 이 책에서 1840년대를 형성하는 데 중요한 역할을 했고 개인의 행동과 결단력에 더 많은 여지를 허용했던 헤겔 철학의 전통을 버렸다. 이 책은 사회적 행동에 관한 자연 법칙 혹은 피할 수 없는 법칙 혹은 철칙의 기념비가 되었다. "자본주의적 생산의 자연 법칙에서 생기는 사회적 적대 관계의 발전 정도가 높은가, 낮은가는 여기에서는 문제가 되지 않는다. 문제는 이러한 법칙들 자체, 즉 피할 수 없는 결과를 향하여 확고한 필연성을 가지고 작동하는 경향 자체에 있다."[17]

독일과 이탈리아의 정치인들뿐만 아니라 기업가들과 사상가들은 영국이 제공하는 패권과 권력 모델을 따라잡을 필요가 있다고 보았다. 그러나 영국에는 제법 특별한 장점이 있었다. 무엇보다도 영국은 섬에 위치하고 있기 때문에 상대적으로 저렴한 비용으로 안보를 유지할 수 있었다. 북해에서 지중해에 이르는 오랜 역사를 지닌 라인 지방과 알프스 지방의 통상로에 위치한 네덜란드와 같이 규모가 작고 비교적 역동적인 앙시앵 레짐의 국가들과 토스카나, 베니스, 바덴의 경우에는 방어 시설을 구축하기가 그렇게 쉽지 않았다. 안보를 유지하는 데는 비용이 많이 들었고, 영토 확장은 추가적인 수입으로는 충당할 수 없을 정도의 추가 비용을 발생시켰다. 독특하게 형성된 국가들은 현재 상황을 변화시킬 동기를 가졌다. 프러시아를 생각해 보라. 이곳은 척박한 농토와 서부 독일과 라인강 회랑의 일부 부유한 공업 지대가 기묘하게 혼합된 국가다. 피에몬테는 프랑스의 영향을 크게 받는 번성한 영방 국가territorial state로서 규모가 크고 가난한 지중해 섬과 연결되어 있다. 이들 두 국가들은 이미 부자와 가난한 자, 제조업자와 농부, 프로테스탄트와 가톨릭 사이의 거대한 모순을 체험했다. 영토 확장 정책은 이러한 모순이 이보다 더 광범위한 상황에 놓이게 함으로써, 이것을 줄이거나 상대적으로 다루기 위한 방법이 될 수 있었다.

비스마르크에 관한 이야기는 널리 보급된 경제 결정론이 어떻게 19세기 독일인들의 지적 세계를 지배하게 되었는지를 보여주는 사례다. 비스마르크가 로하우에 의해서 형성된 현실 정치의 요소들을 수행할 필요성을 느끼지 못한 것과 마찬가지로, 자진해서 마르크스의 정치와 경제 철학을 적용한 것은 아니었다. 그러나 그는 그들의 가정 중 많은 부분을 공유했다. 우선, 그는 19세기가 앙시앵 레짐을 방어하기 위해 고안해 낸 정통주의 혹은 보수주의가 되었든, 이를 공격하기 위하여 생각해 낸 자유주의가 되었든, 앙시앵 레짐의 구식 이론이 쓸모가 없는 "물질적 이해관계"의 시대라고 생각했다.

이러한 세상에서는 개인이 더욱 광범위한 변화의 포로가 되었다. 개인은 역사의 결정이라는 피할 수 없는 흐름을 바꿀 수가 없다. 1869년에 독일에서 가장 강력한 권력을 가진 사람이 순종적인 자세로 이렇게 말했다. "나는 우리와 같은 사람들이 역사를 만든다고 믿을 만큼 주제넘은 사람은 아니다. 내가 하는 일은 조류를 살펴보고는 그 속에서 최선을 다하여 배를 조종하는 것이다. 내가 조류를 바꿀 수는 없다. 하물며 조류를 일으키는 것은 더욱 할 수가 없다."[18]

개인이 운명의 조류 속에서 헤엄을 쳐야 한다면, 국가도 마찬가지다. 국가의 운명은 개인의 운명보다 더욱 결정론을 따른다. 경제의 변화 혹은 대외 정치의 변화와 같이 외부적인 사건들이 낭만적인 국민주의에 대한 동경보다 훨씬 더 중요했다. 이러한 동경은 꾸며낸 이야기에 지나지 않았다. 영토와 국민의 정체성 혹은 비스마르크가 말했듯이, "국적 속이기"에 관해서는 특별한 것이 없었다. 인간사에서는 모든 것들이 끊임없이 변하게 되어 있다. 비스마르크는 이러한 가변성에 대한 한 가지 사례로서 프러시아와 독일의 정체성 사이의 연결 고리를 생각했다. 이러한 정체성들이 모두가 단순히 외부적인 긴급 상황에 대하여 순응한 것, 역사와 운명이라는 무자비한 신 앞에서 고개를 숙인 것에서 나온 것은 아닌가? 1869년에 비스마르크는 구식의, 특히 프러시아 방식의 보수주의 사상을 가진 알브레히트 폰 론Albrecht von Roon 국방장관에게 편지를 썼다. 이때가 바로 신속하게 전개되는 정치 변화와 비스마르크의 전략과 행동의 결과로서 이들 두 사람이 북독일연방North German Confederation의 일원이 된 지 불과 2년이 지나서였다. 이후 1년이 지나서, 이들은 새로운 독일 제국의 신하가 되었다. "당신은 우리와 국왕 폐하가 북독일인으로 태어난 것을 인정해야 할 것입니다. 지금으로부터 170년 전에 우리 조상들이 자신의 이해관계를 위하여 스스로 즐거운 마음으로 브란덴부르크인이라는 영광스런 명칭을, 실제로 프러시아인이 아닌데도 프러시아인이라는 당시에는 상당히 쇠퇴한 명칭과 교환하기로 결정했더라도 말입니다."[19] 충돌과 전쟁의 결과로 정체성이 변했던 것이다.

또한 1860년대에는 대규모의 혹독한 내전이 발생했다. 우리는 이탈리아와 독일의 통일을 이보다 훨씬 더 많은 피와 분열을 일으켰던 미국 남북 전쟁의 드라마와 함께 바라보아야 한다. 각각의 경우에, 더욱 산업화된 북부가 농업 중심의 어쩌면 더욱 낭만적인 남부에 패배를 안겼다. 독일의 경우에서만 이러한 분열이 21세기에 들어서 성공적으로 극복된 것으로 보인다. 처음에, 무력 충돌의 결과는 우연과 수완의 문제였다. 그러나 전쟁이 길어지면서, 제조업 역량과 과세 대상이 되는 자원을 동원할 수 있는 쪽이 승리할 가능성이 더 높아졌다. 실제로 프러시아가 독일 정치에서 다시 영향을 미칠 수 있는 기회는 1859년 북부 이탈리아 전쟁의 여파로 합스부르크 제국의 재정이 거의 파산 지경에 이르게 된 덕분에 생긴 것이었다.

또한 1860년대에 전쟁과 사업은 통일을 향한 낭만적인 동경을 강조하던 것에서 통일에 따른 혜택을 실용적으로 강조하게 만들었다. 1860년대 독일의 유명한 사업가 알프레드 크루프Alfred Krupp는 자신의 사업 발전과 독일 국가의 등장 사이에서 분명한 유사성을 보았다. 그는 독일이 통일된 이후, 분명하게 비교할 수 있었다. "무엇인가를 달성하는 것은 오직 의지에 달려 있다. 어떤 국가가 1년 동안 여러 국가들을 흡수하여 통치하면, 우리도 10개가 넘는 새로운 산업을 일으켜서 관리할 수 있을 것이다. (……) 나의 성취는 프러시아의 위대함과 군사적 우위와 함께 흥하거나 망할 것이다." 1871년 프러시아 왕이 독일 제국의 황제가 되었을 때, 크루프는 기술적 성취뿐만 아니라 군사적 성공에 기초한 새로운 독일을 상징하는 인물이 되었다. 프러시아가 세단 전투에서 압도적인 승리를 거둔 것에 대한 그의 해석은 명료했다. "지금 우리는 철의 시대에 살고 있다. 철도, 독일의 위대함, 프랑스의 파멸은 철의 시대에 일어나고 있다. 청동의 시대는 지나갔다. 이제는 철이 전쟁의 재료로 쓰이지 않게 되었다. 지금 철은 온화한 운명을 맞이했다. 철은 대외적이나 대내적으로 평화를 표현하는 것으로, 승리를 최초로 기리고 위대한 인물의 위대한 업적을 기리는 기념물에 사용되어야 한다. 철은 교회의 종에 사용되어야 하고, 장식물, 상업적 목적, 동전 주조에 사용되어야 한다."[20]

이러한 생각은 이탈리아에서도 마찬가지였다. 애국심이 사업 기회를 창출할 수 있었다. 플로렌스의 위대한 자유주의자 베티노 리카솔리Bettino Ricasoli는 토스카나가 단순히 재정적인 이유로 자력으로 발전이 가능하지 않다는 결론을 내렸다. 미국에서는 찰스 비어드와 메리 비어드Charles and Mary Beard가 남북 전쟁을 계급, 부의 축적과 분배, 산업 발전의 과정, 건국의 아버지들에게서 물려받은 헌법에서 거대한 변화를 일으켰던 "미국의 두 번째 혁명"이라고 불렀다.[21] 처음에 에이브러햄 링컨 대통령은 연방 정부의 예산을 들여서 남부의 노예 소유주들에게 노예해방에 따른 재산권 손실을 보상하는 직접적인 비즈니스 거래를 선호했다. 나중에 링컨 대통령은 전쟁을 신이 강제하는 재산 거래라고 보았다. "신은 남과 북에 이처럼 끔찍한 전쟁을 부과했다.(……) 250년에 걸친 무보수의 노예 노동으로 축적한 모든 부가 사라질 때까지 그리고 채찍질로 맺힌 모든 핏방울이 칼로 맺힌 핏방울로 지불될 때까지."[22]

독특하게 형성된 이탈리아와 독일이 승리를 거두고 카보우르와 비스마르크가 총리 자리에 오르자, 사람들은 통일에 대하여 생각하고 싸워왔던 방법에 관한, 분명하지만 문제가 있는 유산을 처리해야 했다. 정치인이자 예술가, 소설가인 마시모 다첼리오Massimo d'Azeglio가 한 유명한 말처럼, "이탈리아는 만들어졌고, 지금은 이탈리아인을 만들 때가 되었다." 새로운 국가의 힘의 원천을 창출할 발전 전략에 대한 요구가 있었다. 그러나 통일을 가져온 안보 딜레마가 지체 효과를 일으켰다. 다시 말하자면, 합스부르크 왕조와 발루아 왕조의 경쟁 관계에 기원을 둔 오스트리아와 프랑스 사이의 오랜 균형의 변화는, 새로운 발전 전략이 심각한 군사적 지향성을 갖도록 만들었다. 독일의 접근 방식은 크루프 가계가 독일 제국의 상징적인 기업가가 되게 하는 것이었다. 그리고 독일 모델의 확실한 성공이 1880년대 이탈리아 왕국으로 하여금 소시에타 알티 포르니Società Alti Forni와 폰데리 에 아치아이리 디 테르니Fonderie e Acciaierie di Terni 같은 대규모의 철강 공장을, 지역적으로는 불가능할 것으로 보였던 움브리아의 테르니에 건설하는 개발주의를 추진하게 했다. 이 공장의 목표는 독일 크루프 공장에 맞먹는 이탈리아 중부의 공장이 되는 것이었다. 에센에 크루프 공장이 있었다면, 테르니에는 이 공장이 있었다. 이후로 20세기가 끝날 무렵, 티센크루프ThyssenKrupp가 테르니 공장을 매입했다.

경제 개발의 약속을 둘러싸고 국가의 정체성이 형성된 국가들의 경우, 경제적 성공에만 강하게 집중한 것이 국가를 취약하게 만들었다. 특히 문제가 있거나 성공하지 못한 전쟁의 여파로 성장이 정체되면, 극심한 반발이 예정되어 있었다.

바이마르공화국의 교훈

양 대전 사이의 기간에 유럽은 민주주의의 실패를 보여주는 전형적인 사례가 되었다. 1920년대 초반에 무솔리니Mussolini와 파시즘의 등장으로 이탈리아의 최초의 민주주의가 무너지고, 이후 10년이 지난 뒤 아돌프 히틀러Adolf Hitler가 이끄는 나치 정부가 등장한 것은 모든 지역에서 민주주의의 실행에 대한 경고로 자주 해석되었다. 최근 독일 텔레비전 특별 시리즈물 「바빌론 베를린Babylon Berlin」이 크게 성공한 것은 이 드라마가 당시의 역사가 어떻게 민주주의의 취약성에 관한 이론의 실험장이 되었는지를 보여주었기 때문이다. 바이마르공화국 시대를 배경으로 한 이 드라마는 폭력, 가짜 뉴스, 다른 국가의 간섭 등이 난무하는 오늘날 21세기의 세계와 확실히 비슷한 모습을 보여준다.

이제 악성 인플레이션, 공황, 은행 위기와 같은 경제 충격이 모든 정부가 해결해야 할 과제가 된다는 사실에서 출발해 보자. 바이마르공화국은 결국에는 초인플레이션이 되는 인플레이션의 상황 속에서 출발했다. 이러한 인플레이션은 패전으로 끝난 전쟁 비용, 연합국의 높은 배상금 요구뿐만 아니라 균형 재정이 실업과 사회적 급진화를 초래할 것이고, 따라서 정치 질서를 위협할 것이라는 독일 지배 계급의 계산 때문에 발생했다. 초인플레이션이 끝날 무렵, 독일은 공산당이 작센을 장악하고,

나치주의자들이 바이에른에서 폭동을 일으키고, 라인 지방에서는 분리주의 운동이 일어나면서, 정치적으로 거의 붕괴될 지경에 놓였다. 바이마르공화국이 안정을 약속하면서 해외 자본이 유입되었고, 이에 따라 회복 국면에 접어들었다. 대공황 시기에 해외 자본의 유입이 중단되자, 독일은 또다시 취약해졌고, 새롭고도 훨씬 더 파괴적인 정치적 급진화의 물결이 몰려왔다.

사람들은 경제 불안과 고난에 시달리면 어떠한 정권이라도 지금 정권보다는 더 낫겠다는 생각을 하게 된다. 이것은 바이마르공화국 시절뿐만 아니라 민주주의의 경제 논리에 대한 다수의 연구에서 얻을 수 있는 확실한 교훈이다.

두 번째 교훈은 민주주의의 유형과 관련된다. 바이마르 헌법은 비례대표제를 통해 가능한 한 대표성을 띠는 시스템을 유지하려고 했다. 6,000표마다 의회 의석 하나가 보장되었다. 이에 대한 일반적인 평가는 경제 상황이 아주 안 좋을 때에는 비례대표제가 상황을 더욱 악화시킬 수 있다는 것이다. 이 헌법에 대하여 초기에 진행된 토론에서, 자유주의 지도자 프리드리히 나우만Friedrich Naumann 은 "비례대표제와 민주주의가 상호 배타적"이라는 점을 경고했다.[23] 그러나 이 헌법의 입안에 참여했던 다른 사람들은 그의 경고를 받아들이지 않았다. 한 나라의 정치가 분열되면 비례대표제가 일관성이 없는 다수당, 즉 이 시스템을 거부하지만 그 밖의 것들에 대해서는 동의하는 것이 거의 없는 극좌파와 극우파로 구성된 집단을 만들 가능성이 있다.

종합하면, 이 두 가지 교훈이 정치학자들이 바이마르공화국에 갖는 일반 통념을 구성한다. 그러나 이러한 교훈들이 너무나도 자주 별개로 간주되어, 위험한 자기만족에 이르게 한다. 첫 번째 교훈은 사람들을 안

심시켜서 극심한 경제 위기만이 정치 체제를 위협한다는 생각을 하게 만든다. 두 번째 교훈은 사람들에게 비례대표제를 실시하지 않는 시스템이 본질적으로 더욱 강건하다는 잘못된 생각을 하게 만든다.

이러한 자기만족에 빠져들지 않으려면, 바이마르공화국 시대를 통해 얻을 수 있는 다음 8가지의 또 다른 교훈을 명심해야 한다.

1. 국민투표는 특히, 자주 실시되지 않고 유권자들이 투표 경험이 별로 없을 때에는 위험하다. 바이마르공화국 시대에는 1929년까지 나치당원들이 거의 사라졌다. 그러나 그해, 나치당이 1차 대전 이후 배상금에 관한 국민투표에서 선거 운동을 치열하게 벌임으로써 다시 일어설 수 있었다. 국민투표referendum 혹은 플레비사이트plebiscite, 레퍼렌덤이 헌법에 명기되어 있는 사안에 대하여 국민투표를 통해 국민의 의사를 묻는 방법인데 비해 플레비사이트는 헌법에 명기되어 있지 않은 사안을 국민투표에 회부하는 것을 말한다_옮긴이는 가능한 결과에 대한 분명한 설명이 없이 단순하게 여겨지는 선택을 하게 만든다는 점에서 문제가 있다. 1929년 국민투표가 좋은 사례이다. 이것은 연간 지급금을 줄이는 대신에 1988년까지 지급하기로 한 배상금 지급 계획의 조정과 관련 있었다. 이는 미래의 투표 세대에 불가능하게 여겨지는 부담을 지우는 것과 독일이 성장을 달성하고 그 결과로 배상금을 청산하게 해줄 해외 자본의 유치를 가능하게 하는 것 사이의 선택으로만 여겨졌다.

오늘날의 국민투표도 유권자들에게 지나치게 단순한 방식으로 문제를 제시한다. 예를 들어, 2015년 그리스에서 실시된 국민투표에서는 그리스 국민들에게 그들 중 대다수가 견디기 힘들 것으로 여겨지는 가혹한 조정 프로그램을 수용할 것인가를 물었다. 하지만, 이에 대한 동의가 그리스 국민들 대다수가 원하는 단일통화권에 계속 남아 있는 데 왜 필요한가는 별로 논의되지 않았다. 2016년에 실시된 영국의 브렉시트 국민투표에서는 유권자들이 유럽연합 회원국에서 탈퇴할 경우 가능한 선택의 범위에 대하여 제대로 알기가 어려웠다. 이런 문제를 피해가는 한 가지 방법이 있다. 스위스와 같이 국민투표를 정기적으로 실시하면, 국민들이 선택과 관련된 상충 관계를 훨씬 더 잘 이해할 수 있다. 그러나 국민투표가 감정적으로 두드러지는 쟁점에 관한 흔치 않은 사건이 된다면, 해로운 선택을 하게 될 여지가 커진다.

2. 헌법이 요구하지 않은 상태에서 의회를 해산하는 것은 위험하다. 새로운 선거를 하기 위한 근거를 마련하는 표결조차도 민주주의의 실패를 인정하는 것으로 해석될 수 있다. 예를 들어, 1930년 9월에 실시된 독일 의회의원 선거는 조세 제도에 대한 합의에 이르지 않았기 때문에 의회 임기가 절반 정도 지났을 때 실시되었다. 그리고 당시 표결은 나치당이 처음으로 비약적으로 약진하는 결과를 낳았다. 1932년 7월에 있었던 또 다른 때 이른 표결에서도 나치당이 자유선거이지만, 헌법상으로는 불필요한 선거에서 최대 지분 37%를 차지하는 결과를 낳았다.

3. 헌법이 반드시 체제를 보호하는 것은 아니다. 막스 베버를 포함하여 당대의 가장 통찰력 있고 윤리적인 전문가들이 입안한 바이마르 헌법은 완벽에 가까웠다. 그러나 외교 정책과 관련된 극적인 상황 혹은 국내의 소요 사태와 같이 예상하지 못한 사건들이 법의 영역 밖에 있는 조치를 요구하는 긴급 사태로 해석될 때에는 헌법의 보호 기능이 급속하게 약화될 수 있다. 그리고 민주주의의 적들이 이러한 사건들을 조장할 수 있다. 바이

마르공화국 시대의 초인플레이션의 여파로 그리고 대공황을 직접 겪으면서, 조세와 그 밖의 재정 계획들이 의회의 다수당에 의해서가 아니라 헌법의 비상지휘권 조항을 통하여 통과되었다. 다른 국가에서도 이러한 현상이 공통적으로 일어났다. 1930년대 프랑스는 비상 명령을 통하여 금융 불황에 대처했고, 2015년에는 테러 공격에, 2020년에는 코로나 위기에 대처하기 위하여 비상사태를 선포하고 비상지휘권을 행사했다. 헝가리의 빅토르 오르반Viktor Orban 총리도 코로나 위기를 언론인에 징역형을 선고하는 것을 포함하여 광범위한 권력 행사를 정당화하는 데 활용했다.

4. 업계 로비스트들이 의회 정당 사이의 합의를 깨뜨리는 데에 막후에서 해로운 역할을 할 수 있다. 1920년대 독일은 업계의 이해관계 집단과 노동조합의 특별한 비밀 거래에 점점 더 휘말리고 있었다. 이러한 거래에는 대공황에서 어느 기업이 구조될 것인가에 대한 결정도 포함되어 있었다. 결과적으로 대형 은행들과 페라이니히테 슈탈베르케Vereinigte Stahlwerke, 연합철강와 같은 거대 복합기업들이 살아남았지만, 중소기업들은 파산했다. 이처럼 생과 사의 선별에 영향을 미치는 로비 활동에 관한 이야기가 글로벌 금융 위기와 코로나 위기를 포함하여 오늘날의 비상사태도 규정짓는다.

5. 지도자가 정적을 악마로 묘사하는 정치 문화가 민주주의를 손상시킨다. 바이마르공화국 시대에는 나치당이 강력한 세력으로 부상하기 전에 이러한 양상이 시작되었다. 1922년 외무장관 발터 라테나우가 국수주의 우파 세력의 증오에 찬 반유대인 운동의 표적이 되어서 암살을 당했다.

이후 얼마 지나지 않아서, 가톨릭중앙당 소속의 중도좌파 요제프 비르트Joseph Wirth 총리가 의회에서 우파 정당을 향해 이렇게 말했다. "민주주의그렇다, 하지만 탁자를 쾅쾅 두드리면서 말하는 종류의 민주주의는 아니다에 근거하여, 지금 우리에게 권력이 있다!" 그는 "적은 우파에 있다."라는 선언으로 자신의 훈계를 마무리했다. 이것은 종족주의의 타오르는 불길에 부채질을 하는 선언이었다.[24] 이러한 종류의 종족주의적 발언은 트럼프 대통령 이후 그리고 브렉시트 이후의 정치에서도 두드러지게 나타났다. 언론을 "가짜 뉴스", "망해가고 있는 「뉴욕타임스New York Times」"라고 공격하거나 정적에게 모욕적인 별명을 붙이는 것예를 들어, 애덤 쉬프를 교활한 애덤 쉬프Shifty Adam Schiff, 조 바이든을 졸리는 조sleepy Joe 혹은 저능아low IQ라고 부르거나 버니 샌더스를 미쳐버린 버니 샌더스Crazy Bernie Sanders라고 부르는 것은 어느 정도는 상대방이 똑같은 대응을 하게 만들려는 의도가 있었다. 샌더스는 이렇게 대응했다. "우리가 인종차별주의자, 성차별주의자, 외국인 배척주의자, 사기꾼을 대통령으로 뽑는 것은 미친 짓이다." 알렉산드리아 오카시오 코르테스Alexandria Ocasio-Cortez는 트럼프 대통령을 반복적으로 "인종주의자"라고 부르는 것으로 정치 이력을 쌓고 있다. 결과적으로 다른 쟁점에서 합의를 이끌어내는 것이 더욱 어려워지거나 불가능해지는 분위기를 조성하면서 대립이 심해졌다. 이것은 유권자들이 민주주의를 신뢰하지 않고 새로운 독재자를 신뢰하려는 경향을 낳는다.

6. 대통령의 집안이 권력을 가까이하면 위험을 초래할 수 있다. 바이마르공화국 시대에는 나이가 많은 육군 원수 파울 폰 힌덴부르크Paul von Hindenburg가 1925년에 대통령에 당선되었고, 1932년에 재선되었다. 그러나 1930년대 초에, 그가 몇 차례의 작은 뇌졸중을 겪고는 치매 증

세를 보이자, 그의 무능하고 허약한 아들 오스카Oskar가 그에 대한 모든 접근을 통제했다. 이는 그가 자기한테 들어오는 모든 문서에 서명하는 결과를 낳았다. 또한 힌덴부르크 정부는 반대 세력을 잠재우기 위해서도 노력했다. 1차 대전 당시의 고문서에 따르면, 과거의 반半민주적인 정부의 지도자 하인리히 브뤼닝Heinrich Brüning 총리가 젊은 육군 대위 시절에 힌덴부르크의 아들을 비난했다는 기록이 나오는데, 이것이 대공황 시기에 총리를 불신임하려는 의도로 세상에 알려졌다. 최근에는 한쪽에서 앤 코울터Ann Coulter와 스티브 배넌Steve Bannon, 다른 쪽에서는 모린 다우드Maureen Dowd와 조너선 스완Jonathan Swan을 포함한 우파와 좌파 비평가들이 "프레지던트 자방카President Javanka, 트럼프 대통령의 딸 이방카Ivanka와 사위 자레드 쿠시너Jared Kushner"에게서 이와 비슷한 모습을 지적했다. 이들은 이방카를 "벽돌처럼 멍청한 인간", 자레드를 "자기 인생의 절반 동안을 아버지가 떠받들어 주고, 즉흥적이고 거드름 피우는 데 익숙한 또 하나의 버릇없는 자식"이라고 표현했다.[25]

7. 반란 집단은 비례대표제에서도 정치를 장악하기 위해 과반 의석을 차지할 필요가 없다. 1932년 7월에 열린 선거에서 나치당은 37%라는 역대 최고의 득표율을 기록했고, 그해 11월에 열린 선거에서는 득표율이 33%로 감소했다. 불행하게도 이러한 감소가 다른 정당들이 나치당을 과소평가하고 유력한 연정 파트너로 간주하게 만들었다. 2015년 폴란드에서는 법과정의당PiS이 37.6%라는 얼마 안 되는 득표율을 가지고 집권당이 되었다. 2019년 총선에서는 득표율이 43.9%로 증가했다.

8. 임기 중인 정치인들이 불만을 품은 국민들을 돈으로 매수함으로써 문제

를 얼마 동안 해결할 수는 있지만, 이러한 전략이 영원히 효력을 발휘하지는 않는다. 바이마르공화국 시대에는 독일 정부가 공공 주택, 지방 정부 서비스, 농업과 제조업 보조금, 행정 서비스를 풍부하게 제공했지만, 정부 부채로 이러한 경비를 조달했다. 바이마르공화국은 확실히 처음에는 경제 기적을 달성하는 것처럼 보였다. 이후 정부가 외국의 원조를 얻으려고 하면서, 독일 정치는 안 좋게 흘러갔다. 다른 국가들은 원조가 신속하게 진행되지 않으면 정치적 재앙이 뒤따를 것이라는 독일 정부의 경고를 믿기가 힘들었다. 그리고 독일을 구제하기 위해 자국 유권자들을 설득하는 것은 훨씬 더 어려웠을 것이다.

때로는 미국이나 영국처럼 다수결 선거제를 실시하는 국가들이 비례대표제를 실시하는 국가들보다 회복력이 더 강한 것으로 보였다. 어쨌든 미국과 영국의 민주주의가 더 오래되었고, 정치적으로 예의를 지키는 문화가 더욱 깊이 뿌리를 내리고 있었다. 그러나 이러한 전통이 오랜 세월에 걸쳐서 서서히 파괴되어 왔고, 브렉시트와 트럼프의 대통령 당선 이후로 거의 파괴되었다는 사실을 명심해야 한다. 트럼프가 대통령에 당선된 이후 벌어진 선거 결과에 대한 문제 제기, 혼란스러운 변화, 트럼프 지지자들의 국회의사당 난입 사태 등이 결국에는 미국 헌법 정신에 내재되어 있는 강점을 인상적으로 입증한 것이라고는 하지만, 주요 균열은 여전히 남아 있다.

또한 경제적 취약성도 무시할 수 없다. 예를 들어, 어느 한 나라의 경제가 외국인의 저축외국인의 돈에 의존하는 정도는 위기가 닥칠 때까지는 꽤 오래 정치적으로 문제가 되지 않을 수 있다. 포퓰리즘 행정을 가장 극적으로 경험했던 국가들과 함께, 미국과 영국도 경상수지 적자 규모가 커지고 있고, 가까운 미래에 심판의 날이 올 수도 있다. 특히, 미국과 영국의 유권자들 사이에서 고립주의에 입각한 국민주의가 유행하여 외국의 채권자들을 각성하게 만든다면 말이다.

전후 민주주의의 부활

2차 대전 이후로 유럽에서 민주주의를 재건하는 작업은 19세기 국민국가의 형성에 관한 논의의 대부분을 재연하는 것이었다. 지도자는 신생 정치 조직의 정체성을 창출하기 위하여 무엇을 해야 하는가? 문화 유산이 존재하는가? 혹은 특별한 종류의 경제적 역학이 강대국들의 세계에서 경쟁력을 가지고 발전할 수 있는 새로운 실체를 형성할 수 있는가?

1945년 이후 구식의 국민주의는 시대에 뒤떨어진 것으로 여겨졌다. 그것은 유럽을 전쟁과 파괴로 몰아간 역학의 주요 원인이었다. 민주주의는 국민국가를 배경으로 부활되었지만, 이에 따른 제약도 있었다. 이러한 것들에는 헌법 재판과 같은 내부적인 절차상의 제약, 안정적인 통화 정책을 입안하는 중앙은행과 같이 구체적인 권한을 가진 기관으로의 정부 활동의 위임뿐만 아니라 국제기구와 정한 기본 골격도 포함되어 있었다. 유럽 통합을 위한 기관들특히, 나중에 유럽연합으로 발전한 유럽경제공동체 European Economic Community이 나이 들고 기진맥진한 유럽이 또다시 민주주의의 길을 걸을 수 있도록 지원하는 기구로 여겨질 수 있다. 혹은 새로 태어나는 국민국가들이 타는 자전거의 보조바퀴처럼, 이들이 또다시 민주주의의 길을 타고 갈 수 있도록 더욱 점진적이고도 안정적인 자신감을 갖게 해줄 수 있다.

유럽의 발전이 경제사학자 앨런 밀워드Alan Milward가 "유럽의 성인" 이라고 일컫는 사람들모네Monnet, 쉬망Schuman, 스파크Spaak, 아데나워Adenauer, 데 가스페리De Gasperi의 노력에 따른 결과가 아니라는 사실을 보여주는 학자들도 있다. 이러한 성인들은 유럽 통합에 대한 확고한 신념을 갖고서, 이 신념의 정당성과 한결같은 행동으로 자신을 둘러싼 세상의 불신을 극복할 수 있다고 믿는 사람들이었다. 하지만 밀워드와 정치학자 앤드루 모라브치크Andrew Moravcsik가 설득력 있게 입증했듯이, 유럽의 발전 과정은 특히, 처음부터 정치적으로 중요했던 농업 부문에 대한 사회적 보호와 같이 먹고사는 문제를 관리하기 위한 국가 전략의 결과에서 나온 것이었다.[26] 현대 유럽의 역사에는 뛰어난 인물들과 성인들이 등장할 수 있다. 그러나 오늘날 우리가 인정하는 기관들은 당시 세계화로 인해 가장 고통받는 농민들에게 보상을 제공하는 것으로써 그 정당성을 확립했다.

이 성인들은 실제로 정치를 이끌어가는 과정과 계책을 아주 잘 알고 있었다. 장 모네Jean Monnet는 유럽 역사가 위기에 의해 굴러간다는, 자주 인용되는 통찰 속에서 자신의 견해를 확립했다. 그는 자신의 회고록에서 유럽경제공동체, 이후로 유럽연합의 전신이 되는 유럽석탄철강공동체European Coal and Steel Community를 설립하기 위하여 밤새도록 열렬하게 토론하던 모습을 설득력 있게 전달했다. 모네는 밤새도록 협상을 하고 해가 뜰 때, 케도르세에 위치한 프랑스 외무부 건물을 떠나면서, 프랑스의 어느 관리에게 이렇게 말했다.

> "이제 우리는 실험을 위해 몇 시간을 기다려야 하고, 성공을 위해 몇 달을 기다려야 합니다. 그다음에는……."

> 퐁텐이 웃으면서 이렇게 말했다. "그다음이라고요. 우리는 커다란 난관에 부딪힐 것입니다. 그리고 우리는 더욱 전진하기 위하여 이러한 난관을 활용할 것입니다. 그렇지 않습니까?"
>
> 나는 이렇게 말했다. "정말 그렇습니다. 당신은 유럽에 무엇이 가장 중요한지를 알고 계십니다."[27]

문제는 이러한 방법이 차가운 벨기에 샌드위치를 먹어가면서 밤새도록 토론을 즐겼던 몇 안 되는 사람들을 제외하고는 아주 매력적으로 다가오지 않는다는 것이다. 일반인들은 이런 과정을 좋아하지도 이해하지도 않는다. 하벨은 유럽의 정책 엘리트들을 우리 앞에 놓인 유럽의 대형 과제가 순전히 기술적이고 행정적이고 시스템적인 문제이며, 우리가 해야 할 일은 창의적인 구조, 새로운 제도, 새로운 법적 규범과 규정을 제시하는 것이라는 잘못된 믿음을 갖고 있다고 비난했다.[28] 오히려 진지한 정치인이라면, 성인들과는 다른 종류의 작업을 실행하고 계책을 강구하면서, 그들과는 다른 이야기를 해야 한다. 1950년대 이후 유럽 통합 과정에서 가장 광범위한 활동, 즉 1990년대의 유럽통화동맹European Monetary Union의 결성에서 분명하게 드러나듯이, 이러한 활동은 정치적 정신분열증을 일으켰다.

1990년대의 정치인들은 위고Hugo와 처칠Churchill의 영향을 받아서 유럽에서의 전쟁 방지에 대하여 모네와 아데나워의 언어로 이야기했다. 모네는 1950년대 초 프랑스 어느 해변에서 젊은 병사 두 사람이 나눈 대화를 기록한 것을 자랑삼아 이야기했는데, 그들 중 한 사람이 이렇게 말했다고 한다. "쉬망 계획에 따르면, 한 가지 사실이 분명해진다. 우리는 더 이상 전쟁을 할 필요가 없다."[29] 헬무트 콜Helmut Kohl은 이러한 언어를 정확히 이해했다. 그에게는 가장 치열한 전투를 벌였던 곳인 베르됭을 방문하여 프랑수아 미테랑과 손을 잡고서 프랑스와 독일이 화해했을 때가 가장 위대하고도 인상적인 순간이었다. 이 순간 그는 마음속 깊은 곳에 응어리진 아픔이 떠올랐다. 그는 2차 대전 동안에 형을 잃었고, 1차 대전으로 외삼촌이 사망했다. 콜의 최근 전기 작가 한스 페터 슈바르츠 Hans Peter Schwarz는 그가 어머니에게 했던, 유럽에서 더 이상 전쟁이 있어서는 안 된다는 약속이 중요한 역할을 했다는 것을 정확하게 강조한다.[30]

하벨이 공산주의 붕괴 이후로 중부 유럽을 이끌어가는 비전이 갖는 문제를 분석하고 있던 1990년대 초반, 성인들의 언어는 최고조에 달하였다. 그러나 문제는 전쟁이 절대 일어나지 않도록 하는 데 필요한 조치를 취할 기술적인 준비와 행정적인 역량이 없다는 것이었다. 예를 들어, 유럽의 국방장관들 중에서 유럽의 단일 군대 창설 문제를 고민하는 사람도 없었고, 외무장관들 중에서 단일 외교 정책을 고민하는 사람도 없었다. 그리고 실제로 하벨이 개탄했듯이, 유고슬라비아의 해체에 대한 유럽의 공식적인 반응은 비극을 부를 만큼 혼란스러웠고, 그 결과는 파괴적이었다. 그럼에도 국제 통화 문제를 협상하기 위한 메커니즘은 안정적으로 정착되었다.

문제는 통화에 대한 유럽의 이상에 편승하는 것이, 유럽에 가장 중요한 것은 통화와 물질적 혜택이고, 통화가 공동체의 대안 언어가 될 수 있고, 통화를 사용하는 것이 과거의 책임에서 벗어나는 수단이기 때문에 더욱 편리한 언어가 될 수 있다는, 일련의 해로운 동일시를 만든다는 데 있다. 이것은 금융이 무너지고 통화의 가치가 의심스러울 때 유럽이 붕괴된다는 주장을 낳는다. 저명한 경제 문제 해설가인 마틴 울프Martin

Wolf가 말했듯이, "유럽인들은 유로화를 만들면서 그들의 계획이 실용적인 수준을 뛰어넘어 인간에게 더욱 중요한 것, 즉 통화의 운명을 좌우하게 했다."[31]

역사적으로 유럽 통합 과정의 핵심에 있던 국가들인 프랑스와 독일의 경우, 통화 관리가 정체성에 관한 비전에서 중심이었다. 드골은 제4공화정의 폐허 속에 발을 들여놓을 때 한 국제 공직자에게서 다음과 같은 말을 들었다. "어느 나라도 좋은 통화를 보유하지 않으면 국제적으로 존중받지 못합니다. 프랑스 프랑이 강력한 통화가 아니라는 사실이 최근까지 프랑스의 위상에 아주 나쁜 영향을 주고 있습니다. 프랑스인들은 열심히 일하고 저축하는 사람들입니다. 프랑스 통화가 안정된다면, 그들은 정치적 불안을 잘 견뎌낼 수 있을 것입니다."[32] 독일은 1차 대전 이후의 통화 불안정이 국민의 사기 저하와 민주주의, 자유주의 정치 질서의 쇠퇴를 초래했던 역사적 경험이 있다.

지난 30년간 펼쳐진 유럽의 드라마는 19세기에 국가를 건설하던 유럽의 경험을 재현하는 것이었다. 이것은 전혀 놀랍지 않다. 두 시기에 사용된 정치 언어는 1848년의 실패한 혁명과 그 결과로 나타나는 항상 국민주의로 여겨지는 정치적 이해관계에 의존하는 데에 공통적으로 기원을 두었고, 권리의 실현과 관련된 보편적 혹은 규범적인 정당성과는 완전하게 연관될 수 없었다.

헤게모니

국제 관계를 설명하는 표준적 특징

HEGEMONY

PART 04

이 책에서 다루는 많은 단어들과는 다르게, 헤게몬hegemon은 분명하고도 자명한 정의를 갖는 것으로 보인다. 그러나 이 단어 역시 겉으로 보이는 것과는 다를 수 있다. 마케도니아의 알렉산더 대왕Alexander the Great은 지난 수천 년 동안 권력의 화신으로 여겨져 왔다. 그리스어로 헤게몬은 지도자 혹은 지휘관을 의미한다. 그러나 이것은 마케도니아의 필리포스 2세Philip II가 주도하는 헬라스 동맹과 같은 국가들의 동맹에서 지배적인 국가의 지위를 의미하기도 한다. 이러한 동맹은 그리스어로 시네드리온synhedrion이라고도 불리고 때로는 국제연맹 혹은 국제연합에 비유되는 대표단으로 구성된 일종의 회의체에 의해 느슨하게 관리된다. 또한 추첨으로 선출된 5명이 참여하는 소규모의 협의회 혹은 이사회로 프로에드로이proëdroi라는 것이 있다. 동맹의 리더혹은 헤게몬는 분명 마케도니아의 통치자 필리포스 2세였고, 그다음은 그의 아들 알렉산더 대왕이었다. 알렉산더 대왕은 기원전 335년에 동맹의 규정을 어겼다는 이유로 도시국가 테베를 공격하고는 시네드리온에 이 도시국가에 대한 판결을 내릴 권한을 부여하고 협의회의 결정을 집행했다. 그러나 알렉산더는 자신의 권력이 막강해지면서, 연맹의 규정을 수시로 위반했다.[1] 알렉산더는 막강한 권한을 행사하기로 유명했고, 유럽에서는 정신병원에 입원한 사람들이 스스로를 알렉산더 혹은 율리우스 카이사르Julius Caesar라고 믿기도 했다. 1800년이 지나서야 정신질환자들이 자신을 동일시하는 인물이 나폴레옹으로 바뀌었다. 오늘날 일부 정신질환자들은 자신을 도널드 트럼프와 동일시한다.

국제 관계 전문가들은 독특한 방식으로 연구를 진행한다. 그들은 알렉산더 시대에서 출발하여 앞으로 가기보다는 20세기 미국에서 출발하여 뒤로 간다. 헤게몬이라는 단어는 국제 관계를 다루는 문헌에서 하나의 표준적인 특징으로 자리 잡았다. 헤게몬은 1945년 이후 산업과 금융뿐 아니라 군사력과 정치 권력에서 대단한 우위를 갖고서, 1970년대부터 오랫동안 진행된 상대적 쇠퇴와 변해가는 세계 질서에 관한 논의를 주도하던 미국을 표현하기 위해 변함없이 사용되고 있다. 저명한 정치학자 로버트 코헤인Robert Keohane은 헤게몬에 대하여 이탈에 직면해서도 체제 유지를 위한 비용을 기꺼이 지불할 의지와 능력을 가진 국가라는 가장 분명하고도 깔끔한 기능적 정의를 제시했다.[2] 헤게몬은 강해야 할 뿐만 아니라 다른 국가들의 재정적 부담을 떠맡을 의지와 능력이 있어야 한다. "세계 경제에서 헤게몬이 되려면 (……) 중요한 원재료를 확보해야 하고, 주요 자본의 원천을 통제해야 하고, 수입품에 대한 대규모 시장을 유지해야 하고, 상대적으로 높은 임금을 제공하고 이윤을 창출하는 고부가가치 제품에서 비교우위를 확보해야 한다."[3] 이러한 설명은 20세기 중반 이후의 미국에 가장 잘 어울린다. 그러나 석탄은 비교적 잘 공급되었지만, 그 밖의 다른 다수의 원재료는 그렇지 않았던 탓에 외국과의 무역에 크게 의존해야 했고, 그 때문에 금융 수단을 지배해야 했던 19세기 초반의 헤게몬 영국에는 적용되지 않을 수도 있다.

일부 역사학자들은 영국 식민지 지배의 한 부분으로서 인종차별적인 지배와 미국 경찰의 더욱 심해져 가는 잔인성을 연결 짓기도 한다.[4] 또한 이러한 연결은 미국의 지위에 관한 외국과의 논의에서 더욱 심하게 나타난다. 예를 들어, 한국의 시위대는 자국이 미국의 국방비에 너무 많은 금액을 부담한다는 사실을 우려하고는 '미국 흑인의 목숨도 소중하다American Black Lives Matter'는 구호를 '미국 제국주의 때문에 숨을 쉴 수가 없다US imperialism means 'I can't breathe''로 각색했다.[5]

이 시대에 대한 분석이 일정 기간에 정치적 헤게모니를 행사하던 과거의 국가들에 적용되지는 않는다. 예를 들어, 16세기와 17세기에 합스부르크 스페인Habsburg Spain은 세계의 많은 부분을 지배했지만, 통치자들과 그들 주변 성직자들의 생각이 네덜란드와 독일에서는 이단으로 취급되면서, 이 체제를 유지하지는 못했다. 루이 14세와 나폴레옹 시절의 프랑스도 광활한 지역을 지배했지만, 경제적, 금융적 헤게모니를 행사한 것은 아니었다. 물론 근대 초기의 스페인과 프랑스 시절의 세계가 결코 안정적이지는 않았다. 이에 반하여, 19세기와 20세기 후반의 세계는 하나의 체제가 작동하는 것처럼 보였다. 중국은 수천 년 동안 세계에서 가장 부유한 국가로서 경제적으로 커다란 우위를 지녔지만, 이러한 우위를 통치를 위한 영토 확장으로 전환하는 것을 생각하지는 않았다. 중국 역사가 주는 교훈은 분명히 헤게모니에 반反하는 것이다.

그러나 헤게모니라는 단어의 사용은 국제 관계에 대한 논의에만 국한되지는 않는다. 이탈리아의 마르크스주의자 안토니오 그람시Antonio Gramsci는 자신의 저작 『옥중 수고Prison Notebooks』에서 "헤게모니 기구가 새로운 이데올로기 지형을 창출하는 한, 이것의 실현이 어떠한 방식으로 의식의 개혁과 지식의 방법론을 결정할지를 논의했다. 이것은 지식에 관한 사실이고, 철학적 사실이다."[6] 우리가 자본을 다양한 형태로 생각할 수 있듯이, 헤게모니에 대해서도 미묘하거나 간접적인 방식으로 행사될 수 있는 것으로 생각해야 한다. 그리고 문화는 지배를 위한 이러한 종류의 탐구를 할 수 있는 가장 확실한 영역이다. 여기서도 어떤 단어가 확대 해석되면서, 때로는 상당히 보편적인 의미를 갖게 되어 정확한 의미를 감지하기가 어려운 상황이 발생한다. 그 개념은 세계적인 역사학자 페리 앤더슨Perry Anderson이 "지시 대상과의 안정적인 관계에서 나오는 의미를 단절시키는 산만한 이상주의"라고 일컬었던 것에 취약하다.[7]

국가는 어떻게 서로 지배하는가

국가는 체계적으로 이해되는 방식으로 서로 연관되어 있다. 예리한 관찰자들은 16세기의 밀라노공국, 교황령, 나폴리왕국, 피렌체공화국나중에 군주국가가 되면서 토스카나대공국이 된다 등 이탈리아 여러 국가들의 복잡한 관계와 이들이 가진 프랑스 국왕, 신성로마제국독일어 사용 지역의 황제, 스페인 국왕 등 훨씬 더 강력한 외부 세력을 끌어들이려는 경향을 지켜보고는 이러한 관계를 힘의 균형이라고 개념화하기 시작했다. 인본주의 정치가이자 외교관인 프란체스코 바르바로Francesco Barbaro가 이러한 최초의 관찰자로 여겨지기도 하지만, 실제로 완전한 설명은 역사학자이자 마키아벨리의 친구인 프란체스코 귀차르디니Francesco Guicciardini의 저작과 1494년 프랑스의 이탈리아 침공이 미친 영향에 관한 그의 논의에 나온다.[8]

균형에 관한 이야기는 19세기를 이해하는 데도 여전히 효력을 발휘한다. 영국은 나폴레옹의 프랑스에 맞서기 위해 동맹을 구축하는 식으로, 그리고 1815년이 지나서는 프랑스를 둘러싸고 봉쇄하기 위해 강력한 국가를 건설하는 식으로 힘의 균형을 창출하려고 했다. 독일의 분석가들은 1848년 혁명의 여파로 주요 개념들을 다시 생각하면서, 헤게모니라는 단어를 독일 국가들의 관계에 적용했다. 특히, 자유주의자들은 오직 프러시아의 헤게모니만이 독일을 구원할 수 있다는 생각을 갖기 시작했다. 프러시아가 발전을 상징하기 때문이었다.[9]

19세기에는 이러한 관계 구조에 상당히 새로운 것이 더해졌다. 국가들은 세계를 대상으로 단순히 군사력이 아닌 무엇인가에 기초한 헤게모니를 갖기 위해 자본주의에 대한 새로운 국제적인 논리를 사용하기 시작했다. 영국은 산업화의 초기 흐름에서 선두주자로 있으면서 창출한 활력과 부 덕분에, 이러한 역학을 이해하는 데서 오랫동안 중심에 있던 강국이었다. 자본주의 그리고 자본주의의 언어는 마치 영국의 언어인 것처럼 보였다실제로 유럽 대륙에서는 종종 맨체스터리즘(Manchesterism, 자유무역주의를 일컫는데, 19세기 맨체스터학파가 자유무역주의를 표방한 데서 나왔다_옮긴이)이 새로운 형태의 자본주의와 동의어로 사용되었다. 또한 자본주의는 영국이 지배력 혹은 헤게모니를 증대시키는 수단이기도 했다. 20세기에는 소련이 사회주의를 통한 헤게모니를 구축하면서 거울에 비친 이미지를 확립하려고 했다.

1870~1871년에 프랑스와 프러시아의 전쟁으로 강력하고도 통일된 독일이 등장하고 프랑스의 세력이 약해지면서, 유럽에서 힘의 균형이 바뀌는 전환점이 찾아왔다. 1870년 이전에는 런던과 함께 파리가 세계 금융의 중심지였다. 월터 배젓Walter Bagehot은 자신의 고전적이지만 지금도 여전히 영향력이 있는 금융에 관한 저작 『롬바드 스트리트Lombard Street』에서 당대의 시티오브런던City of London의 신기한 모습을 "지금까지 세계가 경험한, 경제적 권력과 경제적 연약함의 가장 위대한 결합"이라고 설명했다. 그는 발전을 프랑스와 프러시아의 전쟁의 결과로 나타나는 최근의 현상이라고 이야기했다. "은행에 돈이 집중되는 현상은

런던의 자금 시장이 다른 어느 나라의 자금 시장보다 자금이 훨씬 더 풍부해지는 유일하지는 않더라도 주요 요인이다. (……) 유럽 대륙의 표현을 사용하여 이러한 자본의 무의식적인 조직화가 영국인들이 대륙의 이웃 나라 사람들과 비교하여 새로운 상업적 기회를 더욱 신속하게 포착할 수 있게 했을 뿐만 아니라 그들이 고정적으로 발생하게 해놓은 거래를 계속 유지할 수 있게 했다."[10] 이러한 권력은 전 세계에 걸쳐 있는 위험을 평가하고 이에 따라 금융 흐름을 할당하는 시스템의 복잡성에서 비롯되었다. 여기서 권력은 의존적인 관계의 망을 통하여 발생한 영향력으로 인식된다. 가장 두드러지게는 다른 나라의 정부가 자금을 조달하고 이로써 군사력을 증대시키려면 런던의 자금 시장에 접근해야 한다. 그러나 배젓이 지적했듯이, 이러한 권력은 신뢰가 깨지면서 나타나는 패닉으로 쉽게 무너질 수 있다는 의미에서 연약하다. 따라서 이러한 권력을 강건하게 만들려면 금융 시스템의 혁신이 반드시 필요하다.

우선, 물리적 사회기반시설이 교역의 엄청난 확대를 초래하는 금융 연계의 기초를 제공했다. 구매자와 판매자의 최초의 접촉, 환어음 발행, 보험 거래는 1866년 대양 횡단 케이블이 설치되고 증기선 사용이 증대된 데에 의존했다.[11] 20세기 초, 또 다른 혁신이라 불리는 무선 전신의 발명은 화물이 바다를 건너 운송되는 동안에, 재배치될 수도 있다는 것을 의미했다.[12] 또한 영국 선박 혹은 영국 항구가 처리하지 않는 화물 운송까지도 포함하여 세계 해상 보험의 대부분이 런던로이즈Lloyd's of London에 가입되어 있었다. 무역 금융의 경우, 네트워크 효과가 상당히 크게 작용했다. 잠재되어 있는 커다란 손실을 흡수하기 위해서는 매우 깊은 금융 시장deep financial market, 상당한 물량의 매도와 매수 주문이 상존하는 시장을 말한다. 이와 같은 형태의 시장은 투자자들에게 보다 높은 수준의 유동성을 제공한다_옮긴이이 요구되었다. 그러나

이 네트워크는 하나의 중심점에서 교차했고, 그 결과로 시티오브런던이 세계의 교역을 통제했다.

글로벌 사회 조직 모델에 기초한 헤게모니는 당장 긴장을 낳았다. 우선 19세기의 시스템은 영국에 온갖 종류의 우위를 제공하는 것으로 보였다. 영국 상인들과 은행들은 상거래로 이익을 얻었고, 영국 해군은 경쟁자들이 전략적 자원에서 취약하다는 사실을 잘 알고 있었다.[13] 둘째, 자본주의가 도전을 받으면 어떤 일이 발생할 수 있는가? 특히 영국 모델의 자본주의는 취약성을 드러냈다. 나중에 폴란드 제2공화국 정부의 초대 총리를 지냈던 이그나치 다신스키 Ignacy Daszyński 는 1897년, 오스트리아 의회에 출석하여 이렇게 말했다. "우리는 더 이상 맨체스터리즘의 신호에 따라 움직이지 않을 것이다. (……) 자조란 경찰 국가를 희화화한 것에 불과하다."[14]

미국이나 독일과 같은 주요 경쟁 국가들은 대안의 모델, 즉 새로운 형태의 사회 조직을 개발해야 했다. 독일에서는 이것이 자본주의에 대한 훨씬 더 계획된 혹은 국가사회주의적 변종으로 나타났다. 미국에서는 이것이 미국의 파워에 대한 조직화된 대리 변수가 된 거대 기업이 지배하는 변종으로 나타났다.

20세기 초반 국제 관계에 관한 탁월한 미국인 이론가 앨프리드 머핸 Alfred Mahan 은 요점을 정확히 이해했다. 영국의 파워에는 아주 이상한 점이 있었다. "엄밀히 말하자면, 영국의 파워는 우위에 입각한 것이 아니었다. 영국은 한때 필리포스 2세, 루이 14세, 나폴레옹이 보유했던 군사력, 즉 대륙을 상대로 승리할 수 있는 단호하게 저항하는 군사력을 결코 보유해 본 적이 없었다. 영국의 우위는 정치에서 제3자와도 비슷한 결정 요인으로서의, 즉 균형이 어느 한쪽에서 다른 쪽으로 기울게 하는 요인으로서의 우위를 의미했다. 영국의 팽창과 공격은 유럽이 아니라 유럽을 벗어난 세계로 향하였다."[15] 이에 반하여, 독일은 조직의 변혁에 힘입어서 발전하고 있었다. "지금 독일에서는 군사력뿐만 아니라 모든 종류의 조직에서도 힘의 커다란 우위를 찾아볼 수 있다."[16]

1차 대전이 끝나자, 전쟁 이전 세계의 딜레마가 완연히 드러났다. 영국은 엄청난 전쟁 비용을 치르고는 헤게모니의 수단인 국제연맹을 통해 어느 정도만의 우위를 계속 행사할 수 있었다. 미국과 프랑스를 포함한 다른 국가들은 국제연맹을 의심의 눈으로 바라보았다. 국제연맹이 바로 이런 방식으로 이용될 수 있기 때문이었다. 우드로 윌슨 대통령이 국제연맹 창설을 위해 열의를 보였지만, 미국 의회가 국제연맹 규약의 비준을 거부하면서, 미국이 가입하지 못하는 상황이 벌어졌다.

국제주의에 대한 반발은 때로는 현실주의라고 불리는 국제 관계에 관한 새로운 독트린을 낳게 했다. 1919년 파리강화회의Paris Peace Conference에서 영국 대표단으로 참석했고 이후로 리가 소재 영국 대사관에서 근무했던 외교관 E. H. 카E. H. Carr가 이러한 독트린을 가장 설득력 있게 설명했다. 카에게는 당대의 두 가지 사실이 가장 커다란 영향을 미쳤는데, 하나는 전통적인 자유방임 경제학이 대공황으로 힘을 잃은 것이었고, 다른 하나는 우드로 윌슨 대통령이 추진했던 국제연맹의 형성 과정에서 제도화한 자유주의적 국제주의가 실패한 것이었다. 카가 생각하기에는 이들 두 가지 사실이 서로 복잡하게 연관되었다. 특히, 대공황으로 인한 경제적 재앙이 정치를 새로운 방식으로 형성하게 했는데, 이에 따라 경제자유방임와 정치 영역에서 전통적인 자유주의가 붕괴되었다. 그는 1914년 이전 세계에 대한 신뢰할 수 없는 이론을 뛰어넘어야 한다는 긴급한 요구를 보면서, 19세기 자유주의의 가정이 사실상 유지될 수

없다는 결론에 도달했다.[17]

공장 시스템이 대규모의 자본을 요구하고 규모의 경제가 필연적으로 대규모의 자본과 제조업체를 소유한 자들에게 우위를 제공했다. 때문에 현대 산업은 생산과 소유권이 집중되는 추세를 띠었다. 대기업은 대부분의 국가에서 무역 보호에 의존하는 카르텔을 통해 힘을 키웠다그렇지 않으면, 그들은 외국의 경쟁 기업 때문에 제품을 싸게 판매하거나 경쟁력이 약화된다. 카르텔과 트러스트는 정부에도 영향력을 발휘했고, 정치 권력이 경제적 이해관계를 관철하기 위한 도구가 되었다. 경제적 집중의 법칙 혹은 양극화의 증대는 19세기 마르크스가 예언했던, 프롤레타리아 계급이 제조업 소유권의 고도의 집중에 직면하여 극심한 빈곤에 처하게 되는 궁핍화의 심화 현상과도 많이 닮았다.

카의 독창성은 그가 이처럼 경제 권력이 더욱 집중된다는 철칙과도 같이 상당히 익숙한 개념을 국제 관계에 관한 이론으로 옮겨놓는 방식에 있었다. 카는 자본주의 생산 과정뿐만 아니라 국제 관계도 궁극적으로는 도덕적 가르침이 아니라 폭력의 원리에 기초한다는 점에서 유사성을 보았다. 이러한 견해는 양 대전 사이의 기간을 배경으로 하는 세계를 살펴보면 타당하게 여겨졌다. 19세기의 자유무역 체제는 1920년대에 잠시 회복되었지만, 이후로 대공황을 맞이하여 돌이킬 수 없을 정도로 붕괴되었다. 국가들은 자급자족을 위하여 노력했고, 결과적으로 세계 경제에서 파워의 중요성이 더욱 커졌다. "현대 세계에서는 자급자족의 정도를 인위적으로 높이는 것이 질서 있는 사회적 존재가 되기 위한 필요조건이다. 그러나 자급자족은 사회적으로 반드시 필요할 뿐만 아니라 정치 권력을 얻기 위한 도구이다." 무역 전쟁과 경제 투쟁은 무력 정치의 현장이 되었다. 실제로 1930년대에 카는 군사 무기가 경제 무기로

대체되는 모습을 보았다.[18]

카의 견해에 따르면 국가 간 관계는 기본적으로 파워에 관한 것이기 때문에, 집중의 법칙이 경제 분야에서 그랬던 것과 마찬가지로 냉혹한 논리를 가지고 적용되었다. 큰 나라가 작은 나라보다 필연적으로 우위를 갖게 되어 있다. 카가 관찰한 세상에서는 "정치적, 경제적 단위가 더 커지기 위한 통합과 편성의 추세가 뚜렷하게 나타난다."[19] 따라서 카는 1919년 파리강화조약에서 어느 정도는 민족자결주의의 원칙을 적용하는 과정에서 이른바 인위적으로 새롭게 수립된 작은 국가들을 무시하는 경제학자 존 메이너드 케인스의 생각에 공감했다. 그는 특히, 독일과 소비에트 러시아와 같이 베르사유조약과 그 밖의 파리강화조약의 체결에서 소외된 강대국에 의한 힘의 축적이 불가피할 것으로 예상했다.

카는 자신의 가장 흥미로운 이론적 저작 『위기의 20년The Twenty Years' Crisis』의 초판에서 세계가 강대국 중심의 세력 블록으로 옮겨가고 있다는 이론을 적용하면서, 가장 악명 높게도 문제가 되는 결과, 즉 1938년 뮌헨 협정의 논리적 근거를 뒷받침하는 결과를 초래했다. 영국, 프랑스, 독일, 이탈리아로 이루어진 4대 강대국이 뮌헨 협정을 통해 체코슬로바키아와는 아무런 협의를 하지 않고 체코슬로바키아 문제를 해결했던 것이다. 카는 뮌헨 협정이 유럽의 세력 균형의 변화와 국제 사회가 받아들이는 도덕적 규범을 반영한다고 보았다.[20]

카는 민주주의를 말하면서 여론을 조성하는 서구 세력의 지도자들과 마찬가지로, 1930년대의 수정주의 세력의 지도자들도 자기만의 타당성이 있는 스토리를 가진 자들이라고 생각했다. 그에게는 이러한 스토리가 다른 국가의 지도자들이 제시하는 것만큼이나 타당하게 혹은 타당하지 않게 보였다. 그가 생각하기에 인권에 관한 언어는 수사적 무기에 불과했다. 이것은 보편적 대의로서 프롤레타리아 해방을 제시하거나 이와 동등하게 일반적인 쟁점으로서 중부 유럽 국가에서 독일어를 사용하는 소수 민족의 권리를 옹호하려는 신생국가들에 의해서 효과적으로 사용될 수 있고, 실제로 사용되었다. 어떠한 행위가 타당한지 혹은 그렇지 않은지를 확인하기 위한 유효한 외적 기준은 존재하지 않았다. 왜냐하면 각각의 경우에서 수사적 표현은 권력을 행사하기 위해 치부를 가리는 것에 불과한 것이기 때문이다. 카에게는 히틀러, 무솔리니, 스탈린과 같은 새로운 권력자들이 권력을 더욱 솔직하게 강조했기 때문에, 실제로는 더욱 정직하게 보였다.

새로운 역학의 필요성을 못 본 혹은 못 본 척하는 정치인이라면, 반드시 우둔하거나 정직하지 않은 사람들이다. 그리고 카는 우드로 윌슨의 이상주의에 내재된 위험을 보면서 케인스가 가졌던 참담한 생각에 완전히 공감했다. 카의 저작에는 1919년에 케인스가 제시했던 유명한 반론의 수준을 훨씬 뛰어넘어, 윌슨과 히틀러의 성전과도 같은 이상주의 사이의 근본적인 유사성을 보여주기 위한 심술궂은 시도도 등장한다.[21] 따라서 국제 관계는 필연적으로 그리고 영원히 갈등을 빚게 마련이고, 국제연맹혹은 이후의 국제연합과도 같은 실험은 실패하게 마련이다. 카가 말했듯이, "다른 누군가의 희생으로 이해관계의 표면적인 조화를 이루는 것은 더 이상 가능하지 않다. 갈등은 사라질 수 없는 성질의 것이다."[22]

결국 카의 독트린은 겉으로만 도덕적으로 보이는 것에 반발하는 많은 사람들에게 강력한 공감을 일으키고, 스탈린과 히틀러 시대의 새로운 현실을 반영했음에도 불구하고, 당시에도 매력적으로 다가오지는 않았다.

온화한 헤게모니

헤게모니에 관한 논의를 온화한 방식으로 전개했던 사람이 바로 미국인 경제학자 찰스 킨들버거였다. 킨들버거는 대공황에 관한 유명한 분석에서, 대공황이 세계 리더십의 실패에서 비롯된 것이라고 주장했다. 영국은 19세기에 헤게모니를 쥐고 있던 국가였지만, 1차 대전에 따른 피해로 채권국의 지위가 심각하게 손상되었다. 미국은 세계 최대의 채권국으로 등장했지만, 두 가지 취약성을 띠고 있었다. 금융 시스템이 불안정하여 패닉에 빠져들기 쉬웠고, 정치 시스템은 성숙하지 못하여 포퓰리즘과 이민 배척주의에 빠져들기 쉬웠다.

킨들버거에 따르면, 대공황 시기에 미국은 외국 상품에 대해 시장을 개방했어야 했다. 하지만 스무트-홀리 관세법Smoot Hawley Tariff에 따라 미국 시장을 개방하지 않았고, 이에 따라 다른 국가들이 보복 조치를 취하면서, 세계 경제가 악순환에 빠져들었다. 또한 미국의 금융 기관들은 시중 자금이 부족하여 가격이 하락하고 이에 따라 세계 경제가 디플레이션이라는 악순환에 빠지지 않도록, 어려움에 처한 차입자들에게 계속 대출을 제공해야 했다. 하지만 불황 이전의 호황기에 세계의 대출을 책임지던 미국 은행들은 격렬한 정치적 비판에 두려움을 느낀 나머지 무기력해졌고, 미국에서 신용 대출이 중단되었다.

2차 대전 이후, 마셜 플랜Marshall Plan의 주요 입안자였던 킨들버거는 이러한 교훈을 적용하면서 미국이 다른 국가들을 지원하기 위해 시장과 자본 흐름을 계속 개방해야 한다고 주장했다. 이것이 국제 관계 이론에서 제시하듯이, 20세기 후반의 미국식 헤게모니 모델이 되었다.

그러나 킨들버거의 주장에는 온화하고 선의를 가진 킨들버거 자신이 전혀 생각하지 못했던 문제가 있었다. 헤게모니라는 단어를 사용하는 것을 싫어하던 그는 이렇게 설명했다. "나는 그것을 책임이라고 생각합니다. 그러나 헤게모니는 더욱 현실적이면서 냉소적일 수 있습니다."[23] 세상은 세상을 구한 나라에 감사한 마음을 전혀 갖지 않는다는 데 어려움이 있다. 영웅, 구원자, 헤게몬은 기본적으로 생색이 나지 않는 일이다. 그리고 글로벌 리더는 다른 국가들에게 상당히 많은 것을 제공하더라도, 이들에게서 결코 사랑받지 못한다. 때로는 이웃 나라에게서 가장 많이 의심받는다캐나다, 멕시코, 쿠바를 생각해 보라. 2차 대전의 기억이 점점 사라져 가는 유럽에서는 미국중심주의에 대한 커다란 반감이 형성되었다. 미국 정치인들도 심지어는 냉전 기간에도 유럽 방위비를 부담하는 데에 염증을 느꼈다. 냉전 이후로는 이러한 염증이 폭발했다.

미국은 이러한 장애에도 다자간 기구를 통해 신뢰를 점진적으로 그리고 매우 불완전하게 형성했다. 방위동맹으로 유럽에 개입하고, 유럽경제협력기구Organization for European Economic Cooperation, OEEC, 이후에는 경제협력개발기구Organization for Economic Cooperation and Development, OECD, 국제통화기금International Monetary Fund, IMF과 같은 기관들을 통해 지원을 제공하는 방식이었다. 그러나 유럽 국가들도 2차 대전 이후 이웃 나라들과 놀라울 정도로 잘 화합하고 있다. 이것은 나치 통치의 잔혹한 측면이 무력 정치가 아니라 도덕적 범주의 관점에서 지난 역사를 바라보아야 할 필요성을 느끼도록 했기 때문이었다.

온화한 모델이 재연될 수 있는가

미국 헤게모니에 대한 대안은 무엇인가? 이 질문을 중심에 둔 논의는 2003년 이라크 전쟁 이후 본격적으로 시작되었고, 2007~2008년 글로벌 금융 위기가 미국 자본주의를 손상시킨 이후로 더욱 심화되었다. 그리고 도널드 트럼프가 대통령에 당선되어 변덕스럽고도 갈등과 충돌을 야기하는 일방주의를 채택하자 최고조에 이르렀다. 기본적으로 미국의 세계관을 반영했던, 세계의 정책 조정을 위한 과거의 다자간 메커니즘이 이제는 분열되고 있다. 그러나 21세기 미국에 관한 우려에도 불구하고, 대안이 무엇인지는 결코 분명하지 않다.

지난 역사를 되돌아보는 사람들은 대체로 유럽의 새로운 역할과 책임을 생각한다. 그러나 유럽은 인구 통계학적으로 늙어가고 있고, 미국 혹은 역동적인 신흥 시장 국가보다 더디게 성장하고 있다. 그리고 유럽은 독일이 유럽에서 헤게모니를 가질지를 두고 자체적인 논쟁에 빠져 있다.

1990년 독일의 통일 이후, 유럽에서 독일의 역할에 대한 논쟁이 새로운 차원으로 전개되었다. 1990년 이전에는 프랑스, 독일, 이탈리아, 영국으로 구성된 4대 강국의 인구와 경제 규모가 거의 동일했다. 1990년에 1,700만 명에 달하는 동부 독일 인구가 독일연방공화국에 더해지면서, 유럽에서 이러한 인구 통계학적 균형이 완전히 무너졌고, 시사평론가들이 독일의 주요 철학자 위르겐 하버마스Jürgen Habermas가 도이치마르크Deutsche Mark, DM 국민주의라고 일컬었던 것을 새로운 독일에 적용하여 '제4제국Fourth Reich'의 등장을 걱정하기에 이르렀다. 독일 지식인들의 조언에 따라 유럽통화동맹이 결성되었고 유로화가 독일 마르크화를 대체했을 때에는 독일 헤게모니에 대한 주장이 훨씬 더 강력하게 여겨졌다. 유럽의 부채 위기와 코로나 위기 이후로, 헤게몬이 되면 엄청난 대가를 치러야 한다는 사실을 똑바로 인식하게 되었다.

대부분의 독일인들은 "북대서양조약기구North Atlantic Treaty Organization, NATO에 대하여 미국이 그랬듯이, 우리는 유럽의 헤게몬이 아니다."라고 주장한다.[24] 정치학자 사이먼 불머Simon Bulmer와 윌리엄 패터슨William Paterson은 리더십 기피 콤플렉스leadership avoidance complex를 거론한다.[25] 리더십에 관한 이야기가 나오면, 독일을 제약하는 역사적, 현실적인 요인들이 작용한다. 현대의 독일은 나치 독재와 유대인 대량학살 유산에 의해 형성되었다. 아우슈비츠Auschwitz는 현대의 정치 논쟁에서 하나의 기준이 되었다. 독일이 과거의 역사 문제를 개방적인 자세로 해결하려는 모습은 협력과 통합이 가능하게 했고, 이것은 일본의 아베 신조가 20세기 중반 일본의 침략에 희생된 중국과 한국에 사죄하지 않으려는 자세와는 크게 대비되고 있다. 그러나 바로 독일의 이러한 개방적인 자세 때문에, 독일이 적어도 전통적으로 말하는 권력을 직접적으로 드러내는 것을 배제하게 만든다.

독일이 글로벌 수준에서 스스로 리더가 될 수 없는 훨씬 더 현실적인 이유가 있다. 독일은 미국 혹은 중국에 비하여 규모가 너무 작다. 기술이 빠르게 변하고 이산화탄소 배출과 지구 온난화에 대한 우려가 커지는 시기에 독일 경제가 자동차 산업에 크게 의존하는 것과 마찬가지로, 독일이 고령 사회가 된 것도 취약성의 근원이다. 따라서 독일은 다른 국가들유럽에서는 프랑스, 글로벌 수준에서는 중국과 협력해야 한다. 협력에 관한 논의의 대부분은 독일 그리고 유럽이 세계화의 경제 과정을 어떻게 형성할 수 있는가에 대한 검토에 따라 진행된다.

도널드 트럼프의 대통령 당선도 논의에서의 표현 방식을 바꾸어놓았다. 2017년 1월 트럼프의 대통령 취임 이후, 독일 언론은 독일이 미국을 대신해 공백을 메울 것을 촉구하기도 했다.[26] 「뉴욕타임스」는 트럼프가 대통령에 당선되고 나서 다음과 같은 헤드라인의 기사를 썼다. "오바마가 세계 무대에서 사라지면서, 앙겔라 메르켈Angela Merkel이 자유 서방 세계의 최후 수호자가 되었다."[27] 2017년을 맞이하여 앙겔라 메르켈은 이렇게 말했다. "우리는 우리 힘으로 우리의 미래를 위하여, 유럽인으로서 우리의 운명을 위하여, 싸워야 한다는 사실을 명심해야 한다."[28] 오바마 자신도 이러한 관점에서 생각했을 것이고, 2016년 말 트럼프 행정부 시기에 메르켈이 다자주의를 구원하는 데에 중심 역할을 해야 한다는 점을 설득하려고 그녀를 만났을 것이다.

그러나 독일 혼자 힘으로 이러한 목표를 달성할 수는 없었다. 메르켈 총리는 2016년 11월 23일 예산 연설에서 세계화의 물결은 집단행동을 요구하고 있고, 독일이 혼자 힘으로 세계의 기아 문제, 6,500만 명에 달하는 난민 문제를 해결할 수도 없고, 모든 곳에서 독일이 원하는 방향으로 정치 질서를 바꿀 수도 없다는 사실을 분명히 밝혔다. 그러나 그녀는 독일이 다자주의를 배경으로 사회적 시장 경제social market economy, 사회 정의에 기반을 둔 경제를 의미한다. 자유 시장과 정부 역할의 조화를 강조하며, 일반적으로는 복지국가를 지향한다_옮긴이의 관점에서 세계화를 실현하고, 이러한 목표를 철회해서는 안 된다고 덧붙였다. 특히, "G20은 세계화를 인간적인 방식으로 실현하고, 세계에서 가장 규모가 크고 중요한 경제 강대국들과 함께 합리적인 금융과 경제 질서를 제공하기 위한 시도였다."[29] 독일의 지도자들도 미국이 적극적으로 참여하지 않는 상태에서미국 경제는 규모가 크기 때문에 필연적으로 경제 개방에 덜 적극적이고, 과거에도 그랬다 독일이 세계화를 증진할 수

있다고 주장하기 시작했다.[30]

때로는 독일의 지도자들이 다자주의를 구원하기 위해 중국과 새로운 동맹을 결성할 수 있다고도 생각했다. 중국과 독일은 기후 변화 문제에서 제휴하기 시작했다. 반면에, 미국의 트럼프 대통령이 석탄 산업을 강조한 것은 기후 회의를 방해하고 깨뜨리려는 시도로 보였다. 또한 중국과 독일은 무역 보호주의에 반대하는 데서도 분명 협력 관계에 있다. 특히, 시진핑習近平 중국 국가주석은 다음과 같이 단호한 입장을 취해왔다.

> 역사적으로 보면, 경제의 세계화는 사회적 생산성의 증대에서 비롯되었고, 과학과 기술의 발전에 따른 자연스러운 결과이지, 특정한 개인 혹은 국가에 의해 만들어진 것은 아니다. 경제의 세계화는 세계 경제의 성장을 견인했고, 상품과 자본의 이동, 과학, 기술, 문명의 발전, 사람들 간의 상호작용을 촉진했다.[31]

또 다른 대안으로 떠오르는 집단적 리더십 그룹으로 브릭스BRICs를 들 수 있다. 브릭스는 2001년 골드만삭스의 이코노미스트 짐 오닐Jim O'Neill이 브라질, 러시아, 인도, 중국으로 이루어진, 새롭게 떠오르는 규모가 크고 빠르게 성장하는 시장을 표현하기 위하여 머리글자를 따서 만들어낸 단어다2010년에 남아프리카공화국이 추가되어 브릭스라 불리게 되었다. 2009년 6월, 러시아가 글로벌 금융 위기에 대처하면서 브릭스 정상회의를 개최한 적이 있었다. 이후로 이 회의는 매년 개최되었고, 2년이 지나서는 브릭스 행사로 발전했다. 그러나 이들 국가들 사이에는 비슷한 점도 있었지만 민주주의, 경제적 영향력을 두고서 주요 긴장 관계도 있었다.

중국이 세계의 권력 구조를 재편하기 위해 다른 길을 모색하려는 징후가 점점 더 뚜렷해졌다. 미국이 다자주의에 개입하는 모습 혹은 유럽이 넘쳐나는 공동의 기관들을 통하여 화합을 이끌어내려는 모습과는 대조적으로, 무력 정치는 20세기 아시아의 유산에서 훨씬 더 많은 부분을 차지한다. 2010년대를 맞이하여 중요한 변화가 일어났다. 마오쩌둥毛澤東은 중국이 결코 헤게모니를 추구하지는 않을 것이라고 여러 번에 걸쳐서 강조했고, 덩샤오핑鄧小平은 중국과 헤게모니를 추구하는 미국, 소련을 대비시켰다. "초강대국은 모든 지역에서 침략, 간섭, 통제, 전복, 약탈을 통하여 다른 국가들을 정복하고, 세계의 헤게모니를 추구하는 제국주의 국가이다."[32]

2003년부터 2013년까지 주석을 지냈던 후진타오胡錦濤는 1980년대에 덩샤오핑이 충고했던 접근 방식, 즉 "도광양회韜光養晦, 자신의 재능을 숨기고 인내하며 때를 기다린다"의 정신을 계승했다. 그러나 이러한 전략은 항상 세계적인 힘의 균형에 대한 판단에 바탕을 두었다. 이와는 대조적으로, 시진핑은 2012년에 중국 공산당 총서기가 된 이후 정책의 중심을 중국의 부흥에 두었다. 시진핑은 2013년부터 세기의 프로젝트의 일환으로, 때로는 19세기 독일인들이 근대 이전의 유라시아 대륙 교역의 동맥을 나타내기 위하여 사용하던 단어를 따서 "새로운 실크로드"라고도 불리는 일대일로一帶一路 계획을 추진했다. 이 계획의 목표는 철도, 송유관, 고속도로, 항구를 포함한 사회기반시설을 통하여 3개 대륙의 거의 70개에 달하는 국가들을 연결시키는 것이었다. 전체적으로 보면 이 계획은 유라시아 대륙을 교차하고, 중국을 육상으로는 하나의 띠, 해상으로는 하나의 길로 유럽, 아프리카와 연결시키는 것을 의미한다.

이 계획이 아시아와 아프리카 국가들에는 워싱턴에 있는 다자간 개발기구가 부과하는 거버넌스 관련 통제와 환경 우려에서 벗어난 자유로운 개발을 통해 자원을 찾을 기회를 주는 한편, 독일의 지배에 분개하여 자치권을 주장하는 유럽 주변부 국가들을 위한 기회도 제공한다. 다른 한편으로는 비평가들이 이것이 부채와 의존성의 함정을 낳고, 과거의 영국이나 미국이 헤게모니를 잡았을 때와 크게 다르지 않다는 생각을 하기 시작했다. 중국 지도자들의 진정한 과제는 이웃 나라와 다른 나라들을 놀라게 하지 않는, 일관성이 있는 세계관을 개발하는 것이 될 것이다. 중국은 세 가지의 취약성을 가지고 있다. 상대적으로 저개발 상태에 있고 부분적으로만 보호받는 금융 부문은 위기에 취약하다. 대규모의 일대일로 사회기반시설 계획은 중국의 새로운 통신 정책에 의해 개방된 지역에 의존하게 되는 새로운 문제를 낳았다. 마지막으로 민주적 통제에 대한 우려가 있다. 부유한 국가에서 다자주의에 대한 반세계화에 입각한 비판의 중심에 있었던 것이 바로 민주주의의 결여였다.

오늘날 중국이 처한 딜레마는 20세기 중반에 미국이 처했던 딜레마와 다르지 않다. 새로운 초강대국이 어떻게 상거래에 관한 규정에 따라 움직이는 세상에서 자신의 권력을 유지하고 확장할 수 있는가? 권력의 중심으로서 유효성, 하나의 국가로서의 지속가능성, 국내의 요구를 만족시킬 수 있는 능력은 모두가 개방된 세계 경제에 달려 있다. 다른 국가들이 폐쇄된 경제를 추구하면 커다란 손실이 뒤따른다. 그리고 개방은 단순히 총으로 위협하여 달성할 수는 없는 성질의 것이다.

미국은 다른 국가들에게 유력한 재단을 통해 발전과 번영의 원리를 가르치려고 했다. 유럽의 정책 입안자들과 학계 인사들은 여러 세대에 걸쳐서 카네기, 포드, 록펠러 재단을 통해 활력을 얻었다. 미국의 대중문화는 주류로 받아들여질 수 있는 저항의 공간이 되었다. 밥 딜런Bob Dylan은 군사력이나 경제력에 의해 아무런 대책 없이 쫓겨난 사람들조차도 수용할 수 있는 미국식 삶의 방식을 만들었다. 중국은 미국의 방식에서 일부를 받아들이고 있다. BBC 월드서비스BBC World Service는 두말할 것도 없고 자유유럽방송Radio Free Europe/Radio Liberty이 예산 절감의 희생자가 되었을 때에, 중국국제방송China Radio International이 케냐에서 청취율을 높이고 있는 것을 생각해 보라. 그러나 중국이 새로운 형태의 세계화가 일어나는 것에 대한 사람들의 분노를 누그러뜨리려고 다른 국가들이 레노버재단의 가르침 혹은 저우비창周筆暢의 노래를 수용하게 만드는 모습을 상상하기는 어렵다. 중국은 이와는 다른 길을 찾아야 할 것이다. 과거의 세계화는 미국화를 의미하고 무분별한 컨슈머리즘을 강요하는 것으로 여겨졌다. 오늘날의 세계화는 중국화, 저임금 생산의 전파를 의미하는 것으로 여겨질 수 있다.

안티 헤게모니 압력

전통적으로 이해되는 헤게모니에 대한 도전은 새로운 경제력의 지형뿐만 아니라 권력에 관해 논의하고 생각하는 방식을 변화시키는 새로운 정보 기술에서 나온다. 최근 나타나는 두드러진 특징 중 하나는 새로운 기술이 아주 옛날식의 사고, 즉 우리 조상들이 화로 혹은 모닥불 주변에 모여서 나누었던 이야기에 대한 사랑으로 되돌아가도록 자극한다는 데에 있다.

물론 우리는 미래를 걱정할 때면 과거로 되돌아간다. 앞으로 어떤 일이 닥칠지 불확실할수록, 우리는 지금까지 일어난 것들을 더욱 고수한다. 그리고 우리가 미래에 대하여 아는 것이 적을수록, 과거의 것들을 진정으로 이해하고 신뢰한다는 확신을 더 많이 갖게 된다. 특히, 정보 기술과 인공지능의 세계에서 거대한 힘이 인간 생활의 거의 모든 측면에서 혁명적인 변화를 일으키고 있다. 그 결과는 상당히 불확실하다.

이 시대의 삶에서 과거의 횡포는 두 개의 주요 기둥을 가지고 있고, 이들은 인간 심리에 뿌리를 깊이 내리고 있다. 이러한 심리적 기둥은 인간의 타고난 경험과 관련 있고, 굳게 자리를 잡고 있어서 쉽게 뽑히지 않는다. 우선, 우리 모두가 있었던 가장 편안한 곳이 바로 어머니의 자궁이다. 이후로는 모든 것들이 노출되어 있고, 불확실하고, 불안정하다. 우리가 결코 또다시 도달할 수 없는 수준의 안정성에 대한 향수를 품고 갈망하는 것은 전혀 놀랍지 않다. 그러니 우리가 세상에 나오면서 울부짖는 것은 당연한 일이다. 심리 상담 치료는 이러한 원초적인 울부짖음을 재연하여, 우리가 감옥에서 빠져나올 수 있게 한다. 그렇지 않으면 우리는 자신의 향수에 더욱 구속될 수 있다. 2019년에 아키히토明仁 일왕이 퇴위한 이후로 새로운 충격에 빠져든 일본에서는, 사람들이 지나간 시대의 공기를 담은 캔을 구매할 수 있다고 한다.

첫 번째만큼이나 강력한 또 다른 기둥은 인간의 타고난 마음이 이야기를 수용하게 되어 있다는 사실에 뿌리를 내린다. 카프카Kafka가 인용한 고대 유대교의 종파 하시드Hassid의 옛 격언에는 "신은 이야기를 전하기 위해 인간을 만들었다."는 말이 나온다. 최근의 학문적 분석에 나타난 새로운 특징으로는 이야기, 즉 인간의 진화가 갖는 역학에 대한 기초지식을 제공하는 방법으로 이야기에 몰입하는 인간의 모습을 논의하고 반영하는 것을 꼽을 수 있다. 현대의 신경 과학 이론에 따르면, 우리가 집단을 배경으로 설득력 있게 행동하기 위해 다른 사람의 마음과 동기를 판단하도록, 즉 먹이를 위한 사냥을 더 잘 조율하도록 진화했기 때문에, 이야기 형식이 만족감을 준다고 한다. 따라서 이러한 종류의 설명만이 심리적으로 만족감을 준다. 지금처럼 더욱 복잡한 사회에서는 이야기 형식이 인과관계를 너무나도 쉽게 설명할 수 있기 때문에, 완전히 잘못 해석될 소지가 있다는 단점이 존재한다. 이야기 형식이 낳은 피상적이지만 잘못된 설명은 직관적으로 너무나도 쉽게 다가오기 때문에, 무엇이 사회적, 정치적 현상을 초래하는가에 대한 더욱 깊은 이해를 방해한다. 따라서 이야기에 몰입하는 것이 오늘날 집단행동이 만들어낸 딜레마에 대한 합리적인 해결 방안을 찾으려는 시도에 방해가 된다.

이제는 우리에게 새로운 이야기가 필요하다고 말하는 것이 산업계나 정치계의 상투적인 표현이 되었다. 이제 경제학자들은 "이야기 경제학"을 분석한다.[33] 이러한 현상을 두고 "주관주의적 전환"이라고 말하는 이들도 있다. 우리는 희망적 사고가 어떻게 전염병을 낳고 세상에 대한 사상이 세상을 어떻게 만드는지를 보여줄 수 있다.[34] 그러나 이야기의 우월성이 과장된 이야기, 즉 테라노스 사기 사건에서 엘리자베스 홈즈Elizabeth Holmes의 "될 때까지 그런 척하면 그렇게 된다."는 믿음, 러시아 트럭 운전사의 딸로서 애나 델비Anna Delvey라는 가명을 쓰고는 독일의 상속인 행세를 하면서 뉴욕 상류층을 우롱했던 애나 소로킨Anna Sorokin의 행위에 대한 근거가 될 수 있다.[35]

이야기가 때로는 구체적이고 효과적인 해결 방안을 찾는 데 방해가 되기도 한다. 가장 설득력 있고 포괄적인 이야기가 너무나도 근원적이어서 우리를 정신적 감옥에 가두어놓는다. 오늘날 이러한 효과를 살펴보기 위하여, 최근에 유력한 이야기들이 많이 창출되는 러시아를 생각해 보자. 러시아 사회가 새로운 사회 조직의 근거로서 사회적 의미를 정립하는 실험을 분명히 하고 있기 때문에, 러시아가 세계를 대상으로 영향력을 행사하게 되었다거나 유럽의 표현에 따르면 동에서 서로의 사상의 새로운 이동이 이루어지고 있다는 결론을 내리기 쉽다. 모든 것들이 쉽게 바뀔 수 있다. 경제학자이자 체제 비평가인 이리나 하카마다Irina Khakamada는 이러한 새로운 과정을 다음과 같이 알기 쉽게 표현한다. "서구 세계에서는 정치인들이 신이 아니라 국가에 봉사하기 위하여 사회에 의해 고용된 사람들이다. 그러나 여기서는 정반대이다. 정치인들이 끊임없이 커가는 자신의 요구를 만족시키려고 사회를 고용한다."[36]

러시아는 이야기들을 만들어내려는 주요 목적을 가지고, 전쟁과 평화 사이의 과거의 명확한 구분을 제거한 상태에서, 갈등에 대한 접근 방식으로 하이브리드 전쟁hybrid warfare을 개척했다. 영향력 있는 텔레비전 방송 「러시아투데이Russia Today, RT」의 주문呪文은 "객관적인 보도라는 것은 없다."이다.[37] 자유와 민주주의와 같은 단어는 의미가 없는 단어가 되었고, 이러한 단어를 사용하는 사람들은 우습게 여겨졌다. RT는 시청자들에게서 "안티 헤게모니anti-hegemonic"라고 불렸고, 월스트리트 점령 운동을 성공적으로 취재했다. 러시아는 상대방을 약화시키거나 우습게 보이게 만듦으로써, 역사학자 티머시 스나이더Timothy Snyder가 "상대적 권력relative power", "전략적 상대주의strategic relativism"라고 부르는 것을 실행하려고 했다.[38] 일부 공격들은 과거의 정보 수집과 파괴 전략을 단순히 업데이트하는 것처럼 보였다. 예를 들어, 2차 대전 당시에 비웃는 듯한 큰 웃음으로 호호 경Lord Haw-Haw이라고도 알려진 윌리엄 조이스William Joyce와 같은 독일의 선동가들이 BBC 방송에 "그것은 거짓말"이라는 후렴구를 삽입하곤 했다. 이러한 기법은 업데이트하기가 쉽다. 2015년 4월에 해킹을 당한 프랑스 텔레비전 방송 TV5몽드TV5Monde는 ISIS 구호를 방송하고, 페이스북 계정에 경고문을 게시하기 시작했다. 어떤 메시지에는 다음과 같은 내용이 적혀 있었다. "프랑스 병사들이여, ISIS에 가까이 가지 말라! 그대들은 가정을 구할 기회를 갖고서, 그것을 활용하라." 또 다른 메시지에서는 이렇게 선언했다. "사이버 칼리프국이 ISIS의 적을 상대로 사이버 성전을 계속할 것이다."[39]

블라디미르 푸틴은 외국인 청중들을 대상으로 한 일련의 계획된 연설에서 러시아의 비전을 펼쳐 보였다. 그중 가장 두드러진 두 가지는 글로벌 금융 위기 직전인 2007년 2월 뮌헨에서 열린 안보 회의에서 했던 연설과 크림반도 침공 이후인 2014년 흑해 연안에 위치한 소치에서 했던 연설이었다. 뮌헨에서 푸틴은 민주주의, 자유, 개방, 국제법의 원칙을 조직적으로 위반하는 미국이 지배하는 단극 체제에 입각한 세계 질서에 맞서고 이러한 원칙들을 지키기 위한 수단으로서 러시아의 전략을 제시했다. 그 자리에서 그는 청중들에게 미국 중심의 질서는 민주주의와 공통점이 전혀 없다고 주장했다. "당신이 알다시피, 민주주의는 소수의 이익과 의견을 고려한 다수의 권력을 의미하기 때문이다. 그런데 러시아우리는 민주주의에 대하여 계속 가르침을 받고 있다. 그러나 어떤 이유에서인지, 우리를 가르치는 사람들이 스스로 배우려고 하지 않는다. 나는 오늘날의 세계에서는 이러한 단극 체제 모델은 수용할 수 없는 것일 뿐만 아니라 불가능한 것이라고 생각한다." 그는 질문 시간에 자신이 민주주의를 전복시키고 있다고 생각하는 비정부기구nongovernmental organizations, NGOs에 관한 이야기를 했다. "비밀스러운 자금 조달, 사회로부터 감춰진 조직, 이런 곳에 민주주의가 어디에 있는가? 누가 나에게 대답해 줄 수 있는가? 아무도 못 해줄 것이다. 당신은 대답을 해줄 수 없고, 앞으로도 결코 대답을 해줄 수 없을 것이다. 그런 곳에는 민주주의가 존재하지 않기 때문이다. 그곳에는 다른 국가에 영향력을 행사하는 오직 하나의 국가만이 있다."[40]

소치에서 그는 언론이 다음과 같은 이야기가 무엇을 의미하는가에 대하여 집중적으로 논의하게 만들었다.

> 우리는 국제 정치에 관하여 다른 해석을 낳고 의도적으로 침묵하는 시기에 접어들었다. 국제법은 법적 허무주의의 맹공을 받아서 계속 물러나야만 했다. 객관성과 정의는 정치적 편의주의의 제단에 제물로 바쳐져야 했다. 독단적인 해석과 편향된 평가가 법적 규범을 대신했다. 이와 함께, 세계의 언론에 대한 전면적인 통제가 실시되어, 원한다면 흰 것을 검다고 그리고 검은 것을 희다고 표현하는 것이 가능해졌다. 당신이 한 국가와 그 동맹국가들 혹은 오히려 그 위성국가들을 통하여 지배권을 갖는 상황에서는 국제 문제 해법을 찾는 일이 때로는 그들만의 보편적인 처방을 부과하려는 시도로 변질되었다. 미국 파워의 불안정한 구조물이 여론을 조작하고 강한 자가 약한 자를 괴롭히고 억누르게 하면서, 자만심으로 가득한 국민적 자부심을 향한 길을 활짝 열었다.[41]

부차적인 전략은 명백한 거짓말을 하는 것이다. 많은 비평가들은 명백한 거짓말이 메시지에서 중요한 부분이라는 점을 지적한다. 이것은 말하는 사람이 적극적이고, 강력하고, 이야기를 변경함으로써 현실을 변경하거나 왜곡할 수 있다는 것을 보여준다. 도널드 트럼프가 이러한 전략을 호언장담하면서 채택한 이후, 이것을 실행에 옮기는 또 다른 주요 인물이 바로 블라디미르 푸틴이다. 그는 크림반도를 점령하고 나서 그린맨green men, 당시 서방 정보 관계자들은 부대마크도 없어 소속이 불분명하고 마스크로 얼굴을 가린 이들을 그린맨이라고 부르면서, 러시아의 개입설을 제기했다_옮긴이 이 러시아와는 무관하다고 설명했다. 2014년 4월 17일에, 그는 이렇게 주장했다. "우크라이나 동부에 러시아 부대특수부대, 전술 고문는 존재하지 않았다. 이 모든 일들이 지역 주민들에 의해 벌어졌다." 당시에 국가안전보장국National Security Agency의 하청업자로서 미국인 사찰에 관한 자세한 내용을 포함하여 수천 건에 달하는 미국 정보 문서를 위키리크스에서 공개했던 에드워드 스노우덴Edward Snowden은 비디오 링크를 통하여 푸틴에게 러시아가 미국과 같은 방식으로 자국민 사찰을 하는지를 물어봤다. 그러자 푸틴은 이렇게 대답했다. "그런 질문을 해줘서 고맙다. 우리의 특별 임무팀은 국가와 사회에 의해 엄격하게 통제된다. 그들의 활동은 법에 규정되어 있다."[42]

위키리크스에 등장하는 정보, 러시아가 미국 선거 혹은 영국 브렉시트 국민투표에 미친 영향에 관해서는 그것이 여론이 어떻게 형성되는지를 보여주는 중요한 사례라고 둘러댄다. 푸틴은 이렇게 설명한다. "여기에는 러시아에 이익이 되는 것이 전혀 없다. 해커들에 의해 드러난 사실을, 미국인들의 관심을 딴 데로 돌리게 하려는 의도에서, 이런 히스테리가 조성된 것이다. 그리고 중요한 사실은 여론이 조작되었다는 것이다. 그러나 어느 누구도 이를 말하지 않는다. 정말 중요한 것은 누가 이런 짓을 했는가이다. 또 그 정보에는 무엇이 들어 있는가? 이것이 중요하다."[43] 어떠한 조작이라도 가능하다면, 어떠한 것도 진실이라고 말할 수 없다. 이 바탕 위에서는, 어떠한 규정이나 사회 질서도 가능하지 않다. 이 모든 것들이 혼돈과 파괴를 낳는 비결이다. 이 비결은 항상 그리고 오직 주변부에 있는 자에 의해 채택된다. 이것은 약자의 도구이고, 안티 헤게모니에 해당하는 것이다. 그러나 안티 헤게모니의 가장 강력한 무기는 어떠한 질서라도 헤게모니라고 주장하는 것이다.

글로벌 금융 위기는 미국 파워의 취약성을 고스란히 보여주었고, 안티 헤게모니의 담론은 미국에서 등을 돌리게 했다. 얼마 지나지 않아서 발생한 유럽의 부채 위기는 유럽이 우월한 모델이라는 주장을 깨뜨리면서, 독일 헤게모니에 강력한 공격을 가하는 결과를 낳았다. 겨우 10년이 조금 지나서 발생한 코로나 위기는 중국이 새로운 세계 질서를 이끌어 갈 것이라는 주장을 깨뜨렸다. 중국 공산당이 어떤 방식으로 코로나 바이러스의 출현을 알리는 초기 증거를 은폐하고 내부 고발자들에게 침묵을 강요하고 불이익을 가하고 허위 정보를 러시아 방식으로 공격적으로 유포했는가에 대한 광범위한 논의와 함께, 중국에서 코로나 바이러스가 발생했다는 사실 그 자체가 미국과 유럽에서뿐만 아니라 세계 전역에서 중국에 대한 반발을 낳았다.

국가의 쇠퇴와 굴욕을 느끼게 하는 탈헤게모니화의 과정이 호전적인 국민주의를 낳고, 이것이 헤게모니의 상실을 해명하고 정신적 보상을 제공하기 위하여 소환된다. 트럼프 대통령의 미국 우선주의America First, 독일의 우파 포퓰리즘 정당인 독일을 위한 대안Alternative für Deutschland, AfD을 지지하는 경우가 그렇다. 시진핑이 중국에 국민주의 정서를 심어놓으려고 하는 것도 마찬가지다. 일부 중국 비평가들은 코로나 위기와 국민주의 움직임을 통하여, 의화단 운동을 일으킨 굴욕의 세기와도 비슷한 모습을 보고 있다. 최근의 공격적인 외교는 외국의 실패를 지적한다. 중국의 전랑외교戰狼外交, 경제력과 군사력을 바탕으로 무력과 보복 등 공세적인 외교를 펼치는 중국의 외교 방식을 의미한다. 중국의 애국주의 흥행 영화 제목인 전랑(늑대전사)에 빗대어서 늑대처럼 힘을 과시하는 중국의 외교 전략을 지칭한다_옮긴이를 실천하는 외교관들은 프랑스가 고의적으로 코로나에 걸린 노인들이 외롭게 죽어가도록 방치한다고 주장했다.

일대일로 계획이 중국의 군사적, 정치적 지배를 위한 준비에 불과하다는 우려도 있다. 예를 들어, 2020년 4월에 중국 인터넷에서는 카자흐스탄이 중국의 일부가 되기를 원한다는 소문이 떠돌았다. 중국사회과학아카데미에서 오랫동안 근무했던 89세의 역사학자이자 노련한 비평가인 쯔중윈資中筠은 이렇게 경고했다. "당국은 당장은 피해를 멈추게 할 수 있다. 그러나 국익에 직접적으로 해롭게 작용하는 이러한 종류의 애국심이 장기적으로 미치는 영향에 대처하기는 상당히 어렵다. 실제로 이것은 끊임없이 전이되는 궤양과도 같다." 그다음에, 그녀는 주목할 만한 결론에 도달했다. "지금으로서는 이러한 추세가 탈세계화보다는 세계적인 탈중국화로 발전할 것이다."[44] 헤게모니는 안티 헤게모니에 의해 극복되었다. 그리고 미치광이들이 대체로 자신을 알렉산더 혹은 나폴레옹이라고 소개하지는 않는다.

다자주의

새로운 질서는 진정 다자주의를 요구하는가

마르제나 제임스 Marzenna James 와 함께 쓴 글

MULTILATERALISM

PART 05

20세기를 특징짓는 현상으로서 다자주의와 지정학을 향한 관심이 이번 세기에도 지속되었다. 다자주의는 커다란 취약성을 초래하는 특성과 결함을 처음부터 숨겨왔다. 이번 장에서는 다자주의의 기원을 검토하고, 이것이 어떻게 그리고 왜 무시되고 손상되었는지를 살펴볼 것이다.

현대의 단어인 다자주의는 2차 대전 중 전후 세계의 무역 관계에 관한 논의에서 처음 등장했다. 다자주의는 대공황의 원인이 되고 이를 심화시켰던, 파괴적인 근린궁핍화 정책beggar-thy-neighbor policies, 어느 한 국가가 주변 국가의 경제 문제를 악화시키는 방식으로 자국의 경제 문제를 해결하려는 정책_옮긴이에 대한 확실한 해독제로 보였다. 당시에는 대공황이 국제 관계의 악화, 이에 따른 침략과 전쟁의 주요 원인으로 해석되었다. 다자주의의 무역 요소는 본질적으로 세계 평화의 보장이라는 더욱 광범위한 쟁점과 연관되었다. 이러한 관계는 당시 사람들에게 자명하게 여겨졌다. 1945년에 경제학자 제이콥 바이너Jacob Viner는 다음과 같이 직설적으로 말했다. "양 대전 사이의 기간에 경험한 것들에 비추어보면, 이 자리에서 통상 정책의 진정한 기반으로서 다자주의에 대해 길게 논의할 필요가 없다."[1] 따라서 오늘날 세계화 시대에서 다자주의는 통상 의제와 함께 출발했지만, 이러한 관계가 항상 주요 약점을 보여주었다. 실제 다자주의에 대한 최초의 위협과 도전은 통상 문제를 논의할 때 나타났다.

국가는 국제기구의 구성원이고, 이들은 자신의 권리뿐만 아니라 이익을 옹호하려고 할 것이다. 다자주의는 구조적으로 통상 협상의 구조와도 닮았다. 여기서는 어느 한 국가가 자신에게 이익이 되는 거래를 하지만, 때로는 일괄 거래의 한 부분으로서 일부 불리한 결과도 수용한다. 실제로 프랑스 단어 글로발리제globaliser는 쟁점을 묶는다는 의미와 함께, 이러한 종류의 상충 관계를 수용하는 것을 암시한다. 그 결과는 국가를 배경으로 하는 민주주의와도 같다. 모두가 즐거워하는 것도 아니다. 민주주의의 결과에 환멸을 느낀 사람이 민주주의를 비난하는 것과 마찬가지로, 다자주의로 피해를 본 사람은 유해한 다자주의를 격렬하게 비난할 것이다.

다자주의는 국제 질서의 모든 구성원들을 복잡한 협상 과정으로 끌어들였다. 모든 측면이 상충 관계를 지니고 있어서, 어느 한 영역에서 이익을 얻기 위해서는 다른 영역을 양보해야 한다. 1980년대에 미국은 일본이 미국 금융 기관들이 도쿄에서 영업할 수 있도록 금융 시스템을 개방하면, 일본 자동차가 자발적인 수출 제약을 조건으로 미국 시장에 계속 들어오는 것을 허용하기로 합의했다. 행위의 조정이란 당신이 지금 당장 자신의 이익의 관점에서 하지 않았을 행위를 하는 것으로 정의될 수 있다. 그러나 이것은 미래에 이익을 얻을 가능성이 있을 경우에만 발생한다. 따라서 모든 국가가 조정의 내용을 따르고 있고, 지금 당장은 그들에게 이익이 발생하지 않는다는 생각이 들더라도, 그것을 파기하지 않겠다고 약속하는 것이 중요하다. 누군가가 파기할 가능성이 실제로 있다면, 미래에 이익을 얻을 것이라는 희망에서 비롯되는 약속의 상당 부분이 지켜지지 않을 것이다. 이러한 특징은 일부 비평가들이 어떠한 다자주의 체제라도 강력한 보안관헤게몬을 두어야 한다고 믿게 만든다.[2] 지금 작동하고 있는 국제 질서가 잠깐 있다가 사라지게 내버려 둬서는 안 될 것이다.

2차 대전 이후의 미래를 준비하는 동안, 다자주의의 개념은 통상에서 안보로 신속하게 확대되었다. 국제 관계에 대한 새로운 접근 방식의 주요 원칙은 유엔 헌장the Charter of the United Nations에 잘 나와 있다. 이것은 1945년 9월에 각국 대표들이 서명한 유엔 설립의 근거가 되는 문서로서, 새로운 합의를 이루어내는 방법을 명시하지 않고 단순히 국제법의 기반을 주장하기만 하는 1919년의 국제연맹 규약을 훨씬 능가했다. 국제연맹 규약은 다음과 같은 새로운 근거를 제시하면서 시작한다. "전쟁에 의존하지 않겠다는 의무를 수용하고, 국가 간의 개방, 공정, 경의에 입각한 관계 규정을 준수하고, 정부 간 행위의 실제 규칙으로서 국제법에 대한 이해를 확립하고, 정의를 유지하고 조직에 소속된 국민을 대우하는 데 있어서 조약상의 모든 의무를 철저하게 존중함으로써 국제 협력을 증진하고 국제 평화와 안보를 달성하기 위하여……." 이에 반하여, 유엔 헌장은 국제 질서를 위한 기반을 다음과 같이 설명한다. "동등한 권리와 민족 자결의 원칙에 대한 존중을 바탕으로 국가 간 우호적인 관계를 개발하고, 세계 평화를 증진하기 위한 그 밖의 적절한 조치를 취하기 위하여……."

브레턴우즈 기구들인 세계은행과 국제통화기금을 포함한 유엔 체제가 완전히 새로운 것은 아니었다. 이러한 비전의 많은 부분이 이미 국제연맹 규약에 포함되어 있었다. 국제연맹의 "경제와 금융 기구Economic and Financial Organization"는 국제통화기금과 같은 기구의 등장을 예상하고 있었다.[3] 그러나 유엔과 브레턴우즈 기구가 처음부터 진정으로 세계를 지향했던 반면에, 국제연맹은 전 세계를 포함하지 않았다는 점에서 완전한 국제기구라 할 수 없다.

20세기는 1919년 파리강화회의 동안에 작성된 국제연맹 규약과, 국제기구의 설립을 위한 일련의 회의를 거치고는, 1945년 4월부터 6월까지 46개국 대표가 참여한 샌프란시스코 회의에서 마무리된 유엔 헌장이라는 두 가지 평화 합의의 차이에 따라 흘러갔다. 샌프란시스코 회의는 유럽에서의 전쟁이 끝나기 전에 시작되었고, 태평양 전쟁이 끝나기 전에 막을 내렸다. 이 회의에는 평화 조항이 포함되지 않았다. 그리고 실제 법적으로는 2차 대전의 종전 조약이 1990년 독일의 통일에 합의한 2+4 협정Two Plus Four Agreement, 여기서 2는 1939년에 전쟁을 시작했던 독일 German Reich을 계승한 국가로서 동독과 서독이 해당되고, 4는 프랑스, 소련, 영국, 미국이 해당된다이라 할 수 있다. 이에 반하여, 1919년 파리강화회의와 여기서 나온 일련의 조약들독일과의 베르사유조약, 오스트리아와의 생제르맹조약, 불가리아와의 뇌이조약, 헝가리와의 트리아농조약, 오토만제국과의 세브르조약은 굴욕을 의미했다. 터키 독립 전쟁과 국경이 변경된 새로운 터키공화국의 설립을 촉발했던 세브르조약을 제외하고 나머지 조약들은 해당 국가에 두고두고 씻을 수 없는 상처를 남겼다. 1945년의 합의는 영토에 대한 합의라기보다는 소련, 영국, 미국으로 구성된 3대 강대국들이 참여하는 전통적인 회의였지만, 과거와는 다른 방식으로 진행되었던 국제기구에 대한 합의였다이들은 포츠담에서, 1919년 프랑스, 영국, 미국으로 구성된 3대 강대국의 역할에 대한 일종의 보복 차원에서 만났다.

1815년 빈 회의 이후, 콘서트concert라고도 불렸던 강대국들이 문제를 해결하는 시스템은 다자주의와는 전혀 다른 성질의 것이었다. 때로는 3대혹은 다른 숫자 강대국들이 다른 모든 국가의 문제를 해결할 수 있다고 생각하고 싶은 유혹에 빠져들 수 있지만, 이것은 평화와 번영을 보존하는 데 모든 국가의 참여를 촉진하는 보편적인 메커니즘과는 전혀 다르다. 강대국들의 합의는 모든 국가의 동등한 발언권을 인정하는 원칙의 실현이라기보다는 다자주의에 대한 일종의 도전이다. 현실의 제도화된 다자주의로부터의 후퇴는 오일 쇼크가 당시의 정치 상황에 도전장을 내밀고 세계 경제에 충격을 가했을 때인 1970년대에 시작되었다. 5대 제조업 강대국Group of Five, G5은 정기적으로 정상회의를 갖기로 합의하고, 1975년 프랑스 랑부예성chateau of Rambouillet에서 처음으로 정상회의를 개최했다. 이 정상회의를 개최하기에 앞서, 프랑스, 독일, 일본, 영국, 미국의 재무장관들이 정기적으로 참석하는 비공식 회의가 열렸다. 그리고 나중에는 이탈리아와 캐나다가 참가하여 G7으로 확대되었다.

그러나 이러한 서구 국가들의 모임은 냉전 종식 이후의 거버넌스 형태로는 적합하지 않았다. 더 많은 국가들을 포함시키기 위한 노력의 일환으로, 1997년에 러시아가 정치 회담에 참가하면서 G8으로 확대되었다. 2014년에는 러시아가 크림반도를 병합하면서, 이 모임에서 배제되었다. 2008년에는 규모가 더 크고 더 많은 대표성을 띠는 G20으로 확대되었는데, 여기에는 브라질, 중국, 인도, 남아프리카공화국, 터키와 같은 새로운 대국이 포함되었다. 신흥국가들이 들어오면서, 다자주의의 부활이라기보다는 신흥 시장의 시대가 온 것으로 여겨졌다. G20 정상회의에서 브라질의 루이스 룰라 다 실바Luiz Lula da Silva 대통령은 대국의 정상들을 상대로 그들의 미숙한 거버넌스에 대해 강연을 했다. "우리는 원조를 요청하지 않는다. 우리는 당신들에게 자금 지원을 요청하지 않는다. 우리가 당신들에게 해주기를 원하는 것은 당신들의 경제를 바로잡으라는 것이다. 당신들이 우리를 위해 할 수 있는 최선의 것은 성장으로 돌아가는 것이다. (……) 우리는 G8이 더 이상 존재할 이유가 없기 때문에, G20에 관하여 이야기하고 있다. 다시 말하자면, 오늘날의 세계화된 세상에서는 신흥 시장이 고려되어야 한다."[4] 중국의 후진타오 주석은 "공정하고, 정당하고, 포괄적이고, 질서 있는 새로운 국제 금융 질서"를 요구했다. 프랑스의 니콜라 사르코지Nicolas Sarkozy 대통령은 정상회의가 열리기에 앞서, 각국 정상들에게 자본주의를 재건할 것을 요구했다.[5]

이렇게 업데이트된 콘서트 체제가 처음 시작되었을 때에는 복잡하고 제대로 작동하지 않는 다자주의보다 더 나은 성과를 낳을 것으로 보였다. 이러한 그룹의 초기 회의에서는 구체적인 문제 해결 방안이 혁신적이고도 중요하게 작용하는 것으로 드러났다. 예를 들어, 1975년 랑부예 정상회의에서는 석유 위기를 두고 서구 국가의 정치 지도자 다수가 군사 행동을 요구할 때 평화적인 해결 방안을 조정했다. 그리고 2009년 4월에 런던에서 열린 G20 정상회의에서는 국제 조정이 최고조에 달하였다. 그러나 이러한 회의는 비생산적인 가식과 보여주기식 언쟁을 위한 정기적인 기회로 급격하게 변질되었다.

또한 다자주의에서는 교섭의 타결이 회원국들의 이해관계의 결합 혹은 단순한 산술적인 조정을 반영하지는 않는다. 유엔은 소련이 안전보장이사회Security Council에서 거부권을 행사했기 때문에, 오랫동안 방해를 받아왔다. 안전보장이사회조차도 알바니아가 이끄는 23개국이 유엔 총회에서 '현실이 이른바 중국 지역의 일부만으로 이루어진 중화민국이라는 신화에 걸맞게 변하지는 않을 것'이라는 이유를 들면서, 중화인민공화국만을 중국인을 정당하게 대표하기로 인정하는 발의안을 제출하던 1971년까지는 중화인민공화국이 배제되었다는 점에서 불완전했다.[6] 장제스蔣介石가 이끄는 중화민국타이완을 포함하기 위한 미국의 이중 대표 제안은 거부되었다. 이후로 미국 대표단은 국제기구의 회원 자격에 대해서는 현실주의와 공정을 결합할 필요성을 지속적으로 이야기했다. 브레턴우즈 기구들인 국제통화기금과 세계은행은 냉전 시대에 1944년 브레턴우즈 회의의 의도와는 다르게 소련이 전혀 참여하지 않았기 때문에 훨씬 더 중심적인 역할을 했다. 중국은 회원국이지만, 1980년까지는 그 자리를 중화인민공화국이 아니라 타이완이 차지했다. 소련이 붕괴된 이후인 1992년에 러시아연방이 국제통화기금에 가입했다.

이상주의 대 현실주의

1944년 2차 대전 당시 연합국이자 나중에 유엔 회원국이 되는 44개국의 대표단이 모인 가운데 브레턴우즈 체제가 출범하는 자리에서, 미국 재무장관 헨리 모겐소Henry Morgenthau는 국제 협력의 철학을 다음과 같이 명료하게 설명했다. "나는 이번 체제가 두 가지 기본적인 경제 원칙에 관심을 집중할 것을 기대한다. 첫 번째 원칙은 번영에는 일정한 한계가 없다는 것이다. 번영은 분할에 의해 감소되는 유한한 물질이 아니다. 오히려 주변 국가들이 많은 번영을 누릴수록, 자국도 더 많은 번영을 누릴 것이다. (……) 두 번째 원칙은 첫 번째 원칙에서 나오는 필연적인 결과이다. 평화와 마찬가지로 번영은 분할할 수 없는 것이다. 우리는 번영이 운이 좋은 자들 사이에 흩어지게 하거나 다른 자들의 희생으로 그것을 누리게 해서는 안 된다. 빈곤은 그것이 존재하는 곳이라면 어디에서든 우리 모두에게 위협을 가하고 우리들 각자의 행복을 손상시킨다. 빈곤은 전쟁만큼 국지적이지만, 여러 곳으로 전파되어 지구상에서 더 많은 혜택을 받는 지역의 경제력을 서서히 약화시킨다."[7]

그러나 이처럼 숭고한 이상의 이면에는 미래에 대한 자신의 비전에서 많은 부분을 타협하지 않으려는 하나의 지배적인 국가의 안보와 경제적 이해관계가 매우 분명하게 도사리고 있었다. 이것은 상당히 미국 중심의 합의였다. 다른 43개 국가들 중에서 한 국가, 즉 영국만이 협상에서 실제로 중요하게 작용했다. 따라서 협상의 결과에는 다자주의보다는 높은 수준의 양자주의가 작용했다. 협상은 주로 미국 관리들이 국제 조약을 뉴딜 정책의 유산을 보존하면서 자국의 국내 의제와 묶어두려고 했기 때문에 진행되었다. 통화 태환성을 도입하기 위한 의무에 관한 원칙, 차별적인 무역 관행에 대한 제한, 상대국의 시장 접근성 증대에 관한 내용이 1941년 3월에 제정된 무기대여법에서 일반적으로 약인 조항이라고 알려진 제7조와 마찬가지로, 영국과 미국의 관계에 관한 조항에 삽입되었다. 미국 국무성이 작성한 초안에는 "양국은 상호 이익이 되는 경제 관계와 세계 경제 관계의 개선을 증진하기로 약속하고, 다른 국가에서 생산된 제품의 수입에 대하여 미국 혹은 영국에서 시행되는 차별을 금지한다."라고 명기되어 있었다. 미국에서는 이러한 조치가 대영 제국에 속한 지역 간의 일종의 관세와 무역 협정에 따르는 특혜 관세에 강력한 타격을 가하는 것으로 여겨졌다윈스턴 처칠과 루스벨트가 처음 만난 선상 회의에서 작성한 대서양 헌장Atlantic Charter의 제4조에도 같은 표현이 사용되었다. "양국 정부는 크든 작든, 승리하든 패배하든, 모든 국가가 세계의 무역과 원재료에 동등한 조건으로 접근할 권리를 누릴 수 있도록 협력한다." 자유무역론자인 국무장관 코델 헐Cordell Hull이 보호무역론자들의 주장에 맞서기 위하여 개발한 전략은 두 가지 원칙에 기초했다. 첫 번째 원칙은 의회 정치에 제한을 가하는 것이었다.

이러한 원칙의 기원은 스무트-홀리 관세법과 대공황 시대의 무역 정책이 빚은 재앙에서 비롯되었다. 정치학자 엘머 샤트슈나이더Elmer

Schattschneider가 주장했듯이, 1930년에 제정된 스무트-홀리 관세법은 의회에서 논의하는 과정에서 의회의원들이 자기 지역의 이권을 보호하기 위한 조치들을 추가하면서, 그 본질이 바뀌었다. 이러한 주장이 갖는 논리는 정치학자 맨슈어 올슨Mancur Olson이 제시한 집단행동의 메커니즘과도 비슷하다. 소수의 이해관계자들이 모이면, 각각의 이해관계자들은 보호무역론자의 조치에서 주요 이익을 얻게 될 것이고, 각각의 추가된 조치에 따르는 전체 비용은 상대적으로 사소하게 여겨져서 집단이 이러한 조치를 즐거운 마음으로 수용하기 때문에, 차선의 결과에 이르게 된다는 것이다. 올슨은 전체의 이해관계를 모든 것에 앞서서 분명하게 표현하는 것만이 집단행동의 문제를 해결할 수 있다고 주장했다. 구체적인 정치의 관점에서 보자면, 이것은 입법부보다는 대통령과 행정부의 권한을 강화하는 것을 의미한다. 코델 헐은 상호무역협정법Reciprocal Trade Agreements Act of 1934을 제정하면서, 정확하게 이 과정을 따랐다. 이후 이 법안에 따라, 대통령이 양자 간 무역 협정을 체결할 수 있었다.[8]

코델 헐의 전략이 갖는 두 번째 원칙은 자유무역을 법률 혹은 헌법의 형태로 견고하게 뿌리내리게 하는 것이 더 안전하고, 이렇게 해야 정당과 의회의 간섭을 배제할 수 있다는 인식에 기초했다. 외국과의 협정에서 개방 경제를 새겨 넣는 것은 정치인의 손발을 묶어두기 위한 혹은 오늘날의 정치학 단어로 표현하자면 자유로운 국제 질서를 내장시켜 놓기 위한 좋은 방법이 될 수 있다.[9] 이렇게 하면, 하나의 국제 질서가 개별적인 미국인 혹은 의회의원이 아니라 미국 전체의 선호를 위하여 헌법의 보장을 영구적으로 받게 된다.

미국의 강경한 태도는 영국의 경제학자이자 브레턴우즈 체제의 주요 설계자인 존 메이너드 케인스와 같이 반대론자들과 회의론자들에게도 무역 자유화가 토론 혹은 협상의 대상이 되지 않고, 미국의 의도가 자국을 위해서는 몇 가지 국내 시장 보호 정책을 계속 유지하면서, 다른 국가들에게는 미국의 제조업 제품을 판매할 시장을 확보하기 위하여 자유무역을 부과한다는 피할 수 없는 결론으로 몰아갔다. 당시 케인스는 미국도 제약을 받게 하기 위해 국제무역기구의 설립을 열렬히 주장했다. 그러나 전쟁이 끝나고, 여러 국가들이 이러한 국제무역기구를 통하여 그들이 바라는 면세 조항에 대해 언쟁을 벌이기 시작하자, 미국 의회가 반발했다. 이에 따라 이러한 기구 설립 논의는 더 이상 진행되지 않았다. 따라서 처음부터 브레턴우즈 회의는 사전에 외교적으로 합의한 사항들을 단순히 구체화한 것에 불과했다. 이번 회의에서는 무역은 논의하지 않기로 합의했기 때문에, 통화 안정에 관한 사항들을 다루었던 것이다.

미국 대표단은 협상 우위를 잘 인식하고 있었고, 이를 활용해야 한다고 생각했다. 모겐소가 브레턴우즈 회의의 미국 측 수석 대표 해리 덱스터 화이트Harry Dexter White 차관보에게 "이제 우리에게 우위가 있으니, 나는 우리가 그것을 활용해야 한다고 생각한다."고 말했을 때, 화이트는 이렇게 대답했다고 전해진다. "저들에게 우위가 있으면, 저들도 그것을 활용했을 것이다."[10] 이러한 우위를 가장 분명하게 반영하는 것은 달러화를 국제금융시스템의 중심에 두는 것이었고, 달러화의 지위는 1971년 고정환율제도가 무너진 이후로도 계속 유지되었다. 미국 대표단은 항상 달러화의 우위를 주장했다. 그리고 브레턴우즈 협상의 과정에서 국가들이 신설되는 국제통화기금에 선지급금을 언제 납부해야 하는가와 같이 얼핏 보기에는 중요하지 않은 문제에 대해서도 달러화를 중심에 두는 공식을 내세웠다. 액면 가치는 금 혹은 달러화로 표시될 수 있고, 금을 많이 보유한 국가가 별로 없기 때문에 금을 선택하는 국가는 없을 것으로 예상되었다. 환율을 달러화에 고정하기로 한 것은 브레턴우즈 합의뿐만 아니라 이를 계승하는 금융 시스템에 근본적인 결함을 낳았고, 이러한 결함은 1970년대 초에 고정환율제도가 붕괴될 때 여실히 드러났다.

다자주의에 입각한 평화로운 질서가 자체적으로 유지되고 수정될 수 있는가? 케인스는 몽테스키외가 이미 정교하게 만들어내고 리처드 코브던Richard Cobden과 존 브라이트John Bright, 노먼 에인절Norman Angell이 예찬한 이론으로, 통상과 이와 관련된 상호 연결이 저절로 세계 평화와 질서를 가져다준다는 세계화 패러다임을 믿지 않았다. 바로 이러한 이유로 국제통화제도의 확실한 재정립이 필요하다는 것이었다. 1919년에 그는 1차 대전이 끝나고 이루어진 합의에 커다란 불만을 갖고는 다음과 같이 적었다.

> 은행업자들은 이 체제에 익숙해져 있고, 이것이 사회 질서를 영구적으로 유지하는 데 필요한 부분이라고 생각한다. 따라서 이러한 사실에서 유추하자면, 그들은 정부 간의 이에 상응하는 체제, 즉 규모가 훨씬 더 크고 실물 자산을 반영하지 않고 재산 제도와는 덜 밀접하게 관련된 분명히 억압적인 체제가 자연스럽고, 합당하고, 인간의 본성에 부합한다고 믿는 경향이 있다. 나는 이러한 세계관에 반대한다. 지역 주민들의 동의를 구해야 하고, 일상적인 생산의 과정에서 실질적인 역할을 하고, 현존하는 사회 조직이 그 안정에 크게 의존하는 국내의 자본주의조차도 아주 안정적이지는 않다.[11]

브레턴우즈 체제는 전후 체제의 영원한 특징이라고 제시되는 자본 이동의 통제에 대하여 전 세계의 합의를 요구했다.[12] 이 체제는 무역 순환을 관리하기 위해 가격을 안정시키기 위한 기관뿐만 아니라 평화를 보존하고 국제 질서를 유지하는 임무를 부여받은 초국가적인 평화 유지 기관과 긴밀하게 협력해야 한다. 영국 측이 제시한 초안의 결론은 다음과 같았다. "이 제안은 앞으로 세계 경제 질서의 확립과 평화 쟁취의 시작을 알리고 그 밖의 많은 것들을 용이하게 만드는 조건과 분위기를 창출하는 데 도움이 되기 때문에, 열의를 불러일으킬 수 있다."[13]

케인스는 영국 정부로부터 나치 경제장관 발터 풍크Walther Funk가 1940년에 입안한 유럽의 번영을 위한 주목할 만한 그러나 진실되지 않은 계획에 대한 대처 방안을 준비하라는 요구를 받았다. 그는 전후 관계가 1920년대의 국제주의로 되돌아가는 데는 단호하게 반대했다. 그는 자신의 제안에서 전후의 "사회적, 개인적 안정에 대한 갈망"에 관해 이야기했다.[14] 그러나 이러한 안정을 되찾기 위해 세계 경제를 어떻게 관리할 것인가를 자세히 다루지는 않았다. 매우 다양한 유형의 경제가 공동의 비전을 중심으로 통합되어야 했다. 미국과 영국 경제는 케인스의 거시경제적 수요 관리 모델에 의존하게 될 것이다. 뿐만 아니라 다른 국가의 경제는 대외 교역을 포함하여 중앙 계획에 입각한 소련식 모델을 따르게 될 것이다. 소련 대표단도 브레턴우즈 회의에 참석했는데, 합의문에 나오는 일부 애매한 표현은 소련의 특수성을 고려한 데서 나온 결과였다.

모든 국가는 평화, 폭넓은 세계적 목표와 조화를 이루는 방식으로 세계 경제와 관계를 맺으면서, 국내의 우선 사항을 충족하게 될 국내 의제를 구체화할 자유가 있어야 했다. 이러한 목표를 달성하는 데는 다음 세 가지의 가능성이 있었다.

1. 국가는 단순히 세계 경제와의 조화가 자국에 이익이 되는 것으로 판단할 수 있다. 그러나 1930년대의 경험은 실망스러운 결과를 보여주었다.

2. 국내의 경제 목표와 세계의 경제 목표가 충돌할 경우, 이를 중재하기 위하여 국제사법기구를 설립할 수 있다.

3. 완전히 자동적인 메커니즘이 국가들로 하여금 복잡하고도 장황한 관료적, 사법상의 절차를 거치지 않고서 평화와 번영을 지향하게 할 수 있다.

전후 질서에 관한 논의는 두 번째 선택과 세 번째 선택을 수용하는 것 사이에서 오락가락하면서, 두 가지 요소를 모두 포함하는 것으로 결론이 났다. 자동적인 메커니즘은 정치와는 무관하기 때문에 매력이 있었지만, 널리 인식되는 요구에 항상 잘 부합되는 것이 아닐 수도 있기 때문에 우려를 낳았다. 따라서 자유재량적 요소가 필요하다는 합의에 이르렀고, 이것은 조약에 근거하여 법적 권한을 부여받은 기구의 설립을 통하여 가장 잘 제공될 수 있었다. 이렇게 나온 타협안이 브레턴우즈 회의에서 성과를 내는 데 기반이 되었다. 케인스는 새로운 국제 통화의 기반이 될 새로운 계산화폐와 함께 자신이 청산동맹Clearing Union이라고 불렀던 국제은행을 제안했다.

케인스의 비전에서 핵심적인 요소는 새로운 통화가 어느 한 국가의 통화가 아니라는 점이었다. 이것은 양 대전 사이의 기간에 무너졌던 금본위제도에 붙잡혀 있는 국가의 중앙은행들이 수행하는 복잡하게 얽힌 국제 외교로부터 국제통화시스템을 자유롭게 해줄 것이다. 케인스가 제안한 통화의 명칭 방코르bancor는 세계 경제의 문명화된 행동으로부터 점진적으로 사라져야 할 금에 대하여 인위적으로 창출된 대체물로서, 새로운 통화를 인식하는 방식을 나타냈다. 중앙은행들이 방코르를 얻기 위해 새로운 국제은행에 금을 판매할 수 있지만, 금을 구매하지는 않을 것이다. 해외에서 지나칠 정도로 많이 지출하거나 혹은 경상수지 적자 지나칠 정도로 적게 지출하는 혹은 경상수지 흑자 국가에 대한 예전의 고통스러운 조정 메커니즘과 마찬가지로, 과거의 야만적인 유물은 폐기되었다. 케인스의 비판은 1920년대에 흑자를 기록한 국가들의 경제가 수요 부족과 그 결과로서 나타나는 공황의 위협에서 벗어날 수 있을 정도로, 신속하게 팽창하지는 않았다는 것이었다.

청산동맹의 활동 목표는 채무국의 적자와 채권국의 흑자와 관련된 규정과 실행에 관한 기구의 설립을 통하여 이들이 국제수지의 불균형에서 빠져나오는 것이었다. 청산동맹 내에서 국가마다 지난 5년에 걸친 수출액과 수입액의 평균의 절반과 같이 할당액을 정할 수 있다. 이러한 할당액은 채무국이 부채액과 함께 증가하는 금리로 얼마까지 빌릴 수 있는가에 대한 한계를 정한다. 채권국은 할당액을 초과하는 흑자액을 청산동맹에 송금해야 하고, 이러한 흑자액이 할당액의 4분의 1을 초과하여 증가하면 부과금을 납부해야 한다. 케인스의 계획은 거의 완전한 대칭성을 낳았다. 채권국이 되는 것은 채무국이 되는 것만큼이나 불쾌하고 비용이 드는 일이었다. 결과적으로 1920년대 말에 미국과 프랑스가 따랐던 정책을 따르지 않게 될 것이다. 오히려 청산동맹의 규정이 이러한 채권국의 경제를 팽창하게 만들 것이다.[15] 케인스는 이후에 제안문의 초안을 작성하면서, “가장 어려운 문제”, 즉 “얼마나 많은 것을 원칙에 따라 결정하고, 얼마나 많은 것을 자유재량에 맡길 것인가”를 두고 고민했다.[16]

추상적이고도 비인격적인 작동이 시장의 작동과 국가 주권의 보존과 관련하여 해석의 여지를 많이 남길 것이다. 그러나 원칙에 구속된 시스템으로서 가장 극단적인 형태라 할 금본위제도는 디플레이션과 공황을 낳았다. 영국 측의 합의문 초안들이 계속 나오면서, 케인스, 영국 재무부와 잉글랜드은행 관리들 사이에 배포되었는데, 여기에는 애초에 깔끔하게 정돈된 단순한 자동적인 메커니즘에 자유재량적 요소들이 점점 더 포함되었다. 통화 당국은 분명한 원칙을 발표하기보다는 애매한 허가에 입각한 애매한 요구에 따라 작동하는 것을 선호했다때로는 지금도 여전히 그렇다.[17] 합의문의 네 번째 초안에 따라 균형추가 자유재량으로 향하였다. 국제은행의 관리이사회는 국가가 차변 잔액을 증가시키는 것을 허용하는 데에 금을 양도하고, 자본 거래에 대한 통제를 포기하고, 자국 통화를 평가 절하하는 것을 포함한 조건을 부과할 수 있었다. 그러나 행위의 원칙을 정책 협의로 대체하고 나서도, 채권국과 채무국에 가해진 제약들 사이에는 여전히 대칭성이 존재했다. 대변 잔액이 할당액을 초과하는 국가는 국내 신용과 수요 팽창, 환율 재평가, 임금 인상, 관세 인하, 후진국의 개발을 위한 국제 대부에 대하여 여전히 관리이사회와 협의해야 했다그러나 최종 결정권은 자신에게 있다. 앞으로 미국은 단순히 자신이 채무국의 지위에 있다는 이유로, 경제 팽창 정책을 강요받는 것을 피하기 위해 협의 과정에 서서히 개입하게 될 것이다. 이것은 자본의 국제적 이동이 크게 통제될 것이기 때문에 가능한 일이었다.

초기의 입장에 대한 회원국들의 광범위한 합의가 성과를 더 쉽게 도출하게 만들었다. 케인스는 청산동맹을 제안하면서 다음과 같이 적었다. “이러한 제안은 독창성이라고는 전혀 찾아볼 수가 없다. 이것은 최근 몇 달 사이에 다양한 국적을 가진 저자들에 의해 널리 퍼지게 된 경제 여론에 대한 동시대의 분위기를 나타내는 일반적인 아이디어를 실용적으로 구체화하기 위한 시도에 불과하다. 시대정신이 낳은 이러한 일반적인 아이디어를 활용하지 않는 계획이 얼마나 성공할 수 있을지 확인하기 어려웠다."[18] 이는 브레턴우즈 회의를 대체로 정확하게 평가한 것이었다. 케인스를 포함하여 여러 사람들이 달러화의 역할에 대해서는 어느 정도 불만을 가질 수 있다. 그러나 독일과 일본이 전쟁으로 폐허가 되면서, 가까운 장래에 세계의 무역이 달러화에 의존하게 될 것은 너무나도 분명했다.

무역 협정, 성장, 제조업

브레턴우즈 합의가 국제무역기구International Trade Organization라는 또 하나의 기구를 통한 감시하에 개방 무역 체제로 전환한다는 원칙에 기초한 것처럼 여겨질 수 있다. 그러나 이 기구는 실현되지 않았다. 1945년 12월, 미국은 상호 간 제품 교역에 대한 관세 인하를 목적으로 다자간 합의를 이끌어내기 위하여 전시 동맹국들을 초청했고, 1948년에는 이 기구의 설립에 관한 합의문아바나 헌장Havana Charter을 채택하고 56개국이 이에 서명했다. 이것은 엄청난 합의였지만, 실현되지 않았다. 미국 하원의회가 계속 반대했고, 상원의회로 넘어가지도 못했다. 대신에, 관세 및 무역에 관한 일반협정General Agreement on Tariffs and Trade, GATT이라는 임시 기구가 무역 쿼터 철폐와 관세 인하를 협상하기 위한 토론의 장이 되었다.

이러한 협상 시스템은 일종의 착시 현상을 일으켰다. 대체로 무역은 양국 간에는 균형을 이루지 못하는 경우가 많다. 예를 들어, 2차 대전 이후로, 경제가 팽창하던 시기에는 유럽의 생산자들이 남아메리카 지역에 간단한 기계와 공학 장비를 판매할 것이고, 남아메리카 지역은 북아메리카 지역에 고무와 커피를 판매할 것이고, 북아메리카 지역은 더욱 정교한 장비를 유럽에 판매할 것이다. 혹은 서비스의 판매로 균형을 이룰 수도 있다. 예를 들어, 유럽이 발전하면서 덜 정교한 미국 장비를 요구할 수 있지만, 미군이 유럽에 주둔하면서 미국이 이들을 위한 서비스를 구매할 수 있다. 또는 자본 투자의 형태로 균형을 이룰 수도 있다. 예를 들어, 미국에 본사를 둔 다국적기업들이 다른 나라에서 기업 혹은 부동산을 구매할 수도 있다. 그러나 GATT 체제에서 무역 협상은 양자 간 합의에서 시작하여, 최혜국 합의에 서명한 국가는 양자 간 합의 사항에 나오는 것과 똑같은 무역 양허Trade Concession, 국가 간의 관세, 무역에 관한 협상에서 협정 당사국이 특정 품목의 관세를 일정 수준 이상으로 부과하지 않겠다고 약속하는 것을 말한다_옮긴이를 얻을 수 있다는 최혜국 조항의 적용을 통하여 다자간 합의로 확대되었다. 따라서 이러한 착시 현상은 항상 논란의 대상이 되는 특정한 제품에 관한 것이었다. 예를 들어, 1960년대 유럽이 미국산 닭고기의 수입을 제한하는 치킨 전쟁을 벌였는데, 미국이 유럽산 경트럭에 높은 관세를 부과하는 식으로 보복을 가하여 이 트럭이 미국 시장에서 사실상 배제되는 결과를 낳았다.

대체로 무역은 경제 성장의 원동력이 되었다. 무역은 서유럽 국가들이 양 대전 사이의 기간에 보였던 부진한 모습과는 대조적으로 빠른 회복에 기여했고, 그다음에는 글로벌 발전 전략에 대한 희망을 촉진시켰다. 원래의 GATT 18조에 따르면, 개발도상국가에게 새로운 산업이 생활수준을 향상시킬 경우, 수입 관세를 일정 수준 이상으로 부과하고 보조금 지급을 허용하는 것으로 되어 있었다. 또, GATT 37조는 선진국에게 개발도상국 제품에 대한 장벽을 낮추거나 철폐하도록 되어 있었다. 그러나 유럽 국가들은 이러한 약속을 이행하기 위한 조치들에 동의할 수 없었고, 1965년에 주로 가난한 국가들이 수출하는 제품들인 농산물, 강철, 직물에 예외를 허용하는 것으로 개정했다. 게다가 직물은 다양한 협정에 따라 제한을 받았고, 결국에는 이러한 협정들이 1974년에 체결된 다자간 섬유협정Multi Fiber Agreement 으로 통합되었다. 그리고 이 협정은 2005년에 가서야 종료되었다.

무역 협상에 관한 최근의 다자간 라운드인 도하라운드는 1994년에 세계무역기구World Trade Organization, WTO 가 GATT를 대체한 이후로 2001년에 시작되었다. 도하라운드는 개발을 강조하기 위하여 다자주의의 원칙을 확대할 것을 약속했다. 이것은 "원래의 선언에 따라, 개발도상국이 세계 무역의 성장에서 그들의 경제 개발 필요성에 상응하는 지분을 확보해야 한다. 이와 관련하여 시장 접근성 강화, 균형 잡힌 원칙, 잘 정해진 목표에 따라 지속적인 자금 지원을 토대로 한 기술 지원과 역량 구축 프로그램이 중요한 역할을 하게 된다."는 것이었다.[19] 참여국들이 많아지면서, 협상은 훨씬 더 복잡해졌다. 원래 GATT에는 23개국이 참여했다. 이에 반하여, WTO가 설립될 당시에 123개국이 참여했고, 2001년에 중국이 143번째 회원국이 되면서 실제로 전 세계가 참여하는 기구가 되었다러시아는 2012년에 156번째 회원국이 되었다. 돌이켜 보면, 중국의 참여는 WTO의 역사에서 중대한 분수령이 되었다. 새로운 회원국들은 무역 다자주의가 그들을 위해 작동하지 않는다고 판단했고, 기존의 회원국들은 새로운 회원국들에게 이용당하고 있다고 믿게 했기 때문이다. 도하라운드는 특히 규모가 큰 신흥 시장 국가들과 제조업 국가들을 구분하는 환경 대책의 포함 여부를 둘러싼 논쟁으로 회의가 순조롭지 않았다. 나중에 등장한 국가들은 기존의 부유한 국가들이 환경에 관한 우려를 잠재적인 새로운 경쟁 상대를 방해하고, 성장 속도를 둔화시키기 위하여 추가 비용을 부과하는 핑계로 활용할 것을 우려했다.

무역 협상이 더욱 복잡해진 것은 국내 정치에서 비롯된 것이기도 했다. 일단 무역 체제가 자리를 잡을 때 로비 활동이 더욱 정교해졌고 이해관계 집단도 더욱 많아졌다.

무역은 제조업 생산보다 더욱 빠른 속도로 확대되었다. 세계의 가중평균으로 계산한 평균 관세율은 1990년 초에 계속 증가하여 1994년에는 9.7%를 기록했다. 2010년에는 이것이 절반 수준인 4.3%로 하락했다미국은 2.81%를 기록했고, 유럽연합은 2.84%를 기록했다.[20] 최근의 추세를 보면, 무역 확대의 추진력은 전반적인 체제보다는 양자 간 협정에서 나왔다. 2002년 미국 의회가 무역거래법을 통과시켰는데, 여기에는 무역 증진을 위한 대통령의 권한도 포함되어 있었다. 그리고 2004년에는 미국이 오스트레일리아, 모로코와 협정을 맺었고, 이후로는 다수의 중앙아메리카 국가들과도 협정을 맺었다. 그러나 이후 미국 의회가 협정에 반대하기 시작했고, 2011년이 되어서야 한국, 콜롬비아, 파나마와도 무역 협정을 맺었다. 2006년에는 유럽연합이 개방과 통합을 더욱 신속하게 증진하기 위하여 양자 간 협정에 의존하는 새로운 무역 전략을 수립했다.[21]

2018년이 시작되면서, 트럼프 행정부는 미국무역대표부가 그해 초에 발간한 보고서에서 언급했듯이, 완전히 새로운 접근 방식을 채택했다. "일반적으로 우리는 이러한 목표를 다자간 협정이 아니라 양자 간 협정에 집중하고, 목표가 충족되지 않을 경우에는 무역 협정을 재협상하고 수정함으로써, 가장 잘 성취할 수 있다고 믿는다."[22] 백악관 경제자문위원회Council of Economic Advisers 위원장 케빈 하셋Kevin Hassett 은 중국이 WTO 회원국으로서 농간을 부리고 있고, 이 기구가 미국을 파멸로 몰아가고 있다고 주장했다.[23] 미국무역대표부는 다음과 같이 적었다. "중국이 WTO에 가입하기 전 16년 동안1984~2000년에 미국 제조업 생산은 거의 71% 증가했지만, 2000년부터 2016년까지는 9% 미만으로 증가했다."[24] 그러나 양자 간 협정조차도 비난을 받았다. "미국과 한국의 FTA가 발효되기 1년 전인 2011년부터 2016년까지 미국의 대한국 수출액이 12억 달러만큼 감소했다. 반면, 한국의 대미국 수출액은 130억 달러가 넘게 증가했다."[25]

2016년의 정치 변화는 다자주의가 원래 그것을 주장했던 나라에서 입에 담기를 꺼리는 단어가 되게 했다. 그러나 미국 의회를 포함한 대표 기관들은 처음부터 상당히 회의적인 시각에서 다자주의라는 단어를 다루었다. 이후 도널드 트럼프가 "좋고, 이기기도 쉬운 것"이라고 선전했던 무역 전쟁은 광범위한 정치적 여파에 더해서 상당한 경제적 비용을 초래했다. 2019년에는 농부들이 보복 조치로 타격을 입었고, 제조업 일자리가 약 30만 개나 사라졌다. 또 GDP의 0.3%가 감소했는데, 이것은 코로나 대유행이 훨씬 더 심각한 피해를 입히기 전의 일이었다.[26]

달러화의 우위

브레턴우즈 회의는 명시적으로 미국 달러화를 중심으로 진행되었다. 달러화를 중심에 두는 것은 미국의 상품 수입, 해외에서의 군비 지출, 외국 기업의 인수로 인한 재정 적자를 허용하고 세계 경제에 인플레이션 부담을 안길 것을 걱정하는 국가들이 불만을 갖는 원인이 되었다. 프랑스의 재무장관

발레리 지스카르 데스탱Valéry Giscard d'Estaing은 이것을 "과도한 특권exorbitant privilege"이라고 불렀다. 그다음에는 미국이 이 체제가 갖는 한계에 분노를 표출할 차례였다. 미국이 자국 통화의 가치를 변경할 수 없고 평가 절하를 통하여 수출을 진작시킬 수도 없는 유일한 국가가 되는 독특한 함정에 빠져들었던 것이다. 결국 미국은 1971년에 달러에 기반을 둔 고정환율제를 폐기했다. 이를 대체했던 비非시스템non-system은 대규모의 금융 흐름에 의존한 것으로, 오히려 1940년대부터 1970년대 초반까지 지속되었던 시스템보다 달러화를 훨씬 더 중심에 두는 것이었다. 전후 첫 번째 시대는 자본의 국제적 이동에 커다란 제약을 가하던 시기였다.

1960년대 후반, 브레턴우즈 체제가 붕괴되고 있을 때, 경제학자 로버트 먼델Robert Mundell은 소련이 붕괴되고, 유럽이 단일 통화를 갖고, 달러화가 여전히 가장 중요한 국제 통화로 남아서 국제금융시스템의 중심에 있을 것이라는 세 가지 예언을 했다.[27] 이러한 예언이 있고 얼마 지나지 않은 1971년 8월, 달러화의 평가 절하와 함께 고정환율제도가 붕괴되면서, 이 모든 예언이 빗나간 것으로 보였다. 그러나 지금 보면 이 예언은 정확했다.

미국 달러화 의존에 대한 다자주의적 대안을 마련하려는 몇 가지 시도가 있었다. 1960년대에 달러 보유고의 적정성에 관한 광범위한 토론이 있고 나서, 새로운 국제 통화를 창설하려는 계획을 수립하기에 이르렀고, IMF는 여기에 특별인출권special drawing right, SDR이라는 이상한 이름을 붙였다. 그러나 미국이 너무나도 많은 제약을 요구했기 때문에예를 들어, 정부, 중앙은행과 같은 공식적인 부문에서만 사용할 수 있다, 경쟁 통화가 되지 못했다. 1970년대 말에는 달러화 약세와 미국의 위상에 대한 회의론이 계속되었다. 이때 IMF는 국가들이 달러 보유고를 SDR로 전환하는 것을 허용하는 대체 계정을 개설하려고 했다. 이렇게 하면 SDR이 더 많은 역할을 할 수 있었다. 그러나 이 계획은 달러화 가치가 하락할 경우, 이 계정에 대한 보상을 누가 해줄 것인가를 해결할 수 없다는 사실이 입증되면서, 실행에 옮겨지지 못했다. 달러화가 여전히 최고의 지위에 있었고, 국제 통화 질서의 핵심 문제로 남았다.

함정에 빠진 듯한 기분은 여전했다. 특히 아시아의 신흥 시장 국가들이 그들 통화를 달러화에 고정시켰는데, 이는 오늘날 브레턴우즈 II라고 불린다.[28] 구체제의 이 새로운 버전에서 가장 두드러진 참여자는 바로 중국이었다. 중국은 2005년까지 자국 통화를 달러화에 굳게 고정시켜 놓았다. 미국이 보기에 평가 절하된 환율을 유지하기 위하여 개입하려면 많은 양의 달러화를 비축해야 했다. 미국의 비평가들은 대규모의 흑자를 기록하는 중국과 그 밖의 국가들이 자국 수출업자들에게 혜택이 되도록 환율을 조작한다고 믿었다. 또한 달러화 자산을 비축하고 궁극적으로는 가장 안전한 자산으로서 미국 달러화에 의존한 것이 미국에서 비생산적인 투자를 조장했고, 많은 사람들이 이로 인하여 2007년에 터져버린 부동산과 모기지 특히 서브프라임 모기지 버블이 발생한 것으로 믿는다. 매튜 클라인Matthew Klein과 마이클 페티스Michael Pettis는 그들의 저작 『무역 전쟁은 계급 전쟁이다Trade Wars Are Class Wars』에서 바로 이 시기에 과도한 특권이 과도한 희생을 가져왔다고 주장한다. 미국인들이 더 많은 빚을 지고, 외국으로부터 더 많은 상품을 구매했고, 이에 따라 미국은 탈제조업화와 불평등이 심화되었다. 미국의 소비자들은 미국 제조업자들에게 피해를 입히면서, 외국산 제품을 구매하려고 했고, 자연히 미국의 제조업 고용이 축소되었다.[29]

달러화는 2008년 글로벌 금융 위기 이후로도, 안전 자산에 대한 수요가 커지면서 여전히 세계의 중심 통화로 남아 있었다. 실제 위기가 닥쳤을 때 은행간시장interbank market이 얼어붙자, 세계의 은행들은 당장 미국 자금 시장에서 단기 차입으로 달러화 유동성을 확보하려고 했다. 또한 연방준비제도와 스왑 협정swap arrangement, 중앙은행끼리 주로 환시세(환율)의 안정을 도모하기 위해 서로 자국 통화를 예치할 수 있게 하는 협정_옮긴이을 맺은 주요 선진국의 중앙은행들은 긴급 대출을 제공했다. 미국이 보기에 꼭 필요한 신흥 시장 국가들 중 일부도, 즉 브라질, 멕시코, 한국, 싱가포르도 미국과 스왑 협정을 협의했다. 여기서 인도가 제외된 것이 엄청난 반감을 낳았다. 이후 10년 동안은 공식적인 준비통화로 사용되는 달러화의 비중이 조금 떨어졌지만그럼에도 2019년에 약 3분의 2에 달하여, 여전히 커다란 비중을 차지한다, 채무 증권의 표시 통화로서 달러화의 비중은 2008년 48%에서 2018년 말에는 64%로 증가했다.[30] 금융 위기 이후로 공식적인 준비통화의 흐름이 달러화의 가치가 상승하도록 압박했다그러나 이러한 대규모의 공식적인 매입이 없이도, 민간 부문의 흐름에 의해서도 순유출이 발생했을 것이다.

무역과 통화는 때로는 서로 다른 협상 팀에 의해 개별적인 쟁점으로 취급되더라도미국에서는 상무부와 재무부가 취급하고, 유럽연합에서는 유럽연합집행위원회European Commission와 유럽중앙은행European Central Bank이 취급하고 있다, 밀접하게 관련되어 있다. 역사적으로 보면, 유해한 무역 보호를 실시하려는 부담을 떨쳐버리는 수단 중 하나가 자국 통화를 평가 절하하는 것이었다. 예를 들어, 1970년 미국 의회가 신발과 섬유에 쿼터를 부과하는 밀즈 법안Mills bill을 거의 통과시킬 뻔했는데, 1971년 8월 리처드 닉슨Richard Nixon 대통령이 이에 통화 조치로 대응했다. 이것은 통화의 평가 절하가 구매 행위에 영향을 미치는 한편, 일시적으로 수입 과징금을 부과하는 것과 함께 과거의 금

1온스당 35달러로 태환하던 시대의 종말을 알렸다. 1980년대 중반에도 비슷한 현상이 일어났다. 달러화의 가치가 상승하고, 특히 일본에서 벌어지는 불공정한 무역 관행을 향한 미국인들의 불만이 커질 때, 미국 재무장관 제임스 베이커James Baker가 뉴욕 플라자호텔에서 열린 회의에서 의회가 부과한 수입 제한 조치에 대한 대안으로 통화 조치를 발표했다. 그리고 2000년대, 특히 글로벌 금융 위기의 초기 단계에 달러화의 가치가 상승할 때, 중국으로부터 들어오는 수입 상품에 대한 우려가 커진 것은 중국 통화의 저평가와 달러화의 고평가와도 관련 있었다.

정치적 목적으로 달러화를 도구로 활용하면 역효과가 날 것이라는 위험은 항상 있었다. 북한처럼 작고 고립된 국가를 대상으로 하는 금융 제재가 초기 버전에서는 커다란 효과가 있었다. 그러나 이란 혹은 러시아를 대상으로 더욱 확대하여 사용할수록, 혹은 중국 기업을 대상으로 위협 수단으로 더 많이 활용할수록, 더 많은 역효과를 낸다. 이러한 제재는 러시아와 중국뿐만 아니라 유럽 국가에도 지급과 결제를 위한 대안 메커니즘을 신속하게 개발하도록 압박한다. 2000년대에 미국 재무부 차관보를 지냈던 주안 자레이트Juan Zarate는 금융 범죄에 맞서 싸우고 테러리스트들의 자금 흐름을 끊는 역할을 담당했는데, 2013년에 자신의 저작에서 금융 제재의 확대와 이것이 미국의 영향력과 파워에 미치는 장기적 위협에 관하여 경고의 말을 남기기도 했다.[31]

달러화가 오랫동안 중심의 지위를 유지한 것은 안전한 유동 자산을 선호했기 때문이었다. 그러나 이러한 지위는 어떤 경우에는 비국가가 뒷받침하는 대안의 안전 자산이 등장하면 사라질 것이다. 유로화 혹은 런민비人民幣와 같은 대안은 달러화 헤게모니의 납득할 만한 계승자로는 전혀 여겨지지 않았다. 그러나 달러화가 국제금융시스템을 오랫동안 지배한 것이 다자주의의 원칙과는 근본적인 모순을 낳았다. 이러한 지배는 미국이 경제적으로 안정되고 문화적으로나 금융적으로 개방되어 있다는 사실에 바탕을 두었다. 또한 이것은 미국에서 미국 국민들을 함정에 빠뜨리는 듯한 기분을 갖게 하는 시스템을 끝내야 한다는 요구도 낳았다. 이러한 관점에서, 닉슨 대통령이 1971년에 취한 조치와 트럼프 대통령이 주장하는 미국 우선주의는 미국 국민들을 더 가난하게 만들고 더 나빠지게 만들고, 이렇게 하여 트럼프 대통령이 사람들이 기억하기 쉽도록 이름을 붙인 "미국인 대학살"에 기여하는 세계 질서에 대한 반응이라 할 수 있다.

이러한 해체와 붕괴의 과정은 전후 다자주의의 그 밖의 측면에 영향을 미치게 된다. 2016년 이전에, WTO가 이미 어려움을 겪고 있었고 도하라운드 협상이 미완에 그치고 있는 상황에서, 트럼프 행정부가 분쟁을 조정하기 위한 중요한 장치라 할 WTO 항소기구에 심판관 임명을 거부함으로써, 이러한 분위기에 최후의 일격을 가했다. 트럼프 행정부가 지구 온난화로 세계가 더욱 커져가는 위험에 처해 있는데도 파리기후협약에서 탈퇴한 것이나, 코로나 위기가 고조되고 있는데도 세계보건기구World Health Organization에서 탈퇴하기로 한 것은 과거 다자주의 종말을 확연히 보여주었다.

이러한 함정에서 희망을 찾을 수 있는가? 지금 미국은 다자주의를 무너뜨리기 위하여 자해를 가하고 있다. 내부의 갈등을 의도적으로 악화시키고 있는 것이다. 그리고 미국의 역기능이 드러나면서, 미국의 경쟁력과 유효성이 면밀한 검증의 대상이 되었고, 대안 통화를 찾아야 할 필요성은 더욱 커지고 있다. 1945년에 케인스가 가졌던 우려가 그 어느 때보다도 더 많은 타당성을 지니고 있다. 이러한 새로운 질서가 새로운 종류의 글로벌 기구, 진정한 다자주의를 요구하고 있는가?

베르사유조약이 양 대전 사이의 기간에 펼쳐지는 정치의 나쁘고도 불안정한 요소들을, 전쟁으로 인한 파괴가 아니라 평화 조약의 탓으로 돌리는 부정적인 신화를 낳은 것과 마찬가지 방식으로, 브레턴우즈도 처음에는 긍정적인 신화에 도전했다. 브레턴우즈 버전에 따르면, 국가와 시장에 대한 새로운 통합체를 제공하여, 개화되고 창의적인 국제주의적 행위가 다수의 국민국가들과 경제 행위자들의 이해관계 조정에 방해가 되는 장벽을 제거한다는 것이었다. 브레턴우즈 체제는 현실 정치의 달러화 헤게모니라는 알약의 쓴맛을 감추기 위한 지적 당분이었다. 그러나 이 체제는 미국의 국내 정치에서 국제주의의 불쾌한 맛을 감추기 위한 당분도 제공했다. 1970년대 이후로 지금까지 계속된 논쟁에서는 두 가지 쟁점이 하나로 융합되었다. 이러한 쟁점들은 또 다른 브레턴우즈가 왜 존재하지 않는가에 대한 의문과, 세계 경제가 혼란에 빠져 있고 세계 시장 질서혹은 자본주의가 적절하게 회복되지 않았다는 인식이었다. 이러한 융합은 또 다른 브레턴우즈, 실제로는 또 다른 케인스 혹은 1944년에 자유주의에 입각한 국제 원칙을 확립하기 위하여 강력한 지위를 구현한 또 다른 미국을 지속적으로 요구하기에 이르렀다. 다시 말하자면, 이것은 브레턴우즈의 신화 혹은 온화한 다자주의가 한때 세계를 구원하던 방법에 관한 신화를 지속적으로 재생시켰다. 이러한 요구는 케인스가 브레턴우즈에서 해결하지 못한 문제, 즉 어떻게 하면 어느 한 나라의 통화가 아니라 통화 질서의 근간이 되는 안전한 자산을 만들어낼 수 있는가의 문제가 계속 남아 있는 한 지속될 것이다.

독일의 무시무시한 정치 용어

벨트폴리티크, 레알폴리티크, 마흐트폴리티크, 게오폴리티크

마르제나 제임스와 함께 쓴 글

THE FRIGHTENING GERMAN POLITIK TERMS

PART 06

지정학과 다자주의는 사회주의와 자본주의와도 같은 종류의 관계를 갖는다. 자기 주변을 둘러싼 세상을 분석하기 위하여 둘 중 어느 하나를 즐겨 사용하는 사람은 대체로 다른 하나를 대안으로서 의미가 없고, 부패하고, 위험한 것으로 생각한다. 지정학을 신봉하는 사람들에게는 지정학이 다자주의가 왜 제대로 작동할 수 없는지를 설명하기 위한 방법이 된다. 규모가 큰 국제기구 혹은 다자간 기구에서 지정학에 관한 이야기를 하면, 사람들이 이맛살을 찌푸리거나 코를 씰룩거린다. 지정학자들은 때로는 다자주의자들을 이기적이거나 큰 그림의 현실을 보지 못하는 편협한 사람으로 취급한다. 특히, 지정학자들은 자신이 값싼 도덕이라고 생각하는 것들을 잘라내고 폭넓게 생각한다는 자부심을 갖는다. 그들이 생각하기로는 폭넓은 안목을 갖게 되면, 자제하거나 망설이는 행위를 하며 궤변을 늘어놓을 필요가 없다. 공상가들도 자신의 단호한 모습을 강조하고 싶어 하고, 수시로 현실을 지정학적 현실로서 바라보는 경향이 있다.

벨트폴리틱 Weltpolitik, 세계 정치

야심을 품으려는 충동은 즐거운 기분으로 시작되었다. 프랑스 혁명 전쟁과 나폴레옹 전쟁이라는 말안장시대에 독일에서는 정치에 대한 새로운 개념이 공격적이고도 단호하게 등장했다. 나폴레옹 군대가 과거의 무능한 독일 국가들에게 전쟁터에서 굴욕을 느끼게 한 이후로, 진정한 독일 국가는 남아 있지 않았다. 구질서가 해체되고, 독일인들은 무한한 정치적 가능성을 꿈꿀 수 있었다. 그리고 그들은 자신의 상상을 받아들이면서 야심을 품었다. 1814년 「알게마이네 리테라투르-차이퉁Allgemeine Literatur Zeitung, 일반문학신문」에 실린 어느 인상적인 글은 "새로운 시대에는 정치가 인문학이나 과학으로부터 가장 자유로워졌다."는 주장으로 시작한다. 당시 이 글을 쓴 사람이 독일 역사학자와 정책 입안자들의 머릿속을 떠나지 않는 문장과 함께, 벨트폴리틱의 개념을 제시했다. "따라서 인식의 공유성을 통하여 생각 혹은 사상이 등장하고, 인식의 공통적인 요소를 통하여 보편적인 사상이 등장한다. 정치에서 우리가 꿈과 황홀한 기쁨으로부터 지켜내고 생활의 원천으로부터 보편적인 생각을 이끌어내기를 원한다면, 개별적인 대상과 이들의 관계에서 출발하여 국가에서 그다음에는 세계에서 공통적인 것으로 옮겨가야 한다. 이것은 아리스토텔레스가 했던 것이고, 이후로는 과학에 관심을 가진 모든 사람들이 했던 것이다."[1]

벨트폴리틱은 보편적인 연결성에 관한 것이다. 이것은 일찍이 게오르크 빌헬름 프리드리히 헤겔Georg Wilhelm Friedrich Hegel의 벨트가이스트Weltgeist, 즉 세계 정신의 사상에서 절정에 이른 개념이다. 이것은 아시아의 영향력과 벨트리테라투르Weltliteratur, 세계 문학에 관하여 에커만Eckermann과 대화를 나누었던 노년의 요한 볼프강 폰 괴테Johann Wolfgang von Goethe의 생각을 사로잡았다. 또한 가장 상상력이 풍부하고 혁신적인 오페라 「트리스탄과 이졸데Tristan und Isolde」에서 성찬식에 무너진 기독교 전통의 유산과 함께 아시아의 음조와 정신을 가져온 작곡가 리하르트 바그너Richard Wagner의 마음을 사로잡았다.[2]

레알폴리틱 Realpolitik, 현실 정치

어떻게든 세계를 정신적으로 통합하려는 이러한 과정에서, 무엇인가가 아주 잘못되고 있었다. 세계화의 충격, 유럽 전역에 퍼진 기근과 불만, 이후 1848년 사회 혁명의 결과로 새로운 갈등 국면이 조성되었다. 이 시기에 새로운 철학에서 뛰어난 이론가로는 지금은 사람들의 기억에서 거의 완전히 잊힌 아우구스트 루드비히 폰 로하우가 있었다. 그러나 그의 저작 제목 『레알폴리틱』은 여전히 사람들의 기억에 남아 있다. 로하우는 자유주의 언론인으로 1848년 혁명 운동에 참여했다. 이후 패배를 맛보고는 혁명이 지나치게 훈계와 사상에 치우쳤기 때문에 실패했다는 교훈을 얻었다. 사상은 불화를 일으킬 수 있다. 그 대신에, 사람들과 국가들이 이해관계를 생각하면, 협상을 하고 평화롭고 유익한 결과를 얻을 수 있다.

로하우에 따르면, 1848년 혁명과 철학적 이상주의는 프랑크푸르트 국민의회Frankfurt Assembly가 군대도 없고 대외 정책에 대한 현실적인 개념도 없었기 때문에 실패한 것이다. 통일된 독일은 오직 유럽식 국가 시스템이 제공하는 가능성을 기반으로 형성될 수 있었다. 그러나 무엇보다도 옳은 정책은 "시대 정신"을 따르는가에 달려 있었다. 로하우는 시대 정신의 사상에 집착했다. "시대 정신에 반하는 정책이 하나의 체계적인 정책이 되어 오랫동안 지속되는 것은, 실행에 옮길 수 없을 뿐 아니라 전혀 생각할 가치가 없다." 로하우에게 이 말은 정치 기관과 의회가 적절한 대표성을 띨 때에만 혹은 그가 말했듯이, "사회 세력의 정확한 표현"일 때에만 제대로 작동한다는 것을 의미했다.[3]

프러시아가 오스트리아를 상대로 벌인 쾨니히그레츠Königgrätz 전투에서 승리하고, 1867년에 비스마르크의 프러시아를 중심으로 한 북독일연방이 수립된 것이 분명히 로하우가 1853년에 처음 주장한 사실을 뒷받침하게 되면서, 1869년에 그는 『레알폴리티크』 2권을 출간했다. 하나의 개념으로서 레알폴리티크은 비스마르크가 거의 모든 전통적인 보수주의 원칙, 특히 합법성에 관한 이론을 외면하고, 외국과의 정치 동맹을 신속하게 형성하고 파괴한 데에 적용될 수 있었다. 로하우는 『레알폴리티크』 1869년판에서 무력 정치를 찬양하면서, 도덕적인 치부를 굳이 가리려고도 하지 않았다. "정치 권력의 시험은 투쟁이다. (……) 강대강 대치의 모든 경우에서 가장 진화한 판단은 전쟁이다."[4]

또한 『레알폴리티크』 1869년판은 프러시아의 힘의 기반을 새롭고 잔인할 정도로 솔직하게 묘사했다. 로하우는 자유는 정치 변화가 아니라 재산의 취득을 통해서만 얻는 것이라고 적었다. 국가의 통일을 향한 어떠한 발전이라도 그것은 인간의 이기주의가 낳은 결과였다. 『레알폴리티크』의 초판은 이런 주장으로 시작한다. "국가는 인간이 의식하든, 의식하지 않든 따르는 자연 법칙에 따라 등장하고 구성된다. 근대의 잘 알려진 법칙에서는 국가가 신에게서 나온다고는 하지만, 예로부터 내려오는 지혜에 따르면 인간은 정치적 동물이다. 이 문장들은 같은 것을 의미한다." 로하우가 가장 중요한 정치적 목표라고 보는 국가의 통일은 "원칙, 사상 혹은 계약이 아니라 (……) 다른 것들을 집어삼키는 강력한 힘에 의해서 이루어질 것이다."[5] 이 문장은 불과 10년도 안 지나서 "이 시대의 커다란 문제들은 연

설과 다수결이 아니라 철과 피에 의해 해결될 것이다."라는 비스마르크의 유명한 선언을 예견했다.[6]

1848년에 탄생한 현실주의라는 새로운 철학은 플로렌스의 공직자, 역사학자, 사상가인 니콜로 마키아벨리Niccolò Machiavelli와 가장 많이 관련된 과거의 전통을 받아들였다. 로하우주의 혹은 레알폴리틱을 단순히 19세기의 상황에 적용되는 마키아벨리주의의 확장으로 보는 것도 상당한 설득력이 있다.

격변의 시대에 마키아벨리주의에 호소하는 것이 명시적인 전략으로 자주 제공되지는 않지만, 여전히 하나의 진단으로서는 인기가 있다. 마키아벨리를 주제로 석사학위 논문을 썼던 프랑스 대통령 에마뉘엘 마크롱Emmanuel Macron은 프랑스의 힘든 경제 상황을 극복하는 데에 도움이 될 만한 정보를 얻기 위해 마키아벨리에 의지했다. 2010년대 유럽에서 부채 위기가 한창일 때 중앙은행가들과 저널리스트들도 유럽중앙은행 총재 마리오 드라기Mario Draghi의 정책 철학을 이해하기 위해 마키아벨리에 의지했다. 니콜로 엠Niccolo M이라고 불리는 모스크바의 영향력 있는 싱크탱크도 러시아 정부에 관습에 얽매이지 않는 정책, 공격적인 군사 커뮤니케이션 기술, 하이브리드 전쟁에 관하여 조언하면서, 급진적인 방향에서 마키아벨리주의에 입각한 개념을 채택했다.

그러나 마키아벨리의 생각은 대체로 제대로 이해되지 않았고, 마키아벨리언Machiavellian이라는 단어가 때로는 파시즘 혹은 신자유주의와 같이 전면적인 비난의 의미로 사용되었다. 이러한 용법은 상당히 신속하게 퍼져갔다. 셰익스피어의 작품에 나오는 글로스터의 리처드Richard of Gloucester, 나중에 리처드 3세가 되는데, 작품에서 가장 악한 인물로 묘사된다는 "그 잔혹한 마키아벨리를 자기 제자로 두겠다."고 약속한다. 그런데 이런 표현은 시대에 맞지 않다. 셰익스피어가 묘사하는 장면은 1464년에 일어난 것으로, 니콜로 마키아벨리가 태어나기 5년 전의 일이었다. 이러한 장면 이면에 있는 생각은 간단하다. 마키아벨리는 통치자가 어떻게 하면 이중적이고, 속임수를 쓰고, 투명하지 않을 수 있는지 그 방법을 알려주는 교과서와도 같은 인물이라는 것이다.

마키아벨리의 『군주론The Prince』에서 가장 악명 높은 장인 18장은 통치자가 약속을 위반해도 되는 심지어는 이를 장려하는 상황을 설명한다. 그리고 가장 성공한 통치자는 신뢰를 중요하게 생각하지 않고, 사람의 마음을 교활하게 조작하는 방법을 안다고 주장하는 것으로 여겨진다. 18장은 통치자는 가능한 한 거짓말을 자주 해야 한다는 의미로 널리 해석되었다. 그러나 마키아벨리가 전하는 메시지는 이보다 더 복잡했다. 그는 속임수와 사실 왜곡의 의미를 폭넓게 분석하면서, 이러한 조작은 통치자가 자신이 이와 같은 행위를 하지 않는 사람인 것처럼 설득력이 있게 비칠 때에만 효과가 있다는 것을 다양한 사례로 보여주었다. 따라서 속임수와 은폐는 훨씬 더 복잡하고 다층적이다. 실제로 마키아벨리는 통치자가 왜 신뢰할 만한 사람이라는 평판을 얻어야 하는지를 분명하게 설명한다. 군주에게는 일관성이라는 겉모습이 요구되었고, 군주 자신은 이러한 이미지를 떠받치게 될 미덕을 투영해야 했다. 오직 이것만이 효과적인 정책을 위한 굳건한 토대를 만든다. "통치자는 자신을 바라보고 자신이 하는 말을 듣는 사람들에게 자비롭고, 성실하고, 진실하고, 인간적이고 종교적인 사람으로 비쳐야 한다. 그리고 이 마지막에 나오는 자질을 가진 자로 비치는 것보다 더 중요한 것은 없다." 다시 말하자면, 정치인은 자신이 종교적 믿음이 없는 사람으로 보여서는 그런 사람이라고 말하는 것은 두말할 것도 없고 안 된다.

이러한 교훈은 오늘날에도 적용될 수 있다. 그리고 로하우에서 이탈리아의 마르크스주의자 안토니오 그람시에 이르기까지 많은 사상가들이 현대의 군주를 의식적으로 찾으려고 했다. 민주 정치와 현대의 정책 수립은 공약을 기반으로 한다. 정당과 후보자들은 유권자들의 지지를 얻기 위하여, 그다음에는 정책에 대한 지지를 얻기 위하여 공약을 한다. 사람들은 특히, 정치인에게 믿음이 가지 않으면, 설득력이 없는 공약에 표를 주지 않는다. 사람들에게는 일관성을 향한 엄청난 갈망이 있다. 그렇다면 어떻게 하면 일관성을 얻을 수 있는가? 현대의 마키아벨리주의자들은 지리나 위치라는 겉보기에 명백한 사실에서 답을 찾는다.

마흐트폴리틱 Machtpolitik, 무력 정치

레알폴리틱은 끊임없는 재정의의 대상이었다. 마흐트폴리틱 혹은 무력 정치는 15세기 말 이탈리아 반도의 끊임없이 변해가는 형상과 동맹에 대한 확장된 형태라 할 유럽 대륙의 복잡한 정치에 레알폴리틱을 어떻게 적용할지 생각하기 위한 하나의 방법론이었다. 혁명적인 상황이 가까워진 1862년 프러시아 총리로 임명된 오토 폰 비스마르크는 새로운 무력 정치의 시금석이 되었다. 그는 보수주의 사상가들인 게를라흐Gerlach 형제들과의 유명한 서신 교환에서 프러시아의 공직자와 외교관에게 유일한 의무는 자신의 군주의 이익을 증진하는 것이라고 주장했다. 이것은 다른 국가에 어떠한 형태의 정부가 존재하는가와는 무관한 문제였다. 다시 말하자면, 프랑스는 국왕이 지배하든, 공화정이든, 황제가 지배하든, 프랑스일 뿐이라는 것이었다.

이러한 원칙의 적용은 단지 힘의 균형에서 정교한 실험이 갖는 특징만을 보여주는 것은 아니었다. 이 원칙은 국가가 경제 정책에 그리고 특정 이익 집단을 이롭게 하거나 무력을 발휘할 국력이나 역량에 영향을 미칠 수 있는 통상 협정에 대한 협상에 개입을 확대할 때도 적용되었다. 19세기 중반에 독일인들과 그들의 계승자들은 이러한 관계를 쉽게 볼 수 있었다. 무력 정치는 통상 정책에 반드시 필요했다. 경제학자 구스타프 슈몰러Gustav Schmoller는 오직 사회민주주의적 환상에 빠져 있는 사람들만이 유리한 통상 정책을 수립하는 데 국가 무력의 역할을 부정할 것이라고 주장했다. 국가가 존재하는 한, 국가는 경제 관계를 실현하고 형성하려고 할 것이다.[7]

카이저 빌헬름 2세Kaiser Wilhelm II 치하의 독일 제국에서는 벨트폴리틱세계 규모의 정치이 정치 구호가 되었다. 그는 비스마르크주의를 현대화 혹은 업데이트하기 위한 새로운 과정을 정립하려고 했다. 이러한 정책을 주로 적용했던 사람이 바로 1900년부터 1909년까지 비스마르크의 후임 총리를 지냈던 베른하르트 폰 뷜로우Bernhard von Bülow였다. 이처럼 새로운 비전을 갖는 데에는 비스마르크의 시각이 지리적으로 유럽에만 국한되었고, 독일이 프랑스를 봉쇄하고 러시아를 밀어내고 영국과 경쟁하려면 이보다 더 넓은 전망을 가져야 한다는 성찰이 중요하게 작용했다. 외무장관 시절에 뷜로우는 독일 제국 의회에 출석해 새로운 시대를 여는 발언을 했다. "한마디로 말해서, 우리는 어느 누구도 그늘진 곳으로 밀어 넣는 것을 원하지 않는다. 그러나 또한 우리는 양지바른 곳에 자리를 잡기를 원한다."[8] 비스마르크 대외 정책의 숨은 실력자 프리드리히 폰 홀스타인Friedrich von Holstein은 뷜로우에게 커다란 의혹을 품었다. 그는 이렇게 말한다. "뷜로우는 성품이 온화하고 편안한 상관이라는 점과는 별도로, 항상 모든 사람들을 무비판적으로 의심한다. 젊은 시절에 그는 마키아벨리를 읽었지만, 제대로 이해하지는 않았다. 음모를 가르치는 교수의 수업이 그로 하여금 길을 잃고 다른 사람들과의 관계를 불신하게 만들었다."[9] 뷜로우는 자신의 방패막이가 되었던 불행한 필리프 오일렌부르크Philipp Eulenburg에게 이런 말을 했다. "정치는 사람의 몸 안에서 이루어지는 사업이다."[10]

게오폴리틱 Geopolitik, 지정학

1차 대전의 여파와 벨트폴리틱의 실패로, 독일의 정치 전통에서 새로운 단어가 요구되었다. 이러한 단어를 제공한 사람은 도쿄에서 육군 무관으로 비교적 짧은 기간1908~1910을 근무하면서 커다란 영향을 받았던 뮌헨 육군사관학교 교수이자 전략 이론가인 카를 하우스호퍼Karl Haushofer였다. 하우스호퍼가 흥미롭게 받아들였던 게오폴리틱이라는 단어는 스웨덴의 정치학자 요한 루돌프 키엘렌Johan Rudolf Kjellén이 1900년에 발간한 저작 『스웨덴 지리학 입문Introduction to Swedish Geography』에서 만든 것이었다. 나중에 키엘렌은 유럽 역사가 라인강, 다뉴브강, 비스툴라강이라는 세 개의 주요 강 유역을 얻기 위한 경쟁에 의해 움직였다는 이론을 개발했다. 지정학은 예로부터 순진하고도 위험하게 사용되는 애매하거나 막연한 단어이다. 어떤 사람에게는 이것이 대륙과 넓은 지리적 공간이라는 모호한 의미를 전한다. 또 다른 사람에게는 현실이 끊임없는 갈등과 투쟁으로 이루어지고, 여기서 공간이 사상보다 더 중요하고 지도가 사건보다 더 중요하게 작용한다는 주장으로 다가온다. 하우스호퍼는 지정학과의 융합을 제로섬 게임에서 쓰라린 투쟁, 가진 자와 가지지 못한 자 간의 싸움에 관한 이야기의 출발점으로 잡았다. 그는 자연적 생활권에서 정치 생활의 형태에 관한 과학으로서 새로운 정치학을 만드는 것이 자신의 의무라고 생각했다. 지정학은 정치 과정에서 땅과의 유대를 중요한 원칙으로 한다. 이런 의미에서 지정학은 국가의 양심이 될 것이고, 그렇게 되어야 한다.[11] 지정학의 중요성은 세계는 편평하고 세계화가 "역사의 종말"과도 같은 "지형의 종말"에서 거리가 사라지게 한다는 글로벌리즘globalism의 순진한 버전과는 대비될 수 있다.

하우스호퍼는 자신이 공간Raum의 개념을 주로 연구하고 레벤스라움Lebensraum, 생활권의 개념을 도입했던 독일의 지리학자 프리드리히 라첼Friedrich Ratzel과 영국 지리학자이자 런던경제대학의 학장 핼퍼드 매킨더Halford Mackinder에게서 많은 영향을 받은 것으로 생각했다. 매킨더는 철도가 광활한 대륙의 내부를 개방하고 새로운 종류의 통합과 무력 정치를 가능하게 한 것에 매료되었다. 이전까지는 세계화가 아랍, 베니스, 포르투갈, 스페인, 네덜란드, 영국의 선원들이 주도하는 해운을 통해 이루어졌다. 미래의 세계화는 대륙 공간에서 대규모의 육군을 통해 이루어질 것이다. 매킨더는 토리당의 제국주의 정치인 조지프 체임벌린Joseph Chamberlain을 추종하는 많은 사람들과 마찬가지로, 영국이 쇠퇴할 것이라는 생각에 사로잡혀 있었다.[12] 1904년에 그는 영국지리학회British Geographical Society에서 했던 「역사의 지리적 중심축The Geographical Pivot of History」이라는 제목의 강연에서, 중심부heartland에 관한 이론을 자세히 설명했다. 이 자리에서 매킨더는 보편적인 역사에서 적어도 지리적 인과관계의 특정한 측면을 나타내게 될 공식을 찾아야 할 필요성을 설명했다. 그는 자신이 사회 세력의 모든 파열음이 미지의 공간과 야만적인 혼란 속에서 사라지지 않고서 저 건너편의 세계에서 다시 뚜렷하게 메아리치고, 그 결과로 세계의 정치적, 경제적 유기체의 취약한 성분이 산산이 부서지게 될 세계화의 완전히 새로운 시대를 설명하고 있다고 생각했다. 비록 독일과 러시아의 계승자들과는 다르게, 로마를 해상 강대국으로 보았고 그리스를 슬라브 지역의 육상 강대국으로 보았지만, 그는 해상과 육상 강대국의 서로 다른 이데올로기와 구조 사이에서 독일과 러시아에 상당한 영향을 미쳤던 특징도 설명했다. 그는 다음과 같이 말했다. "유럽의 해상과 육상 팽창은 어떤 의미에서는 고대 로마와 그리스 사이가 반목의 연속이었다는 점에서 역사에서 가장 두드러진 우연의 일치라 할 수 있다."[13] 매킨더가 중심축 지역이라고 이름 붙였던 곳은 유라시아 대륙의 중심에 해당되었다그림 2.

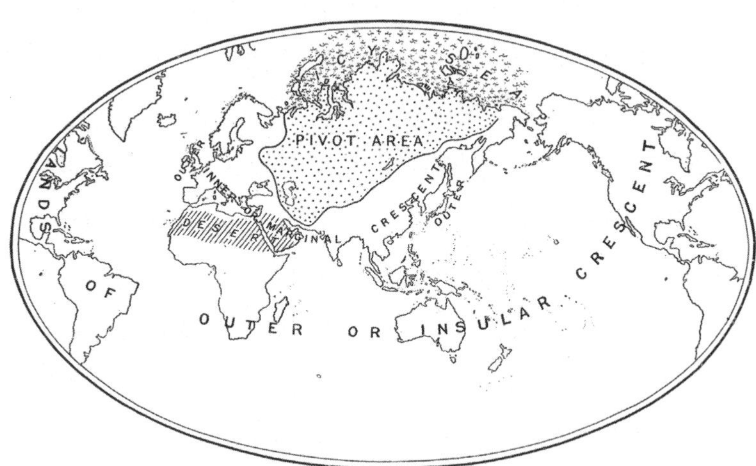

그림 2. 핼퍼드 매킨더의 세계 권력에 대한 견해: '권력에 대한 자연적인 자리' 지도

출처: H. J. Mackinder, "The Geographical Pivot of History," Geographical Journal 23, no. 4 (1904): 435.

하우스호퍼는 아시아의 정치에 매료되었고, 도쿄에서의 경험을 「대일본: 성장한 일본의 군사력, 세계적 위상, 미래에 대한 고찰Dai Nihon: Betrachtungen über Groß-Japans Wehrkraft, Weltstellung und Zukunft」이라는 제목의 박사학위 논문을 쓰는 데 활용했다. 이상하게도 매킨더가 "외곽의 초승달"이라고 인식한 곳에 위치한 국가들이 여전히 지정학을 배워야 할 필요가 있는 대륙에 위치한 국가들보다 권력을 활용하거나 적용하는 방법을 더 잘 알고 있는 것으로 여겨졌다. 구체적으로 말하자면, 하우스호퍼는 독일이 일본이 이웃 나라들인 중국, 러시아와 충돌하는 것을 모방해야 한다고 생각했다. 그는 중부 유럽이 일본이 전쟁이 낳은 강철의 폭풍 덕분에 힘을 키우고 활력을 되찾은 사실을 예의 주시해야 한다고 생각했다.[14]

하우스호퍼는 바이에른 호수 근처의 구불구불한 언덕에 아름답게 자리 잡은 어느 농장에서 살았다. 이 농장은 맨하임의 담배 제조업자이자 유대교에서 가톨릭으로 개종한 게오르크 루드비히 마이어Georg Ludwig Mayer-Doss가 자신의 재능 있는 딸 마르타 메히틸트Martha Mechtild가 하우스호퍼와 결혼할 때, 사위를 위한 선물로 구매한 것이었다마이어는 오래전에 염세주의 철학자 아르투어 쇼펜하우어Arthur Schopenhauer, 아담 루드비히 폰 도스Adam Ludwig von Doss의 주요 제자이기도 한 어느 바이에른 귀족의 매력적인 딸과 결혼했다. 따라서 이 결혼은 하우스호퍼에게 농장, 돈 그리고 귀족의 신분을 가져다주었다. 마르타는 페미니스트 단체의 주요 인물이 되었고, 일본어를 비롯한 외국어 능력을 활용하여 남편이 하는 일을 도왔다하우스호퍼는 일본에 매료되기는 했지만, 일본어로 읽거나 대화를 나누는 데에는 능통하지 않았다. 하우스호퍼는 종종 반유대주의가 폭발하고 남성 우월주의에 입각한 천박한 말을 하면서 그녀를 괴롭히기는 했지만, 평생 동안 마르타에게 열렬히 헌신했다.

1차 대전이 끝난 이후, 하우스호퍼는 영국과 일본 국민들이 이미 깨닫고 있었지만 독일에서는 잠자고 있던 지정학 본능을 일깨우려면 대중을 상대로 광범위한 재교육이 필요하다고 생각했다. 그는 이러한 본능의 결여가 라인강 지역이 분열되면서 상부 실레지아의 분열에 이르게 했고, 결국 다뉴브강, 비스툴라강 지역에서의 분열로 이어졌다고 생각했다.[15] 하우스호퍼의 제자였던 루돌프 헤스Rudolf Hess는 지정학에 대한 하우스호퍼의 견해로 아돌프 히틀러의 관심을 끌었다. 히틀러는 이 개념이 유용할 뿐 아니라 국제 관계에 대한 자신의 도덕을 초월한 견해에 부합한다는 사실을 확인하고서 레벤스라움이라는 중요한 단어가 새로운 정치 프로그램에서 핵심적인 부분이 되게 했다. 아마도 하우스호퍼와 히틀러의 가장 강렬한 만남은 히틀러가 1923년에 맥주홀 반란에 실패하고 나서 란츠베르크 감옥에 수감되어 있을 때였을 것이다. 하우스호퍼는 그곳에서 히틀러와 함께 수감 생활을 하면서 히틀러의 전기체 형식의 성명서 『나의 투쟁Mein Kampf』을 받아 적고 있던 루돌프 헤스를 정기적으로 면회했다.

특히, 영국과 미국에서는 하우스호퍼가 히틀러에게 중요한 영향을 미친 인물로 여겨진다. 1939년 나치-소비에트 협정이 맺어진 직후, 영국의 「뉴 스테이츠맨 앤드 네이션New Statesman and Nation」은 이렇게 논평했다. "독일과 소련의 합의는 나치 강령의 공식적인 이데올로기, 인간 이하의 볼셰비키를 향한 호언, 우크라이나에서 새로운 레벤스라움을 얻으려는 중세 방식에 입각한 독일 식민지 개척자들의 긴 행렬과 같은 낭만적인 비전과는 아무런 관계가 없었다. 그들은 강경하고도 현실적이었고, 영국 제국주의의 지적 무기고, 즉 매킨더에게서 많은 것들을 가져왔다."[16] 대서양의 맞은편에서도 나치주의에 관한 최고 브레인으로 여겨지던 사람에게서 비슷한 해석이 나왔다. "카를 하우스호퍼 육군 소장 겸 교수를 비롯하여 1,000여 명의 과학자, 기술자, 스파이를 보유한 뮌헨에 위치한 지정학연구소Geo-Political Institute는 대중들에게 심지어는 독일 제국에도 거의 알려지지 않았다. 그러나 그들의 아이디어, 차트, 지도, 통계, 정보, 계획이 처음부터 히틀러의 정책을 좌우했다. (……) 뮌헨의 감옥에 수감되어 아무런 계획도 없이 히스테리 상태에 빠져 있던 선동가를 대륙과 제국의 관점에서 생각하도록 가르쳤던 사람은 하우스호퍼였다. 그는 『나의 투쟁』에서 히틀러가 철저하게 따랐던 대외 정책의 개요를 보여주는 것으로 유명한 16장의 대부분을 사실상 받아 적게 했다."[17]

뉘른베르크 재판에서는 미국 측 대표 변호사 시드니 올더먼Sidney S. Alderman이 미국 대법관 로버트 잭슨Robert H. Jackson에게 제출하는 변론문에서 이렇게 적었다. "하우스호퍼는 히틀러의 지적 대부였다. 『나의 투쟁』을 저술하고 나치 성전과 우리가 공동의 범죄 계획이라고 부르는 것의 근간을 제공한 사람은 헤스가 아니라 하우스호퍼였다. 지정학은 단순히 학문적인 이론만은 아니었다. 그것은 유라시아의 중심부를 정복하고, 이로써 세계를 지배하기 위한 맹렬하고도 역동적인 계획이었다."[18] 그러나 잭슨은 이러한 주장에 설득되지 않았고, 몇 주가 지나서 구금 상태에 있던 하우스호퍼를 석방시켰다. 잭슨이 이처럼 놀라운 판결을 내리게 된 것은 국제 관계, 지정학을 연구하는 예수회 학자이자 조지타운대학교 외교학부Georgetown University's School of Foreign Service 설립자 에드먼드 월시Edmund Walsh의 입김이 작용했기 때문이었다. 하우스호퍼는 당장 월시 대령을 자신의 온화하고도 유력한 멘토로 여기고는 『나의 투쟁』은 지정학과는 아무런 관련이 없고 단명에 그친 다수의 선동적인 발간물 중 하나에 불과하다면서 그를 설득했다.[19] 하우스호퍼는 시기적으로 운이 좋았다. 지정학 개념이 다수의 미국인 사상가들을 매료시키기 시작했던 것이다.

월시가 처음부터 지정학자가 되기를 원했던 것은 확실히 아니었다. 예수회 신부였던 그는 항상 국제 관계에서 도덕성을 강력하게 주장했다. 그러나 2차 대전이 끝나고는 독일 지정학의 전멸과 함께, 동부와 중부 지역 유럽에서 새로운 형태의 지정학이 대두되고 있고, 소련이 뛰어나게도 매킨더의 중심부에 의한 지배의 논리를 습득하는 데에 성공하고 있다고 생각했다. 이제 지정학은 지배에 대한 새로운 논리적 근거가 되었다. "당신이 단순한 단어 이상의 것으로 당신의 이상과 희망을 뒷받침할 수 없다면, 강압적인 수단이 계속되고 또 계속될 것이다."[20]

소련에서도 하우스호퍼를 신봉하는 이들이 많았다. 가장 유명한 신봉자로는 코민테른 서기를 역임했고 나중에 스탈린을 비판했던 카를 라데크Karl Radek가 있었다. 1930년대에 그는 독일 외교관들과 계속 접촉했는데, 그의 동지들은 1939년 8월에 체결된 스탈린과 히틀러의 협정의 지정학적 필요성을 예상하고는 이러한 접촉을 정당화하려고 했다.[21] 라데크는 하우스호퍼의 저작을 러시아어로 번역하는 작업에 참여했다. 이 작업은 많은 이들의 관심을 끌었다. 1920년대에는 러시아어로 발간되는 지정학 저널이 넘쳐났다. 「소련의 대백과사전Great Soviet Encyclopedia」 1929년판에는 헝가리의 지도 제작자이자 소련의 정보관으로도 활동했던 알렉산더 라도Alexander Radó의 지정학에 관한 흥미로운 글이 게재되었는데, 이 글에서는 지정학을 주로 1918~1919년에 일어난 독일의 패배와 혁명의 경험으로 강화된 독일의 현상이라고 설명했다. "지난 10년에 걸쳐 지리학 연구의 경계를 벗어나서 고유의 정치적 특징을 채택했던 지정학의 급격한 발전은 제국주의 전쟁 결과로 발생한 독일의 정치적 운명의 방향 전환과도 밀접하게 관련된다. (……) 지정학은 제국주의 전쟁, 독일의 혁명과 관련된 이데올로기의 격변 덕분에 이데올로기적으로 선명해졌고, 별개의 학문 분야로서 차별성을 띠었다."[22]

지정학과 정치적 격변

지정학은 정치적 격변을 다루기 위한 분석 방법으로서 확실히 매력적으로 다가왔다. 예일대학교 정치학자이자 미국지정학회의 설립자 중 한 사람인 니콜라스 스파이크먼Nicholas Spykman은 뮌헨 협정이 체결되기 전 1938년에 「아메리칸 폴리티컬 사이언스 리뷰American Political Science Review」에서 다음과 같이 주장했다. "외교 능력이 아무리 뛰어나도, 참모들이 아무리 지혜로워도, 규모, 형태, 위치, 지형, 기후가 빠져나올 수 없는 조건을 결정한다. (……) 지금 체코슬로바키아의 형상은 영토에서 서부의 쐐기 모양의 지역을 상실하게 한다. 시리아와 이라크는 앞으로도 계속 동부와 서부 사이의 교차로가 될 것이다. (……) 대외 정책을 수립할 때는 이러한 사실을 고려해야 한다. 대외 정책은 이 부분을 능숙하게 혹은 미숙하게 다룰 수 있다. 대외 정책은 이러한 사실을 수정할 수 있지만, 무시할 수는 없다. 지형은 논쟁의 대상이 아니다. 단순히 그러한 지형이 존재할 뿐이다."[23] 미국 우선주의에 입각한 고립주의자이자 비행사 찰스 린드버그Charles Lindbergh는 이러한 견해에 뚜렷이 공감하고는 1939년에 유럽에서 전쟁이 일어난 직후 수많은 라디오 청취자들에게 이렇게 말했다. "우리는 지도를 보면서 우리의 국경이 어디에 놓여 있는지를 확인하기만 하면 된다."[24]

1차 대전의 여파로 독일의 대외 정책을 연구하는 다수의 사람들은 대체로 국제 관계를 이러한 방식으로 논의했다. 그들은 자유주의적 국제주의를 포함하여 모든 사상들을 신뢰하지 않았고, 이러한 사상들을 영국 혹은 미국의 헤게모니 추구를 뒷받침하기 위한 의심스러운 위장술이라고 믿었다. 이들 중 상당수가 히틀러 치하의 독일에서 다른 나라로 도피했다. 역사학자 존 뷰John Bew는 1945년 이후 다수의 미국인들이 품었던 의심을 "신성한 앵글로-아메리카의 전통적인 기질에 반하는 미텔오이로파Mitteleuropa, 비스마르크의 외교 정책의 기본 개념이 된 독일의 영향권에 있는 중부 유럽 지역을 말한다_옮긴이의 어두운 심장부로부터 들여온 달갑지 않은 수입품"이라고 깔끔하게 표현했다.[25] 현실주의자들에 대한 비판은 당장 양 대전 사이 기간의 사악한 독일 정치의 영향력으로부터 선을 긋게 했다. 예를 들어, 하버드대학교의 정치학자로서 나치 치하에서 망명한 카를 프리드리히Carl Friedrich는 외교관이자 전략가인 조지 케넌George Kennan이 독일 레알폴리티크의 미국식 버전을 확산하고 있다고 비판했다.[26] 다수의 미국인들은 지정학이 그들로 하여금 미국이 아무런 죄가 없다고 생각하게 했기 때문에, 매력적으로 받아들였다. 미국이 매킨더가 말하는 "고립된 초승달"의 자리에 놓여 있고, 이웃하고 있는 국가가 상대적으로 적기 때문에, 유라시아, 중동, 아프리카 지역에 위협적이지 않은 영향력을 보여주기에 좋은 자리에 놓인 것으로 여겨졌다.[27]

지정학적 전망에는 항상 기본적인 모호성이 있었다. 매킨더의 전기작가 브라이언 블루에Brian Blouet가 지정학의 역사가 국가를 전쟁과 불황으로 이끌어가는 나쁜 사상의 역사이고 때로는 미친 사상의 역사라고 말했던 것처럼, 어떤 이들은 지정학을 대단히 파괴적이라고도 생각했다.[28] 또 다른 이들은 지정학 논문이 실용적인 가치가 거의 없다고도 주장했다.[29] 이처럼 나쁘고 미친 과학은 무분별한 것으로 여겨져서 정치 질서를 전복시키거나 혹은 이러한 질서를 보존하기 위한 논리적 근거가 될 수 있었다. 1945년 유럽에서 전쟁이 끝날 무렵, 조지 케넌은 모스크바에 위치한 미국대사관에서 근무하던 시절에 작성한 보고서에서 미래의 봉쇄 정책에 관한 주요 개념을 정립했다. 그리고 이 개념은 중심부와 민족 간의 끊임없는 분쟁에 관한 이론에 바탕을 두었다.

> 러시아의 고집스러운 팽창의 이면에는 노출된 평원에서 자라온 정주 생활을 하는 민족으로서 주변에 사나운 유목 민족이 자리를 잡고 있는 데에 따른 오랜 불안감이 작용했다. 이러한 열망이 러시아인의 심리에서 영구적인 특징이 되고, 러시아가 동서로 새로운 영토를 성공적으로 확장하기 위한 기반을 제공할 것인가? 그리고 처음에 성공했다면, 러시아가 어느 지점에서 중단해야 하는지를 알 것인가? 러시아가 대서양과 태평양 연안을 완전히 지배하게 되더라도, 바로 이러한 심리적 특징 때문에 전체를 얻기 위하여 중단 없이 전진할 것인가? 새로 얻은 지역에서 러시아인들이 무슨 일이 있어도 경제보다는 정치를 먼저 생각할 것이라고 믿게 만드는 이유는 많다. 그들은 경제활동의 모든 영역에서 생산성을 망치는 데 주저하지 않을 것이다. 그렇게 함으로써 그들의 권력에 반대하지 않게 하는 무기력과 의존 상태로 몰아넣을 수만 있다면 말이다. 결과적으로 그들에게는 생활수준의 하락이, 많은 경우, 잘난 척하는 속물근성에 빠진 민족을 교정하는 데 훌륭한 수단으로 여겨질 것이다. 그리고 그들은 이러한 민족이 소비에트 인민의 낮은 생활수준을 받아들이지 않는 것에 대하여

놀라움과 함께 역겨움을 느낄 것이다. 그러나 모스크바에서는 어느 누구도 서구 세계가 소비에트의 고통이라는 실물 크기의 늑대가 문 앞에서 집으로 쳐들어오려고 위협하는 상황에 직면할 경우 완강히 버틸 수 있다고 믿지는 않을 것이다. 그리고 소련의 대외 정책은 이러한 불신에 기반을 두고 있다.[30]

지정학의 근간에는 러시아가 중심부의 중앙에 위치한 동력이라는 우려가 내재되어 있다. 2차 대전이 일어나고 한 달이 지나서, 윈스턴 처칠은 이번 전쟁에서 새롭고도 중요한 것 중 하나가 바로 러시아의 권리 행사라고 주장하면서 이렇게 말했다. "러시아는 자국의 이익을 위하여 냉담한 정책을 추진해 왔다.(……) 나는 앞으로 러시아가 어떻게 행동할 것인지 예상할 수 없다. 이것은 수수께끼 속에 신비하게 포장된 수수께끼와도 같다. 그러나 어쩌면 이를 풀기 위한 열쇠가 있다. 이 열쇠는 러시아의 국익이 될 것이다. 독일이 흑해 연안을 장악하거나 발칸 제국을 침략하고 남동 유럽의 슬라브 민족을 지배하는 것은 러시아의 이해관계 혹은 안전에 도움이 되지 않을 것이다. 이것은 러시아의 역사가 입증하는 이해관계에는 부합되지 않을 것이다."[31]

이후로 케넌이 고민했던 문제에서 충분히 해결되지 않은 것은 분석과 정책 처방 사이의 관계였다. 어떤 국가가 지정학적 비전에 정신적으로 사로잡혀 있다는 결론이 그 국가를 차단하거나 봉쇄하기 위한 시도의 원인을 제공하는가? 혹은 그 국가를 이해하고 그 국가 지도자의 행위를 용납하기 위한 동기를 제공하는가? 지적으로 매우 뛰어난 케넌은 이러한 딜레마의 양면을 보여주었다. 그는 1940년대와 1950년대에는 봉쇄 정책의 가장 강력한 옹호자였고, 1990년대에는 서구 세계의 조약 기구인 북대서양조약기구NATO가 과거에 소련의 영향권하에 있던 중부 유럽 국가를 받아들이면서 동부로 팽창하려는 정책에 가장 비판적인 목소리를 냈던 사람이었다. 1990년대 후반에, 그는 아무도 믿지 않는 일을 예언하는 카산드라Cassandra, 그리스 신화에 나오는 트로이 최후의 왕 프리아모스와 헤카베 사이에서 태어난 딸. 예지 능력이 있어 트로이 목마를 경고했지만 믿는 사람이 없었다고 한다_옮긴이가 되었다. "나는 러시아인들이 점점 더 상당히 적대적으로 반응할 것이고, 이러한 팽창 정책이 그들의 정책에 영향을 미칠 것으로 생각한다. 나는 이것을 끔찍한 실수라고 생각한다. 이렇게 해야 할 이유가 전혀 없었다. 어느 누구도 다른 이들을 위협하고 있지 않았다. 이러한 팽창 정책은 이 나라를 건국한 사람들을 깜짝 놀라서 무덤에서 뛰쳐나오게 만들 것이다. 우리는 이 지역의 국가들을 보호하는 데에 서명했다. 진지한 방식으로 그렇게 하려는 자원도, 의지도 없으면서 말이다. NATO의 팽창 정책은 대외 문제에 실질적으로 아무런 이해관계도 없는 어느 상원의원이 가벼운 마음으로 취한 조치에 불과했다."[32]

레알폴리틱에 관한 가장 영향력 있는 사상가로 독일에서 망명한 한스 모겐소Hans Morgenthau는 현실주의에 대한 자신의 견해가 독일에서 나온 것임을 강조하는 데에 분명한 이유로 항상 신중한 자세를 취했다. 그는 방어적인 자세로 국민국가와 권력에 함축된 부정적인 의미를 강조하는 글을 썼다. 또한 그는 19세기 중반 새로운 정치 사회의 건설자들인 카보우르와 비스마르크의 훌륭하고도 성공한 정책들과 동시대에 미국 정계에서 정치 용어로 생각할 수 있는 사람이 부족한 현실을 비교했다.[33] 모겐소는 미국의 전 세계적인 개입 정책, 특히 동남아시아에 대한 개입 정책을 비판했다. 그의 견해에 따르면, 무력 정치의 현실적인 특징을 생각하기보다는 정책을 도덕적 메시지에 고정시키는 것은 도덕적으로 오류가 있다는 것이었다.

이러한 현실주의 지정학의 전통을 계승한 사상가들은 온건하게 개혁적인 국내 의제가 강경한 반공, 반소련 대외 정책과 결합되는 냉전적 사고방식에 회의적이었다. 그들은 소련이 본질적으로 타당하고 이해할 만한 이익을 추구하는 19세기 러시아의 또 다른 버전에 불과한 것으로 생각했다. 공산주의는 양 대전 사이의 기간에 영국이 사용했던 자유주의적 국제주의라는 가면 혹은 2차 대전 이후 미국이 이러한 견해의 업데이트된 버전을 설득력 있게 사용했던 것과도 같은 즉, 단순히 자기 이익만을 생각하기 위한 가면에 지나지 않았다.

현실주의 지정학을 신봉하는 사람들은 자신이 멍청한 반대자들보다 더 똑똑하고 현실적이라는 자부심을 갖는다. 또한 그들은 정책 수립 기관, 학계, 싱크탱크 저널리즘이 자신을 주변부로 몰아내고 있다는 불만을 끊임없이 제기했다. 모겐소는 미국이 대외 문제에서 현실 세계에서 수정되거나 폐기되어야 할 법적, 도덕적 입장에만 의존하는 시대에 뒤떨어진 철학에 사로잡혀 있다고 생각했다.[34] 그의 지적 계승자인 시카고대학교의 존 미어샤이머John Mearsheimer는 자유주의는 엄청난 대가를 치르고서 실패하게 되어 있다고 믿었다. 현실주의자들은 자유주의자들이 다양한 선택이 있고 국가는 평화를 유지해야 한다는 것을 인정했다고 주장한다. "그러나 국가들이 심각한 의견 충돌에 빠져들 때에 이들을 저지하기 위한 세계 국가는 존재하지 않는다. 세계 체제의 구조는 무정부적이지, 위계적이지는 않다. 이것은 자유주의가 국제 정치에서는 제대로 작동할 수 없다는 것을 의미한다. 따라서 국가가 살아남기 위해서는 힘의 균형이라는 논리에 따라 행동하는 것 외에는 다른 선택이 별로 없다."[35] 보편적인 문화는 존재하지 않는다.[36] 그러므로 19세기 초반에 독일인들이 벨트폴리틱에 대해 생각하게 했던 사고방식은 잘못된 것이라 할 수 있다. 지정학을 무시하면 재앙에 이를 것이다. 미어샤이머가 생각하는 최고의 사례는 미국이 러시아의 주변 국가특히 우크라이나를 보편적이라고 여겨지는 전략으로 끌어들여서 러시아를 적으로 만드는 방식이었다.[37] 매킨더의 중심부가 다시 소환되었다. 우크라이나와 러시아는 21세기를 정의하는, 지정학적인 도전의 개념을 보여주기 위한 화약고가 되었다.

지정학자들은 두 정당이 걸쳐 있는 대외 정책 기구에 의해 자신이 주변부로 밀려나고 있다는 불만을 갖는 특징이 있다. 2016년 이전의 미국 대통령들 중 오직 리처드 닉슨 대통령만이 이러한 불만에 조금은 공감했다. 중국에 대한 구애는 소련이 데탕트détente, 주로 국제간의 긴장이 완화되어 화해의 분위기가 조성되는 상태_옮긴이와 평화 공존을 받아들이게 하기 위한 닉슨 대통령의 훌륭한 조치였다. 부시, 카터, 클린턴, 포드, 케네디, 존슨, 오바마를 비롯하여 심지어는 레이건까지 포함한 다른 대통령들은 세계는 미국이 모범이 되고 경찰의 역할을 해야 하는 위험한 곳이고, 필연적으로 파괴, 죽음, 혼란그리고 달러화의 고갈을 맞이하게 된다는 사상을 가진 것으로 보였다. 도널드 트럼프는 이러한 지정학자들에게 상당히 매력적인 인물로 보였다. 그는 사상에는 관심이 없었고, 미국 우선주의를 다른 대통령들보다 더욱 단순하게 혹은 조잡하게 선전했기 때문이었다.

이러한 지정학자들의 약점은 1848년부터 등장한 무시무시한 독일 단어에 뿌리를 내린 사고 구조가 갖는 특성에 있었다. 지정학자들은 국가와 국가의 강점 혹은 약점에 집착했다. 가장 중요한 것은 국가였다. 그러나 실제로 국가는 온갖 종류의 압박에 시달려야 하고, 어떠한 상황에서는 잘 적응하지만, 다른 상황에서는 비참하게 실패해야 했다.

지정학적 사고에는 갈등과 전쟁이 뿌리를 내리고 있었다. 그러나 핵무기 시대에는 주요 국가 간 전쟁이 일어날 것 같지는 않았고, 심지어는 일부 사람들이 주장하듯이 불가능하게 여겨졌다. 결과적으로 지정학의 제로섬 측면이 지경학geoeconomics에도 재현된다. 국가들은 여전히 경쟁을 하지만, 전쟁이 아니라 다른 수단으로 경쟁한다. 스스로 원대한 전략 조달자의 배역을 맡은 정치학자 에드워드 루트왁Edward Luttwak은 이처럼 새로운 접근 방식에 대한 가장 분명한 정의를 제공했다. 그것은 이미 어떠한 전쟁이라도 배제한 국가들이 펼치는 일종의 게임을 의미했다. 또한 그는 관료들 혹은 기술 관료들이 이러한 세계관을 전파하기를 바랐다. "그들은 오직 지경학의 명령을 따름으로써, 기업가와 일반 시민에 대한 권위를 주장할 수 있다."[38] 프랑스의 분석가 파스칼 로리오Pascal Loriot는 지경학이 가상의 공간에서 작동한다는 의미에서 지리학보다는 지정학과 더 많이 연관될 수 있다고 보았다.[39] 하지만 트럼프 행정부 시절에 오랫동안 국무장관을 지냈던 마이크 폼페이오Mike Pompeo는 이러한 생각을 멋진 칵테일 파티에서 친구들과 시간을 보내면서 하는 잡담에 불과한 것이라며 하찮게 받아들였다.[40]

1904년 매킨더가 주장한 중심축의 중심에 위치한 러시아에서는 지정학이 강력한 매력을 발산했다. 특히 1920년대 독일에서와 마찬가지로 강력한 구제국이 해체된 이후, 이러한 해체가 외부 세계가 가하는 정치적 굴욕을 의미한다는 인식이 자리를 잡으면서 번성했다. 이후로는 소련 붕괴의 여파로 1990년대에 러시아에서 지정학이 부활했다. 이것은 2005년 블라디미르 푸틴이 국정 연설에서 "20세기의 가장 커다란 지정학적 재앙"이라고 주장한 데서 잘 나타난다. 푸틴은 소련 제국의 붕괴로 러시아가 부패의 소용돌이에 빠져들었다고 주장했다. "붕괴로 인한 유행병이 러시아 전역으로 확산되었다."[41] 지정학의 부활을 촉진했던 사람은 러시아의 정치 분석가 알렉산더 두긴Alexander Dugin 이었다. 나중에 그는 자신의 해석이 어디에 기원을 두고 있는지를 다음과 같이 설명했다. "1980~1990년대에 나는 국제 전문가 모임에서 학문 분야로서 지정학의 위상을 우연히 알게 되었다. 나는 카를 하우스호퍼와 보수혁명론Conservative Revolution, 바이마르공화국 시대에 나타난 독일의 국민보수주의 운동이다_옮긴이 에 입각한 저작을 통해 지정학을 알게 되었다. 그리고 지정학이 대단히 설득력 있고, 우리 러시아에 매우 유용하고, 어느 정도는 정치적으로 정당하지 못한 원칙이라고 생각했다. 내가 보기에는 지정학이 과거의 것, 금지된 것, 정치적으로 정당하지 못한 것의 지위를 갖는다고 여겨진다. 그리고 나는 이러한 점을 좋게 생각했다."[42]

두긴은 자신의 멘토인 카를 하우스호퍼를 단순히 닮는 것에 머물지 않았다. 독일 밖에서는 많은 분석가들이 하우스호퍼를 히틀러의 전략을 배후 조종하는 사람으로 여겼던 것과 마찬가지로, 서구 세계에서는 러시아에서보다 훨씬 더 많은 사람들이 블라디미르 푸틴이 명백하게 지정학적인 유라시아 프로젝트를 지지하게 된 원인을 두긴에게서 찾으려고 한다.[43] 두긴은 유라시아 제국과 과거에 러시아를 중심으로 한 공산주의 인터내셔널을 닮은 유럽을 아우르는 새로운 파시스트 인터내셔널의 건설에 관하여 말한다. 때로는 푸틴이 러시아 제국과 그 영향권을 재건하고 유럽연합과 미국을 약화시키는 데 관심이 있어 보인다. 2015년 미국이 러시아의 주요 인사들에게 제재를 가했을 때, 두긴이 포함되어 있었다. 푸틴 자신은 러시아 정부와 두긴과의 관계를 중요하게 생각하지 않았다. 그러나 푸틴으로서는 국제 관계에 대한 자신의 방법론과 접근 방식에서 합리적이고 계획적이고 정치인다운 면모를 보이기 위해서는, 상당히 급진적인

인물을 가까이 두는 것이 유익할 것이다.[44]

2007~2008년 국제 금융 위기 이후 지정학은 국제적인 토론에서 중심에 있게 되었다. 이것은 냉전이 남긴 두 가지 유산, 즉 미국의 역할과 러시아가 물려받은 소련의 잔재와도 관련이 있었다. 지정학은 1919년 이후 독일에서 그랬듯이, 혼돈에 빠져든 새로운 세계를 설명하기 위한 매력적인 방법으로 보였다. 지정학이 갖는 분명하고도 단호한 측면이 매력을 더했다.

푸틴은 자신의 권력을 강화하기 위해 주변의 분쟁을 활용하는 데 관심이 있었고, 체첸 전쟁 덕분에 대통령의 자리에 올랐다. 그러나 2005년에 푸틴은 다음과 같이 주장하며 여전히 세계화를 신봉하고 있음을 보여주었다. "러시아는 외국인을 포함하여 민간 투자의 유입에 대단한 관심이 있다. 이것이 우리의 전략적 선택이고, 전략적 접근 방식이다." 2011년 10월, 그는 포스트소비에트 공간에서 여러 단계로 이루어지고 다양한 속도를 지닌 새로운 통합 과정에 착수한다고 선언했다.[45]

한편 우크라이나는 분쟁의 중심지가 되었다. 세계 질서가 어떻게 될 수 있고 어떻게 되어야 하는가 혹은 내부의 초승달이 중심부를 두고 어떻게 투쟁해야 하는가에 대한 대립적인 견해들의 성패가 여기에 달려 있었다. 2010년대는 매킨더와 하우스호퍼의 대본을 따라 전개되었다. 2009년 이후 우크라이나는 유럽연합과 그다지 주목받지 않는 평범한 동방파트너십 프로그램Eastern Partnership Program을 체결했고, 심층적이고 포괄적인 자유무역협정Deep and Comprehensive Free Trade Agreement, DCFTA이 포함된 유럽연합-우크라이나 협력협정EU-Ukraine Association Agreement을 추진했다. 유럽연합과의 이러한 안보 관계는 미국이 조지아를 NATO 회원국으로 받아들이려는 논의와 마찬가지로 러시아에 거의 위협이 되지 않았다.

그러나 2010년 12월 이후 아랍의 봄2010년 말 튀니지에서 시작되어 아랍의 중동국가 및 북아프리카 국가로 확산된 반反정부 시위의 통칭_옮긴이 시기와 2011년부터 2013년까지 러시아에서의 반정부 시위로 이어진 급격한 변화의 물결 이후, 러시아는 자기만의 방식으로 봉쇄 정책을 추진했다. 러시아는 우크라이나를 경계로 삼기로 결정하고, 우크라이나에 서구화 과정을 중단하도록 엄청난 압박을 가했다. 우크라이나 대통령 빅토르 야누코비치Viktor Yanukovych는 2013년 11월 28~29일에 빌뉴스에서 개최된 EU 정상회의에서 무역 협정에 서명할 예정이었다.[46] 하지만 그가 서명을 보류하자, 독일 총리 앙겔라 메르켈을 비롯하여 유럽 지도자들이 그를 비난하기 시작했다. 야누코비치는 지정학적 관점에서 유럽연합과 러시아라는 강대국 사이에 갇혀 있는 우크라이나의 상황을 환기시키며, 자신의 입장을 설명했다.

야누코비치가 DCFTA에 대한 서명을 보류하기로 결정하자, 수십만 명의 국민들이 거리로 나와 유럽연합과의 긴밀한 통합을 요구했다2013~2014년 우크라이나를 휩쓴 시위는 유로마이단Euromaidan 혹은 존엄성 혁명Revolution of Dignity이라고 불렸다. 시위를 진압하기 위해 잔인하기로 소문난 전투 경찰 베르쿠트Berkut가 투입되었다.[47] 경찰 저격수들이 시위 군중을 조준 사격하여 100명 넘게 사살했지만, 수도 키이우에서 유로마이단 혁명을 진압하지는 못했다. 유럽연합과 우크라이나 간의 무역 협정에 대한 서명을 보류하기로 했던 결정을 철회하지 않겠다면서 단호하게 버티던 야누코비치는 2014년 2월에 급하게 짐을 꾸리고서 내무장관과 함께 러시아로 탈출했다.[48] 러시아는 불법 쿠데타가 일어난 것으로 간주하고, 크림반도와 우크라이나 동부의 국경 지역으로 군대를 파견했다. 푸틴 대통령은 크림반도가 러시아연방의 일부라고 선언하는 공식 조약에 서명했고, 러시아 상원의회가 우크라이나 국민들과는 아무런 협의도 없이, 3일 만에 우크라이나 영토에 대한 강제 합병에 비준했다. 이러한 조치는 해결하기 힘든 국경 문제를 야기하면서 우크라이나가 유럽연합 회원국이 될 기회를 앗아갔다.

중심부의 중앙 주변에 위치한 작은 국가가 되는 것은 어떠한 기분이 들게 하는가? 우크라이나 정부는 러시아가 국경 지역에 수천 명의 군대와 무기를 비밀리에 배치하고, 우크라이나 정부를 전복하기 위한 전쟁에 우크라이나 국민들을 모집하고, 훈련하고, 동원하고 이들에게 자금을 지원한 것을 비난했다. 우크라이나 언론은 러시아가 세계 전역에서 러시아에 동조하는 사람들을 대상으로 용병을 선발하여 공급한다고 보도했다. 우크라이나 정치인들은 러시아가 차르 시대와 소련 제국주의로 거슬러 올라가는 오랜 역사를 지닌 정치적 통제를 위한 글로벌 전략을 실행하는 것으로 보았다. 우크라이나 유엔 대사 세르히 키슬리차Sergiy Kyslytsya는 유엔 창설 75주년 기념식장에서 다음과 같이 선명한 대조를 통해 러시아의 전략이 갖는 특징을 설명했다. 서구 세계의 기구들은 다양성과 자유로운 선택을 제공하는 반면에, 러시아는 강제로 밀어붙인다. 키슬리차는 전체주의 이데올로기와 유엔 헌장의 목표와 원칙을 결합하는 파워 전략의 맥락에서 러시아의 신제국주의 야심에 관하여 이렇게 설명했다. "지난 75년 동안 유엔을 바라보는 이러한 태도는, 일부 국가들이 유엔 헌장의 원칙에 대한 준수를 선언하면서 도전과 냉소 속에서도 이들에 의해 개선되었다."[49] 이러한 관점에서 투쟁은 지역의 분쟁과 지역의 이익, 국제기구들에 관한 것이었다.

이와는 대조적으로, 러시아 정부의 해석의 중심에는 지정학이 있었다. 이러한 관점에서 보면, 갈등은 미국과 유럽연합의 압박에서 비롯되었다. 푸틴에 따르면, 대서양 횡단 공동체가 오랫동안 우크라이나 헌법을 비웃기라도 하듯이 이 나라의 선거에 개입했고, 지금은 잘 조직되고 훌륭한 장비를 갖춘 무장단체까지 투입했다는 것이다.[50] 러시아 유엔 대사 바실리 네벤지아Vasily Nebenzia는 우크라이나 키이우에서 이른바 유로마이단 혁명을 일으키고 파괴적인 내전을 일으킨 책임은 유럽연합에 있다고 주장했다.[51] 국제법을 위반한 책임은 우크라이나 정부에 있었다. 우크라이나 정부는 불법으로 야누코비치 대통령을 축출했고, 소수 민족을 차별했고, 동부 지역에서 러시아어를 사용하는 이들이 무장하게 만들었다.

푸틴은 민족주의자, 신나치주의자, 러시아혐오주의자, 반유대주의자가 이러한 갈등을 조장했고, 그들이 우크라이나에서 여론을 형성하고 있다고 설명했다.[52] 대서양 횡단 공동체는 이곳저곳에서 그들이 하고 싶은 대로 한다. 그들은 주권국가를 상대로 무력을 행사한다. 그는 국제기구와의 협력에 관하여 이렇게 말한다. "그들은 이러한 침략이 합법적으로 보이도록 하기 위하여, 이에 필요한 결의를 국제기구에 강요한다. 실제로 그들은 우리에게 여러 차례에 걸쳐 거짓말을 해왔고, 우리 몰래 결정을 했고, 우리에게 이미 정해진 사실을 알려왔다." 그는 유고슬라비아에서의 전쟁을 사례로 들었다. "또한 그들은 아프가니스탄, 이라크를 침공했고, 솔직하게 말하자면 리비아를 상대로 유엔 안전보장이사회의 결의를 위반했다. (……) '색깔 혁명color revolution, 2000년대 이후에 구소련 국가를 포함한 전 세계에서 일어난 민주주의 개혁, 시위, 혁명을 의미한다_옮긴이'을 주도했다. (……) 악명 높은 봉쇄 정책은 18세기, 19세기, 20세기에 이어 지금도 계속되고 있다. 그들은 끊임없이 우리를 곤경으로 몰아가고 있다."[53]

우크라이나 위기를 바라보는 러시아의 관점은 두 가지 전제에 달려 있다. 하나는 세상은 국제 정세의 주요 원인을 제공하는 미국 중심의 무자비한 단극 체제이고, 다른 하나는 이러한 단극 체제가 약소국에 미치는 파괴적인 영향력이다. 이러한 세계관은 약소국에 대한 러시아의 정치적 지배에 정당성을 부여한다. 푸틴 대통령은 2020년 코로나 위기를 맞이하여 대국민 연설을 했는데, 여기에는 국제 관계를 바라보는 러시아의 관점이 갖는 두 가지 기본적인 전제에 대한 언급도 포함되어 있었다. 이것은 불과 두 개의 문장으로 이루어졌다. “세계화와 통합 과정은 시련을 겪고 있고, 주요 국가들은 기술과 산업의 독립에 유리한 선택을 하고 있다. 그 이유는 이러한 상황에서 안보와 발전은 ‘오직’ 자신자국의 인력, 노동력, 과학적 잠재력에게만 의존할 수 있다는 사실을 알기 때문이다.”[54] 이 두 개의 문장은 러시아가 국제 관계를 어떻게 인식하는지 그 본질을 보여준다. 국제 정치는 강대국들에 의해 끊임없이 전개되는 잔인한 권력 투쟁이다. 이것은 다양한 형태를 띨 수 있지만, 근본적으로는 아무것도 변하지 않았다. 세계적인 유행병에 직면하여 강대국 혹은 현실의 국가들은 단결된 모습을 보여주지 않았다. 오히려 자급자족에 의존하려고 했다. 여기서 “오직”이라는 단어는 지정학적 세계관의 가장 급진적인 어조를 보여준다.

분석과 정책 처방 사이의 관계에 대한 케넌의 역설이 여전히 해결되지 않고 남아 있었다. 분석이 강력한 봉쇄 정책을 요구하는가? 혹은 이보다 더 부드럽고 더 많이 이해하는 접근 방식을 요구하는가? 이러한 딜레마는 1969년부터 1977년까지 미국 국가안보 보좌관과 국무장관을 지냈던 노련한 대외 정책 전략가인 헨리 키신저Henry Kissinger에 의해 제기되었다. 그는 자신의 2014년 저작 『헨리 키신저의 세계 질서World

Order』에서 국민국가들은 국제 정치에서는 보편적으로 받아들여지는 원칙이 없고 오직 대안이 되는 견해만이 존재한다는 전제하에서 대화를 할 것을 요구했다. 그는 이렇게 적었다. "지정학의 세계에서는 서구 국가들이 정립했고 보편적이라고 선언했던 질서가 전환점에 서 있다. 전 세계가 그 질서가 내세우는 묘책을 이해하지만, 그것의 적용에 대해서는 합의를 이루지 않았다. 실제로 민주주의, 인권, 국제법과 같은 개념들은 저마다 다르게 해석되고, 분쟁 당사자들이 서로를 향해 내세우는 주장에서 수시로 등장한다. 그 질서의 원칙들이 널리 알려지기는 했지만, 적극적으로 시행되지 않으면서 효력을 갖지 못한 것으로 나타났다."[55] 그는 크림반도 합병을 설명하거나 심지어는 정당화하는 러시아의 국제 정치에 대한 별개의 인식을 이해했다. 유럽과 미국은 러시아에게 우크라이나가 단지 하나의 외국만은 아니라는 사실을 이해하지 못했다. 키신저는 우크라이나 지도자를 향한 격렬한 비판은 유보했다. "우크라이나는 독립된 지 겨우 23년 지났다. 14세기 이후에는 외국의 지배를 받아왔다. 당연히 우크라이나 지도자들은 역사에 대한 인식이 크게 부족했고, 타협의 기술을 배우지 못했다."[56] 그는 우크라이나와 유럽연합의 경제 통합에 대해서는 이러한 과정을 유럽연합의 오랜 회원국들에게서 볼 수 있는 평화와 번영을 재현하기 위한 기회의 관점이 아니라, 키이우 시위의 최후를 장식했던 대화의 관점에서 바라보았다. 그의 견해에 따르면, "이 모든 것들과 이것이 미치는 영향은 러시아와의 대화에서 주제가 되었어야 했다."[57]

지정학적 전망에는 시민 사회를 위한 공간이 없다. 지정학은 인구 집단을 이성적인 인간이 아니라 비이성적인 동인으로 취급한다. 지정학은 절차 혹은 의사 결정이 어떻게 이루어지는지에 많은 관심을 갖지 않는다. 법치주의는 괄시를 받았다. 따라서 지정학자들은 상당히 잔인한 방식으로도 작동하지 않는 실체를 이해하기가 힘들었다. 그들의 눈에는 미국 혹은 1945년 이후 유럽의 질서가 구현한 입헌주의가 이상하게 보였다.

유럽연합은 개념적으로 지정학그리고 그 밖의 모든 독일의 정치 용어과는 대조가 되었다. 유럽연합은 초강대국과 그들의 이데올로기에 대한 반발로 등장했다. 글로벌 위기가 있기 전에는 유럽이 연성 권력soft power, 간접적이고 무형의 영향력을 행사하는 힘_옮긴이을 구현하고 미국이 경성 권력hard power, 군사력, 경제력 따위를 앞세워 상대방의 행동을 바꾸게 하거나 저지할 수 있는 힘_옮긴이을 구현한 것으로 여겨졌다. 대서양을 마주 보는 두 지역은 금성과 화성처럼 여겨졌다.[58] 유럽 통합 계획은 어느 정도는 개별 국가들이 할 수 있는 것을 제한하기 위한 것, 다시 말하자면, 이들을 구속하는 것이었다. 역사학자 앨런 밀워드는 1950년대의 동인을 "유럽 국민국가들에 대한 구조救助"라고 부른다. 그러나 이러한 표현은 우리가 회원국이 너무 비대해지는 것을 꿈꾸지 못하게 하는, 즉 마흐트폴리틱을 꿈꾸지 못하게 하는 자기제한적인 통합을 생각할 때에만 의미가 있다.[59]

지정학이 세계를 장악하는 것으로 보였을 때에는 일부 버전은 필연적으로 유럽인들의 사고방식에 영향을 미칠 수밖에 없었다. 유럽연합이 다자주의에 입각한 것처럼 보이지만, 오직 두 개의 국가만이 전통적인 의미에서 강대국이라고 주장할 수 있다. 프랑스는 핵 역량을 보유하고 있고, 유엔 안전보장이사회 상임이사국의 특권을 유지하고 있다. 독일은 금융과 경제 강대국으로서, 비평가들은 독일 통화와 프랑스 핵 억지력 사이의 유사성을 자주 거론한다. 그러나 이들 두 개의 강대국에만 집중하면 유럽연합의 원칙을 손상시키게 되고, 유럽연합이 지정학적 사고방식에 이끌리는 것은 당연한 일이다. 유럽연합에서 세 번째로 규모가 큰 국가는 이탈리아인데, 특히 이탈리아는 경제, 이민, 이동성에 관하여 독일과 프랑스가 전하는 지시에 짜증이 나 있었다. 몇 개여기서는 두 개의 강대국들이 다자주의의 원칙을 손상시킨다. 그러므로 유럽연합이 스스로 주요 행위자가 되고, 이에 따라 프랑스 혹은 독일에서 리더십을 찾는 데 따르는 잠재적 폭발력을 제거하기 위한 방법을 생각하는 것은 당연한 일이었다.

독일의 정치학자 우르줄라 폰 데어 라이엔Ursula von der Leyen은 2019년 유럽연합집행위원회 위원장의 임기를 시작하기 전에 이미 지정학의 방법을 받아들였다. 그녀는 과거에 유럽연합 회원국의 국내 문제에 지나치게 간섭한다는 비난을 받았던 "정치 위원회"와는 확연하게 구분되는 "지정학 위원회"를 구성하기를 원했다. 유럽 국가들은 서로가 아니라 세계를 관리해야 한다. 프랑스, 독일 혹은 이탈리아와 같은 규모가 큰 국가들이 자력으로는 세계 정치에 영향을 미칠 수 없다는 주장이 설득력 있어 보였다. 세계화된 세상에서 많은 유럽인들이 유럽이 발언권을 가져야 한다고 생각했다. 유럽연합의 고위급 대표이자 사실상의 외무장관인 조셉 보렐Josep Borrell은 다자주의와 개방 문제, 그리고 유럽이 권력에 관한 언어를 다시 배우고 최고의 지정학적 전략의 행위자가 되기 위한 방법에 대해 프로그램에 입각한 선언을 했다.[60]

그러나 지정학이 유럽이 발언권을 갖기 위한 최선의 방법인가? 벨트폴리틱은 과거의 제국주의 체제가 해체되고 정치적, 사회적 현실이 급변하던 때에 인식의 공유성을 찾기 위한 일환으로 시작되었다. 그것은 이러한 공유성은 실제로 달성할 수 없는 성질이라고 보는 지정학적 관점으로 종말을 고했다. 첫 번째 관점은 새롭고 보편적인 비전을 수용하기 위한 기반을 제공하는 것이고, 두 번째 관점은 분열을 조장하는 것이다. 지정학화하는 것은 중심부에 대한 심리극에 끊임없이 참여하도록 초대하는 것을 의미한다.

부채

결속을 위한 접착제인가, 강력한 폭발물인가

D E B T

PART 07

부채는 이 책에서 다루는 단어 중에서 우리가 이 개념을 만든 사람도 모르고, 명백하게 언제 시작되었는지도 모르기 때문에 특별한 점이 있다. 그러나 부채는 세계화의 언어에서 점점 더 중심에 있게 되었다. 부채의 끝은 보이지 않는다. 많은 분석가들이 전 세계에서 정부, 기업, 개인 부채의 축적에 따른 결과를 우려하고, 심지어는 활동가들이 성경에 나오는 부채 탕감, 즉 주빌리jubilee, 일정한 기간마다 부채를 탕감해 주는 기독교 전통에서 유래한다_옮긴이를 요구하더라도 말이다. 주빌리는 카니발레스크carnivalesque, 전통적 문학 작품들의 질서나 가치를 우스꽝스러운 유머와 무질서로 전복시키거나 해방시키는 문학 양식_옮긴이에 입각한 무질서의 상태 혹은 자연의 자비로운 상태로의 회귀 성격을 갖는다. 셰익스피어의 작품에 등장하는 포퓰리스트 반란자 잭 케이드는 이렇게 설명한다. "죄 없는 양의 가죽이 양피지가 되어야 하고, 거기에 휘갈겨 쓴 것이 인간을 파멸로 이끄는 것은 너무 심하지 않은가?"[1]

부채는 세계 경제를 구속하는 의무를 낳는다. 학자고고학자, 역사학자들은 부채가 화폐 혹은 동전보다 훨씬 더 오래되었다는 데 동의한다.[2] 예를 들어, 메소포타미아 지역에서 출토된 진흙으로 만든 설형문자 명판에는 지금으로부터 5000년 전의 과거기원전 7500~3350년에 수메르인들이 곡물 혹은 동물양을 단위로 사용하여 부채 계약을 체결한 사실이 나와 있다.

오래전부터 부채가 존재했지만, 이것이 사람들의 관계에 미치는 영향을 어떻게 이해해야 하는가의 문제도 마찬가지로 오래전부터 존재했다. 부채는 시민 사회의 발전과 책임의 개념에서 중요한 특징이 되었다. 부채는 도덕 경제의 중심에 있다.

부채의 진화는 윤리학 이론에서 중심에 있었다. 플라톤이 말하는 모든 미덕절제, 지혜, 용기, 정의은 내면적으로 개발되거나 외부의 영향력에 기초한다. 때로는 이러한 미덕들이 가르침과 실천을 향한 타고난 성향들의 조합에서 나오기도 하고, 개인이 이러한 것들을 평생에 걸쳐 개발하기도 한다.[3] 나중에는 불굴의 정신으로 다시 묘사되기도 하는 용기는 의무를 기피하지 않고 완수하는 것과 관련이 있다. 부채는 개인을 사회화하는 데 도움이 된다. 부채는 우리가 과거의 행위에 구속되고, 따라서 하나의 개인으로서 지속적인 정체성을 갖는다는 사실에 대한 인식을 제공한다는 점에서, 인간 성격의 핵심을 이루는 한 가지 측면이 된다. 이러한 사실에 근거하여 개인 간의 약속이 발생한다. 당신은 내가 어떤 사람인지를 알고, 상황이 변하더라도 나에게 의지할 수 있다. 이러한 신뢰가 없다면, 끊임없이 의심하게 된다.

또한 부채는 일련의 의무, 그리고 근대 이전 사회에서 속박, 빚을 갚기 위한 노역을 창출하면서 커다란 압박으로 작용할 수도 있다. 따라서 부채는 사람에게서 인간성을 앗아간다. 이것은 상황이 분명히 변하기 때문에 발생한다. 사고, 기후 혹은 건강과 관련된 재앙을 비롯하여 그 밖의 상황들이 부채 상환을 불가능하게 만든다. 따라서 유대교, 기독교, 이슬람교를 포함하여 많은 종교에서 고리대금업을 금지했다. 실제로 이슬람교에서는 지금도 명목상의 제한을 가하고 있다. 그리고 이슬람 율법에 따라 금융 상품에 공정 혹은 위험 공유 요소를 포함하기에 이르렀다. 일부 분석가들은 이슬람 율법이 공채 발행을 금지한다는 점에서, 현대 경제를 위한 적절한 기준을 제시할 것이라고 말한다. 그럼에도 이슬람 율법이 이슬람교도의 금융 행위를 실제로 바꾸어놓았다는 증거는 거의 없다.[4] 유대교와 기독교에서는 신명기 23장 19절Deuteronomy 23:19과 레위기 25장 35-37절Leviticus 25:35-37에 다음과 같이 고리대금업을 금지하는 내용이 나온다. "네가 형제에게 이자를 받고 빌려주지 말지니, 돈에 대하여, 식량에 대하여, 이자를 받을 만한 그 밖의 모든 것에 대하여 이자를 받아서는 안 된다.", "네 형제가 가난하게 되어 빈손으로 네 곁에 있거든, 너는 그가 모르는 사람 혹은 잠깐 머무는 사람이라 할지라도 그를 도와 너와 함께 생활하게 할 것이다. 너는 그에게 너의 돈을 빌려주면서 이자를 받아서도 안 되고, 너의 식량을 빌려주면서 이에 대한 이자를 받아서도 안 된다."

책임, 시민 의식, 질서를 증진하는 것으로서의 부채와 개인의 고통과 장애를 일으키는 것으로서의 부채 사이의 격차를 해소하기 위한 손쉬운 방법으로 부채가 정부의 문제가 되게 하는 것이 있다. 이러한 견해는 오래전에도 있었고, 오늘날에도 이와 비슷하게 정부를 특별히 안전한 혹은 안정적인 자산을 창출하는 기관으로 보는 견해가 있다.

정부 부채

그리스 도시국가의 대형 예배당에 안치되어 있는 국고에는 시민들에게 빌린, 긴급한 상황에서 사용할 수 있는 개념상의 차입금이 보관되어 있었다. 이러한 차입금에 대해서는 대체로 이자가 지급되지 않았다. 국가가 차입금을 상환하지 않아서 돈이 떼인 시민들은 단순히 더욱 커다란 대의를 위하여 희생한 것으로만 생각했다. 차입금은 이렇듯 시민 공동체의 한 가지 이념을 표현했다. 국가 부채와 종교의 관계는 건물의 형태에서 분명하게 드러났다. 이러한 건물은 훨씬 더 나중에 19세기와 19세기 초에 은행 건물의 모델을 제공했다.

대조적으로 군주와 절대 권력자는 이와 같은 종류의 차입금을 받으려고 했다여기서 차입과 과세의 차이가 항상 분명하게 드러난 것은 아니었다. 그러나 상환의 가능성은 적었고, 돈을 빌려주는 사람들은 왕실의 대리인들실제로 세금 징수자들로부터 재산을 숨길 정도로 똑똑했다. 따라서 군주는 이자를 지급하면서 다른 나라의 상인들에게서 돈을 빌렸고, 차입금의 일부 혹은 전부를 갚지 않을 때가 많았다. 군주가 앞으로 어떤 일대체로 군사적인 일을 벌일 것인지를 사전에 정확하게 알 수는 없었다. 그리고 군주가 당초 계약에 따라 상환할지도 확실하지 않았다. 군주가 부채를 무턱대고 안 갚을 수도 없었다. 그 이유는 자신에 대한 평판이 나빠지면 또 다른 부채를 끌어들일 수 없기 때문이었다. 그러나 이러한 과정에서 군주가 독단적인 행동을 하게 되고, 이에 따라 불확실성이 커지고 금리가 상승했다. 더 나은 조건으로 돈을 빌리는 것이 정치적 책임을 지고 민주주의를 창출하는 과정에서 중요한 자극제가 되었다.

제노바에서는 공동 책임을 촉진하기 위한 모델로 널리 인정받는 대출 전략이 개발되었다. 시민들은 제노바공화국의 다양한 부채를 통합하기 위해 1408년에 설립된 법인 산조르지오은행Casa di San Giorgio을 통해 시청에 돈을 빌려주었다. 마키아벨리는 『피렌체사Istorie Fiorentine』에서 이 은행이 자유, 시민 생활, 정의의 원칙을 구현한다고 적었다.[5] 스코틀랜드 태생의 모험가 윌리엄 패터슨William Paterson은 나중에 잉글랜드은행이 된 기관을 통해 영국 금융을 재구성하기 위한 계획의 모델로 제노바의 사례를 사용했다. "우리의 모든 혁명에도 불구하고, 기독교 세계에서 영국보다 재산이 더 신성하고 안전한 곳은 일찍이 없었다. 모든 재산, 정의, 권리를 잃게 만드는 다름 아닌 정복이 어떤 식으로든 이 기관에 영향을 미칠 수 있다. 이러한 경우, 이 기관은 다른 모든 것들과 공통점이 있을 뿐이다."[6] 이 은행은 제노바 모델과 아주 비슷하게 조직되었다. 은행의 주주들은 영국 정부에 돈을 빌려주었다. 그들이 의회를 지배하고 따라서 정부가 부채에 대한 이자를 지급하기에 충분한 만큼의 세금을 징수하게 할 정도로 정치적 영향력이 있었기 때문에, 그들의 투자는 안정적으로 보였다. 잉글랜드은행의 설립은 영국 금융 혁명의 핵심이 되었고, 이것이 영국 정부의 차입 비용을 급격하게 감소시킴으로써, 국방특히 해군, 사회기반시설과 기타 서비스에 필요한 지출을 증가시킬 수 있었다. 또한 영국의 권력 행사와 대영제국의 출현에도 중요하게 작용했다.[7]

영국을 모방하는 국가들도 있었다. 미국의 초대 재무장관 알렉산더 해밀턴Alexander Hamilton은 영국의 사례에서 깊은 영향을 받고는 잉글랜드은행의 사례를 자세히 연구했다. 1790년, 그가 연방정부에 각각의 주들이 지고 있던 부채미국 독립전쟁에서 비롯된 부채를 떠맡을 것을 제안했을 때, 이처럼 다양한 부채 부담을 떠맡기 위한 타협 과정을 새로운 정치를 창출하기 위한 기회로 보았다. 그는 이렇게 적었다. "부채는 우리 미국을 결속하는 강력한 접착제가 될 것이다."[8]

나폴레옹도 잉글랜드은행과 같은 원리에 따라 프랑스은행Banque de France을 설립했다. 프랑스에서는 국가 부채의 신성함이 오랫동안 특별하고도 중요한 의미를 지녔다. 프랑스 혁명은 루이 16세가 본의 아니게 채무 불이행 혹은 주기적으로 프랑스의 그리고 더욱 일반적으로는 근대 초기 유럽 왕정의 앙시앵 레짐을 규정했던 구조 조정에 관여하게 된 데서 비롯된 것으로 널리 알려져 있었다. 7년 전쟁과 이후의 미국 독립전쟁으로 인하여 늘어난 부채는 손쉽게 탕감할 수 있었다. 루이 16세는 그 대신에 삼부회를 소집하여 수입을 늘릴 방법을 찾게 했다. 그러자 삼부회 의원들은 국왕과 교회의 재산biens nationaux을 국가 부채의 담보로 그리고 국내외의 반혁명 세력에 맞서 싸우는 군사 작전을 위한 경비로 사용했다.

이보다 훨씬 더 최근인 2010년 유럽 혹은 유로존 부채 위기 이후로는 해밀턴과 그의 부채에 대한 인식이 다시 부상했다. 어느 정도의 부채 공동화debt mutualization가 존재하는가? 미국은 유럽을 재정적으로 더욱 안정시키기 위한 일환으로, 이러한 방침을 강하게 압박했다. 미국 재무장관 팀 가이트너Tim Geithner는 유럽의 부채 공동화를 반대했던 주요 인물인 독일 재무장관 볼프강 쇼이블레Wolfgang Schäuble에게 론 처노Ron Chernow가 쓴 해밀턴 전기를 건넸다. 코로나 위기가 닥치고 나서는 쇼이블레의 후임 올라프 숄츠Olaf Scholz가 해밀턴 시대의 언어를 수용하기 시작했다.

국가의 부채는 공약과 연대의 복잡한 네트워크에 의존한다. 이것은 국가에 중요한 역할국방, 법과 정의에 따르는 행정을 수행하기 위한 자원을 제공하고, 국가가 제공하는 안보의 수혜자들이 충성을 하게 만든다. 이 때문에 해밀턴주의자가 되기로 선택하기란 쉽지 않다. 부채가 새로운 연대를 형성하지만, 처음에는 공통된 정서를 전제로 한다. 과거에는 사람들이 조국을 위해 죽을 수도 있다고 생각했지만, 부채 공동화를 위해 죽는다는 것은 정서적으로 지나친 확대 해석이다.

국가가 너무 많은 것을 약속하는 데도 문제가 있다. 국가가 부채를 상환할 수 없다면 그리고 모든 채무증서가 가치가 없다면, 어떻게 되는가? 공공질서가 위협받을 것이다. 18세기 프랑스는 이러한 경험을 두 차례나 했다. 첫 번째 경험은 프랑스에 엄청난 피해를 입혔던 스페인 왕위계승 전쟁이 끝날 무렵에 스코틀랜드 출신의 존 로가 왕실의 부채를 통합하기 위해 잉글랜드은행 모델에 기초한 계획을 수립할 때였다. 두 번째는 프랑스 혁명 시기에 금융 실험을 할 때 경험했다. 당시 프랑스는 국유재산을 담보로 아시냐 지폐assignat, 프랑스 혁명 시대에 몰수 토지를 저당으로 혁명정부가 발행한 불환不換지폐_옮긴이를 지나치게 많이 발행했다. 1720년에 로의 계획은 화폐를 발행하여 사람들을 속이는 악마의 모습을 담은 팸플릿과 풍자만화의 소재가 되었다. 다양한 버전에서, 악마는 화폐를 배설한다. 값어치가 없는 화폐가 일으킨 망상은 악마의 배설물이었다.

프랑스 혁명 이후 망명자의 신분이 된 사람들 중에는 독일 바이마르의 소규모 법정에 서게 된 이들도 있었다. 아시냐 지폐에 관한 이야기는 독일의 소설 『파우스트 박사Doktor Faustus』에 통화에 관한 일화를 끼워 넣도록 영감을 주었다. 괴테의 『파우스트』 2부에서는 농지가 경작되지 않고 생산이 중단되어 경제가 침체되었을 때 메피스토펠레스라는 유명한 악마가 요하네스 파우스트를 따라 중세 황제의 법정까지 동행한다. 메피스토펠레스는 땅에 있는 귀금속을 대신하여 종이 화폐를 발행할 수 있고, 굳이 금을 캐낼 필요가 없다고 말한다. 중요한 것은 신뢰였다. 종이 화폐는 당장 신뢰를 낳았고, 모든 사람들이 일터로 돌아갔다. 황제의 신하들은 즐거운 마음으로 이렇게 보고했다. "수상께서 저에게 이렇게 말했습니다. '모든 이들에게 축제의 즐거움을 만끽하게 하라. 펜을 몇 번 굴리는 것으로, 사람들을 행복하게 하라.'" 그러자 파우스트가 이렇게 말했다. "현명한 사람이라면 이러한 현상을 자세히 살펴보고는 무한한 대상에 무한한 신뢰를 보낼 것이다."[9]

괴테가 전하는 이 에피소드는 1920년대 초반 독일의 초인플레이션을 분명히 기억하는 사람이 아무도 없는 21세기에도 여전히 깊은 울림이 있다. 2012년 9월 유럽이 부채 위기로 어려움을 겪고 있을 때, 독일 중앙은행 총재 옌스 바이트만Jens Weidmann은 문학 여행을 위한 시간을 잠깐 갖고서 이렇게 말했다. "『파우스트』 2부에서 국가는 처음부터 부채를 없앨 수 있다. 이와 동시에 민간 소비 수요가 급격하게 상승하고, 이러한 추세가 한동안 지속된다. 그러나 적당한 때가 되면, 이 모든 행위가 인플레이션으로 퇴화하여 통화 가치가 급격하게 하락하기 때문에, 통화 시스템이 붕괴된다. (……) 중앙은행이 통화를 무에서 시작하여 무한히 창출할 수 있다면, 통화가 그 가치를 유지하기 위하여 충분한 희소성을 띠는 것을 어떻게 보장할 수 있는가? 그렇다, 이러한 유혹은 확실히 존재한다. 그리고 통화의 역사에서 이러한 유혹에 굴복한 사례는 상당히 많이 있다."[10]

이러한 메시지는 단지 자본주의 체제에만 해당되지 않는다. 『파우스트』에 나오는 에피소드를 가장 기억에 남을 만하게 개작한 것으로는 스탈린주의를 인상적으로 풍자한 미하일 불가코프Mikhail Bulgakov의 저작 『거장과 마르가리타The Master and Margarita』를 꼽을 수 있다. 이 책의 12장에서는 모스크바 극장에 악마가 등장해 사악한 목적의 마술을 공연한다. 그가 했던 행위들 중 하나가 은행권을 창출하여 청중들의 머리 위에 쏟아지게 하는 것이었다. 그러나 극장 밖에서는 이 은행권이 아무런 가치가 없는 종잇조각으로 변한다. 불가코프의 소설에 나오는 이 악마는 은행권이 진짜 돈, 체르보네츠chervonets, 1920년대 구소련에서 새롭게 발행한 통화로, 차르 시대의 금화에 해당한다. 체르보네츠는 붉은 금red gold에서 "붉은"을 의미한다 라고 주장한다.

통화 마술의 남용을 우려하는 것에 대해서는 두 가지 반응이 있다. 하나는 부채의 가치뿐만 아니라 모든 계약의 근거가 사라지게 하는 인플레이션의 가능성에 영원히 두려움을 느끼는 것이고, 다른 하나는 악마가 아닌 자비로운 외부자가 부채를 떠맡는 것이다. 국가가 사악하거나 이기적인 인간에게 인수될 때에는 파멸을 맞이할 것이다. 반면, 국가가 자비로운 외부자가 되어서 개입할 경우에는 구원자 혹은 구세주로 여겨질 것이다.

개인 부채

구원자를 찾는 것은 상당히 매력적인 일이다. 그 이유는 이것이 19세기와 20세기의 대부분에서 나타나는 부채의 역사적 궤적에 해당하기 때문이다. 유럽의 통화가 안정적이던 19세기에는 국가 부채의 절대적 안정성이 개인을 괴롭히던 불확실성, 부침과는 현저하게 대비되었다. 개인의 수준에서는 낭비뿐만 아니라 질병, 실업, 사망과 같은 개인의 삶에서 생기는 예상할 수 없는 변동 때문에 부채 과잉이 항상 일어날 수 있다. 19세기 작가들은 부채에 많이 시달렸다. 오노레 드 발자크Honoré de Balzac는 가장 매력적이고도 신비한 인물 보트랭이 가진 위력을 묘사한다. 보트랭은 보케르 부인의 하숙집에서 채권자로서 자신의 영향력을 발휘할 수 있었다. "그는 보케르 부인 혹은 하숙인들에게 여러 번 돈을 빌려주었다. 그러나 웬일인지 그에게서 돈을 빌린 사람들은 돈을 갚기도 전에 곧 죽음에 직면할 것이라는 생각이 들었다. 그의 외모는 착하게 보였지만, 때로는 그의 얼굴에 나타난 단호한 표정이 그에 대한 두려움을 자아내게 했다." 소설 『고리오 영감Père Goriot』은 부채가 가진 힘을 중심으로 이야기가 전개된다. 이 노인은 "돈은 인생이다. 돈은 전능하다."라는 좌우명을 갖고 산다. 그의 딸 델핀 드 뉘싱겐은 유명한 은행가와 결혼하게 되는데, 이렇게 말한다. "나는 불쌍한 아버지가 나한테 준 돈을 다 썼다. 그리고 빚을 지게 되었다. (……) 내가 아버지에게 다른 젊은 여자들처럼 보석이나 다양한 종류의 장신구를 구매하느라 빚을 진 사실을 실토해야 할 때에, 엄청난 고통을 느꼈다. (……) 돈은 죽고 싶은 생각이 들 때에만 가장 중요한 것이다."11

찰스 디킨스Charles Dickens의 아버지는 제빵업자에게 얼마 안 되는 돈을 빚지게 되면서 1824년 서더크에 위치한, 채무자 감옥으로도 사용되는 궁정 재판소 감옥에 수감되었다고 한다. 이러한 영향을 받아서인지, 디킨스는 가장 광범위하게는 『리틀 도릿Little Dorrit』를 포함하여 여러 편의 소설에서 감옥에서의 삶을 인상적으로 묘사했다. 그가 보기에 채무자들은 지나칠 정도로 복잡하고 불투명한 삶으로 고통받고 있었다. "이러한 채무자는 자신이 돈을 투자한 것으로만 알고 있는 파트너십 때문에, 임무와 합의, 이곳저곳에서의 양도에 관한 법적 문제 때문에, 한쪽에서는 채권자가 갖는 불법적인 특혜, 다른 쪽에서는 재산을 비밀리에 빼돌리는 것에 대한 의혹 때문에, 당혹스러워한다. 그리고 어느 누구라도 수많은 혼란들 중 어떠한 항목에 대해서도 채무자 자신보다 더 잘 설명할 수 있기 때문에, 그가 자기주장을 명료하게 할 수 있는 것은 아무것도 없다. 그에게 자세한 내용을 질문하고, 그의 대답을 중재하기 위해 노력하고, 그가 밀실에서 회계사와 똑똑한 변호사에게서 파산이라는 계략을 배우게 하는 것이 복리 이자와 그가 이해할 수 없는 방식에서 사건을 해결하기 위한 유일한 방법이다. 그럴 때면 망설이는 손가락이 떨리는 입술 주변에서 점점 더 무기력하게 흔들거리고, 똑똑한 변호사는 부질없는 짓을 그만두라고 한다."[12] 19세기 문학 작품은 재정 문제를 해결하지 못하여 파멸에 이른 사람에 대한 이와 비슷한 묘사로 가득하다.

이러한 재정적 비극은 틀림없이 20세기에도 계속 존재했지만, 문학의 주제로는 훨씬 덜 중요했거나 덜 강박적이었다. 개인 부채 위험에 대한 해결책은 특히, 국가가 제공하는 사회 보험과 질병 보험이었다. 비스마르크 시절의 독일과 북유럽은 19세기 후반의 개척자였지만, 20세기 초반에는 모든 지역의 사회개혁가들과 정책 입안자들이 이러한 사례에서 배우려고 했다. 이와 관련된 법률이 고리대금업자에게 의존할 필요가 없도록 했다. 20세기에는 개인 부채 과잉에 따른 파멸적인 결과이것은 사실상 개인을 사회로부터 배제시킨다를 우려하여, 비양심적인 대출 영업으로부터 소비자를 보호하기 위한 법안이 많아졌다. 이러한 우려는 거시경제적 안정성에 대한 요구를 낳기도 했는데, 이는 부채 과잉을 견인하는 경기 순환에 따른 변동을 제거하기 위함이었다.

그러나 좋은 의도를 가지고 출발한 정책으로 안정성이 강화되면서 또 다른 프로세스가 작동하는 결과를 낳았다. 금융 시장의 포식자들은 소비자들이 부채를 통해 금융 상품을 새롭게 구매하도록 유혹하는 데 새로운 안정성을 활용할 수 있었다. 특히, 미국이나 영국처럼 가장 선진적이라고 자부하는 사회 혹은 가장 금융화된 사회에서 개인 부채가 폭발적으로 증가했다. 때로는 이 현상이 20세기가 끝날 무렵 소득이 낮아진데 따른 침체에 대한 보상 혹은 불만을 회피하기 위한 메커니즘으로 여겨졌다. 부채가 지속가능하려면 그 부담이 적정해야 한다. 그러나 금융 시장은 적정성을 좋아하지 않고, 행복과 혐오 사이를 오간다. 혐오 국면에서는 신용이 바닥난다. 사적 계약의 세계에서 나타나는 혐오감은 정치권으로도 퍼지고, 부채가 도덕적 훈계의 대상이 된다.

하버드대학교 경제학자 벤저민 프리드먼Benjamin Friedman은 국제결제은행에 모인 세계의 경제학자들에게 이렇게 말했다. "채무자들에게는 거의 종교적인 유죄 추정이 적용된다."[13] 그는 역사학자 헨리 로즈비어Henry Roseveare를 인용하여 이렇게 말한다. "윤리는 일종의 숭배로 변질된다. 경제적, 따라서 도덕적 정부의 이러한 이상이 피트Pitt와 같은 까다로운 사람의 손에서 글래드스턴Gladston과 같은 매우 고결한 사람의 손으로 넘어간다. 이것은 자유무역, 균형 재정, 금본위가 삼위일체가 되는 금융적 정통성의 종교가 된다. 여기서 원죄는 국가 부채이다. 태환Conversion과 상환Redemption이 부채의 감소Debt's reduction와 가장 밀접하게 관련된 행위가 되는 것은 우연이 아니다."[14]

영국의 정치인이자 경제학자인 스튜어트 홀란드Stuart Holland는 독일어의 기이한 특징에 대하여 다음과 같이 적었다. "부채에 해당하는 독일어 슐트Schuld는 유죄를 의미한다. 니체Nietzsche는 자신의 저작 『도덕의 계보The Genealogy of Morals』에서 이러한 사실을 강조하면서, 독일에서는 힘 있는 채권자들이 힘없는 채무자들에게 부채라는 죄를 진 것에 대하여 회개할 것을 요구하고, 그들이 부채를 상환하지 않으면 응징하려는 경향이 있는 것을 관찰했다." 그리스 재무장관 야니스 바루파키스Yanis Varoufakis는 이러한 해석을 다시 알리고 지지를 표명하면서 다음과 같이 말했다. "흑사병이 유행하던 암울한 시대에 대부분의 유럽인들은 이 전염병이 죄 많은 삶에서 비롯되었고, 스스로 채찍질을 가함으로써 몰아낼 수 있다고 믿었다."[15] 그리고 실제로 죄는 단지 독일어에서뿐만 아니라 다수의 유럽 언어에서 부채를 의미하는 단어와 관련이 있다.

"우리에게 빚진 이들의 빚을 우리가 탕감하오니, 우리의 빚을 탕감하여 주시고dimitte nobis debita nostra sicut et nos dimittimus debitoribus nostris." 라는 양면성을 띠는 표현은 라틴어와 이후 라틴어 어원을 갖는 언어로 진행하는 주기도문에 나온다. 예수는 「무자비한 종의 비유parable of the Unmerciful Servant」에서 채무자에게 빚을 갚으라고 무자비하게 요구하는 사람의 이야기를 전한다. 그러나 이 사람은 자신에게 돈을 빌려준 훨씬 더 강한 사람에게서 훨씬 더 가혹하게 당한다. "그러자 그의 주인이 그를 불러서 말하되, 이 악한 종아, 네가 빌기에 내가 네 빚을 전부 탕감하여 주었거늘, 내가 너를 불쌍히 여김과 같이, 너도 네 동료를 불쌍히 여김이 마땅하지 않은가? 그리고 주인이 노하여 그가 그 빚을 다 갚도록, 그를 옥졸들에게 넘기니라"[16]

세계화된 세상에서는 부채가 국경을 넘어서 퍼져간다. 그 충격이 가해질 때에는 문제가 뚜렷하게 드러난다. 예를 들어, 2007~2008년 글로벌 금융 위기가 닥치면서 은행 간 시장이 얼어붙고 모든 지역에서 채무자들이 더 이상 자금을 구할 수가 없게 된 상황 혹은 코로나 위기의 영향으로 수요가 갑자기 사라진 상황이 이에 해당한다. 2020년 이전에는 글로벌 공급 체인이 세계 전역에 걸쳐 복잡한 공학 설계에서 의류와 직물에 이르기까지 모든 종류의 제품으로 확대되었다. 코로나라는 전염병이 갑자기 도래하여 구매자들이 집에 머물게 되면서, 저가 제품의 패션 산업을 주도하던 대형 소매업체들이 수송 중이거나 항구에서 대기 중이거나 심지어는 배송이 완료된 제품에 대한 대금을 납부하지 못하는 사태가 발생했다. 이러한 소매업체들은 힘이 있기 때문에 그렇게 할 수 있었다.[17] 대체로 기업 부채는 과세 특례를 통해 혜택을 받지만, 논리적으로나 이성적으로 이를 정당화하기는 어렵다.[18]

기업 부채

초인플레이션의 시기와 지난 30년 동안의 세계화가 갖는 특징 중 하나로 기업 부채가 폭발적으로 증가한 것을 꼽을 수 있다. 세계화 이전에는 1차 대전이 일어나기 전, 특히 미국에서 이와 비슷한 증가가 발생했다. 당시 미국에서는 1세기가 지난 지금과 마찬가지로 기업 부채가 급증했고, 이에 따라 인수와 합병이 유행하여 거대 기업들이 등장하기에 이르렀다. 20세기 대부분의 기간에 걸친 미국 경제의 궤적은 처음 10년 동안에 이루어진 유에스스틸US Steel과 스탠더드오일Standard Oil과 같은 거대 기업을 탄생시켰던 기업 합병에 의해 결정되었다.

합병의 유행은 의도하지 않았던 결과를 낳았던 운동, 즉 1890년대 대기업에 대한 포퓰리스트의 불신 운동과 트러스트 반대 운동 이후로 발생했다. 이러한 운동은 기업 부채에 대한 세금 공제를 공격의 표적으로 삼았다. 재무 분석 이론에는 널리 알려진 모딜리아니와 밀러Modigliani and Miller 정리가 나오는데, 이것은 기업의 대차대조표 규모와 자기 자본과 부채에 관한 의사 결정은 별도의 모델로 나타낼 수 있고, 기업의 가치는 자본 구조, 즉 기업이 성장하기 위한 자금을 어떻게 조달하는가에 의해 영향을 받지 않는다는 것을 말한다.[19] 그러나 실제로는 자금 조달에서 자기 자본과 부채 사이의 선택이 때로는 세금을 고려하여 이루어진다.[20]

미국에서 기업 부채의 과세 특례에 관한 이야기는 관세 개혁과 함께 시작한다. 민주당 출신의 그로버 클리블랜드Grover Cleveland는 생활필수품 수입에 대한 높은 관세를 철폐할 것이라는 공약을 하고서 대통령 자리에 올랐다. 그는 1893년 연두교서에서 관세 개혁과 함께, 이에 따른 세수 감소를 만회하기 위하여, 특정한 기업 투자에서 발생하는 소득에 약간의 세금을 부과할 것임을 시사했다. "연방세를 더욱 공정하게 부과해야 한다." 이것은 기업은 인민의 타고난 적이라는 견해를 강하게 주장하는 포퓰리스트 운동의 절정과도 같은 것이었다.[21]

1894년 윌슨-고먼 관세법Wilson-Gorman Tariff Act은 북부의 산업을 보호하던 무역 장벽을 낮추고, 순소득에 대하여 2%의 법인세율을 설정하게 했다. 의회는 1894년, 법인이 납부하는 이자의 세금 공제를 포함한 세법을 개정했다. 새로운 계획을 지지하는 사람들은 이것이 주식 지분이 많은 업계 지도자들의 권한을 약화시킬 것이라고 주장했다. 또한 의회는 북부에서 남부로의 지리적 재분배도 예상했다.[22] 이러한 세금 공제는 국채, 지방채, 담보부 채권에 대한 과세가 북부뿐만 아니라 남부에도 부담이 된다는 설명도 가능했다.[23] 북부는 격노했다. 매사추세츠주 출신의 공화당 상원의원 헨리 캐벗 로지Henry Cabot Lodge는 윌슨-고먼 관세법은 주로 남부의 이해관계자들에게 특혜가 되는 보호 조치로 가득하고, 결국 민주당이 지지하던 모든 원칙을 폐기하게 된다고 주장했다.[24] 또한 비평가들은 이것이 북부의 트러스트에 대한 대안으로 남부의 설탕 트러스트를 부과한 것이라고 주장했다.

또한 윌슨-고먼 관세법 28조는 처음으로 평화시 개인 소득세를 시행했지만, 1년이 지나서 대법원이 폴록 대 농민대부신탁회사 판결Pollock v. Farmers' Loan & Trust Co.에서 이를 폐지했다. 결과적으로 부채는 여전히 세제 혜택을 받았지만, 이 계획의 한 부분을 차지했던 소득세는 폐지되었고, 1913년 16차 개정안이 통과되고 나서야 소득세 부과가 가능해졌다. 이것은 부자들의 자산에서 엄청난 비중을 투자하는 채권에는 세금 부담을 덜어주었지만, 가난한 사람들이 보유하는 주식에는 여전히 세금 부담을 지게 했다는 것을 의미했다.[25] 물론 부유한 채권보유자들이 커다란 승리를 거두는 것은 당연했지만, 차입 경영을 하는 국내 산업에 대한 보호와 채권 보유자들을 표적으로 삼는 것이 합헌인가에 대한 우려를 포함하여 "그 밖의 사항들"이 우선시되었다.[26]

이자에 대한 세금 공제는 산업의 집중을 촉진했다. 다시 말하자면, 성숙하고 안정적인 기업이 대체로 부채 부담을 더 많이 지고 있기 때문에, 이 법은 이미 산업을 지배하고 있는 기업에 훨씬 더 많은 혜택을 부여했다.[27] 1909년에 소득세의 개념을 재고하게 되면서, 당시 세제가 어떻게 사채 발행 차입금이 엄청나게 많은 대기업 소유자에게 혜택이 되는가를 두고 새롭고도 광범위한 논의가 진행되었다. 당시 「뉴욕타임스」는 이렇게 보도했다. "여기서 어느 정도는 지리적인 요소가 의견 대립의 원인이 되었다. 동부 출신의 상원의원들은 채권과 관련된 어떠한 재산에도 세금을 부과하는 데 반대했지만, 서부 출신의 상원의원들은 주로 재산을 채권으로 보유하던 앤드루 카네기Andrew Carnegie의 재산에 세금을 부과하는 방법을 찾는 데 찬성했던 것으로 전해진다."[28]

1913년과 1916년에는 법인이 납부하는 이자에 대한 세금 공제 상한이 자본금과 미지급 부채의 2분의 1의 합으로 인상되었다. 이러한 상한은 1차 대전 당시 초과이윤세에 따른 부담을 상쇄하기 위해 일시적으로 철폐했던 1918년까지는 전혀 철폐되지 않았다.[29] 그러나 놀랍게도 이러한 세금 공제는 법인세율을 35%에서 21%로 낮춘 트럼프 세제 개혁감세 및 고용법Tax Cuts and Jobs Act에 의해 종말을 고하게 된 2017년까지도 계속 지속되었다.

기업 부채가 폭발하면 공공 정책에서 문제가 된다. 정부는 대기업 혹은 다수의 소기업이 파산하도록 내버려 두기를 원하지 않는다. 금융 기관은 파산하면 경제 전체를 위협하기 때문에 특별한 취약성을 지닌다. 그리고 대기업은 때로는 로비 활동을 대단히 효과적으로 한다. 결과적으로 심각한 충격에 직면한 정부가 예를 들어, 글로벌 금융 위기 혹은 코로나 위기 이후로 취한 구제 조치의 여파로 엄청난 금액의 기업 부채를 떠맡게 된다. 따라서 위기가 닥칠 때에는 엄청난 금액의 기업 부채와 정부 부채가 구분이 되지 않는다.

2000년대 초반에 개인 부채와 함께 기업 부채가 급격하게 증가하여 선진국에서는 커다란 문제가 되었고, 글로벌 금융 위기에서 그 취약성을 드러냈다. 그러나 2008년 이후로, 특히 중국을 포함한 신흥 시장 국가에서 부채가 폭발적으로 증가했다그림 3.

다시 말하자면, 미국이 기업 부채에 빠져드는 데서 벗어나려고 할 때,

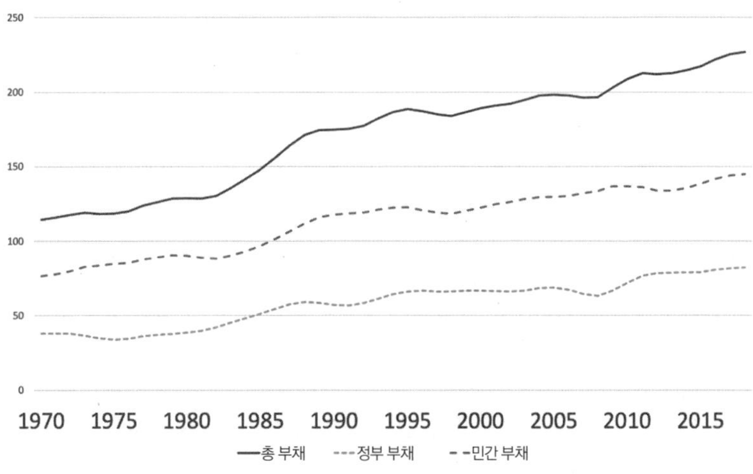

그림 3. 세계 GDP에 대한 세계 부채의 비율

출처: M. Ayhan Kose, Peter Nagle, Franziska Ohnsorge, and Naotaka Sugawara, Global Waves of Debt: Causes and Consequences (Washington, DC: World Bank, 2019), p. 6.

중국이 위기에 대처하기 위한 조치의 일환으로, 긴급하게 미국이 예전에 갔던 길을 따라가려고 했던 것이다. 2008년에 비금융 부문의 부채가 미국에서는 GDP의 72.5%에 달했지만, 중국에서는 93.9%에 달했다. 그러나 2018년 중국은 이러한 비율이 74.4%를 기록한 미국의 2배에 달하는 149.1%를 기록했다.[30] 미국은 세계 경제 리더로서의 횃불과 함께, 부채에 따른 모든 부담과 부채의 횃불을 중국에 넘겨주었다.

국제 차입

국가 부채는 이것이 국내 부채이고 분명한 지배 메커니즘이 존재할 경우 문명사회를 낳는다. 국제 부채가 국제적 문명사회에 이와 똑같은 교육적인 영향을 미칠 수 있을까? 불행하게도 그 반대의 효과를 갖는 경우가 많다. 국제 관계의 상황에서 부채는 안정적이라기보다는 폭발적이다.

국제 자본 시장은 항상 국내 자본 시장과는 상당히 다르게 보이고, 무책임과 불이행을 장려하는 것처럼 보인다. 1776년 계몽철학자 니콜라 드 콩도르세Nicolas de Condorcet는 이렇게 말했다. "사회에서 일반적인 행복에 대한 관심은 돈을 가진 사람들, 즉 은행 업무에 의해서 순식간에 영국인, 네덜란드인, 러시아인이 된 사람들 때문에 거의 완전히 사라진다."[31] 독일의 보수주의자이자 낭만적인 작가 아담 뮐러Adam Müller는 1809년에 이렇게 적었다. "사회는 확대되고 격렬해진다. 런던의 상인들은 문서, 환어음, 은을 가지고 대양을 건너 인도의 마드라스에서 근무하는 주재원들에게 손을 뻗치고는 그들이 세계를 상대로 전쟁을 벌이도록 지원한다."[32] 이러한 상인들이 그리고 때로는 그들의 정부가 전쟁을 벌이면, 누가 적인지는 분명하다. 부채는 의존성을 정해준다. 부채는 자원을 수탈하고 제국주의를 심어두기 위한 정복의 도구가 된다.

그런데도 겉보기에 역설적이게도, 부채는 제국으로부터 자신을 해방시키기 위한 운동의 수단으로도 사용되었다. 미국 독립전쟁 자금은 어느 정도는 13개 식민지 주들이 해외 자본 시장주로 네덜란드에서 자금을 빌리고 애국자들이 독립 공채를 매입하는 방식으로 조달되었다. 1820년대에는 새로 독립한 라틴 아메리카 국가들이 주로 런던 시장에서 채권을 발행하여 사회기반시설을 구축했다. 당시에는 부에노스아이레스, 브라질, 중앙아메리카 국가들, 콜롬비아, 칠레, 과달라하라, 멕시코, 페루를 비롯하여 심지어는 포야이스Poyais와 같이 현실에 존재하지도 않는 국가들이 채권을 발행했다. 이러한 채권에 대한 열망 혹은 열광 이후로 금방 채무 불이행의 물결이 뒤따랐고, 1827년에는 모든 채권이 지급 불능 상태에 이르렀다. 이러한 국가들이 신뢰를 회복하는 데는 오랜 시간이 걸렸다. 이들은 1870년대와 1880년대에 가서야 상황이 상당히 좋아졌고, 유럽의 자본 시장에 대규모로 접근할 수 있었다그리고 이러한 열광 이후 또다시 채무 불이행의 물결이 뒤따랐다.[33]

스페인 제국으로부터 해방하려고 했던 국가들만이 그랬던 것은 아니었다. 그리스도 1824~1825년에 런던에서 독립 공채를 발행해 독립전쟁 자금을 조달했다. 그리고 독립 이후로도 채권을 발행했는데, 이번에는 채권이 정부 수입을 통제하게 되는 영국, 프랑스, 러시아로 구성된 채권단에 제출할 구조 조정 계획에 필요한 자금을 조달하기 위한 것이었다.[34] 채권 발행은 제국주의 극복을 위해 정치적, 군사적 활동 자금을 조달하려는 게 목적이었고, 그다음에는 새로 독립한 국가들이 새로운 종속에 빠져들게 했다. 독립이 의존을 낳았던 것이다.

19세기에는 금융 시장의 영향력 때문에 국가들이 초강대국의 세력권으로 빠져들 수 있었다. 이집트, 오토만제국, 러시아, 중국은 모두가 이러한 금융 시장의 영향력 때문에 문호를 개방했다. 비민주적인 제국주의 체제에서는 통치의 중심지에서 적용되는 법 원칙의 확장과 함께 제국주의 안보 우산이 비슷한 방식으로 작동하고, 투자자들에게 초강대국이 더 많은 부채를 감당할 수 있다는 믿음을 주게 된다. 이러한 결과는 제국주의 질서에 기인한 것이지만, 이것이 개혁적인 관료가 추진하는 훌륭한 정책에서 나온 것인지, 상환을 강요하는 제국의 힘에서 나온 것인지는 정확히 알기 어렵다.[35] 일부 위기 이후, 제국주의 체제는 파산한 채무국들을 집어삼키면서 확장을 거듭했다. 잘 알려진 사례로 1875년의 이집트와 1933년의 뉴펀들랜드가 있다. 그러나 규모가 크고 강력한 정치 단위조차도 재정적으로 강력한 국가와의 협력을 통하여 재정적 대피소를 찾으려고 했다. 극단적인 사례로, 1915년 초 러시아 정부가 자금 시장에 계속 접근하기 위해 프랑스, 영국과 재정적, 정치적 동맹을 제안했던 적이 있다.[36]

이와는 대조적으로, 공자의 『논어』에는 "군주는 이익을 얻기 위해 백성과 경쟁해서는 안 된다."고 나와 있다. 그러나 새로운 대외 부채 체제는 전승국이 패전국에 부과하는 막대한 규모의 재정적 불이익에 따른 결과였다. 이러한 종류의 재정적 강요는 영국이 플라시 전투Battle of Plassey, 1757년 인도에서 영국의 동인도회사 군대와 벵골의 태수 시라지 웃다울라의 군대가 벌인 전투_옮긴이에서 승리한 뒤 동인도회사가 막대한 수익을 올리던 것과도 같았다. 일본은 청일 전쟁에서 승리한 이후 배상금을 요구했고, 외국 군대가 베이징에 진입했을 때 일어난 의화단 운동 이후로도 배상금을 요구했다. 두 경우 모두 관세 수입은 중국에 침입했던 8개 열강에 매년 일정한 금액을 지급하기 위한 기반이 되었고, 이들은 금전적 합의와 중국 관세청의 역할 덕분에 청 왕조가 계속 유지되기를 원했다.

채무국의 경우 외교적, 정치적 계산이 중요한 역할을 했다. 오토만제국은 유럽의 파워 체제에서 중요한 부분을 차지했다. 1875년 오토만제국의 채무 불이행이 커다란 변화를 일으켰다. 러시아-투르크 전쟁 후, 1878년에는 채권자들이 설치한 오토만 공공부채관리국Administration de la dette publique ottomane을 통해 부채에 대한 구조 조정이 시행되었는데, 이에 따라 채권자들이 관세 수입과 담배 수입을 직접 챙겨 갈 수 있었다. 이처럼 특별한 상황에서 국가의 파산은 국제 정치 체제가 채무국에 대한 주권 침해를 인정하고, 심지어 장려하기 때문에 관리하기가 비교적 쉬웠다. 부채를 상환할 능력이 없다는 것은 열강들에 의한 국가의 명백한 실패를 보여주는 하나의 증상으로 해석되었다.

높은 수준의 대외 부채 이면에 있는 문제는 채권국들이 채무국 의회에서 정치적으로 대표성을 띠지 않고, 채무국의 의회의원들부채 상환에 필요한 세금을 납부해야 하는 사람들이 채무 불이행을 향한 강력한 동기를 가질 수 있다는 것이다. 국내에서의 정치적 신뢰를 국제 시장에서의 신뢰로 대체하는 것은 강력한 외교적 약속에서 나온다. 여기서 안보 협약은 금융적, 경제적 관계를 규정한다. 이러한 관계의 가장 강력한 형태가 제국주의이다. 제국주의 지배의 대상이 되는 국가들은 대외 부채에 관한 표결을 하지 않을 뿐만 아니라 채무를 이행하지 않으면 통치의 중심지에서 가혹한 제재를 가할 것이라는 사실을 잘 인식하고 있었다. 일부 다른 형태의 정치적 제재도 이와 비슷하고, “비공식적 제국주의”라고 불리기도 한다.

다른 경쟁국들은 오토만제국에게서 강대국으로 살아남으려면 군사력뿐 아니라 경제력도 강화해야 한다는 교훈을 얻었다. 외교적 약속이 어떻게 신뢰를 증진하는가는 잘 알려진 제정 러시아의 사례에서 뚜렷하게 드러난다. 당시 비민주적 독재국가였던 러시아는 국제 안보 협약을 철저하게 준수했다. 제정 러시아는 외국 자본을 열렬히 원했지만, 군사적, 행정적 요구와 경제 개발에 대한 커져가는 관심을 잘 조화시키려고 했다. 1890년대에 진취적인 재무장관 세르게이 비테 백작Count Sergei Witte은 차르 시대의 보수주의자들을 대상으로 경제 개발은 러시아가 강대국 지위를 갖는 데 반드시 필요하다고 설득하는 한편, 외국 자본을 경제적 후진성을 극복하기 위한 수단으로 보았다.[37]

1891년 러시아와 프랑스의 외교적 친선 관계 수립은 프랑스를 상대로 한 공채 발행과 함께 진행되었다. 이처럼 새로운 외교를 지지하는 사람들은 이를 두고 금융 플레비사이트financial plebiscite라고 찬양했다. 비테 장관 시절의 호황은 오랜 시간에 걸친 국제 금융 질서와의 친선 관계에 따른 결과였고, 비테의 전임 장관 이반 비쉬네그라드스키Ivan Vyshnegradsky 시절에 러시아를 금본위제도 속으로 편입시키기 위한 고통스러운 준비 과정이 없었더라면 불가능했던 것이었다. 언뜻 보기에는 러시아의 경험이 금본위제도가 공식 인증의 역할을 하는 사례로 여겨졌다. 그 이유는 이 제도가 정부가 지폐와 금의 흐름에 모두 개입하는 1880년대 아르헨티나의 접근 방식을 채택할 가능성을 제한하기 때문이었다.

러시아의 사례에서는 공공 부문이 분명히 민간 부문의 차입 능력에 영향을 미쳤다. 모스크바 시청의 차입금과 같이 국가 부채에 준하는 것은, 공공 차관이 정치 상황에 따라 제한을 받을 때 자금을 조달하기 위한 대안이 되었다. 그러나 외국인 투자자들은 러시아 정부가 그들의 이익을 보장해 줄 가능성에 훨씬 더 커다란 희망을 품고 있었다. 러시아가 금본위제도에 편입하기 위한 일환으로 설립된 러시아중앙은행은, 채권 혹은 주식 가격이 떨어지고 외국인 투자자들이 접근하지 말라는 경고를 받았을 때 개입할 준비가 되어 있는 증권 거래소의 적십자와도 같이 여겨졌다.[38] 러시아는 1900~1901년의 급격한 침체에도, 1905년의 전쟁과 혁명의 정치적 위기에도 채무 불이행 없이 살아남았다. 또한 러시아는 1905년 혁명 직후 새로운 통화를 창설했다. 1914년에는 러시아의 173만 루블에 달하는 정부 부채 중 거의 절반을 외채가 차지하고 있었다. 그중 프랑스가 80%를 차지했고, 영국이 14%를 차지했다. 외교적, 군사적, 금융적 계산이 복잡하게 얽혀 있었고, 러시아는 채권자들을 정치적으로나 경제적으로 묶어두기 위한 수단으로 이러한 계산을 능숙하게 했다.[39]

세계는 1차 대전 이후 대외 부채가 주는 독약에 관한 가장 극적이고도 구체적인 사례를 경험했다. 존 메이너드 케인스는 이미 1919년에 자신의 저작 『평화의 경제적 결과』에서 배상 청구권과 부채의 조합이 지닌 복잡성에 대한 예언적 경고를 했다. 전후 독일은 배상금 납부로 어려움을 겪고 있었을 뿐만 아니라 대내 부채와 대외 부채의 규모를 숨기고 있었다. 미국이나 영국과는 다르게, 독일은 부채를 매우 불투명하게 운영했다. 특히, 모든 사람들이 배상 청구권의 많은 부분이 순수하게 꾸며낸 이야기임을 인정하기 때문에 어느 누구도 독일의 부채 규모를 정확히 추정할 수가 없었다. 경제 위기가 닥칠 때 어떤 부채가 우선시되는가도 분명하지 않았다.

대공황 시기 유럽의 상황은 이러한 부채의 복잡성과 독일의 상당히 의도적인 정책 선택에 따라 전개되었다. 1924년의 수정된 배상 계획도스 플랜Dawes Plan은 장기 채권의 발행과 주식 판매를 통하여 외국 자본이 독일로 유입되는 결과를 낳았다. 뿐만 아니라 미국 은행이 단기 신용을 제공하고 미국 증권회사가 발행 업무에 뛰어들려고도 했다. 민간 신용의 유입은 독일 제조업 역량을 강화하고, 이에 따라 독일이 배상 의무를 실행할 수 있을 것으로 예상되었다. 또한 독일의 부채가 증가하면, 미래의 언젠가 민간 부문의 채권자들과 배상과 관련된 공공 부문의 채권자들이 서로 다투게 될 가능성이 높았다. 특히, 최종 논리는 새로운 주요 채권국인 미국의 정치, 경제와 관련 있었다. 프랑스와 영국이 전쟁으로 미국에 빚을 지고 있고, 프랑스가 전쟁 부채가 감축될 경우 배상 청구를 기꺼이 감축할 수 있기 때문에, 미국 민간 부문의 채권자들이 미국 정부에 전쟁 부채와 배상 청구의 총체적인 감축이 세계 경제를 위해 필요하다는 결정을 하도록 압박을 가할 수 있다. 이러한 계산은 비교적 소수인 민간 부문의 채권 보유자들약 60만 명과 대서양 연안의 일부 유력한 은행들이 미국 정부가 일반 납세자들에게 피해를 입히게 할 정도로 강력한 영향력을 갖는다는 문제가 되는 가정에 항상 바탕을 둔다. 독일인들은 그들이 이런 식으로 미국 정부에 영향을 미칠 수 있다고 생각하는가? 그렇게 생각한다면, 독일인들은 대책 없이 순진하다. 대공황의 고통과 비극이 한창이던 1932년 7월에 열린 로잔 회담Lausanne Conference에서, 미국이 배후에서 프랑스 협상 대표단에 배상 청구를 사실상 포기하도록 유도하곤 했다. 그러나 치열한 경쟁과 대립 속에서 실시한 1932년 11월 대통령 선거를 앞두고서, 워싱턴에서는 어느 누구도 전쟁 부채의 탕감에 동의하지 않았다. 그리고 이러한 쟁점은 미정인 상태에 놓여 있었고, 1932년 12월에 프랑스가 전쟁 부채에 대한 채무 불이행을 선언했다. 이것은 미국 의회가 위선적인 분노를 하게 만들었다.

대부분의 독일 경제학자들은 도스 플랜에 따라 미국 자본의 유입이 독일에 유익할 것이라고 생각했다. 경제학자 아돌프 베버Adolf Weber가 1929년에 말했듯이, "우리의 이해관계와 특히 미국과 같은 외국의 이해관계를 사슬을 통해 묶는 것은 우리의 적을 온건하게 만든다. 이것은 우리를 위한 자본에도 이익이 된다."[40]

1924년 도스 플랜의 규정에 따라 배상금에 대하여 일종의 완충기 혹은 보호 장치의 역할을 하는 대리 기구와 함께 부채 상환액의 이체를 취급하는 기구가 1929년 영 플랜Young Plan의 규정에 따라 대체될 것이라는 우려가 있었다. 영 플랜에 따르면, 독일은 매년 납부하는 배상금에서 약 3분의 2에 해당하는 일부를 조건부 혹은 연기 가능한 부분으로 지정하여 납부를 최대 10년간 유예할 수도 있었다.[41] 따라서 도스 규정에 따라 존재하던 상업 부채에 대한 선순위는 사라졌다. 실제 영 플랜의 명시적인 목표는 정치적 배상을 상업 부채와도 비슷하고 분리할 수 없게 만드는 것이었다. 영 위원회가 제출한 보고서의 최종 결론에도 나왔듯이, "독일에 자신의 책임을 수행해야 할 명시적인 과제가 주어진다면 또 본 위원회가 도스 플랜 기구의 특징 중 많은 부분을 일반 금융 영역의 비정치적인 특징으로 대체한다면, 매년 납부하는 배상금을 정부 간 관계의 영역에서 제거하는 방식으로 그리고 이러한 방식이 연납부금의 상업화에 이르게 하는 한 시스템을 정교하게 만들어낼 필요가 있다."[42]

1932년에 열린 로잔 회담에서는 채권국들이 배상 청구를 사실상 포기하기에 이르렀다. 이러한 결정이 독일을 더욱 안정적으로 만들었는가? 오히려 독일은 배상금 납부 요구에 따른 제약에서 벗어나서 훨씬 더 공격적인 보복 정책을 추진할 수 있었다.

1930년대에는 대공황의 여파로 브라질, 칠레, 콜롬비아, 코스타리카,

엘살바도르, 과테말라, 페루, 우루과이, 오스트리아, 불가리아, 독일, 그리스, 헝가리, 폴란드, 루마니아, 유고슬라비아와 같은 라틴 아메리카와 중부 유럽의 국가들에서 채무 불이행의 물결이 일었다.[43] 이와는 대조적으로 1980년대의 "부채 위기"로 널리 알려진 경제 격변의 시기에는 놀랍게도 채무 불이행이 거의 없었다. 1980년대 부채 위기 당시 라틴 아메리카에서 실질적인 채무 불이행을 선언했던 국가는 페루와 브라질뿐이었다. 그리고 브라질의 채무 불이행은 1987년에 잠시 지속되었다. 이처럼 대공황 시기와 대조되는 모습은 왜 국가들이 채무 불이행을 피하려고 하는가에 대한 성찰을 하게 만들었고, 이에 대한 분명한 답을 얻었다. 그 답은 채무국들이 미래의 차입으로부터 배제되기를 원하지 않고, 채권국들 역시 빚을 빚으로 갚게 하려는, 즉 채무 불이행을 피하기 위해 새로운 신용을 제공하려는 동기를 갖는다는 데 있었다.[44]

대외 부채는 채무국이 부채를 증가시키고 채권국들이 서로 싸우게 하고 이를 통하여 자신이 이익을 보려는 동기를 갖게 한다. 이것은 중세와 근대 초기의 왕조들이 특정 채권자들에게 특혜를 제공하는 방식으로 다른 채권자들의 애를 태우곤 하던, 대내 부채에 대한 오랜 악습의 재연이다. 근대에 와서는 국내 상황에서 채권자들에게 청구권의 총액이 얼마나 되는지를 알려주기 위해 부채의 총합이 분명하게 제시된다. 그러나 대외 부채는 때로는 당혹스러울 정도로 불투명하여, 채권자들은 정보를 얻지 못하고, 그들이 빌려준 돈을 돌려받을 수 있는지도 알 수가 없다.

대외 부채도 대내 부채와 같은 성격을 띨 수 있는가? 다양한 청구권자의 선순위를 조정하기 위한 메커니즘과 함께, 부채의 총액을 공시하는 규정을 포함한 분명한 원칙을 정립하면, 정부의 부채 상환 능력이 투명하게 드러날 것이다. 이러한 방향으로 가기 위한 시도들이 있었는데,

때로는 이것이 부채 수준이 높을 경우에 부채를 처음부터 줄이기 위한 조치들을 수반했다. 2000년대 초반에는 IMF의 일부 고위급 인사들이 파산 법원과 같은 절차를 제안했다. 이것은 적절한 정책을 시행하고 있는 국가의 부채 구조 조정을 위해 예상 가능하고 정연하고 신속한 절차를 확립하기 위한 것이었다. 그러나 이러한 제안은 미국 정부와 의회의 승인을 얻지 못했고, 따라서 더 이상 거론되지 않았다.[45] 대신에, 2005년에 개최된 G8 정상회의에서는 과다채무빈곤국Heavily Indebted Poor Countries Initiative 지원 계획에 따라 개혁 프로그램을 추진하기로 합의한 국가에 대해서는 IMF, 국제개발협회International Development Association, 아프리카개발기금African Development Fund과 같은 세 개의 다자간 기구들이 청구권을 철회하기로 하는 계획이 제시되었다.

많은 국가들은 코로나 위기로 2007~2008년의 글로벌 금융 위기 때보다 훨씬 더 심각하게 부채 지속가능성의 문제를 제기했다. 전염병이 퍼졌을 때, 거의 100개에 달하는 국가들이 IMF에 새롭게 설치된 신속 자금 지원 프로그램에 긴급 자금을 요청했다. 그러나 이 국가들은 이전의 금융 붕괴와 이에 대응하기 위한 조치의 결과로 부채가 훨씬 더 많이 증가하는 새로운 위기를 맞이했다. 다양한 청구권자들이 빌려준 돈을 받기 위해 서로 싸우는 사례도 많았다. 특히, 글로벌 금융 위기가 닥친 이후, 중국은 다자간 개발 은행들과는 크게 다른 조건으로 대규모의 차관 제공을 추진했다. 최근 어느 연구 결과에 따르면, 중국이 개발도상국에 제공한 차관 중 50%는 IMF 혹은 세계은행에 보고하지 않고 진행되는 이른바 "숨겨진 부채"인 것으로 확인되었다.[46]

2000년대 초반과 중반에는 니얼 퍼거슨Niall Ferguson과 모리츠 슐라리크Moritz Schularick가 차이메리카Chimerica라고 부르며 중국과 미국의 복잡한 상호의존성을 안정적인 힘으로 보았지만, 여기에는 불안정성이 숨어 있었다.[47] 중국은 빚을 진 미국 소비자들에게 저가의 제품을 제공했다. 그리고 중국의 저축자들과 중국 정부는 미국 재무부 채권을 구매하여, 미국의 소비 열기를 부추길 유동성을 공급했다. 이러한 관계의 메커니즘은 미국이 돈을 빌려서 소비 열기를 계속 이어가기를 원하고, 중국도 미국 재무부 채권을 축적한 상태에서 그 가치를 폭락시키지 않고서는 유동화할 수가 없다는 사실을 알기 때문에, 상당히 안정적으로 보였다. 따라서 양국은 꼼짝할 수 없는 상태에 놓여 있었다. 2007~2008년 글로벌 금융 위기 이후로, 중국이 서서히 흑자를 줄이기 시작했고, 중국의 채권 관리자들은 중국이 보유한 외국 자산을 다각화하려고 했다. 그러나 중국과 미국이 대치 국면에 접어들고 코로나 바이러스의 진원지에 대한 비난이, 이미 커져버린 무역과 정치적 마찰을 더욱 악화시키던 2020년, 즉 새로운 냉전 방식의 위기 상황에 처할 때, 이러한 메커니즘은 유지될 수가 없었다. 미국 정치인들은 중국이 코로나 바이러스의 출처임이 드러났는데도 세계를 속인 것에 대한 보복 조치를 논의하기 시작했다. 보복 조치는 미국 대외 부채에 대한 선택적인 채무 불이행이 될 것으로 보였다이것은 대공황 시기에 독일이 펼쳤던 논리로 되돌아가는 것이었다. 미국은 재앙 국면에서는 미국의 납세자들에게 더 많은 부담을 지우는 것보다는 공산주의 국가인 중국의 투자자들을 실망시키는 것이 더 낫다고 확실히 주장할 수 있다.

부채와 관련된 복잡한 정치는 동시대의 세계화를 점진적으로 손상시키는 강력한 힘을 보여준다. 혹은 해밀턴의 비유로 되돌아가자면, 부채가 결속을 위한 강력한 접착제가 되기보다는 강력한 폭발물이 되었다.

부채를 체계화하고 신뢰할 수 있도록, 국제기구를 통하여 부채를 관리하자는 제안이 다시 한번 등장했다. 코로나 위기는 이러한 상황에서 갑자기 중단되는 자본 유입과 직물과 같이 수요가 일시적으로 급격하게 감소하는 제품의 수출에 의존하는 가난한 국가들에 감당하기 힘든 영향을 미쳤다. 100개가 넘는 국가들이 IMF를 찾아와서 자금 지원의 필요성을 설명했다. G20 국가들은 즉각적인 조치로 76개의 최빈국 그룹에 양자 간 대출 상환을 일시적으로 중단하기로 합의했다. 세계은행과 같은 다자간 기구들이 주요 신용 창구를 개설하고, 일시적인 구제 조치를 요구하는 국가들이 공공과 민간 부문의 채권자들에게 지급하는 이자를 코로나에 맞서기 위한 긴급 자금으로 사용할 수 있도록 허용해야 한다는 제안도 있었다.[48] 이제는 국제기구들이 과거, 국가를 통해 부채를 신성시하던 시대와 비슷한 방식으로 부채가 주는 독약을 복용하게 되어 있다.

양국이 끔찍할 수 없다고 생각하는 상황은 헤겔의 『정신현상학Phenomenology of Spirit』에 나오는 주인과 노예의 변증법의 변형처럼 보인다. 양쪽은 함정에 빠져 있다. 노예는 완전한 인간 혹은 주인과 동등한 인간으로 인정받지 못하고, 자유롭지 못하다. 주인은 자유롭지만, 노예에 의해 하나의 인간으로 인정받고 있다는 사실을 알지 못한다. 주인은 이러한 관계의 취약성 그리고 노예가 주인으로 대표되지 않는 가치를 지닌 대안의 세상을 만들고 있다는 사실로 인하여 끊임없이 고민한다.

부채의 역학이 세계화가 갖는 영향력과 결합될 때 함정을 만든다. 마크 제임스Mark James와 엘비스 프레슬리Elvis Presley는 1969년 히트곡에서 "우리는 의심을 품고서는 꿈을 이룰 수 없어요."라면서, 인간관계에 대한 의심이 만든 함정을 노래한다. 인간은 항상 상대방을 의심한다. 특히 외국인을 생각할 때는 더욱 그렇다. 부채는 결속을 향한 꿈이 악몽이 되게 한다.

테크노크라시

전문가에 의한 통치, 테크노크라시는 합리적인가

TECHNOCRACY

PART 08

세계화는 종종 선거로 선출되지 않고 스스로 선택한 전문가에 의한 통치를 의미하는 테크노크라시의 개념과도 연관된다. 테크노크라트는 특별한 기술 혹은 전문 지식을 보유하고 있다는 점에서 다방면의 지식을 가진 정치인들과는 구별된다. 또 때로는 테크노크라시라는 단어에는 정치인들이 불편한 선택을 회피할 것이지만, 테크노크라트는 장기적인 발전과 지금 때로는 고통스러운 어떠한 결정 혹은 희생이 요구되는지를 명석한 방식으로 묘사하는 데 더 나은 위치에 있다는 의미가 함축되어 있다. 테크노크라트는 이례적인 과제를 해결하기 위해 새로운 접근 방식이 요구될 때와 같이 예외적인 시기에 그 진가를 발휘한다. 그러나 테크노크라트가 대체로 규모가 작고 미시적인 현상을 관찰하고, 그들이 과제를 이해하고 실천 계획을 제공하려면 한데 모여야 한다는 점에서, 항상 문제가 있다. 미시적 현상을 정확하게 관찰하고 분석함으로써 거시적 결론을 도출하려는 시도에는 항상 이러한 약점이 존재한다.

테크노크라시라는 단어는 1차 대전 시기에 등장했다. 1919년 캘리포니아 출신의 엔지니어 윌리엄 스미스William H. Smyth 는 공직자, 과학자, 엔지니어로 구성된 기관을 통한 통치가 효과가 있다는 것을 설명하려고 이 단어를 처음 소개했다. 그는 민주주의에 대한 몇 가지 경멸적인 견해를 가지고 논의를 시작했다 "개략적으로 말하자면, 민주주의는 군중의 통치, 집단의 통치, 다수의 통치, 따라서 무지한 사람들의 통치이다. 하지만 그렇다고 하더라도, 민주주의는 이기심에 입각한 정부 통제의 어떠한 형태보다도 더 낫다. 여기에는 자비로운 독재도 예외가 아니다". 그는 자신이 생각하는 조직의 새로운 원리가 무엇인지 계속 설명했다. "우리는 이러한 원리를 전체 공동체의 과학 지식, 기술 재능, 실용 기술을 조직하고 통합함으로써 실현했고, 정부가 이러한 것들에 집중했고, 이러한 단합된 국력을 단합된 국가 목표를 달성하는 데 적용했다. 나는 합리화된 산업 민주주의에서 이처럼 독특한 실험을 위하여 '테크노크라시'라는 단어를 만들었다." 그는 다음과 같이 이야기를 이어갔다. "철저하게 이기적인 상황에서는 적절한 경제 제도와 도구가 등장할 때까지는 인간적으로 유효한 산업 민주주의가 실현 불가능한 이상으로만, 사회 활동의 하나의 일상적인 원칙으로서, 그리고 인간의 삶이 기초하는 노력의 산물에 대한 효율적인 분배를 위한 것으로서, 성취할 수 없는 이론으로만 남아 있게 된다."[1], "국가의 위원회는 국가 산업 경영의 정점이 되어야 한다."[2]

스미스가 새로운 단어를 소개할 때 사용한 표현에는 엉뚱한 측면이 있기는 하지만, 그는 실제로는 1차 대전 당시의 교전국들이 작전을 어떻게 수립했는지를 보여줄 뿐이었다. 프랑스 상무장관 에티엔 클레망텔 Étienne Clémentel은 이처럼 새로운 형태를 특징적으로 보여주었다. 프랑스 관료 사회가 주로 법학 전문가들로 구성되어 있는데 반하여, 그는 엔지니어를 선호하여 기술 교육 기관인 에콜 상트랄École Centrale des Arts et Manufactures 출신을 모집했다. 그는 행정을 합리화하고 중앙집권화하려고 했고, 주요 기술 과제로 인식했다. "정부, 의회, 행정, 통상, 산업을 구분하던 칸막이를 제거하려면 안이한 태도를 버려야 한다. 이번 전쟁이 우리가 협력하게 만들었다."[3] 클레망텔은 특히 에콜 폴리테크니크 École Polytechnique 출신의 엔지니어로 전문가에 의한 통치의 새로운 비전을 제시한 핵심 인물이자 군비 및 군수 차관을 역임했던 루이 루슈르Louis Loucheur와 긴밀하게 협력했다.

조직 문제를 해결하기 위한 방법으로서 테크노크라시에 대한 관심은 2차 대전 기간에 더욱 커졌다. 새로운 전개의 중심에는 미국이 있었다. 과학과 과학 지식을 바라보는 미국의 새로운 접근 방식은 전후 미국 경제의 극적인 힘과 국제적 우위를 뒷받침했다. 원자폭탄을 개발하던 맨해튼 프로젝트Manhattan Project의 연구 예산은 1944년과 1945년의 국방부의 전체 예산보다 더 많았다. 이것은 "거대 과학big science"이라는 새로운 비전을 제시했다. 전시 군사 연구와 개발을 책임지던 버니바 부시Vannevar Bush는 연방 기관인 과학연구개발청The Office of Scientific Research and Development, OSRD의 기관장을 맡으면서, 민관 협력의 기반을 조성했던 인물이었다. 부시가 1945년에 제출한 보고서 「과학: 그 끝없는 전선Science: The Endless Frontier」은 다음과 같이 대담한 비전을 서술한다. "과학 그 자체가 개인, 사회, 경제가 처한 고통을 치료하는 만병통치약을 제공하지는 않는다. 평화로울 때든 전시에서든, 과학은 오직 하나의 팀의 팀원으로서만 국가의 안녕에 유효할 수 있다. 그러나 과학의 발전 없이는 다른 분야에서 어떠한 업적을 이룬다고 해도 현대 세계에서 하나의 국가로서 우리의 활력, 번영, 안정을 보장할 수 없다." 이 보고서는 기초 연구가 어떻게 기술 진보를 주도하는지에 대해 전혀 뜻밖의 방식으로 서술되어 있었다. 이것이 나중에 실무자들 사이에 상당한 반발을 일으키기도 했다.[4]

기초 연구의 혁신을 응용 기술로 어떻게 옮겨갈 것인가의 문제가 여전히 남아 있었다. 2차 대전 직후, 록펠러재단Rockefeller Foundation의 자연과학연구소 소장으로 재직하던 수학자이자 과학자인 워렌 위버Warren Weaver는 물리학자들이 무질서한 복잡성의 문제를 해결하기 위하여 때로는 앞서가는 수학자들과 함께 확률 이론과 통계 역학의 유력한 기법을 개발하는 방법에 관하여 저술하면서, 미래 비전을 제시했다. "과학이 향후 50년 동안에 성취할 수 있고, 성취해야만 하는 위대한 발전은, 전쟁 시절 규모가 크고 유연한 고속 연산 장치의 사용으로 능력을 발휘하던 작전 분석팀과도 비슷한, 주로 자발적으로 구성된 혼합된 팀에 의해 이루어질 것이다."[5] 기술 혁명은 모든 개별적 투입을 조정할 것을 요구한다.

철학자 제임스 버넘은 1930년대에 트로츠키주의자였다가, 나중에는 결국 보수주의자가 되는 지적 궤적을 따랐던 사람이었다. 그는 2차 대전이 한창이던 1941년에 발간된 어느 저작에서 자본주의가 몰락하고 그의 베스트셀러 제목이기도 한 "관리자 혁명managerial revolution"으로 대체될 것이라는 주장을 펼쳤다. 그에 따르면, "자본주의가 낙후된 지역을 더 이상 성공적으로 개척하고 개발할 능력이 없기 때문에, 자본주의 이데올로기와 슬로건은 대중들에게 호소력을 잃었다."[6] 버넘에게는 관리자 혁명이 불행하게도 소련과 나치 독일에서 이미 진행되고 있었고, 새로운 논리 이것으로 인하여 자본주의의 재산권 시스템이 허물어지고 사회주의 혹은 집산주의가 그 자리를 대신하게 되었다 가 국민국가의 초월성, 따라서 유럽의 통합을 대신하는 것으로 보였다.

군인 출신 테크노크라트

사회가 전쟁을 겪게 되면, 테크노크라트를 요구한다. 테크노크라시라는 단어가 등장했을 때, 이 단어는 본질적으로 극적인 군사 동원으로부터 교훈을 얻는 것과 관련이 있었다. 최초의 테크노크라트는 실제로 군인이었다. 그들이 하는 일은 이동을 체계화하고 다수의 사람들에게 식량을 제공할 뿐만 아니라 지속적인 변화와 충격이 있을 것이라는 사실을 인식하고서 가능성을 평가하여 미래를 전망하는 것이었다.

위대한 군사이론가 카를 폰 클라우제비츠Carl von Clausewitz는 전쟁이란 다른 수단에 의한 정치의 연장이지만, 훨씬 더 많은 조정을 요구하는 것이라고 생각했다. "대체로 군사 행동은 엄청난 전문성과 능력을 요구한다. 그리고 이러한 전문성과 능력은 야전에 잘 갖추어진 군대를 배치하는 데 필요하다. 군대는 마치 시내가 바다로 흘러가기 전에 강을 이루듯이, 전쟁에서 최종 목표를 달성하기 전에, 위대한 결과를 얻기 위하여 연합한다."[7] 그는 더 나아가서 이렇게 설명했다. "모든 것들이 단순하게 보인다. 요구되는 지식이 대단하게 여겨지지 않고, 전략적 선택이 너무나도 명백하여, 비유를 하자면 고등 수학의 가장 간단한 문제가 과학적으로 대단한 위엄을 갖는다. 일단 전쟁이 실제로 보이기 시작하면 어려운 문제들이 분명하게 드러난다. 그러나 이러한 관점의 변화를 일으키는, 눈에 보이지 않으면서 널리 퍼져 있는 요소를 설명하기는 여전히 대단히 어렵다. (……) 군대 조직은 (……) 기본적으로 관리하기가 아주 간단하고 쉽다. 그러나 우리는 군대의 구성 요소가 하나로만 이루어져 있지는 않다는 사실을 명심해야 한다. 각각의 부분은 개인들로 구성되어 있고, 이들 모두가 마찰의 가능성을 갖고 있다."[8]

전체적인 비전을 실행하기 위해 전쟁의 혼란을 관리하는 일은 클라우제비츠가 말한 마찰을 극복할 것을 요구한다. 이것은 일반 상식뿐만 아니라 과학 혹은 수학의 원리를 적용할 것을 요구한다. "전시에는 상당수의 정보 보고가 상반되어 있다. 훨씬 더 많은 것들이 잘못되었고, 대부분의 것들이 불확실하다. 누군가가 어떤 장교에게 합리적으로 요구할 수 있는 것은 그 장교가 판단의 기준을 갖고 있어야 한다는 것이다. 이것은 사람과 일에 대한 지식, 일반 상식을 통해서만 얻을 수 있다. 그는 확률 법칙에 따라 움직여야 한다."[9]

테크노크라트와 전반적인 정치 당국과의 관계가 중요한 문제가 된다. 실제로 이것은 테크노크라시에서 중요한 문제다. 누가 군대의 테크노크라트를 관리하는가? 스미스는 테크노크라트를 국민의 하인이라고 겸허하게 제시하려고 했다. 그러나 그들은 상아탑에서 모든 것을 통제하면서 실제로는 주인으로 변한다. 이러한 통제의 문제는 널리 알려졌듯 클라우제비츠를 잘못 해석한 사례에 잘 나와 있다. 그는 나폴레옹을 전쟁의 신이라고 주장한 것으로 알려져 있다. 이것은 클라우제비츠의 저작 『전쟁론On War』에 대한 잘못된 해석이지만, 흥미로운 해석이기도 하다. 실제로 이 책에는 1806년 프러시아와 오스트리아 군대를 격파한 자는 전쟁의 신 그 자체der Kriegsgott selbst라는 클라우제비츠의 설명이 나온다. 그는 18세기 중반 프리드리히 2세Frederick the Great의 전쟁과 19세기 초반의 전쟁을 비교했다. 그러고는 다음과 같이 말했다. "역사를 자세히 살펴보면, 이러한 사례들의 차이가 어디에 있는지를 알 수 있다. 실레지아 전쟁이 한창이던 18세기에는 전쟁이 여전히 정부만의 문제였고, 사람들은 단순히 도구의 역할을 했다. 19세기가 시작되면서, 사람들은 어느 쪽이든 위험한 상황에 처했다. 프리드리히 2세와 겨루던 적장들은 지시에 따라 행동했다. 이것은 신중함이 그들을 구별하게 하는 특징이라는 것을 의미한다. 그러나 지금 오스트리아와 프러시아의 적은 솔직히 말하자면 전쟁의 신 그 자체라 할 수 있다."[10] 문맥을 살펴보면, 클라우제비츠가 이 프랑스의 지도자를 대중 동원의 사실로서 그렇게 많이 생각하지 않았음이 분명하다. 나폴레옹은 이러한 전쟁의 신을 이끌어야 할 필요가 있었다.[11]

사람들은 대체로 통제를 받지 않는 것이 분명했고, 이러한 사실은 19세기의 산업화 덕분에 군대가 규모가 커지고 장비를 더 잘 갖추게 되면서 훨씬 더 분명해졌다. 1차 대전은 군국주의 토론을 촉발했다. 장군들이 통제권을 많이 갖게 되면, 어떤 일이 발생하는가? 유명한 이론에 따르면, 독일의 군국주의가 전쟁을 일으켰다는 것이다. 독일 총리 테오발트 폰 베트만 홀베크Theobald von Bethman Hollweg와 같은 민간인들은 밀려나고, 군인들이 자신의 강경한 계획에 지나칠 정도로 의존했다. 동원 준비는 1906년에 퇴직하여 1913년 1월에 세상을 떠난 슐리펜 장군General Schlieffen이 개발한, 전선이 두 개가 있는 이면 전쟁을 다루는 직관적인 계획에 근거하여 진행되었다. 이것은 1914년 8월 러시아가 동프러시아에 걸쳐 있는 동부 전선에서 빠른 속도로 진격하자 독일의 최고 사령부가 다급해지면서, 신속한 수정이 요구되었다. 1915년 프린스턴대학교 총장 존 그리어 히븐은 이런 질문을 던졌다. "군국주의란 무엇인가? 이것은 국가의 광기를 말한다. 군대가 군국주의를 만든 것은 아니다. 군대의 특징과 영역은 국가의 정책에 의해 결정된다. 군국주의는 본질적으로 국가에 관한 이론이다. 군국주의가 존재하는 곳에서는 정부가 군대의 한 부분을 차지하지, 군대가 정부의 한 부분을 차지하지는 않는다. (……) 군국주의의 가치 체계는 목적이 수단을 정당화한다는 원칙에서 나온다."[12] 실제로 모든 국가들이 군사적 전문성을 적지 않게 요구한다는 것을 인정한다. 예를 들어, 영국 노동당 정치인으로 국제연맹에서 군비 축소를 강력하게 주장하여 노벨 평화상을 수상했던 아서 헨더슨

Arthur Henderson은 이렇게 말한다. "우리는 '프러시아의 군국주의Prussian Militarism'를 부도덕한 군사력을 불법으로 이용하여 세계를 지배하려는 조직적인 노력으로 규정한다. 우리가 군국주의의 모든 형태 혹은 무력의 사용이 잘못되었다고 주장하는 것은 아니다."[13]

실제로 일이 정말 잘못되고 있을 때는 군대가 나서서 상황을 통제하기를 바라는 국가들이 많다. 쿠데타가 발생하여 무능한 지도자를 축출한 후에 군의 현대화가 진행되곤 했다. 특히, 중간 간부급 장교주로 대령가 지휘하는 부대가 군 혹은 왕에 충성하기 위한 진압의 수단을 국민주의와 사회 개혁의 선봉에 있는 사람을 위해 사용하기도 했다.[14] 이러한 활동을 보여주는 좋은 모델로는 1919년 터키공화국에서 무스타파 케말 아타튀르크Mustafa Kemal Atatürk 원수가 정권을 장악한 사례가 있다그는 나중에 선거를 통해 합법성을 얻었다. 또 다른 사례로는 1952년 가말 압델 나세르Gamal Abdel Nasser 대령이 이집트 왕조를 전복했고, 1969년에 무아마르 무함마드 아부 미냐르 카다피Muammar Mohammed Abu Minyar Gaddafi 대령이 쿠데타를 일으켜서 리비아 왕조를 전복했던 것을 들 수 있다.[15] 나세르와 카다피는 여전히 대령으로도 널리 알려져 있다.

최근에도 군대가 정권 교체에 관여했다. 1981년 2월 폴란드 공산당이 독립자치노동조합 연대Solidarność의 노동 운동에 직면하여 막다른 곳에 이르렀을 때, 국방장관 보이치에흐 야루젤스키Wojciech Jaruzelski가 총리 자리에 올랐고, 이후로 반대 세력을 탄압하고 개혁을 추진하기 위하여 계엄령을 선포했다. 2020년 코로나 위기가 닥쳤을 때, 인도네시아와 필리핀에서 군대의 역할이 커졌다. 태국에서는 프라윳 찬 오차Prayuth Chan-o-cha 장군이 국가비상사태를 선포하고 의료 전문가가 아니라 주로 군 장성으로 구성된 위기 대응팀을 창설했다. 심지어는 미국에서조차도 트럼프 대통령이 집권한 이후로 가장 혼란스러운 시기에, 무책임한 조치가 내려질 경우에는 군대가 나서서 상황을 통제할 계획이라는 이야기도 있었다.[16] 부유한 선진국에서는 군사 쿠데타를 생각하는 사람은 거의 없다. 그러나 정치가 혼란스러울 경우에는 전문가 혹은 국가의 원로에 의한 통치를 생각하게 된다.

경제학자

새로운 종류의 전문가적 사고의 원형은 엔지니어들에게서 나왔다. 그들의 눈에는 대공황이 군사적 동원을 요구하는 것으로 보였다. 대공황 시기에 엔지니어링은 직업으로서 매력을 잃었다. 생산해야 할 것들이 별로 없었고, 젊은 엔지니어들은 조정을 위한 현실적인 보급 문제를 해결하는 경제학으로 관심을 돌렸다. 경제학자로서 재미난 이야기를 많이 하는 하버드대학교의 그레그 맨큐Greg Mankiw는 다음과 같이 적었다. "신은 이 세상에 거시경제학자들을 우아한 이론을 제안하고 검정하라고 보낸 것이 아니라 현실적인 문제를 해결하라고 보냈다. 더구나 신이 우리에게 준 문제들은 적당한 규모의 것이 아니다."[17]

경제학자들은 대공황을 해결할 답을 찾는 과정에서 정책 입안을 위한 가장 중요한 사회과학자로 등장했다. 영국 경제학자 존 메이너드 케인스가 이러한 모델을 제시했지만, 케인스가 1930년대에 출간한 변혁적인 주요 저작 『고용, 이자, 화폐의 일반이론』은 정확하게 말하자면 완전고용에 못 미치는 나쁜 균형의 가능성에 관한 우아하고도 수사적으로 설득력 있는 저작이었다. 이 책은 실제로 사용 안내서는 아니었다. 사용 안내서는 나중에 새로운 전쟁과 함께 나왔다. 이 전쟁은 구체적인 조정 정책을 신속하게 실행할 필요가 있다는 생각에 자극을 주었다. 특히, 2차 대전 당시 1차 대전의 오류를 재현하지 않기 위하여 주로 경제 관리의 수단으로 국민소득회계National Income Accounting를 개발했던 리처드 스톤Richard Stone, 콜린 클라크Colin Clark, 제임스 미드James Meade가 통계적 토대를 제공했다.

2차 대전이 끝나고, 전쟁을 위한 동원에 사용되었던 모델은 데이터에 대한 광범위한 분석을 요구했다. 때문에, 종전 이후 재건에 필요한 투자 할당에 관한 의사 결정에 사용되었다. 찰스 킨들버거는 이렇게 적었다. "컴퓨터를 사용한 경제학에서 내가 아는 첫 번째 작업은 마셜 플랜을 위하여 펜타곤의 컴퓨터를 밤새도록 사용한 것이었다."[18]

전시 동원과 전후 재건에 대한 절박한 요구가 사라지면서, 새로운 우려가 나타났다. 1970년대에는 케인스주의자들이 곤경에 처하게 되었다. 1973~1974년 유가 폭등 이후 인플레이션비평가들은 거대 인플레이션Great Inflation에 관한 이야기를 시작했다과 함께 실업률이 상승했던 것이다. 인플레이션과 달러화의 잘못된 관리가 미국의 국제적 위상에 의문을 갖게 했다. 유럽인들은 미국의 경제 정책 입안자들이 달러화에 대한 헤게모니를 행사하여 미국의 전쟁과 복지 문제에서 발생하는 비용을 유럽에 전가했다고 주장했다. 노벨 경제학상을 수상한 토머스 사전트Thomas Sargent와 로버트 루카스Robert Lucas는 「케인스 거시경제학 이후After Keynesian Macroeconomics」라는 제목의 논문에서 이렇게 주장한다. "정책에 관하여 중요한 사실은 케인스주의자들의 정책 제안이 과학적 의미에서 비케인스주의자 혹은 실제로는 경제학자가 아닌 사람들의 것과 비교하여 더욱 탄탄한 기초가 없다는 것이다."[19]

또 다른 학파가 등장하여 케인스주의자들의 실패를 설명하고, 당시 주요 정책 딜레마였던 인플레이션 문제를 해결할 답을 제공하려고 했다. 밀턴 프리드먼Milton Friedman은 특히 어빙 피셔Irving Fisher를 중심으로 하는 양 대전 사이의 기간에 활동하던 시카고 경제학자들로 거슬러 올라가는 과거의 전통을 가져와서 통화주의의 이론 체계를 만들었다. 프리드먼의 새로운 통찰은 애나 슈워츠Anna Schwartz와 함께 진행했던 광범위한 경험적 조사에서 비롯되었다. 이들은 이러한 조사를 토대로 『미국의 통화사Monetary History of the United States』를 발간하기에 이르렀다. 이 저작에서 그는 통화량의 퍼센트 변화에 대한 소득의 퍼센트 변화의 비율을 의미하는 통화승수money multiplier가 장기적으로 현저하게 안정적이라는 사실을 보여주었다. 미국에서 이 값은 대략 2에 해당되었다. 중앙은행이 정해놓은 본원 통화량이 통화승수를 통하여 통화량을 결정하고, 이것이 통화의 유통 속도를 통하여 명목 소득을 결정한다. 현금과 예금의 비율도 장기적으로 상당히 안정되어 있다.[20]

그러나 프리드먼의 접근 방식은 세계에서 인플레이션에 가장 잘 맞서 싸웠던 실적을 가진 스위스와 같은 예외가 있기는 하지만, 주요 국가에서 통화 정책 입안을 위한 실질적인 토대를 제공하지는 않는다. 낮은 인플레이션을 기록했던 또 다른 국가인 독일에서는 1970년대 중반에 강력한 중앙은행이 통화목표관리를 도입했지만, 이러한 목표를 선언한 것이 실질적으로 정책을 제약하기 위한 수단이 되기보다는 특히, 고용주와 노동조합 간의 임금 교섭에서 기대를 관리하기 위한 효과적인 수단이 되었다. 영국은 1980년대 초반 통화주의를 정책 도구로 사용하는 것을 두고 활발한 논의가 있었지만, 1983년 이후에는 통화목표관리에서 점진적으로 후퇴하기 시작했다. 그리고 당시 대단한 영향력을 발휘했던 연방준비제도이사회 의장 폴 볼커Paul Volcker는 이런 말을 했다. "우리가 통화 정책에 모든 부담을 지울 것이 아니라 다양한 방향에서 인플레이션을 잡기 위한 통합된 정책 집합을 개발해야 한다.(……) 나는 우리가 정책의 최전선에서 지출과 수입에 관한 의사 결정을 할 때에는 균형 예산의 목표를 유지하는 것이 반드시 필요하다고 생각한다.[21]

그러나 시장의 변화에 따라 끊임없이 충격을 받는 경제를 주요 특징으로 하는 동태확률 일반균형dynamic stochastic general equilibrium, DSGE 모델이 통화 정책 변화에 대한 반응의 다양한 시나리오를 제시하는 데 사용되었다. 이 모델은 시장 충격의 개념이 시장 경제의 거의 지속적인 특징이 되게 하는 것이지만, 처음 만드는 과정에서는 2007~2008년에 시장 경제가 엄청나게 취약한 것으로 드러난 금융 충격에 대한 어떠한 가능성도 포함하지 않았다. 이후 이 모델의 제한적인 적용 가능성을 향한 많은 비판이 쏟아졌다.[22] 신케인지언New Keynesian 모델의 개척자 중 한 사람은 그 시절을 돌이켜 보면서 이렇게 주장했다. "명시된 목표는 케인스 이론을 버리고 그 자리에 설득력 있는 데이터를 가져오고 정책 분석을 위하여 사용할 수 있는 시장 청산 모델로 대체하는 것이었다. 이러한 기준에서 보면, 이 활동은 실패했다. 특히, 실물적 경기순환이론은 경기 변동을 설명하는 데에 있어서 통화 정책의 역할을 배제했다혹은 다르게 표현하자면 예상하지 못했다. 다만, 강조하는 지점이 기술에 가해지는 임의의 충격과 이러한 충격이 유발하는 소비와 여가의 기간 간 대체 효과의 역할로 바뀐 것이다."[23]

정책의 관점에서 보면, 새로운 패러다임은 거의 대부분의 주류 경제학자들이 공유하는 단순한 가정에 의지했다. 통화 안정성이 저절로 금융 안정성을 낳는다는 것이다. 2003년에 발표되고 대안정기Great Moderation 라는 단어를 제시한 유명한 논문에서는 통화 정책뿐만 아니라 행운 혹은 작은 규모의 대외 거시경제 충격의 역할을 강조했다.[24] 실무자들은 통화 안정성과 금융 안정성의 밀접한 관계를 가정했다. 통화 안정성에 더 많은 관심을 갖게 하는 고전적인 주장으로는 이것이 예측불가능성과 금융 충격을 감소시킨다는 것이다. 슈워츠는 인플레이션과 물가 불안이 만연하면 금융 불안도 만연하게 될 것이라고 주장했다. 이러한 주장은 통화의 불확실성이 물가를 감추거나 왜곡하여, 자원의 비효율적인 할당을 초래한다는 것이다. 이러한 접근 방식은 슈워츠 가설Schwartz hypothesis 이라고 불리는데, 경험적 결과를 통하여 상당한 정도로 뒷받침되었다.[25]

잉글랜드은행 총재 에디 조지Eddie George 는 슈워츠가 자기 입장을 정립하기 전에 "통화 정책에서 금융 시스템의 건전성에 이르는 노선은 매우 분명하다."고 말하면서 이와 비슷한 주장을 펼쳤다.[26] 그러나 최근의 경험은 이러한 견해에 문제를 제기하는 것으로 보인다. 예를 들어, 1950년대와 1960년대의 영국에서는 인플레이션에서 커다란 변동이 있었지만, 금융은 상당히 안정적이었다. 1980년대 이후 인플레이션이 개선될 때, 세계적으로 금융 불안이 다시 찾아왔다. 일부 비평가들은 통화 안정성이 위험을 지나치게 수용하게 만드는 잘못된 자신감을 낳는다고 주장했다. 2007년 이전에는 이러한 주장은 주로 국제결제은행 관계자들만이 갖는 소수의 견해였다. 그러나 글로벌 금융 위기 이후로 이것이 상당히 자명하게 보였다.[27]

글로벌 금융 위기 이후, 주류 경제학이 실패했고 재구성되거나 처음부터 다시 출발해야 한다는 견해가 널리 퍼졌다. 리먼 브라더스가 파산하고 얼마 지나지 않은 2008년 11월, 상징적인 순간이 다가왔다. 영국

여왕이 런던경제대학에서 새로운 건물 건립 기념식에 참석하여 "왜 아무도 알아차리지 못했습니까?"라고 질문했던 것이다. 런던경제대학 경영학과 연구소 소장 루이스 가리카노Luis Garicano 교수는 집단사고의 위험에 대하여 전형적인 설명을 했다. "모든 단계에서, 누군가는 다른 누군가에 의존하고 있었고, 모든 사람들이 자신이 올바른 것을 하고 있다고 생각했다."[28] 이제는 예전에 금융 불안정성을 중심에 두는 접근 방식을 개발한 하이먼 민스키와 민스키의 가설을 보급하고 그것을 국제 경제 관계에서 적용했던 찰스 킨들버거처럼 다른 의견을 제시했던 경제학자들이 많은 관심을 받게 되었다.

또한 2008년의 경험은 전문가로서의 경제학자에 대한 신뢰를 흔들었다. 영국의 유럽연합 탈퇴, 즉 브렉시트에 관한 논의에서 중요한 부분은 경제학자들의 실패와 관련 있었다. 이것은 유권자들이 브렉시트가 경제에 심각한 충격을 가할 것이라는 재무부, 잉글랜드은행, 국제통화기금의 전문가에 의한 경제 예측의 신뢰성과 공정성을 의심하게 만들었다.

더욱 일반적으로는 글로벌 금융 위기의 여파로 방송에 나오는 경제학자들이 서로 대립하고 있었다. 많은 경제학자들이 브렉시트에 반대했지만, 이에 찬성하는 경제학자들도 더러 있었다. 유로화 위기를 바라보는 경제학자들의 생각도 나뉘었다. 그리고 일부 경제학자들은 도널드 트럼프의 의제 일부가 경제 성장을 일으킬 것으로 생각했다. 감세 정책은 기업 투자를 증진할 것이고, 보호주의의 위협과 부분적인 시행은 미국이 일자리를 다시 가져오는 데 도움이 될 것이다. 대다수 경제학자들은 이에 회의적이었지만, 2020년 초 미국 경제가 대단한 성장을 나타내면서 그들의 생각이 틀린 것으로 보였다. 그들은 재정 적자가 지속되면서 미래의 언젠가 문제가 될 수 있는 부채 부담이 높아지는 것을 경고할 수는 있었다. 경제 토론의 명백한 정치화도 경제학자들의 역할을 더욱 불신하게 만들었다.

테크노크라트의 정부

정부가 국가적으로 위급한 문제주로 경제 문제를 처리하기 위해 전문가들을 활용하는 것은 오랜 역사를 지녔다. 특히, 2차 대전 이후 이탈리아는 중요한 순간에 정부의 입장을 정하려고 이탈리아은행의 관리들을 소환하기도 했다. 전후 이탈리아의 역사가 시작되던 1947~1948년에는 경제학자이자 중앙은행 총재이기도 했던 루이지 에이나우디Luigi Einaudi가 중앙은행 총재 자리를 유지하면서, 재무장관, 부총리 자리에 올랐다. 1948년에는 이탈리아 대통령이 되었다. 1990년대에는 전통적인 중도 우파 정당과 중도 좌파 정당이 일련의 부패 스캔들로 해체되었고, 1993년에 또 다른 중앙은행 총재 카를로 아젤리오 참피Carlo Azeglio Ciampi가 총리 자리에 올랐다.

2011년 11월 유로존 부채 위기가 절정에 달했을 때, 그리스와 이탈리아 정부는 거의 동시에 붕괴되었다. 그리스에서는 요르요스 파판드레우George Papandreou의 사회주의 정부가 국제기구가 구제 프로그램의 일부로 부과한 긴축 프로그램에 대한 국민투표를 제안한 이후로 와해되었다. 유럽중앙은행 부총재 출신의 루카스 파파데모스Lucas Papademos가 이끄는 전문가들로 이루어진 새로운 내각이 의회의원 선거 이전에 새로운 긴축 프로그램을 시행하고, 이전까지는 폐쇄되었던 직종을 개방하고 최저임금을 조정하고 종업원들에게 관례적으로 지급하던 1개월에 해당하는 추가 급여를 철폐하는 등 인기가 없는 조치들을 추진하는 것을 목표로 결성되었다. 이탈리아에서는 몹시 분열된 베를루스코니Berlusconi 정부의 뒤를 이어 유럽연합집행위원회 경쟁 정책 담당 집행위원 출신의 경제학자 마리오 몬티Mario Monti가 이끄는 테크노크라트 내각이 등장했다. 새로운 포퓰리즘을 지향하면서 자신의 의제를 수정했던 베를루스코니를 포함한 포퓰리스트들은 그리스와 이탈리아가 비슷한 길을 간 것을 두고 비민주적인 쿠데타로 해석했다. 점점 인기를 얻어가는 극좌파 정당 시리자Syriza, 극좌파의 연합을 의미하는 그리스어 표현의 축약형이다의 지도자 알렉시스 치프라스Alexis Tsipras는 이렇게 말한다. "이러한 전개는 인민 주권설에 대한 무자비한 왜곡에 이르게 한다. 파파데모스를 선택하는 것은 우리를 파멸의 늪에 빠지게 했던 정책들이 더욱 강력한 영향력을 가지고 유지되도록 보장하는 것을 의미한다."[29] 파파데모스도 그리고 몬티도 정부에서 오래 일하지는 않았다. 몬티는 자신의 정당을 설립하려고 했지만, 크게 실패하고 말았다. 그러나 전통적인 정당이 실패했다는 인식이 여전히 남아 있었고, 유권자에 대하여 기꺼이 책임을 져야 할 정당들이 고통스러운 결정을 하기가 여전히 쉽지는 않았다.

전문가와 기후 변화

다른 종류의 기술 전문가들도 조언을 제공하고, 그다음에는 경쟁을 하게 되고 논쟁에 빠져들게 되는 똑같은 순환을 겪었다. 환경을 주제로 한 견해도 장기적인 추세에 대한 정확한 인식과 분석에 달려 있고, 이것이 새로운 영역의 전문성을 낳는다. 경제학자들은 탄소 에너지가 어떠한 방식으로 인간과 동물의 힘을 대체하고 임금, 생활 여건, 평균 수명에서의 커다란 경제 변화를 이끌었는지를 살펴보았다. 19세기에는 이러한 관심이 주로 영국에서 산업 혁명의 기반이 된 석탄에 있었다. 20세기와 그 이후로는 이러한 관심이 새로운 지정학적 문제를 제기했던 석유에 있었다.

정치인들 중에서 자연과학을 전공한 사람은 거의 없었다. 선진국에서 장기 집권했던 두 명의 여성 정치인들인 마거릿 대처Margaret Thatcher와 앙겔라 메르켈이 자연과학을 전공한 사실이 무척 인상적이다. 대처는 1988년 왕립학회에서 했던 연설에서 처음으로 기후 변화 문제를 제기했던 주요 정치인이었다. 그녀는 텔레비전 카메라도 없었고 언론 취재도 없었던 사실에 크게 실망했지만, 기후 변화의 위협을 이렇게 설명했다. "이산화탄소, 메탄, 염화불화탄소와 같은 온실 가스가 증가하여, 우리가 기후 불안정에 이르게 하는 세계적인 열함정heat trap을 만들고 있다는 두려움을 갖게 한다. 매 10년마다 1°C가 올라가면 우리의 자연 서식지가 도저히 감당할 수 없는 것으로 알고 있다. 이러한 온난화로 빙하가 빠른 속도로 녹을 것이고, 이에 따라 다음 세기에는 해수면이 몇 피트가 상승할 것이다."[30] 그리고 2011년에 독일의 앙겔라 메르켈 총리는 후쿠시마 원전 사고가 일어난 직후 독일이 원자력 발전소의 폐기를 가속화할 것이라고 선언하면서, 에너지에 대한 새로운 접근을 촉구했다. "우리는 초기의 대규모 산업화 국가로서, 새로운 기술을 개발하고 고용을 창출하고 수출을 증진하기 위한 모든 기회를 활용하여 효율성이 높은 신재생 에너지를 향한 변화를 이룩할 수 있다."[31] 그러나 과학의 영향력은 대체로 가끔씩 발생하고, 또한 정치 토론의 중심에서가 아니라 이면에서 발생한다.

근대 수리경제학과 한계 분석의 창시자라 할 스탠리 제번스Stanley Jevons는 1865년에 발간된 자신의 저작 『석탄 문제Coal Question』에서 영국의 미래를 걱정하기 전에 석탄에 대한 예찬으로 시작한다. "우리가 즐거운 마음으로 소유하는 양질의 풍부한 석탄이 현대 물질문명의 원동력이라는 사실이 날이 갈수록 더욱 분명해진다. (……) 실제로 석탄은 다른 모든 상품의 옆이 아니라 위에 있다. 석탄은 이 나라의 물질적 에너지이고널리 쓰이는 보조 물질, 우리가 하는 모든 것에서 중요한 요소이다. 석탄이 있으면, 어떠한 위업이라도 달성할 수 있거나 쉽게 진행할 수 있다. 석탄이 없으면 먼 옛날과 같은 고난의 시절로 되돌아가야 한다." 세계화라는 새로운 국면이 시작되던 당시에는 석탄이 주로 영국에 혹은 더욱 일반적으로 말하자면 영어를 사용하는 국가에 매장되어 있었다. "총생산량 1억 3,650만 톤 중에서 1억 300만 톤이 영국에 기원을 두고 영어를 사용하는 국가에서 생산되었고, 8,000만 톤은 영국 자체에서 생산되었다."

그러나 제번스는 도구와 기술로서의 석탄이 세계화 혹은 세계적인 공유에 의해서 세계 전역으로 퍼져가는 모습을 그려보았다. "우리 앞에 놓여 있는 대안들은 간단하다. 우리 제국과 혈통은 세계 인구의 5분의 1을 차지하고 있다. 또 우리가 개척한 신생국의 대규모 농장, 우리가 지배하는 해양, 우리가 파고들어가는 통상, 우리의 정의로운 법과 확고한 헌법, 무엇보다도 우리의 새로운 기술 전파로, 우리는 인류의 발전을 측정할 수 없을 정도로 자극하고 있다. 우리의 부를 창출하고 분배하는 작업을 아낌없이 그리고 대담하게 추진한다면, 현재 우리가 달성할 수 있는 대상에 틀림없이 유익한 영향을 미칠 것이다. 그러나 이러한 지위를 계속 유지하는 것은 물리적으로 불가능하다. 우리는 잠시 동안의 위대함과 오랫동안 지속되는 평범함 사이에서 중요한 선택을 해야 한다."[32]

석탄이 세상을 변화시키고 얼마 지나지 않아서 사상가들은 고갈 가능성에 정신적으로 사로잡힌 상태에서 이처럼 새로운 원재료도 한계에 도달할 것이라는 결론을 내렸다. 이러한 자원 비관주의를 보여주는 가장 유명한 표현은 물리학자인 윌리엄 톰슨William Thomson, Lord Kelvin에게서 나왔다. 그는 이렇게 생각했다. "지하의 세계 석탄 저탄량이 계속 감소하고 있고, 석탄 가격은 과거에도 그랬던 것처럼 그리고 시장에서 판매되는 모든 제품이 그런 것처럼 앞으로도 틀림없이 오르락내리락하겠지만 결국에는 계속 상승할 것이다. (……) 따라서 풍차 혹은 풍력 원동기가 다시 널리 사용되는 때가 올 가능성이 있다."[33] 중국의 비평가들도 이러한 대열에 동참했다. 1890년대 초 중국 외교관 수 푸쳉薛福成은 수첩에 이렇게 적었다. "비싼 원재료가 희소성을 띠는 것은 중국이 오래전부터 채취했기 때문이다. 우리가 이를 채취하고 사용하여 그 매장량이 한계에 이르렀다. (……) 최근 외국의 기계를 선망의 눈으로 바라보는 사람들이 많아졌고, 이러한 추세는 오랫동안 지속될 것이다. 광산업은 반드시 번창할 것이다. 앞으로 4000~5000년이 지나서 우리의 광산이 고갈되면, 외국 광산도 고갈될 것이다. 그런 다음에는 우리의 광물은 어떻게 될 것인가? 이 문제에 대해서는 지구를 걱정하지 않을 수가 없다."[34]

20세기 후반에도 화석 연료의 고갈은 계속 중요한 문제로 남았다. 이것은 1972년에 발간된 로마클럽 보고서 『성장의 한계The Limits of Growth』의 주요 결론이었다. 이 보고서는 세계적으로 관심을 끌면서 3,000만 부나 팔렸다고 한다. 특히, 대기 중 오존의 고갈과 같이, 에너지 의존에 따른 그 밖의 환경오염 피해도 논의되었다.

고갈과 환경오염이라는 두 가지 문제를 해결하려면 조정이 요구되었다. 1989년에는 미국 과학잡지 「사이언티픽 아메리칸Scientific American」이 "지구를 관리한다Managing Planet Earth"를 주제로 특집호를 발간했는데, 다음과 같은 방식으로 구성되었다. "적응적 지구 관리를 위해 필요한 것은 국내와 국제 수준에서 관리 행위를 조정하기 위한 장치를 설치하는 것이다. 이러한 영역에서 공식적인 국제 협약의 필요성은 「오존층을 고갈시키는 물질에 대한 몬트리올 의정서Montreal Protocol on Substances that Deplete the Ozone Layer」와 대기에 관한 실현 가능한 국제법에 대한 논의에서 부각되었다."[35]

1980년대 후반에는 조정의 가능성에 대하여 잠시 행복에 젖기도 했다. 1988년에 기후 변화에 관한 유엔 기본협약United Nations Framework Convention on Climate Change을 공식적으로 제의했던 것이다. 1987년에 서명한 몬트리올 의정서에서 오존층을 고갈시키는 염화불화탄소의 생산을 단계적으로 중단시키기 위한 일정이 수립되었기 때문에, 국제 협약의 체결이 간단하다는 인상을 주었다. 이 과제는 쉽게 이용할 수 있는 수소불화탄소비록 이 물질이 지구 온난화에 강력한 영향을 미치는 온실 가스라는 사실이 밝혀지기는 했지만라는 대안이 존재했기 때문에 비교적 간단했고, 실제로 수익성도 있었다. 당시에는 몬트리올 프로세스가 미래로 가는 길로 여겨졌고, 유엔 사무총장 코피 아난Kofi Annan은 이것을 두고 지금까지 유일하고도 가장 성공적인 국제 협약이라고 평가했다.[36]

「사이언티픽 아메리칸」에 실린 기사는 협력의 가능성에는 한계가 있음을 시사했다. 이 기사를 썼던 윌리엄 클라크William C. Clark는 협력을 향한 긍정적인 진전을 보여주는 몇 가지 사례들을 찾았다. 그가 제시한 사례들은 모두가 미국과는 무관한 것이었다. "소련에서는 생태학적 악화 문제가 첫 번째 인민대표대회Congress of People's Deputies, 1989년부터 1991년까지 존재했던 소비에트 연방의 입법부이자 의회이다_옮긴이의 주요 논점이 되었다. 케냐는 아프리카과학아카데미가 지원하는 혁신 프로젝트에서 21세기 아프리카 대륙의 개발을 위한 대안의 가능성을 찾으려고 했다. 서독에서는 모든 정당과 과학 공동체를 대표하는 고위급 위원회가 합의를 통하여 예방책Vorsorge, 즉 국가의 환경 정책을 입안하기 위한 원칙을 이끌어냈다. 스웨덴에서는 환경과학자이자 예술가인 군나르 브루세비츠Gunnar Brusewitz가 대안의 개발 경로를 따르는 스웨덴의 미래 풍경을 그리는 작업에 협력한 결과물이 전국적인 베스트셀러가 되면서 정치 토론의 중요한 쟁점으로 떠올랐다."[37] 소련에서는 1986년 체르노빌 원전 사고 이후, 특히 비판적인 지식인들 사이에서 환경오염이 중요한 주제가 된 것은 사실이다. 그러나 실제 소련 체제에서는 환경 문제를 전혀 해결할 수 없었다. 아프리카 국가들은 미국의 대외 원조 프로그램에서 환경적, 생태학적 조건을 부과하려는 시도에 저항하며 향후 수십 년 동안 중국에 의지하려고 한다. 중국이 빠른 경제 성장을 달성하기 위해 환경을 희생시키는 성장 모델을 제안하기 때문이다. 여기에 나오는 국가의 조정 사례에서 그 어느 것도 "지구를 관리"하기 위한 효과적인 청사진을 제공하지 않는다는 사실이 놀랍기만 하다.

이러한 단계에서 또 다른 쟁점, 즉 지구 전체에 환경이 미치는 영향이 주목을 받고 있었다. 이산화탄소의 영향에 대한 초기 논의는 지구를 대상으로 기상학적 계산 결과를 제공하려고 시도하는 과정에서 우연한 성과를 낳았다. 즉, 1960년대 기상학자 슈쿠로 마나베真鍋淑郎가 당시 연산 능력으로는 해결이 안 되는 3차원 기후 모델의 복잡성을, 기체가 들어오고 나가는 1차원 수준으로 줄이기 위해 시도하다 이산화탄소 배출이 지구온난화에 미치는 영향을 우연히 발견한 것이다. 1967년 그는 그 결과로 나온 대기대순환모형General Circulation Model을 「저널 오브 더 애트머스페릭 사이언스Journal of the Atmospheric Sciences」에 발표했다. 따라서 이 문제는 지구의 문제가 되기 전에 인식되었던 셈이었다. 기후 변화에 관한 유엔 기본협약이 공식적으로 제의되고 나서 불과 몇 년이 지나서 이른바 신흥국가 경제가 빠른 속도로 성장하면서 세계의 이산화탄소 배출량이 폭발적으로 증가했다. 2000년 이후 에너지 소비의 급격한 증가는 주로 석탄에서 비롯되었는데, 석탄 소비량은 석유와 비교하여 2배 속도로 증가했고, 천연가스와 비교하여 3배 속도로 증가했다.[38]

글로벌 금융 위기 여파로 기후 변화를 주제로 한 논의가 격렬해졌다. 도널드 트럼프는 미국에서 셰일유와 천연가스를 통한 탄소 에너지 생산이 증가하고 그 결과 수입에 덜 의존하게 될 것이라는 주장을 펼쳤다. 러시아의 블라디미르 푸틴은 처음부터 대담한 도박을 했다. 러시아 경제를 다변화하지 않고 풍부한 천연 자원, 특히 탄소 에너지에 의존한다는 것이었다. 때로는 세계 시장 가격보다 낮은 가격에 장기 계약으로 진행되는 탄소 에너지의 수출이 구소련 지역과 유럽 지역의 다른 국가들을 러시아의 정책적 이해관계에 구속시키기 위한 수단으로 여겨지기도 했다. 따라서 러시아는 높은 원유 가격에 크게 의존했고, 탄소 배출량을 제한하려는 시도를 우려했다.

2019년 연말에 개최된 어느 기자 회견에서 푸틴은 "글로벌 기후 변화의 원인은 아무도 모른다."고 주장했다. 오히려 그는 이렇게 설명했다. "지구의 역사를 돌이켜 보면, 온난화와 냉각화의 시기가 있고, 이것은 우주에서 발생하는 과정에 의존할 수 있다. 지구의 회전축에서 혹은 태양을 둘러싸고 도는 궤도에서 작은 각도의 변화가 지구에 심각한 기후 변화를 초래할 수 있다."[39] 2020년 초 트럼프 대통령은 다보스에서 열린 세계경제포럼World Economic Forum에 참석하여, 세계는 기후 행동주의자 그레타 툰베리Greta Thunberg와 같은 파멸의 예언자와 우리 삶의 모든 측면을 통제하기를 바라면서 공연히 소란을 피우는 사람들에게 귀를 기울일 필요가 없다고 주장했다. 그는 기후 변화를 가공의 존재하지 않는 것 혹은 커다란 손실을 일으키는 날조된 것이라고 치부하기도 했다. 하지만 2009년에는 상당히 모순되게도 기후 변화가 인류와 지구를 상대로 일으키는 비참하고도 돌이킬 수 없는 재앙에 관심을 촉구하는 신문 광고에 서명하기도 했다. 2012년에는 더 나아가서 이 문제가 미국 제조업의 경쟁력을 잃게 만들려는 중국에 의해서 그리고 중국을 위해서 만들어진 것이라고 주장했다.[40]

영국에서는 브렉시트에 찬성하는 전 보수당 정치인 나이젤 로슨Nigel Lawson이 지구의 온도가 상승하지 않았다고 주장하면서 앨 고어Al Gore가 촉구하는 기후에 대한 관심에 반론을 제기했다. "그것은 쓸데없는 관심이다. 그는 그저 지구의 종말이 가까워졌다고 떠들면서 돌아다니는 인간일 뿐이다."[41] 전 보수당 하원의원으로 영국독립당UK Independence Party, UKIP을 지지하는 앤 위드컴Ann Widdecombe은 2014년 「데일리 익스프레스Daily Express」에 기고한 칼럼에서 로슨의 저작이 지구 종말을 퍼뜨리고 다니는 사람에 대한 최고의 반론이라고 주장했다.[42] 독일의 독일을 위한 대안Alternative für Deutschland, AfD은 친유럽적이지만, 유로화에는 적대적인 경제학 교수들이 이끄는 샌님과도 같은 정당으로 출발했다. 2015년이 지나서는 이 정당은 이민에 반대하는 포퓰리스트 정당으로 변했고, 이민 문제가 관심을 잃기 시작한 2017년부터는, 유럽을 풍력 터빈으로 뒤덮고 제조업을 쇠퇴시키는 해결 방식을 모색하는 환경주의자들이 전파하는 퇴폐적인 두려움을 경고하면서 생태 운동과 환경 운동에 반대하는 정당이 되었다. 또한 이 정당은 예전에 정부가 세제 혜택을 제공하던 디젤 자동차가 이제는 가치가 없게 된 데서 느끼는 수

많은 독일 운전자들의 분노를 이용했다.[43] 네덜란드에서는 포퓰리스트 국민주의를 표방하는 민주주의 포럼Forum for Democracy의 티에리 보데Thierry Baudet가 기후 변화 히스테리에 대한 경고를 정당의 주요 강령으로 채택했다.[44] 그리고 프랑스에서는 국민연합Rassemblement National, RN의 마린 르 펜Marine Le Pen이 풍력 에너지 반대 운동을 전개하면서, 기후 변화에 관한 유엔 기본협약을 공산주의 프로젝트라고 비난했다.[45]

방역 전문가와 코로나 위기

코로나 위기는 새로운 전문가 집단인 방역 전문가그리고 일반적으로 공중보건 전문가들을 집중적으로 부각시켰다. 그들의 조언은 경제가 얼마나 많은 타격을 받을 것인지를 예측하는 데 상당히 중요하게 작용했다.

영국이 이러한 위기에 대처하는 방법의 기원은 2001년 구제역에 대처하던 것에서 찾아볼 수 있다. 당시 영국은 정책 결정의 근거로 실시간 모델을 구축하기 위하여 임페리얼 칼리지 런던, 케임브리지대학교, 에든버러대학교의 방역 전문가들을 활용했고, 구성원 명단을 대외비로 하는 위기 발생 시 과학자문단Scientific Advisory Group for Emergencies, SAGE을 구성했다. 구제역에 관한 조언은 나중에는 동물들을 지나치게 많이 도살하는 결과를 초래했다는 비난을 받았는데, 최초의 모델이 동물들이 질병의 징후를 보여주기도 전에 그들이 전염원이라고 제시했기 때문이었다.[46]

영국이 코로나 위기에 대처하는 방법은 처음에는 상당히 이상하고 일관성도 없어 보였다. 2020년 3월 12일 보리스 존슨Boris Johnson 총리는 지금은 과학자들이 모임을 제한하거나 학교를 폐쇄하는 것이 득보다 는 실이 많다고 조언했기 때문에 그렇게 하지 않을 것이라고 선언했다. 정부의 수석 과학자문위원 패트릭 밸런스Patrick Vallance는 집단 면역에 기초한 억제 계획에 따르면 인구의 약 60%가 이 바이러스에 감염될 것이라고 말했다. 이후 불과 며칠이 지난 3월 16일, 구제역 위기 당시 명성을 얻었던 닐 퍼거슨Neil Ferguson이 이끄는 임페리얼 칼리지 런던 연구팀이 제출한 보고서에 기초하여 접근 방식에 변화가 있었다. 이 보고서에 따르면, 예방 조치가 없을 경우 코로나19로 51만 명이 사망할 수 있고, 당시 정부가 선호하는 완화 전략을 추진하더라도, 25만 명은 사망할 것이고, 국가의료제도National Health Service가 감당할 수 없는 부담을 안게 될 것이라고 경고했다. 이 보고서의 우울한 결론은 코로나 전염이 급증하는 이탈리아의 데이터를 사용한 모델에서 나온 것이었다.[47] 경쟁 관계에 있는 옥스퍼드대학교가 제출한 보고서는 상당히 다른 결론을 제시했는데, 확실히 과장된 표현으로 영국 인구의 최대 절반이 이미 코로나에 감염되었고, 따라서 정부가 이미 집단 면역을 향해 순항하고 있다고 주장했다.[48]

스웨덴에서는 안데르스 테그넬Anders Tegnell이 이끄는 방역 전문가들이 전면적인 폐쇄 조치가 필요하지 않다고 주장했다. 이러한 접근 방식은 당장 더욱 제한적인 정책을 채택했던 다른 북유럽 국가보다 사망자수가 더 많아지는 결과를 낳았지만, 영국에서 퍼거슨의 연구가 제시한 사망자 수준에는 미치지 않았다.

이러한 모델들은 전체 인구가 사회적 거리두기를 어떻게 실천하는가에 대하여 임시의 입증되지 않는, 일관되게 충족되지 않는 가정에 의존했다. 미국에서는 코로나 위기 초기 단계에서 위기 대처에 관한 과학자의 입장을 대변하는 인물이 된 국립알레르기전염병연구소National Institute of Allergy and Infectious Diseases 소장 앤서니 파우치Anthony Fauci가 이렇게 설명했다. "나는 모델 작업을 담당한 동료 연구자들이 나와 함께 일하게 되어서 행복하지 않을 것이라는 사실을 잘 안다. 그러나 모델들은 그들이 여기에 부여하는 가정만큼이나 훌륭하다. 그리고 우리가 데이터를 더 많이 확보하고 그것들을 입력하면, 변화가 있을 것이다."[49] 과연 역학疫學 모델들의 다양성과 이들의 상반되는 결과가 과학계에서 주목을 끌 만한 반발을 일으켰다. 과학자들은 주요 모델들을 평가하고는 다음과 같은 결론을 내렸다. "이러한 논문의 언어가 결코 당연시되지는 않는 어느 정도의 확실성을 제시했다. 파라미터 값이 주어진 모델에서 광범위한 사례들에 대한 대표성을 띠더라도, 저자들 중 어느 누구도 그들의 다양한 모델 선택들의 타당성에 내재된 불확실성을 정량화하려는 시도는 하지 않았다."[50]

이러한 세계적인 위기의 시기에 요구되는 전문 지식은 역학만이 아니었다. 폐쇄 조치 자체가 정신 건강, 식량 불안정, 노숙자 문제, 코로나 감염 이외의 사망 원인 등에 미치는 효과에 대한 정확한 계산을 요구한다. 한 가지 예를 들자면, 비상시기에 소득을 뒷받침하기 위한 조치들 중 일부가 고용주들이 직원들을 해고하는 상황을 조장하고, 이에 따라 장기적으로 불평등과 소외라는 경제적, 사회적 문제를 심화시키면서, 사태를 더욱 악화시키고 있었다.

새로운 종류의 테크노크라트

21세기가 시작되면서 재래식 전쟁과 다른 종류의 영향력 사이의 경계가 희미해지고, 이에 따라 테크노크라트와 전쟁의 관계가 재구성되었다. 새로운 하이브리드 전쟁을 실행하는 이들은 자신을 기술자라고 불렀다. 소련이 붕괴되고, 소련 안보 기구가 개발한 여론 조작의 기법을 사용하는 정치 기술political technology의 개념이 등장했다. 이러한 현상을 분석한 주요 인물 중 한 사람인 앤드루 윌슨Andrew Wilson에 따르면, 1996년 예상과는 다르게 보리스 옐친Boris Yeltsin이 당선된 러시아연방의 대통령 선거가 하나의 분수령이 되었고, 1999년 옐친 체제를 유지하기 위한 계획의 일환으로, 블라디미르 푸틴이 대통령 자리를 넘겨받은 것이 정점이 되었다. 윌슨은 이러한 기술자들 중 한 사람인 세르게이 마르코프Sergey Markov를 인용하여 "모든 정치 기술은 진실과 진실이 아닌 것의 차이를 허물어버린다."고 말한다. 광고와 소비자본주의에서 정치적 교훈을 얻을 수 있다. "사람들은 자신이 의사 결정을 하기 때문에 특정 제품을 구매한다고 믿는다. 그러나 이것은 진실이 아니다. 여론은 점점 더 자기 자신의 의견을 갖고 있지 않는 컴퓨터에 의해 형성된다. 컴퓨터는 전적으로 어떤 디스크를 삽입했는가에 달려 있다."[51]

이러한 종류의 접근 방식은 러시아를 넘어서 빠르게 퍼져갔다. 선거에서는 적절한 관객들을 겨냥하여 정선된 메시지를 가지고 이들의 관심을 끄는 쪽이 승리할 수 있다. 어떠한 선거 운동에서든 양쪽 모두 상대방이 더욱 정교한 기법을 사용하고 있는 것으로 생각했고, 결과는 힘 혹은 일관성 혹은 주장이 갖는 매력이 아니라 미시적인 주장들이 어떻게 하면 최선의 관객들에게 잘 부합되는가에 달려 있었다. 이제는 선거에서 승리한 주요 인물들이 더 이상 정치적으로 명목상의 우두머리가 아니라 정보를 관리하는 사람들이다. 이러한 결과는 때로 전문가주의guruism 라고도 불린다. 예를 들어, 버락 오바마는 젊고 열정적인 선거 운동원들이 특정한 유권자 집단을 성공적으로 겨냥하여 그가 대통령 선거에서 승리하도록 지원하던 2008년에, 기존 사회 체제를 부정하는 젊은이 youthquake 들을 동원한 것으로 유명했다. 2010년 중간 선거에서 패배한 이후로, 2012년에는 선거 운동이 새로운 잠재적인 유권자 집단을 찾아서 이들의 관심을 끌기 위하여 빅데이터 분석에 의존하게 되었다.[52] 2012년 선거 운동에서 버락 오바마 측의 수석 분석관이자 2013년에 구글로부터 자금 지원을 받아서 시비스 애널리틱스Civis Analytics 를 설립한 사람이 바로 20대 초반의 수학자 댄 와그너Dan Wagner 였다. 와그너는 경합주에서 설득이 가능한 약 1,500만 명의 유권자들을 확인하기 위해 페이스북의 "친구"를 활용했다.[53]

2015년 영국에서 개최된 총선거에서는 데이비드 캐머런David Cameron 이 이끄는 보수당이, 2012년에 데이터에 가장 많이 의존한 선거 운동으로 알려진 오바마의 선거 운동을 배후에서 설계했던 막강한 영향력을 지닌 짐 메시나Jim Messina 의 지원을 받아서 승리했다. 성공 전략은 유권자들에게 자유민주당 표가 노동당 표가 되는 것이고, 노동당과 스코틀랜드 국민당이 영국을 분열시킬 것이라고 설득하는 것이었다. 2016년 브렉시트 국민투표에서는 도미닉 커밍스Dominic Cummings 가 투표 결과가 개발자의 이름을 딴 선거 운동 소프트웨어 빅스Vics, Voter Intention Collection System 의 개발자이자 "탈퇴에 투표를Vote Leave "의 운영 책임자 빅토리아 우드콕Victoria Woodcock 에 기인한다고 믿었다.[54] 밋 롬니 Mitt Romney 의 디지털 책임자를 지냈고 타겟티드 빅토리Targeted Victory

를 설립했던 잭 모팟Zac Moffatt은 "소프트웨어가 정치를 잡아먹고 있다."고 설명한다.[55]

이러한 경험들이 2016년과 2020년 미국 대통령 선거 운동의 기반이 되었다. 어떠한 종류의 영향력예를 들어, 러시아의 영향력이라도 상상할 수 있는 것이 되었다. 그리고 외국에서 영향력을 행사하는 자들에게는 영향력에 관한 이야기조차 도움이 되었다. 이러한 이야기들이 정치 과정의 정당성을 더욱 실추시키기 때문이었다.

전문가에 대한 반감

왜 테크노크라트와 전문가를 향한 반발이 주기적으로 발생하는지를 이해하기는 그다지 어렵지 않다. 이러한 지도자들은 문제가 되고 불확실하고 때로는 시간이 지나면서혹은 금방 결함이 드러나는 예측에 기초하여 의사 결정을 한다. 거시적 전망을 창출해야 하는 상황에서 미시적 분석을 종합하는 것은 단순화하기 위하여 요구되는 가정들이 많기 때문에 취약성을 갖는다. 또한 집단으로서 테크노크라트들은 그들에게 의미를 주는 상당히 인간적인 환경으로부터 자신들을 의도적으로 고립시켜 왔다. 1960년 과학저널 「애스트러노틱스Astronautics」에서 맨프레드 클라인즈Manfred Clynes와 네이선 클라인Nathan Kline이 사이버네틱 오거니즘cybernetic organism의 약자로 사이보그cyborg라는 단어를 제시하면서, 이렇게 적었다. "이것은 새로운 개념, 즉 환경의 제약으로부터 사람들이 원하는 정도까지 스스로 자유로울 수 있는 인간이라는 개념을 갖는 것이 바람직하다."[56] 그러나 사이보그는 인간이 아니다.

이제는 인간성을 다시 주장하려는 시도들이 정서적으로 호소력을 갖게 되었다. 알베르 카뮈Albert Camus는 2차 대전 직후 발표한 소설 『페스트La Peste』에서 알제리의 도시 오랑에서 발생한 페스트를, 나치의 프랑스 점령에 따른 악그리고 딜레마을 묘사하기 위한 수단으로 부분적으로 사용했다. 그러나 이 소설은 훨씬 더 일반적인 진술을 제공한다. "우리 시민들은 열심히 일하지만, 오직 부자가 되겠다는 목표를 가지고 그렇게 한다. 그들의 주요 관심사는 상업에 있고, 삶의 주요 목표는 그들이 말했듯이 사업을 하는 것이다. (……) 물론 이러한 경향이 우리가 사는 도시에만 특별히 있는 것은 아니다. 실제로는 우리와 함께 동시대를 살아가는 모든 사람들이 별 차이가 없다." 이 소설의 서술자 의사 베르나르 리유는 이러한 진술들이 의미를 갖는가 혹은 그렇지 않은가는 중요하지 않다고 생각했다. "우리가 생각해야 할 모든 것들은 사람들의 희망에 대한 대답뿐이다." 그 어떤 원대한 사상도 믿지 않는 의사 리유는 사람들을 돕거나 세상을 변화시키기 위한 보편적인 계획을 제시하지는 않는다. 그는 단지 사람들을 도와주는 데만 관심이 있고, 인도적인 의사가 되기를 바랄 뿐이다.

철학자 알레스데어 매킨타이어는 자신의 저작 『덕의 상실After Virtue』에서 전문 지식을 적용하는 테크노크라트가 지배하는 세상, 정부 자체가 관료적 관리자들의 위계 조직이 되는 세상, 정부가 일반 시민들이 갖고 있지 않는 역량을 보유하고 있다는 주장하에 사회 개입을 정당화하는 논리에 문제를 제기한다. 그는 권위에 대한 이러한 요구를 도덕적 허구moral fiction라고 불렀다.[57] 이것이 도덕적 허구일 수 있다. 그러나 이러한 허구는 기술 혹은 전문 지식이 사회 조직을 이끌어가는 데 중요하다고 믿는 사회에 의해 만들어진 것이다. 기술을 만들어서 사용하려는 욕구는 대체로 특정한 과제 대표적인 것이 군사적 충돌이다 에서 나온다. 그러나 테크노크라트들은 사회가 지닌 영향력 중 최소한 일부를 전문가들에게 더 이상 양도하려고 하지 않을 때, 그리고 여러 테크노크라트 집단들이 서로 사이가 나빠질 때, 불만을 갖는다.

포퓰리즘

가장 남용되고 있는, 매우 모호한 정치 단어

POPULISM

PART 09

이제 포퓰리즘은 개념상의 명료성을 거의 잃어버린 채 도처에 등장하는 단어가 되었다. 포퓰리스트들이 글로벌리즘에 반대한다는 의미에서, 혹은 영국의 저널리스트 데이비드 굿하트David Goodhart의 표현대로, 유동적인 "어디든지"에 반하여 뿌리를 내린 "어딘가"를 표방한다는 의미에서 포퓰리즘은 종종 세계화에 대한 논의와 연관된다.[1] 포퓰리스트들은 자신을 특정한 주민과 유대를 갖는 사람으로 생각한다. 이것은 우리와 다른 모든 사람들을 분명하게 구분해야 한다는 것을 의미한다. 따라서 포퓰리스트의 상상에는 글로벌리스트, 글로벌 엘리트 혹은 국경의 자유로운 통과 등 항상 분명한 적이 있다. 또한 그들은 자본주의자에 반대하고, 사회주의자에도 반대하고, 종교혹은 최소한 가톨릭교회에도 반대하고, 21세기에는 이슬람교에도 반대한다. 포퓰리스트들이 이동성에 반대하는 것은 어느 한 장소에서 다른 장소로의 이동에 반대하는 것처럼 지리적 위치의 문제만은 아니다. 포퓰리즘에는 변화를 걱정하거나 반대하는 것처럼 오랜 시간에 걸친 이동성에 반대하는 요소도 있다. 그러나 일반적으로는 이동성에 반대하는 것이 하나의 현상으로서의 포퓰리즘을 정의하는 방식은 아니다.

실제로 포퓰리즘은 남용되고 있는 모호한 단어이다. 그리고 분석가들은 이것에 대해 분명한 설명을 제공하는 데 어려움을 겪는다. 정치학자들이 가장 흔히 하는 두 가지 정의는 첫째로는 포퓰리스트들이 자신이 엘리트가 아니라 진정한 대중을 대표한다고 주장한다는 것이고, 둘째로는 그들이 비현실적이고도 지킬 수 없는 온갖 종류의 공약을 한다는 것이다. 이러한 정의들 중 어느 것도 실제로 크게 도움이 되지는 않는다. 유권자들에게 자신이 엘리트를 대표한다고 주장한다면, 누구라도 선거에서 승리하지 못할 것이다. 광범위한 정치 운동 세력이라면 분파가 아니라 주민 전체의 이익을 진심으로 대변하려고 한다. 확실한 예를 들자면, 사회주의자들 혹은 사회민주주의자들이 자신을 특정한 노동자 계급을 위하는 사람이라고 표현한다면, 비록 그들이 노동자 계급이 진정한 대중이라고 주장할 수는 있어도 권력을 잡으려는 기대는 버려야 한다. 따라서 사회민주주의 정치 운동 세력은 기독교민주당처럼 대중을 위한 정당으로 거듭나는 데 성공했다. 그러나 노동자 계급을 향한 이러한 노선이 어떤 면에서는 이것이 개념적으로 유용하지 않다는 것과는 별개로 그들을 포퓰리스트가 되게 만들지는 않는다. 그리고 거의 모든 정치인들이 지킬 수 없는 공약을 할 것이고, 어쩌면 해야 한다. 이러한 공약을 논의하고 필요하다면, 왜 지켜질 수 없는지를 입증하는 것은 자유 언론과 공공 영역에서 해야 할 일이다정책의 성공 여부가 항상 이것을 추진하는 사람의 의도와 진실성에 달려 있는 것은 아니다. 좋은 정책이 운이 따르지 않거나 상황이 좋지 않아서 실패할 수 있고, 나쁜 정책이 놀라울 정도로 효과가 있는 것으로 드러날 수도 있다.

포퓰리즘의 다양한 정의들 중에서 세 번째 관점은 이것을 옹호하는 사람들이 비록 자신이 대중을 대표한다고 주장하더라도 본질적으로는 권위주의자라는 점을 부각시킨다는 것이다.[2] 이런 지도자는 무엇이 대중을 위한 것인가를 대중과의 토론 과정에서 얻으려고 하기보다는 스스로 결정하려고 할 것이다. 포퓰리스트들은 검증과 이의 제기를 싫어한다. 도널드 트럼프는 "나의 대중들"이라는 표현을 즐겨 사용한다. 그리고 보리스 존슨은 "우리는 대중의 정부를 표방한다."는 표현을 자주 쓴다. 다시 한번 말하지만, 포퓰리스트 정치인뿐만 아니라 대부분의 정치인들은 때로는 자신이 가장 잘 알고 있다고 주장할 것이고, 정치 지도자들은 때로는 자신이 하고 있는 것을 숨기기도 할 것이다. 정치적으로 완전한 투명성은 환상에 불과하다. 그러나 권좌에 오른 포퓰리스트들 빅토르 오르반, 야로스와프 카친스키 Jarosław Kaczyński, 도널드 트럼프 이 자신의 권력을 독단적으로 행사하는 것을 가로막는 사법적 절차를 억누르려고 하는 것은 분명한 사실이다. 선거는 조작되고, 언론은 위협받고, 저널리스트들은 두들겨 맞거나 죽음을 당한다. 코로나 전염병과 같은 우연한 비상사태가 그들에게 전통적인 한계를 뛰어넘는 권력을 행사할 기회를 제공한다. 도널드 트럼프는 이렇게 주장한다. "연방 정부가 절대적 권력을 갖는다. 앞으로 우리는 내가 이러한 권력을 사용할 것인지, 사용하지 않을 것인지를 보게 될 것이다."[3] 혹은 이렇게도 주장했다. "누군가가 미국 대통령이 된다면, 그 사람에게 절대적인 권위가 부여된다. 그렇게 될 것이다. 절대적인 권위 말이다. 그리고 주지사들은 이러한 사실을 알고 있다."[4] 태국의 독재자 프라윳 찬 오차 총리는 "지금은 보건이 자유보다 더 중요하다."고 설명했다. 오르반은 코로나 위기를 포고령에 의한 통치의 기회로 활용했다. 이것은 2016년 터키에서 쿠데타가 실패한 이후로 에르도안 대통령이 취했던 조치였다.[5]

더욱 현실적이고도 유용한 접근 방식은 포퓰리즘이라는 꼬리표의 전파와 포퓰리스트라는 주장이, 깊은 불쾌감을 주는 단순하고도 명백한 징후가 되는가를 생각하는 것이다. 물론 포퓰리스트와 그들을 지지하는 사람들은 기존 체제에서 무엇이 잘못되었는지 지적하기를 좋아하는 사람으로 회자될 수 있다. 그들은 "덴마크 정치에서 무엇인가가 부패하고 있다."고 처음으로 주장하는 사람들이다. 「폭스뉴스Fox News」의 토크쇼 진행자 터커 칼슨Tucker Carlson은 이렇게 주장했다. "당신의 조직이 무너지고 있는 게 아니라면, 당신은 포퓰리스트 정치인을 곁에 두지 않을 것이다. 지금 상황에 만족한다면, 포퓰리스트 정책에 의존하지 않기 때문이다."[6] 따라서 포퓰리즘이 일시적으로 인기를 끄는 것은 기능 장애와 불만을 나타내는 징후이다. 분명히 말하자면, 비록 셰익스피어가 클로디어스의 입을 통해 다음과 같이 언급했지만, 햄릿은 포퓰리스트가 아니다. "그에 대해 일반 대중이 품는 커다란 애정 때문일세. 그들은 그의 잘못을 전부 애정에 푹 담가놓고, 나무를 돌로 바꿔놓는 샘물처럼, 그가 쇠고랑을 찬다고 해도 그걸 영예의 상징으로 치환할 것이네."[7]

진정한 민주주의

포퓰리스트들은 자신의 무분별하고 본능적이고 반反지성적인 측면에 자부심을 갖고 있다. 그들은 테크노크라트의 추상적인 지식과 권위를 요구하기보다는 현실적인 경험에 기반을 둔다고 주장한다. 유럽에서 양대전 사이의 기간에 등장한 급진적인 포퓰리즘, 특히 독일의 나치 운동에 참여한 포퓰리즘은 "건전한 국민 감정das gesunde Volksempfinden"이라고 불렸다. 최근 이 표현이 다시 떠올랐다. 예를 들어, 오스트리아의 극우 정당 카린티아자유당Freedom Party in Carinthia, FPK 출신의 어느 의원이 정부 부채 제동공공 부문 부채에 대한 자동적인 제한 요구가 건전한 국민 감정을 위반하는 것이라고 주장하자, 여러 비평가들이 이러한 표현이 나치 시대의 언어라는 점을 지적하면서 강력하게 반발했다.[8] 포퓰리스트들은 "내 고향 사람들은 멍청하고, 배운 게 하나도 없다노래 '두인 왓 컴즈 내추를리Doin' What Comes Natur'lly'에 나오는 가사이다_옮긴이."고 생각한다.[9] 또한 그들은 상아탑에서 자신을 깔보는 사람들을 경멸한다때로는 정당하게 그렇게 한다. 그들은 전문가들을 싫어한다. 코로나 위기에 직면하여 도널드 트럼프가 했던, 사람들을 혼란스럽게 하고 비과학적이고 재앙과도 같은 표현이 안타깝게도 이러한 특징을 잘 보여준다. "나는 의사가 아니다. 그러나 나는 상식적인 사람이다."[10]

이처럼 반지성적인 사례는 전통이 왜 혹은 어떻게 중요해야 하는가에 대한 분명한 확신이 없는 상태에서 전통을 옹호하는 데서도 찾을 수 있다. 블라디미르 푸틴은 다음과 같은 생각을 효과적으로 전달하곤 했다. "우리가 이른바 동성애 혐오자라는 비난을 받아왔기 때문에 누군가를 모욕하려는 것은 아니다. 우리는 성적소수자에 대해서는 아무런 문제의식을 갖지 않는다. 그렇다, 그냥 그들이 원하는 대로 살게 내버려 두라. 그러나 어떤 것들은 우리에게 지나치게 여겨진다. 그들은 5세 또는 6세 아이들도 성 역할을 할 수 있다고 주장한다. 모두가 행복하게 살도록 내버려 두라. 우리는 이에 대해 아무런 문제의식을 갖지 않는다. 그러나 이것이 문화, 전통, 핵심 개체군을 구성하고 있는 수많은 사람들이 가진 가정의 전통적인 가치를 흐리게 해서는 안 된다."[11]

또한 포퓰리스트 지도자들은 그들이 기존 체제보다 더욱 민주적인 체제를 지향한다고 주장한다. 이것은 현실 국가pays réel의 진정한 국민들 중 상당수가 법적 국가pays légal에서 선거권을 갖고 있지 않기 때문에, 헌법상의 정의가 갖는 허구성에 노출되어 있던 19세기부터 이어져 온 오랜 토론의 주제가 되었다. 최근에는 새로운 단어인 비자유민주주의illiberal democracy가 등장했다는 주장이 있다. 이것은 파리드 자카리아

Fareed Zakaria 라는 비평가가 처음 만든 단어인데, 비자유민주주의자들에게서 널리 수용되었다이와 비슷하게, 양 대전 사이의 기간에 이탈리아 무솔리니는 사회주의 비평가들이 처음 사용한 전체주의라는 단어의 가치를 인정했다.[12] 1999년에 자카리아는 아르헨티나처럼 자유를 적당히 탄압하는 국가에서 카자흐스탄과 벨라루스와 같이 전제 정치에 가까운 국가, 그 사이에 있는 루마니아와 방글라데시와 같은 국가로 이루어진 스펙트럼을 제시했다. 이 스펙트럼의 대부분에서, 선거가 오늘날의 서구 국가처럼 자유롭고 공정하게 진행되는 경우는 드물지만, 이것이 국민의 정치 참여 현실과 당선자에 대한 지지를 반영한다.[13] 2010년대에는 스펙트럼에서 "자유를 적당히 탄압하는" 영역에 있는 국가의 사례가 두드러지게 감소했다. 대니 로드릭은 이러한 변화를 관찰하고는 왜 비자유민주주의가 떠오르고 있는지를 깊이 성찰했다.[14]

2014년, 헝가리의 빅토르 오르반은 젊은 국민주의자들을 위해 도발적으로 연출된 한 여름 캠프에서 현대의 표준적인 포퓰리스트 비자유주의를 표방하는 연설을 했다. 그 여름 캠프는 과거 헝가리 제국의 영토였다가 2차 대전 당시 헝가리가 잠시 탈환한 루마니아의 바일레 투스나드에서 열렸다. 이 연설에서 한 가지 두드러지고도 특징적인 부분은 가치관의 타락은 국가의 건전한 정신을 해치려는 외부의 영향력에서 오는 것이고, 국가는 자신의 비전을 지키고 더욱 널리 시행하기 위해 스스로 개혁해야 한다는 메시지였다. "나는 우리가 선거에서 이겼고 (……) 오늘날 자유의 가치가 부패, 섹스, 폭력을 수반하고, 이러한 자유의 가치가 미국과 미국식 현대화에 대한 불신을 초래하기 때문에 미국의 연성 권력이 약화되고 있다는 좋은 소식을 전할 수 있다. (……) 2010년 그리고 특히 오늘날 이를 위하여우리의 공동체가 경쟁력을 갖게 하기 위하여, 우리는 여기서 열거했던 문장, 이와 비슷한 문장들이 자유주의 세계 질서에서 신성모독에 해당되기를 바란다는 말을 용기 있게 할 필요가 있다. 우리는 민주주의가 반드시 자유주의가 될 필요가 없다고 주장해야 한다. 단지 어떤 것이 자유주의가 아니기 때문에, 그것은 여전히 민주주의가 될 수 있다."[15] 블라디미르 푸틴도 서구의 자유민주주의가 심각한 인구 통계적, 도덕적 위기를 초래하여 타락과 원시주의로 가는 길을 열었다고 맹렬히 비난하면서 이와 비슷한 메시지를 전했다. 그는 2019년 「파이낸셜타임스Financial Times」와의 인터뷰에서 이렇게 말했다. "모든 범죄는 처벌을 받아야 한다. 자유주의 사상은 쓸모가 없게 되었다. 그것은 전체 인구에서 절대 다수의 이해관계와 충돌하고 있다."[16]

일반적으로 처음에는 주변 국가들에 수출이 가능하다고 주장되었던 포퓰리즘 모델은 주로 국내 소비용으로 만들어졌다. 대중은 스스로에게 좋은 기분을 가져야 한다. 터키에서는 비영리 인권단체 프리덤 하우스가 터키를 비자유주의국가라고 다시 분류하게 했던 헌법 개정 직후 실시한 2018년 대통령 선거에서 승리한 레제프 타이이프 에르도안Recep Tayyip Erdoğan 이, "터키가 전 세계에 민주주의에 대한 교훈을 전했다."고 자랑스럽게 주장했다.[17]

에르도안의 최근 연설은 그가 어느 정도까지 갔는지를 보여준다. 하지만 그는 항상 미국식 절차주의 전통에 입각한 민주주의와는 다른 관점에서 민주주의를 생각하려는 욕구를 보여주었다. 그는 총리로서 집권하기 시작한 2003년, 하버드대학교에서 열린 강연에서 청중들에게 중동의 민주주의를 이렇게 말했다. "긴 절차가 끝나고 민주 세계가 달성한 선진 수준의 민주주의는 지역에서 민주주의가 멀게 여겨지는 개념이라는 인식을 낳았는지도 모른다. 이러한 인식은 해결될 수 있다. 특정한 제도와 원칙이 민주주의를 수립하는 데 도움이 된다. 그러나 민주주의는 의회와 선거의 존재만으로 정의될 수는 없다. 실제 기계적인 단어만을 가지고 민주주의를 설명하면 오해를 불러일으킬 수 있다. 목표는 기계적이 아니라 유기적인 민주주의의 개념을 정립하는 것이 되어야 한다. 또한 이것은 법의 원칙, 권력의 분립을 보존하는 참여적, 다원적 민주주의가 되어야 한다. 내가 개인적으로 쓰는 단어로 표현하자면, 나는 이것을 '심층 민주주의deep democracy'라고 일컫는다. 다시 말하자면, 참여적, 다원적 민주주의 수준에서 깊이가 유지되어야 한다."[18]

실제로, 권력을 잡은 포퓰리스트들은 권력을 확실히 유지하기 위해 언론에 대한 위협 혹은 탄압에서 반대자에 대한 더욱 광범위한 괴롭힘, 억류 혹은 암살, 법률 혹은 헌법의 개정, 선거의 유예에 이르기까지 다양한 기법을 활용한다. 푸틴은 1999년에 권력을 잡은 뒤 얼마 지나지 않아서 "관리되는 민주주의managed democracy"라는 표현을 사용하기 시작했다. 독립적 정치 웹사이트「그라니루닷오알지Graniru.org」의 편집장 블라디미르 코르순스키Vladimir Korsunsky는 러시아를 "연출된 민주주의staged democracy"라고 부른다. 에르도안은 악명 높게도 민주주의를 우리가 가고 싶은 데까지 갔다가 그다음에 내리는 전차電車와도 같은 것이라고 했다.[19]

정치 철학자 얀 베르너 뮐러Jan-Werner Müller는 포퓰리스트는 다른 종류의 대표를 비합법화하고 오직 자신만이 대중을 대표한다는 독점적인 주장을 하는 사람으로 가장 잘 이해된다고 해석하는 주목할 만한 학자이다. 이것은 분할을 의미하고, 뚜렷한 경계가 있다. 이러한 분할은 에르도안이 했던 다음과 같은 발언에서 가장 뚜렷하게 드러난다. "우리가 대중이다. 당신은 누구인가?" 혹은 "최근에 실시한 선거는 대중이 선과

악, 옳고 그름을 구별하는 데 가장 유력한 판단을 한다는 사실을 분명하게 보여주었다. 대중은 정신적으로 안정된 상태다. 터키 국민은 보호자 혹은 관리인이 필요하지 않다. 누군가가 자기 자신을 보호자 혹은 관리인으로 여기고 '대중은 무지하고 이해할 수 없고 결정할 수 없다.'고 생각하던 시대는 영원히 끝났다."[20] 오늘날에도 이러한 방식의 이해가 반복적으로 형성된다. 갈등은 대중과 그들을 대변한다고 주장하는 사람들 사이에서 나타난다.

포퓰리즘의 기원

포퓰리즘이라는 단어는 19세기 미국에서 광범위하게 사용되었다. 포퓰리즘은 대서양 연안의 엘리트와 제조업 노동자를 향한 농부들의 반감, 완화적 통화 및 경제 정책, 무역 보호에 대한 요구를 의미했다. 이것은 금권 정치와 귀족 정치를 포함하여 그 밖의 모든 나쁜 정치를 겨냥했다.[21] 리처드 호프스태터Richard Hofstadter는 1895년 인민당People's Party 선언포퓰리스트 운동을 미국 정치의 편집증적 스타일을 보여주는 주요 증거로 사용했다. "1865~1866년에는 유럽과 미국의 금 투기꾼들 사이에 음모가 진행되었다. (……) 이러한 음모에 가담한 자들은 거의 30년 동안 인민들이 덜 소중한 물질을 두고 계속 싸우게 만들면서, 그들 자신의 한 가지 중요한 목표를 끊임없이, 열렬히 추구했다. (……) 국제 금업계의 비밀 음모단이 꾸미는 모든 배반의 장치, 정치적 수완, 교묘한 책략이 인민의 번영, 국가의 금융과 상업의 독립성에 타격을 가하기 위해 사용되었다."[22]

1896년의 포퓰리스트 강령에 따르면, 다음과 같은 내용이 나온다. "입법 과정에서 유럽 금융업자들의 영향력이 미국 인민의 목소리보다 더 강력했다." 1896년 민주당은 1873년의 불황이 미국 인민의 인지 혹은 승인 없이 국내와 해외에서 금융업자들의 배를 불리는 금본위제로 복귀한 데서 비롯된 결과라고 주장하면서, 포퓰리스트들과 동맹을 맺고서 윌리엄 제닝스 브라이언William Jennings Bryan을 금 업계에 맞서는 대통령 후보로 내세웠다. 이처럼 금융업자들에 맞서는 선거 운동이 때로는 강력한 반유대인 감정을 갖게 하는 요소가 되었다.[23] 호프스태터는 포퓰리스트들이 세상은 그들을 잘 속이고 취약하게 만드는 곳이라는 세계관을 가지고 있다고 결론 내렸다.

포퓰리즘을 정치적으로 표방하는 이들은 때로는 자기주장을 더욱 설득력 있게 그리고 덜 비밀스럽게 한다. 네브래스카주 출신의 상원의원 윌리엄 빈센트 앨런William Vincent Allen은 상원의회에서 했던 장황한 연설에서 공화당이 권력을 인민에게서 소수의 사람들에게 넘겨주기 위해 세심하게 계획했던 정책을 비난하면서, 세상 모든 시대의 모든 개혁은 아래에서 나오는 것이지, 위에서 나오는 것이 아니라고 주장했다. 그가 소속된 인민당은 그가 생각하기에 괴짜들과 극단주의자들의 모임도 아니고, 현대적 의미의 사회주의 정당도 아니고, 과격한 지식인 통화팽창론자들의 정당도 아니고, 단지 정직한 돈을 지지하는 사람들의 모임이었다.[24] 오늘날 포퓰리즘 분석가들 중 상당수는 19세기의 지지자들을 연대와 건전한 정치적 지역주의에 기초한 공동체 생활을 초기에 지지하던 이들이라고 표현하면서, 호프스태터보다 훨씬 더 공감하고 있다.[25]

정치학 문헌에는 포퓰리스트들이 무책임하다는 주장이 자주 등장한다. 그들은 소외 계층에 지나치게 많은 약속을 하고, 권력을 잡고 나면

거칠게 위협하며 사상을 탄압하고, 심지어는 자신의 실패를 감추려고 폭력을 사용한다. 세계화를 주제로 한 현대의 토론에서, 1930년대에 처음 등장해 20세기 후반에 강력하게 전개되었던 라틴 아메리카의 특정한 정치 스타일을 특징짓는 데 포퓰리즘이라는 단어가 처음으로 널리 사용되기 시작했다. 당시에는 세계 경제를 변화시키거나 전복하기 위해 구조주의적 해석을 신봉하고 제안하던 좌파 혹은 마르크스주의자와는 대조적으로, 포퓰리스트들은 단순한 국가적 해결책만을 약속했다. 이러한 버전은 좌파혹은 최소한 소득 재분배론자 로 여겨졌지만, 심각하게 받아들여지지는 않았고, 대체로 목표에 도움이 되기보다는 해롭게 작용했다. 한 가지 유력한 공식화 작업에서 알 수 있듯이, 그것은 성장과 소득 재분배를 강조하고 인플레이션과 재정 적자의 위험, 외부적 제약, 공격적인 비시장 정책에 대한 경제 행위자들의 반발을 중요하게 취급하지 않는 경제학 접근 방식에 해당되었다.

그러나 포퓰리스트 정부는 이러한 변화의 타당성을 잃게 하는 경제 붕괴를 일으킬 수 있다. "만연한 결핍, 극심한 인플레이션, 명백하게 드러나는 외환 갭foreign exchange gap, 외환 시장에서 자금 유출이 유입을 지속적으로 초과하는 상태_옮긴이이 자본 유출과 화폐의 통용 정지에 이르게 한다. 조세 수입이 급감하고 보조금 부담이 급증하기 때문에, 재정 적자가 급격하게 악화된다."[26] 기본적인 스토리는 수 세기 전 셰익스피어의 작품 『헨리 4세 2부Henry VI, Part 2』에서 잭 케이드의 반란에 나오는 일종의 사기성 가득한 과잉 약속과도 다르지 않다. "잉글랜드에서는 7페니 반짜리 빵을 1페니에 팔고, 3되 가격으로 10되를 살 수 있게 되리라. 그리고 나는 약한 맥주를 마시는 자를 중죄인으로 다스릴 것이다. 영토 전체를 공유지로 만들고, 치프사이드에서는 나의 안장을 얹은 말이 풀을 뜯으리로다. 그리고 내가 왕이 되면, 나는 왕으로서 (……) 돈을 일체 없앨 것이다."[27] 이것은 분명히 남을 속이는 발언이다. 셰익스피어를 연구하는 학자 스티븐 그린블랫Stephen Greenblatt이 내린 결론에 따르면, "포퓰리즘이 가난한 자를 끌어안는 것처럼 보일 수 있다. 그러나 실제로는 냉소적인 착취의 한 가지 형태일 뿐이다."[28]

최신판 포퓰리즘

21세기 초 유럽의 포퓰리즘은 경제적 정통주의와 긴축이라고 규정되는 것을 공격하는 것과 관련 있었다. 우파의 변형으로 보면, 그것은 국가주의적 전통을 강조했고 특히 유럽연합 형태의 초국가주의와 이민에 반대하는 것이었다. 포퓰리스트들은 동부와 남부 유럽을 괴롭히던 두뇌 유출의 원인을 해외로 나가는 이민 탓으로 돌렸고, 기독교 문화와 전통적인 유럽 문화의 손상을 국내로 들어오는 외국인, 특히 이슬람교도의 이민 탓으로 돌렸다. 사회경제적 포퓰리즘은 글로벌 금융 위기로 더욱 타올랐지만, 2012년 이후로는 퇴조하고 있다. 이에 반하여, 문화적 포퓰리즘은 계속 확산되고 있다.

2007~2008년의 글로벌 금융 위기는 부유한 선진국에서 포퓰리즘의 확산을 자극했고, 전문가와 글로벌리스트에 대한 불신으로 더욱 타올랐다. 새로운 정치적 인물들이 등장하여 대중들의 시급한 관심사를 거론했다. 그들에 따르면, 글로벌 엘리트의 관심사가 그들보다 이동성이 떨어지는 대중들의 것과는 대립한다는 것이었다. 유럽연합집행위원회, 유럽중앙은행, IMF와 같은 기관들은 우파 포퓰리스트가 정권을 잡

은 헝가리와 우파 포퓰리스트와 좌파 포퓰리스트의 연합 세력이 정권을 잡은 그리스와 같은 유럽 국가에서 공격의 주요 목표가 되었다. 이들 두 나라는 IMF가 포퓰리스트 운동 이전의 무책임한 프로그램을 처리하기 위해 개발한 실질적인 조치에 연루되었다. 헝가리그리고 폴란드에서는 대형 국제은행그룹이 판매하는 외환때로는 스위스 프랑 모기지 때문에 많은 국민들이 재정적으로 어려움을 겪고 있었다. 금융 위기의 여파로 통화 가치가 하락하고, 이에 따라 이자와 할부상환액이 급격하게 증가하여 모기지 부담이 엄청나게 커졌던 것이다. 이러한 상황에서 외국 은행의 수익을 몰수하려는 반反은행 강령이 강력한 호소력을 지녔다. 그리스에서는 외국 은행들이 자금을 빌려주고 그리스 국채를 사들였다. 그러나 이후로 위기가 닥치자, 프랑스와 독일의 대형 은행들이 보유하고 있던 그리스 국채의 대부분을 매각하여 정부 부채 문제를 조장하고는 그리스 정부가 자금 조달을 거의 할 수 없게 만들었다. 유럽 대륙의 포퓰리스트들은 긴축이 아니라 즉각적인 혜택이 발생하는 경제적 조치를 요구한다. 또한 그들은 정책 수립의 가이드가 되는 IMF의 경제 데이터에 대한 접근 방식을 따를 수도 있는 국가 공직자들을 위협하기 위해, 상당히 정치색을 띤 사법적 조치를 사용하여 이러한 접근 방식에 반발한다.

좌파 포퓰리스트들도 초국가적 기관을 지역과 국가의 자치권을 침해하고 대형 금융 기관의 편을 들어주는 신자유주의 프로젝트의 핵심 부분으로 바라볼 때에는 거의 똑같은 주장을 한다. 실제로 무엇이 포퓰리즘에 해당하고, 무엇이 해당하지 않는지를 식별하는 것은 상당히 어렵다. 예를 들어, 유로존 위기를 가장 극심하게 겪었던 그리스에서는 위기 직전까지 정권을 잡았다가 2009년 10월 선거에서 밀려났던 중도우파 정당 신민주주의New Democracy가 중도좌파 정당 범그리스 사회주의 운동Panhellenic Socialist Movement, PASOK이 2010년과 2011년에 협상했던 긴축 프로그램을 맹렬히 비난했고, 북유럽 정치인들에게 포퓰리스트라는 인상을 주었다. 신민주주의는 2012년에 정권을 잡고는 더욱 온건한 입장으로 돌아서서 새로운 프로그램을 수용했다. 그리고 2014년 말에는 정통주의에서 조금 물러서기 시작했다. 신민주주의 정부는 정치위기를 일으키고는 자신이 패배할 것으로 보이는 새로운 선거를 맞이했다. 이후 좌파 포퓰리스트 정당 시리자가 몇 달 만에 트로이카유럽연합집행위원회, 유럽중앙은행, IMF와 철저하게 대립하는 정부를 출범시켰다. 시리자 정부는 국민투표를 실시하여 트로이카 프로그램에 반대하는 결과를 얻었지만, 이후로는 이보다 훨씬 더 가혹한 프로그램을 수용했고, 북유럽의 정책 입안자들에게서 많은 공감을 얻고 주류를 이루는 중도 좌파 운동을 향하여 서서히 방향을 전환했다.

전문가들이 적절한 해법을 가지고 있다는 견해가 갖는 문제점은 이 전문가들이 때로는 어떻게 해야 그들의 해법이 정치적 실행으로 옮겨질 수 있는지를 잘 모른다는 데 있다. 유럽연합집행위원회 위원장 장 클로드 융커Jean Claude Juncker가 말했듯이, "정치인들은 표를 최대로 모으려는 사람들이다. (……) 그들에게는 유럽연합이 표를 모으는 데 힘들게 작용할 수 있다. 통화동맹에 아무런 마찰 없이 참여하는 것이 때로는 어려운 결정을 하게 만들거나 인기가 없는 개혁을 실시하게 만들기 때문이다."[29] 더 기억에 남는 말은 "우리 모두가 무엇을 해야 하는지를 알고 있다. 그것을 하고 나서 재선하는 방법을 모를 뿐이다." 포퓰리스트의 주장에 어떻게 대처해야 하는가에 대한 효과적인 조언은 전혀 없었다.

또한 포퓰리스트 정부가 1980년대와 1990년대에 라틴 아메리카에서 그랬던 것처럼 실패로 끝난 정책 실험의 순환을 반복할 운명에 처해 있는지도 분명하지 않았다. 비평가들이 포퓰리즘이라고 여기는 정책들이 포르투갈에서는 합당한 회복 국면을 맞이하고, 루마니아 혹은 헝가리에서는 견실한 성장을 이룩하는 결과를 낳았다. 금리를 인하하고 고위험 고수익의 추구를 촉발하는 세계적인 위기 대처 정책으로, 구조 개혁과 성장 능력 사이의 관계가 약화되었다. 적자 재정 정책이 용이해졌고, 결과적으로 포퓰리스트 정부가 지지자들에게 더 많이 제공하겠다는 공약을 이행하는 것도 용이해졌다. 극심했던 세계적인 위기가 사라지면서, 국제적인 위험 요인들도 축소되었다. 포퓰리즘에 따른 손실도 축소되었다. 이러한 여건에서는 테크노크라트의 해법이 자리 잡을 공간이 줄어들었다.

유럽의 부채 위기가 갖는 두드러진 특징 중 하나는, 권력을 잡은 포퓰리스트 정당들이 과거의 재정적 제한을 침해하거나 교묘하게 빠져나갔지만, 이들의 정책들이 루디 돈부시Rudi Dornbusch와 세바스티안 에드워즈Sebastian Edwards가 거시경제적 포퓰리즘macroeconomic populism의 순환이라고 이름을 붙였던 것의 단기적 기간보다는 더 긴 기간에 걸쳐 성공했다는 것이었다. 시장이 헝가리와 폴란드같이 중부 유럽 국가의 우파 포퓰리스트들에게 벌을 주지는 않았다. 그리고 좌파 포퓰리스트들이 집권한 포르투갈은 상당한 회복 국면을 맞이하여 때로는 과장되게 표현하여 기적적인 사례라는 인정을 받았다.

재정 포퓰리즘의 수명이 길어진 것은 세계적인 저금리 기조에 따른 결과를 반영한다. 통화 여건이 밀접하게 관련이 되어 있고, 미국의 정책이 커다란 영향력을 발휘했다. 저렴한 금리로 돈을 빌릴 수 있다는 것은 상당한 적자 재정 정책을 운영하는 국가들이 사실상 공짜 점심을 얻어먹고 있다는 것을 의미한다.

코로나 시대의 포퓰리즘

코로나 위기는 포퓰리즘과 전문가에 대한 논의의 흐름을 다시 한번 바꾸어놓았다. 일부 전문가들특히, 이번 전염병의 광범위한 전개에 대해 많은 것을 알고 있다고 주장하지 않는 의사들이 영웅으로 떠올랐다.

바이러스가 출현하자, 정책 당국은 책임을 전가하기에 바빴다. 한때는 트럼프가 이 바이러스를 일관되게 중국 바이러스라고 불렀다. 국무장관 마이크 폼페이오는 G7 회의에서 우한 바이러스 표기를 고집하다가 공동 성명 채택을 불발시켰다. 중국에서는 이 바이러스가 미군에 의해 어떻게 우한으로 들어왔는지, 언제 재감염이 발생했는지에 대한 이야기가 나돌았고, 이런 재감염이 외국에서 돌아오는 중국인에게서 발생한 것으로 해석되었다. 유럽에서는 독일이 이탈리아로 가는 의료 장비를 차단하고 있는가를 둘러싸고 논쟁이 벌어졌다.

코로나 위기 동안 세계 전역에서 공공 정책 대응의 효과를 평가하기 위하여 다수의 보건과 사망률 지표들이 사용되었다. 유럽의 규모가 작은 국가에서 일부 포퓰리스트 정부들은 상대적으로 잘 대처한 것으로 나타났다. 브라질의 보우소나루Bolsonaro 정부 혹은 미국의 트럼프 정부는 상당히 미흡하게 대처했다. 이번 위기는 의료와 그 밖의 전문가들의 위상을 높여주었고, 무지한 포퓰리스트들을 멍청하게 보이도록 했다. 따라서 유럽 초기 발생의 중심지였던 이탈리아에서는 마테오 렌치Matteo Renzi 전 총리가 주세페 콘테Giuseppe Conte 후임 총리에게 포퓰리즘의 길을 버릴 것을 권고했다.[30]

정치학자 마거릿 캐노반Margaret Canovan은 포퓰리즘 분석에서 정치철학자 마이클 오크숏Michael Oakeshott이 제시한 회의懷疑의 정치와 신뢰의 정치라는 구분을 적용했다.[31] 더욱 최근에는 티머시 스나이더가 정치인들이 지금의 긴축, 세계적인 통합 등의 길을 따르는 것 외에는 대안이 없다고 보는 "불가피성 정치"와, 국가는 고통과 피해 의식이 영원히 반복되는 순환 속에 갇혀 있다고 보는 신화화된 "영원성의 정치"라는 더욱 비관적인 구분을 제시했다. 그의 견해에 따르면, 때로는 사악한 제국에 대한 복종 때문에, 영원한 피해 의식이 점점 더 정치 과정의 동인으로 작용한다. 아일랜드의 칼럼니스트 핀탄 오툴Fintan O'Toole은 다른 억압받는 국민에 대한 질투가 어떻게 영국 국민주의자들이 브렉시트에서 유럽연합에 반발하게 만들었는지를 훌륭하게 설명했다.[32]

그러나 어쩌면 포퓰리즘을 가장 생생하게 설명한 장면은 1936년 살라망카대학교 강당에서 벌어진 신화화된 한 장면일 것이다. 그 자리에는 "지식인에게 죽음을! 죽음이여 영원히!"라는 극적인 슬로건과 함께, 국민주의자 미얀 아스트라이Millán-Astray 장군과 나이 많은 시인이자 교수인 미겔 데 우나무노Miguel de Unamuno가 대치하고 있었다. 우리는 역사학자 휴 토머스Hugh Thomas가 주장하는 대로 우나무노가 실제로 인상적으로 지식인들을 방어하면서 대답을 했는지는 결코 알 수 없다. 그러나 그가 다음과 같이 대답했다고 상상하는 것은 도움이 된다. "이곳은 지성의 신전이다. 그리고 나는 이곳에서 가장 높은 자리에 있는 성직자다. 당신은 신성한 신전을 모독하고 있다. 당신이 폭력을 휘두르기 때문에 승리할 것이다. 그러나 당신은 확신시키지 못할 것이다. 그렇게 하려면, 설득시켜야 한다. 그리고 설득시키려면 당신에게 결여되어 있는 것, 즉 싸우는 이유와 정당성이 필요할 것이다."[33]

글로벌리즘

과도한 국제주의와 개입주의에 대한 부정으로 부활한 단어

GLOBALISM

PART 10

월터 리프먼이 만들거나 유행시킨 단어 중에는 글로벌리즘이 있다. 글로벌라이제이션globalization, 세계화이라는 단어는 이보다 훨씬 더 지나서 나왔다. 글로벌리스트들은 세계 권력을 잡으려는 몽상가의 정신 나간 외침이라는, 악에 대한 독특한 비전을 떠올리게 했다. 20세기 중반 독재자의 가장 강력한 이미지와 그의 망상은 거대한 사무실에 비치되어 있는 지구본이었다. 히틀러는 유럽을 뛰어넘는 새로운 정치를 구상하기 위해 지구본을 베를린에 위치한 웅장한 총통 집무실과 베르히테스가덴에 위치한 산장에도 비치해 놓았다. 찰리 채플린Charlie Chaplin은 여기서 아이디어를 얻어서 영화 「위대한 독재자The Great Dictator」의 중심 테마로 만들었다. 이것은 기상천외한 방법으로 조롱을 한 것이었다그림 4. 그리고 미국 공화당의 전 대통령 후보이자 "하나의 세상One World"을 꿈꾸는 국제주의 지지자였던 웬델 윌키Wendell Wilkie가 세계일주를 했을 때, 처음으로 그의 관심을 자극했던 것이 바로 스탈린의 거대한 지구본이었다. 지구본을 소유하고 글로벌리스트가 되는 것은 야망의 징후였다. 그러나 윌키와 같은 인물들이 글로벌리즘에 대한 자신의 비전을 투영하면, 자신을 정치적으로 취약하게 만든다. 어느 누구도 글로벌리스트를 좋아하지 않는다.

지금은 글로벌리즘이 도널드 트럼프가 남용하는 단어가 되었고, 이 단어가 항상 국내 지지자들의 마음을 울렸다. 2019년 9월 유엔에서 그

그림 4.「위대한 독재자」에서 아데노이드 힌켈(Adenoid Hynkel) 역을 맡은 찰리 채플린

출처: 채플린 오피스(Chaplin Office)의 승인을 받아서 사용한 것이다.

는 "글로벌리즘이 과거의 지도자들에게 종교적 장막이 되어서 자국의 이익을 못 보게 만들었다."고 주장했다. 그는 대안을 내놓았다. "미래는 글로벌리스트의 것이 아니다. 미래는 애국자의 것이다." 그다음에는 애국심을 강조했다. "진정한 국익은 국가를 사랑하고 국가의 역사에 뿌리를 내리고 국가의 문화를 통하여 양분을 공급받고 국가가 추구하는 가치에 헌신하고, 국민에 애착을 갖는 사람들에 의해서만 추구될 수 있다."[1] 그는 미국 대통령이 하는 말을 불편한 심정으로 듣고 있는 세계의 정치인과 관료들이 아니라, 자신과 뉴욕 밖에 있는 자신의 청중들을 대상으로 연설을 하고 있었다.

처음에는 그가 이 단어를 사용하는 것이 이상하게 보였다. 결국 트럼프라는 사람은 세계 전역을 돌아다니면서 거래를 하고 자신의 브랜드를 알리고 인맥을 자랑하는 국제 사업가가 아니었던가? 그가 말했듯이, "중국에서 돈을 많이 벌었다. 유럽과도 거래하고, 아시아와도 거래하고, 중국과도 항상 거래했다."[2] 아마도 코카콜라를 제외하고는 트럼프보다 더 대표적인 미국의 글로벌 브랜드를 찾기는 어려울 것이다.

백악관의 이념가 스티븐 밀러Stephen Miller가 작성한 상당히 이념적인 유엔 연설문이 트럼프의 마음을 사로잡았고, 트럼프는 계속 이 주제로 되돌아왔다. 휴스턴에서 열린 집회에서, 트럼프는 급진적인 민주당원들이 부패하고 권력에 굶주린 글로벌리스트의 통치로 되돌아가기 위해 시계를 거꾸로 돌리려고 한다고 계속 주장했다. 그러고는 글로벌리스트를 이렇게 정의했다. "여러분들은 글로벌리스트가 무엇을 의미하는지 아십니까? 글로벌리스트는 우리 미국에는 관심이 없고 지구가 잘되기를 바라는 사람입니다. 아시겠습니까? 그러면 안 됩니다."[3]

글로벌리스트라는 개념에는 따라다니는 적에 대한 인식이 항상 있었다. 일부 비평가들은 세계주의자cosmopolitan라는 단어와도 가까운 글로벌리스트라는 단어의 사용이 반유대인 감정을 은밀하게 일으키는 것이라고 시사했다.[4] 트럼프는 그의 첫 번째 백악관 국가경제위원회National Economic Council 위원장 게리 콘Gary Cohn이 샬러츠빌에서 열리는 백인 우월주의자와 신나치주의자 집회 승인에 반대하자 그를 조롱하는데 이 단어를 사용했다. 유대인 출신인 콘은 글로벌 엘리트를 대변하는 신문인 「파이낸셜타임스」와의 인터뷰에서 트럼프 행정부가 증오 집단을 규탄하는 일을 잘할 수 있고 잘해야 한다고 말했던 적이 있었다.[5]

글로벌리스트와 유대인에 대한 공격 사이의 관련성은 이 단어가 처음 등장했을 당시의 환경에 있다. 대공황의 여파로 인종차별적, 민족적 국민주의가 번창하고 자본주의가 신뢰를 잃게 되면서, 유대인들은 국제 자본주의와 국제 사회주의의 대리인이라는 공격을 받았다. 히틀러는 1933년 11월 10일 베를린 지멘스 공장 노동자에게 했던 인상적인 연설에서 유대인이라는 단어를 한 번도 사용하지 않았다. 그러나 그는 "뿌리가 없는 소수의 국제주의자 도당", "집도 없고 자라온 땅도 없지만, 오늘은 베를린에서 살고, 내일은 브뤼셀에서 살고, 모레는 파리에서 살고, 그 다음에는 프라하, 비엔나, 런던에서 사는, 어디에도 집은 없지만 어디든지 집이라고 생각하는 사람들"에 대해 이야기했다. 그러자 청중들 중 누군가가 "유대인"이라고 외쳤다.[6]

현대에 들어서 미국인들이 이 단어를 사용하게 된 기원은, 2차 대전 이전과 2차 대전 동안에 있었던 고립주의에 대한 치열한 논쟁에서 찾아볼 수 있다. 1차 대전 당시에는 우드로 윌슨 대통령이 미국이 유럽에서의 전쟁에 참전하는 것을 꺼렸다. 그러다가 독일이 무제한 잠수함 작전을 통해 미국을 겨냥할 것이라고 선언하면서 전쟁 속으로 빨려 들어갔다. 전쟁이 끝나고는 그가 미국의 이상이라고 생각하는 것을 반영하는 평화 정착을 꾀하려고 했다. 그러나 미국 의회가 이에 따른 규약과 기구 특히, 국제연맹 를 거부했다. 미국은 유럽 외교에서 발생하는 커다란 쟁점으로부터 계속 고립되어 있었고, 보상과 전쟁 부채에 관한 주요 회의에서 공식적으로 대표성을 띠지 않았다. 오히려 민간인 주로 제조업자 들이 "달러 외교"라고 불리는 것에 관여했다.

1930년대에는 고립주의가 중요한 정치 주제가 되었다. 찰스 린드버그는 미국 우선주의를 주장했다. 파시스트의 위협을 계속 우려하던 프랭클린 루스벨트 대통령은 미국의 2차 대전 참전이 논란을 일으킬 것으로 생각했다. 일본의 진주만 공격과 이후 나치 독일의 미국에 대한 선전 포고는 전시 동맹을 정치적으로 가능하게 했지만, 외국과의 관계에 얽혀드는 것을 우려하는 목소리는 여전히 남아 있었다. 종전이 가까워지면서, 미국이 세계를 새로 만들어야 한다는 사실이 분명해졌다.

글로벌리즘 사상을 미국인들의 논의에 소개한 사람은 전혀 생각지도 않은 인물이었다. 독일에서 망명하여 컬럼비아대학교에서 근무하는 학자 에른스트 애크Ernst Jäckh가 『인간의 영혼을 위한 전쟁The War for Man's Soul』이라는 제목의 저작에서 히틀러주의Hitlerism를 설명하기 위해 이 단어를 사용했다. "이 독일 지도자는 태양을 향해 손을 뻗친다. 그는 지구를 독일의 소유물로 만들려고 세계 정복의 길을 나섰다. 그는 군사적, 경제적, 정치적 정복 이상의 것을 겨냥했다. 그는 제국주의가 아니라 영원히 그의 세상이 되는 글로벌리즘을 위하여 자라난, 선택받은 국민의 하늘이 주신 지도자로서 '성전'을 시작했다." 나중에 애크는 나치 이데올로기를 유럽 대륙을 대상으로 하는 헤게모니일 뿐만 아니라 세계를 대상으로 하는 지적, 정치적 지배를 겨냥한 것으로 정의했다.[7]

애크는 바로 독일의 지식인이었다. 상냥한 성품의 그는 1차 대전 이전에 정치 엘리트를 양성하는 인물로 등장했다. 그는 독일이 세계를 무대로, 특히 중동 지역에서 영향력을 발휘해야 한다고 선전했다. 그는 미텔오이로파 개념의 지지자이자 진보적이지만 매우 제국주의적인 자유주의자 프리드리히 나우만의 진영에 있었다. 1차 대전이 끝나고 애크는 새로운 정치학을 확립하고 대외정책연구소이자 싱크탱크인 정치대학Hochschule für Politik을 설립했다. 그는 독일 제국 시절 이후 모든 총리들과 좋은 관계를 유지한 것에 자부심을 가졌다. 그는 미국인 청중들에게 자신이 1933년 1월 이후로 아돌프 히틀러와 관계를 맺기 위해 필사적으로 노력한 사실을 결코 말하지 않았다. 히틀러가 총리가 되고 나서, 애크는 나치 운동에 열정적으로 참여하려고 했다.[8]

애크는 미국인들을 위해 독일의 특별한 관심사를 영어로 옮겼다. 히틀러가 좋아하는 바그너의 작품을 통해 세계 강대국이 되려는 열망은 독일인들에게 익숙한 것이 되었다. 「니벨룽의 반지Ring of the Nibelung」 도입부에서는 라인강의 처녀들 중 한 사람이 난쟁이인 알베리히에게 라인강의 비밀을 밝히고 세계를 지배할 힘을 가질 것이라고 놀려댄다.

> 이 라인강의 황금으로 반지를 만들면
> 이 세상의 모든 유산이 그의 것이 되고
> 그 반지는 무한한 힘을 그에게 준다네.

라인강의 황금을 빼앗은 알베리히는 세계 최초의 글로벌리스트가 되었다.

애크의 비평은 그 대상이 세계를 위협하던 히틀러와 파시즘뿐만 아니라 공산주의였기 때문에 강력한 영향력을 지녔다. 이러한 방식으로 가장 국민주의적인 독일인이 사용하는 어휘가 미국인들의 논의로 옮겨갔다. 실제로 글로벌리스트의 위협이라는 새로운 개념은 2차 대전과 냉전 사이의 지적인 중개 역할을 했다. 레닌은 19세기 마르크스주의에서 국제주의를 계승했다. 카를 마르크스와 프리드리히 엥겔스는 『공산당 선언』에서 사람들 사이의 민족적 차이와 반목이 어떻게 매일 조금씩 사라지게 되는지를 관찰하고는, 프롤레타리아의 우위가 이러한 것들을 훨씬 더 빠르게 사라지게 할 것이라고 장담했다. 마르크스의 이론은 혁명을 러시아에만 국한되지 않는 세계적인 사건으로 보았다. 레닌은 세계 혁명이 러시아에서 볼셰비키의 목표를 달성하게 할 것으로 보았다. 그는 다른 나라에서 혁명 운동이 일어나지 않으면 소비에트가 최종적으로 승리할 가능성이 없다는 말을 여러 번에 걸쳐서 했다. "우리가 어려운 상황에서 구조되는 길은 바로 유럽 전역에서 혁명이 일어나는 것이다."[9] 제3인터내셔널 혹은 코민테른 설립의 배후에는 바로 이러한 원칙이 있었다. 당시 글로벌리즘은 소비에트의 목표를 설명하는 데 사용될 수 있었다.

글로벌리즘과 글로벌 책임에 대한 논의는 2차 대전에서도 등장했다. 결과적으로 2차 대전은 1차 대전과는 다르게 진정한 글로벌 전쟁이었던 것이다. 미국은 어느 정도로 글로벌하여야 혹은 보편적이어야 하는가? 미국은 세계 질서를 재창조하는 글로벌 미션에 착수했지만, 이러한 시도가 제국주의의 지나친 확장 혹은 미국 제조업자들을 취약하게 하는 행위로 해석될 수 있었다. 보수적인 저널리스트 클레어 부스 루스Clare Boothe Luce는 코네티컷주 공화당 하원의원으로 당선되고 나서 처음으로 했던 의회 연설에서, 전쟁이 끝나면 미국 항구를 개방할 수도 있다는 부통령 헨리 월리스Henry Wallace의 제안에 비난을 퍼부었다. "그는 대단한 글로벌 사고방식을 가졌다. 그러나 미스터 월리스가 스스로 글로벌 사고방식이라고 부르는 것의 대부분은 어떻게 보더라도 글로벌 문제에 관한 헛소리에 불과하다."[10]

이러한 비난은 웬델 윌키의 서양의 경제적 불평등과 동양의 정치적 과오가 없는 독립된 국가들로 이루어진 새로운 사회의 재창조를 호소하는 베스트셀러 『하나의 세상One World』에 대한 반발로도 나왔다.[11] 루스는 1940년 미국 대통령 선거에서 공화당 후보로 출마했다가 낙선했고, 윌슨의 국제주의를 열렬히 신봉했던 윌키를 도와 선거 운동도 했다.

윌키는 미국인들은 좁은 국수주의를 뛰어넘어야 할 뿐만 아니라 제국주의도 피해야 한다고 주장했다. 그는 세계일주를 하던 중에 국민당 정부 지배하에 있는 중국의 수도 충칭에서 2차 대전은 반反제국주의 전쟁이 되어야 한다고 주장했다. 그는 라디오 연설에서 전쟁이 끝나는 것은 다른 국가를 지배하는 제국의 종식을 의미한다고 말했다.[12]

따라서 글로벌리즘은 세계에서 미국의 위대한 역할 혹은 미국의 리더십을 바람직하게 보는 사람들에 대한 조소와 경멸의 단어가 되었다. 1943년에 개최된 마크 로스코Mark Rothko 작품 전시회의 테마는 미국의 고립주의를 극복하는 것이었다. 카탈로그에는 다음과 같은 내용이 적혀 있었다. “지금은 우리가 진정으로 글로벌 차원에서 문화적 가치를 수용해야 할 때가 되었다.” 관람자들 중 이 말에 설득된 사람은 거의 없었다. 「뉴욕타임스」의 예술 비평가 에드워드 올던 주얼Edward Alden Jewell은 이번 전시회를 돌이켜 보면서 “글로벌리즘이 갑자기 나타났다.”라는 헤드라인을 달고서 “지금까지 글로벌리즘은 암울하고도 음산한 미래를 의미하는 것으로 여겨졌다.”라는 결론을 내렸다.[13] 분명히 글로벌리즘은 적대적인 단어가 되었다.

월터 리프먼은 미국인들은 그들이 사는 축소된 세계를 이해하는 방법을 배워야 한다고 말했던 윌키의 주장을 지지했다. 또한 그는 글로벌리즘의 형세를 확실히 역전시킨 지식인이었다.[14] 한때 그는 윌슨과 윌슨주의를 지지하던 공상가였지만, 이후에는 더 이상 그렇지 않았다. 이제 그는 이데올로기가 아니라 이해관계, 제한적인 수단과 목적에 기초한 정책에 호소하기를 원했다. 그는 이렇게 생각했다. “이러한 실용주의 혹은 현실주의는 우리 앞에 놓인 선택을 상대적이 아니라 절대적으로 간주하는 지배적인 성향과는 대립된다. 우리는 쟁점을 이것 아니면 저것,

모든 것 혹은 아무것도 아닌 것, 고립주의 혹은 글로벌리즘, 완전한 평화 아니면 완전한 전쟁, 하나의 세상 혹은 아무것도 없는 세상, 무장 해제 혹은 완전한 무장, 경건한 해결 아니면 핵무기에 의한 해결, 무장 해제 혹은 군사적 우위, 불간섭 혹은 성전, 민주주의 혹은 폭정, 전쟁 폐지 혹은 예방 전쟁, 타협 혹은 무조건 항복, 무저항 혹은 섬멸 전략으로 생각하는 경향이 있다."[15] 이후 글로벌리즘은 월터 리프먼의 용어라고 일컬어졌다.

애크와 마찬가지로 망명한 또 다른 학자 한스 모겐소는 국가가 갈등을 힘에 의존하지 않고서 해결할 수 있는 상황을 설명하기 위한 수단으로, 정치사상을 고민했다. 그는 바이마르공화국이 해체될 무렵, 정치는 우방과 적이라는 양극성으로 이루어진다고 믿는 카를 슈미트와 잠깐 만난 적이 있었는데, 나중에 슈미트가 악마와도 같은 성향을 지닌 것으로 보인다고 주장했다. 모겐소의 접근 방식은 대체로 현실주의라 할 수 있다. 그는 애크와 마찬가지로 2차 대전을 나치의 보편주의 추구의 산물이라고 보았고, 우드로 윌슨이 민주주의를 위해 세상을 안전하게 만들려는 "성전"을 승인한 것을 두고 비난했다. 나치주의는 이러한 분위기에 대한 반응이었고, 볼셰비즘의 사악한 신조와 민주주의의 퇴폐적인 도덕성을 대체하고 세계에 부과하는 새로운 도덕률임을 분명히 했다.[16] 이것은 위험한 보편주의의 메시지였다. 모겐소는 리프먼의 주제를 수용했고, 1960년대에는 그것을 베트남에 대한 미국의 개입을 비판하는 데 적용했다. 고립주의와 글로벌리즘은 의견 차이를 협상하기 위한 일반적인 정치 과정이 배제되는 일탈에 해당한다. "고립주의는 일종의 내향적인 글로벌리즘이고, 글로벌리즘은 일종의 외향적인 고립주의이다."[17]

모겐소는 아이디어, 혹은 그의 표현대로 이데올로기의 의미가 애매한 개념을 자신의 분석에서 중심 개념으로 사용했다. 그가 보기에 가장 애매한 개념이 바로 반제국주의였다. "제국주의에 대해 가장 광범위하게 꾸며놓은 위장 혹은 정당화는 (……) 항상 반제국주의 이데올로기였다."[18] 나치주의는 프랑스와 영국의 전통적인 제국주의에 반대하여 나왔다. 공산주의는 제국주의를 국제노동자 계급의 적으로 규정했다. 나치주의와 공산주의 모두가 새로운 형태의 제국주의적 사고를 의미했다.

이처럼 애매한 단어들의 세상에서 빠져나오는 유일한 방법은 깊은 기반과 선험적 논리를 찾는 것이었다. 도덕률이 국내와 국제 정치를 이끌어가야 한다. 이것은 리프먼의 저작에 나오는 주제이기도 했다. 특히 리프먼이 가장 깊이 성찰하고 자기주장을 열정적으로 내세우던 저작 『권력 정치Power Politics』에서는 국가에 대한 개인적인 해석을 초월하는 보편적인 도덕법에 관한 성찰에서 자연법 전통의 부활을 시도했다. 이상하게도 1950년대 리프먼의 철학은 거의 완전히 무시되었다. 그의 철학은 1960년대에 전국적으로 논란을 일으켰던 베트남 전쟁을 배경으로 재구성되었다. 1967년 리프먼은 미국의 야만적이고도 무례하고 비인간적인 역할을 비난했다. 리프먼을 비판하는 사람들이 그를 신고립주의자라고 불렀을 때, 그는 "신고립주의는 멍청한 글로벌리즘의 직접적인 산물이다."라고 대답했다.[19] 모겐소는 이렇게 생각했다. "도덕은 인간 행위의 또 다른 부문일 뿐 아니라 정치, 경제와 같은 현실적인 부문과 동등하다. 오히려 도덕은 이러한 것들에 포개놓은 것이고 (……) 행위의 특정 부문에서 타당한 영역을 전적으로 기술한다."[20] 또한 그는 더 높은 혹은 선험적 질서를 지키면서 국익을 성공적으로 추구하려고 했다.

우리가 영원히 공감할 만한 가치가 있도록, 국가는 외교 정책의 일상적인 운영에 의미를 부여하는 선험적 목표를 위하여 국익을 추구해야 한다. 정치적으로, 군사적으로 대단히 성공했던 훈 제국과 몽골 제국은 우리에게는 아무런 의미가 없지만, 고대 그리스, 로마, 이스라엘은 의미가 있다. 우리는 그리스, 로마, 이스라엘을 기억한다. (……) 그 이유는 이들이 단지 생존과 물질적 성장만을 목표로 하는 정치 조직뿐만 아니라 문명을 이루었고, 우리가 공통적으로 가지고 있는 인간의 잠재력을 독특하게 실현했기 때문이다.[21]

이 학파는 베트남 전쟁을 강력하게 도덕적으로 비판하기 위한 토대를 구축할 수 있었다. 모겐소는 이렇게 주장했다. "윌슨의 글로벌리즘과 미국 파워의 우월성에 대한 믿음 간의 결합이 미국의 대외 정책에서 세 번째 전후 시대를 규정한다."[22]

민주당 상원의원 웨인 모스Wayne Morse와 어니스트 그루닝Ernest Gruening은 미국이 베트남에 완전히 개입하는 길을 열었던 통킹만 결의에 반대표를 던졌고, 리프먼이 말하는 글로벌리즘을 미국의 대외 정책을 비난하는 데 사용했던 의원들이었다. 실제로 스티븐 앰브로즈Stephen Ambrose는 이 주제에 대해 저술한 자신의 비판적인 저작의 제목을 『글로벌리즘의 등장Rise to Globalism』이라고 붙였다.[23] 한편, 윌리엄 풀브라이트J. William Fulbright, 유진 매카시Eugene J. McCarthy, 아서 슐레진저Arthur M. Schlesinger를 비롯하여 입장이 선명한 학자들로 이루어진 비교적 소수의 집단이 글로벌리즘에 반대하고는 그들의 정책 요구를 한계주의limitationism라고 다시 정의했다.[24]

그러나 베트남 전쟁이 끝나고, 글로벌리즘이라는 단어는 정치 논쟁에서 사라졌다. 1990년대 자유주의적 국제개입주의를 바탕으로 세계를 개편하려는 욕구가 되살아났을 때, 그것은 리프먼과 모겐소가 제기했던 것과 똑같은 반대 주장이 신속하게 되살아나게 했다. 그러나 앤드루 바세비치Andrew Bacevich와 같은 사람들에게 평가 기준은 라인홀드 니부어Reinhold Niebuhr가 가진 도덕적 현실주의에 대한 명확한 기독교적 해석보다 더욱 엄격했다. 바세비치는 니부어에게서 도출하기를 원하는 네 가지 교훈을 제시했다. 그것은 미국의 예외주의가 갖는 '지속적인 죄', 역사가 갖는 궁극적인 해독 불가능성, 단순한 대외 정책 해법이 갖는 그릇된 유혹, 미국 파워의 한계를 인정할 필요성이었다.[25] 이 점에서 바세비치는 글로벌리스트와 글로벌리즘이라는 단어를 사용하지 않았다. 그 이유는 이 단어에 명백하게 첨가해야 할 것들이 많기 때문이었다. 이제 그는 예외주의자들의 시도를 "흔히 글로벌라이제이션이라고 언급하는 정치 경제적 수렴과 통합의 원대한 프로젝트"라고 재구성할 수 있게 되었다. 그러나 세계화는 여전히 연성의 혹은 비공식적인 제국을 완곡하게 표현한 것에 지나지 않았다. 바세비치는 이렇게 말했다. "빌 클린턴Bill Clinton 대통령이 세계화에 열의를 보인 것이 미국 역사가 갖는 모순을 심화시켰다."[26] 2018년에 바세비치는 과거의 단어, 글로벌리즘으로 되돌아왔지만, 이것은 "유토피안 글로벌리즘utopian globalism"을 비판하고, 미국 우선주의라는 원래의 목표를 달성할 것을 약속하는 대외 정책의 가능성을 설명하고, 미국이 불필요한 전쟁에 개입하지 않고서 미국의 안전과 번영을 보장하기 위하여 그렇게 했던 것이었다. 이것은 트럼프 행정부라는 현실에서 이러한 생각을 보존하거나 반유대주의의 흔적을 포함하여 추한 역사의 부담을 안고 있는 슬로건을 계몽적인 실행으로 이루어진 구체적인 프로그램으로 재구성할 것을 요구했다.[27]

바세비치는 보수적인 가톨릭 정기 간행물 「퍼스트 싱즈First Things」

의 편집자 R. R. 레노R. R. Reno 의 저작을 인용하여 유토피안 글로벌리즘이 다수에게서 권리를 빼앗아 테크노크라시 엘리트에게 넘겨주는 이데올로기라고 설명했다.[28] 그럼에도 진보주의자들과 보수주의자들은 거의 보편적으로 세계화와 기술 변화를 수용했다.[29] 레노는 글로벌리즘이 1989년 이후로 형이상학적 꿈을 설명하기 위한 가장 좋은 방법이라고 주장했다. "모든 꿈들과 마찬가지로, 이것은 인상적이다. 이 시점에서 그 개요는 잘 알려져 있다. 자본, 상품, 노동의 자유로운 흐름이 보편적인 번영을 제공해 준다. 글로벌 기술 혁명이 인간의 재산을 구제한다. 과학적, 실용적 합의가 과거의 이데올로기적 분쟁을 잊게 하고, 합의에 입각한 문제 해결을 가능하게 한다. 새롭게 등장하는 인권 정책이 인간의 존엄성을 보장한다."[30] 그는 이렇게 결론 내렸다. "트럼프가 글로벌리즘과 미국 중심주의를 뚜렷하게 병치시켜 놓은 것은 조잡하고 과장되었지만, 필연적으로 그럴 수밖에 없었다."[31]

또한 그때까지는 글로벌리즘이 극우파의 음모론자들이 사용하는 단어로 등장했다. 여기서 이 단어는 무의미한 과장의 뜻으로 사용되었다. 글로벌리즘은 「브라이트바트 뉴스Breitbart News」에도 수시로 등장했고, 대안 우파 세력의 언론인 알렉스 존스Alex Jones 의 「인포워즈InfoWars」에도 등장했다. 존스는 완전한 형태의 노예제를 창출하는 기업 엘리트와 정치 엘리트가 지배하는 글로벌 디지털 전방위 감시 체계에 대해 설명했다.[32] 그는 이렇게 말했다. "나는 당신이 빌 클린턴, 힐러리 클린턴Hillary Clinton, 글로벌리스트들, 마이클 무어Michael Moore, 제이콥 로스차일드 경Lord Jacob Rothschild, 록펠러 가문 등 이들 모두를 알기를 바란다. 들어보라. 당신은 당신 자신을 싫어하기 때문에 모든 사람들을 싫어한다. 당신은 추잡하다. 당신은 쓰레기이다. 그래서 당신은 우리 자신을 몰살시키고 인구를 격감시키기를 원하는가? 나에게 한 가지 생각이 있다. 당신이 자신의 목을 베거나 당신의 눈에 얼음송곳을 쑤셔 넣는 것은 어떠한가? 오늘 밤에 목을 매는 것은 어떠한가? 당신이 우리가 죽기를 원한다면, 나는 당신이 먼저 죽어야 한다고 말하고 싶다. 나는 당신을 저주한다."[33] 또 다른 널리 알려진 발언의 사례를 들면, 캐나다의 백인 정체성주의자 로렌 서던Lauren Southern은 글로벌리즘이 다른 모든 사람들을 희생시키고 기업을 지원하는 정책을 입안한 엘리트를 위한 것이지만, 임마누엘 칸트Immanuel Kant의 저작을 너무 많이 읽은 순진한 사람들에게서 나온 것이기도 하다고 설명했다.[34] 그러나 그녀가 오늘날의 제국주의는 글로벌리즘으로 알려져 있다는 트윗을 날렸을 때, 실제로는 1945년 이후 미국 대외 정책에 대한 비판을 통해 진화해 온 의미를 포착하고 있었다.[35] 이러한 용법은 국제적으로 인정된다. 예를 들어, 루마니아의 좌파 포퓰리즘 지도자 리비우 드라그네아Liviu Dragnea는 수시로 트럼프의 심층 국가deep state, 정부 안에 깊숙이 뿌리박힌, 실체를 드러내지 않는 세력을 가정한 표현이다_옮긴이에 해당하는 병렬 국가parallel state, 미국 역사학자 로버트 팩스톤Robert Paxton이 조직, 관리 및 구조에서 국가와 유사하지만, 공식적으로 합법적인 국가 또는 정부의 일부가 아닌 조직 또는 기관을 설명하기 위해 만들어낸 단어이다_옮긴이를 작동시키는 글로벌리스트를 비난한다.

과도하거나 무제한적인 국제주의와 개입주의에 대한 부정으로서 글로벌리즘이라는 단어의 부활은 미국 대외 정책에 관한 깊고도 오랜 좌절을 반영한 것일 수 있다. 그러나 트럼프의 견해에 따르면 그것은 비판의 유일한 근거를 제공하는 도덕적 질서의 개념으로부터 완전히 동떨어져 있었다.

세계화와 그 신조어들

무엇이 세계화에 대한 반발을 불러일으키는가

GLOBALIZATION AND ITS NEOLOGISMS

PART 11

세계화는 월터 리프먼이 만든 단어는 아니었지만 제국주의의 새로운 변종으로서 글로벌리즘에 대한 리프먼의 우려가 되돌아오도록 만들었다. 하나의 단어로서 세계화는 1990년대에 처음 세계를 휩쓸었고, 세계화 과정에 대한 세계적인 저항이 한창이던 2000년과 2001년에는 인지도의 측면에서 고점을 찍었다. 이 단어는 모든 지역에서 관심의 초점이 되었지만, 특히 프랑스에서 더 그랬다. 예를 들어, 2001년 「르몽드Le Monde」에서는 세계화를 의미하는 프랑스어 몽디알리자숑mondialisation이 3,500회 넘게 언급되었다. 그러나 이후 이 단어의 사용 빈도가 서서히 감소했고, 2006년에는 80% 넘게 감소했다. 2007년 글로벌 금융 위기가 발생한 이후, 「뉴욕타임스」, 「파이낸셜타임스」와 같은 세계의 주요 신문들이 이 단어를 사용하는 빈도는 2016년에 다시 회복되기 전까지는 계속 감소했다그림 5. 다시 말하자면, 세계화는 개념적으로 사라져 가고 있었지만, 새로운 반세계화 분위기를 예고하는 브렉시트 국민투표와 트럼프의 당선 이후 새로운 긴박감과 비판적 담론으로 부상하면서, 다시 널리 사용되었다. 코로나 위기가 닥치자 트럼프 대통령의 무역 고문 피터 나바로Peter Navarro는 이렇게 말했다. "우리가 필수적인 의약품, 마스크와 같은 의료품, 산소호흡기와 같은 의료 장비를 국내에서 생산했더라면 (……) 이런 문제에 시달리지 않았을 것이다. 이러한 것들을 여기서 만들었다면, 우리는 이 문제에 직면하지 않았을 것이다. 이것이 바

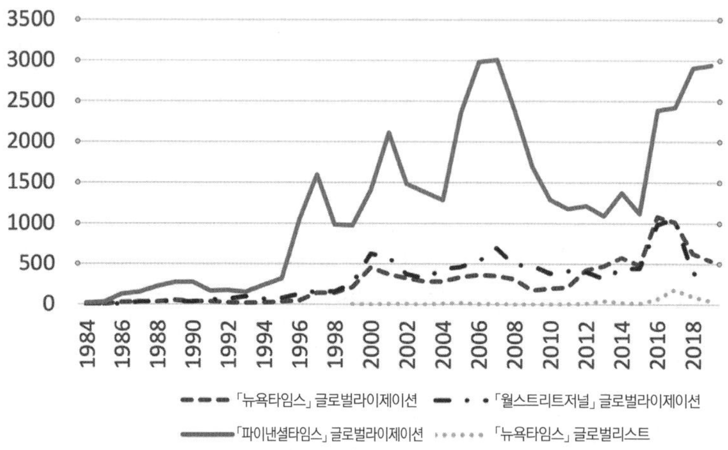

그림 5. 신문에서 글로벌라이제이션과 글로벌리스트라는 단어를 사용하는 빈도

미국 대통령 선거와 영국 브렉시트 국민투표가 실시될 무렵인 2016년에 급증한 사실에 주목해야 한다. 「뉴욕타임스」, 「월스트리트저널」, 「파이낸셜타임스」가 이 단어를 사용한 빈도를 계산한 팩티바(Factiva)에서 인용.

로 원죄다."[1]

세계화의 역사는 왜 그 개념이 애매하고 잘 변하는지를 설명하는 데 도움이 될 것이다. 『옥스퍼드 영어사전』에서 세계화가 현재의 의미로 처음 사용된 것으로 정의한 1972년 이전 그리고 1970년대에는 이것이 예를 들어, 금융과 안보 문제를 동시에 협의할 때 상이한 정책 영역 사이의 연계를 시사하는 외교 단어였다. 특히, 1970년대에 세계 경제와 안보의 기반이 흔들리고 있다고 여겨지던 시기에, 프랑스에서는 세계화 국가globaliser와 세계화라는 단어가 이런 식으로 정기적으로 사용되었다. 1973년 제조업계가 높은 인플레이션과 불황을 동시에 겪게 했던 제4차 중동 전쟁과 원유 가격 상승 사이의 연계는 글로벌 상호 연계에 관한 상당히 광범위한 정책 토론의 필요성을 보여주었다.

『옥스퍼드 영어사전』의 어원 설명은 이 단어의 비영어권 출처를 무시했는데, 그것은 유럽 대륙의 급진파 학생들의 독창적인 언어 사용법에서 찾아볼 수 있다. 1970년에 이탈리아의 급진 좌파가 발행하는 지하 정기간행물 「시니스트라 프롤레타리아Sinistra Proletaria, 좌파 노동자」에는 '자본주의 사회의 세계화 과정The Process of Globalization of Capitalist Society'이라는 제목의 기사가 실렸는데, 이 기사는 당시 세계를 지배하던 컴퓨터 및 소프트웨어 기업 IBM을 스스로 완전성을 보여주고 이윤 목표를 향한 모든 행위를 관리하고 생산 과정에서 모든 행위를 세계화하는 조직이라고 규정했다. 이 기사에 따르면, IBM이 14개 국가에서 생산을 하고 109개 국가에서 판매를 하기 때문에, 이러한 사실 자체가 자본주의적 제국주의의 세계화mondializzazione를 함유하고 있다. 이처럼 잘 알려지지 않은 좌파 정기간행물이 동시대의 의미에서 세계화를 처음으로 정확하게 알린 참고문헌이었고, 이것이 세계화와 자본주의, 제국주의의 연관 관계를 규정했다.

이후 이 단어는 부침을 겪었다. 1990년대에는 일시적으로 유행하여 남용되다시피 했다. 1990년대 후반과 2000년대 초반에는 반세계화 시위가 발생하면서, 세계무역기구, 국제통화기금, 세계경제포럼, 맥도널드가 공격 목표가 되었다. 당시 세계화는 1960년대 후반에 이탈리아 좌파들이 그랬던 것처럼 재벌과 기술 엘리트가 세계의 가난한 사람들을 착취하는 것으로 여겨졌다. 반세계화 시위에서 상징적인 인물이 캘리포니아주에서 자랐고, 프랑스 피레네 산맥에 위치한 아베롱에서 양을 키우는 조제 보베José Bové였다. 그는 미요라는 작은 도시에서 맥도널드 영업점 공사 현장을 철거하는 것으로 명성을 얻었고, 이후로는 주권주의souverainisme의 원칙을 선언했다. 세계는 세계화와 국민국가 사이에서 새로운 토론을 할 준비가 되어 있었다.

일부 분석가들은 세계적인 교역이 확대되는 사실보다는 세계성globality, 세계화의 과정이 완전하거나 거의 완료되고 장벽이 무너지고 새로운 세계의 현실이 나타나고 있는 가상의 상태이다_옮긴이 이라는 새로운 단어를 국가 정치의 주요 한계로 보았다. 역사학자 제바스티안 콘라트Sebastian Conrad는 1990년대에 세계화라는 표현이 어떻게 국민국가의 권력을 손상시키는지를 보여주었다.[2] 하이에크주의자에서 신자유주의 비판자로 돌아선 영국의 철학자 존 그레이John Gray는 세계화가 갖는 문제는 이것이 정치적 선택의 폭을 줄이고, 이에 따라 기대를 지나치게 줄이게 된 것에 있다고 설명했다.[3]

2000년대에는 세계화의 의미가 변하여 절반 정도는 긍정적인 분위기가 형성되었다. 이는 대체로 세계화 주요 승자들에 빠르게 성장하는 신흥 시장이 포함된 것으로 여겨졌기 때문이었다. 실제 과거 저개발 국가 혹은 제3세계로 불리던 중국과 인도가 세계적인 헤게몬으로 등장하기 시작했고, 브라질, 남아프리카공화국, 나이지리아와 같은 국가들이 지역의 초강대국으로 발전하고 있었다. 신흥 시장이 엄청나게 성장하면서 세계의 빈곤율이 현저하게 감소했다. 세계화는 기회를 제공하는 것으로 보였고, 국민국가는 시대에 뒤떨어진 것이 되었다. 또한 이전까지는 세계화를 비판하던 사람들이 기후 변화, 경제 위기, 빈곤과 같은 세계적인 문제를 해결하기 위한 수단으로 글로벌 연결성을 인식하기 시작했다. R. R. 레노가 주장했듯이, 진보주의자와 보수주의자 사이에는 세계화가 혜택을 제공할 것이라는 데에 새롭고도 거의 일치된 견해가 있었다. 사회진보주의자들은 가치에 관한 새로운 사상과 다원주의가 전통적인 제약과 구식의 도덕성을 허무는 길을 가려고 했다. 그리고 다수의 보수주의자들은 세계화를 부의 창출로 해석되는 경제적 자유의 실현으로 인식했다.

이후 역사학자들은 세계화를 어느 누구도 이 단어를 생각하지 않았던 시기인 과거로 거슬러 올라가서 투영하기 시작했다. 세계화는 20만 년 전, 칼라하리 사막에서 모든 인류의 어머니라 할 미토콘드리알 이브의 후손을 통하여 최초의 인류 DNA를 전파하던 인류 역사의 과정에서 수시로, 거의 일정한 특징을 제공했다. 이러한 과정은 20세기의 마지막 20년 동안 자본과 시장이 이끌어가는 통합에 관한 이야기, 심지어는 금본위제도와 대서양을 횡단하는 전신이 세계를 결합시켜 주던 19세기 세계화의 초기 물결에 관한 이야기로만 설명되지는 않는다. 오히려 아프리카에 공동의 기원을 둔 인류의 세계화도 포함하여 세계화에 관해서는 로마 제국과 송 왕조뿐만 아니라 인류의 모든 경험을 포괄하는 광범위하고도 깊은 역사적 전망이 요구된다. 세계화는 모든 인류에 관한 이야기이다.

분명, 우리가 복잡한 정치적, 사회적 현상을 설명하기 위해 사용하는 단어들은 특이한 모호성을 지니고 있다. 비판을 목적으로 만들어진 몇몇 개념들이 순식간에 찬양의 의미로 전도되기도 한다. 2011년까지 반세계화적 수사가 사라지면서, 상이한 지형과 다양한 주제가 밀접하게 얽혀 있는 인류에 관한 이야기의 근본적인 특징으로서 세계화가 더욱 공정하게 인식되기 시작했다. 또한 세계화가 국가 내에서 불평등을 심화하기는 했지만, 전체적으로 빈곤을 축소했다는 증거도 나왔다. 요컨대, 세계화는 반론으로서의 신랄함이 사라졌고, 이와 함께 개념으로서의 매력도 퇴색되었다.

2014년 이후 무역, 이민, 금융 등 세계화의 여러 측면들이 불안정해지면서, 세계화에 대한 비판이 다시 유행했다. 이 시점에서 비판의 주안점이 바뀌었다. 세계화의 희생자가 세계화의 흐름에서 주로 소외되었던 가난한 국가의 가난한 국민들이 아니라 부유한 국가의 소외된 국민들로 인식되었다. 따라서 세계화는 과거에 지속되던 글로벌리즘에 대한 비판에 갇히게 되었고, 다수의 포퓰리스트들이 세계화의 수레바퀴에 모래를 뿌리면서 세계화의 진행을 늦추는 결과slobalization, slow와 globalization의 합성어로 세계화를 늦춘다 혹은 방해한다는 의미다를 낳았다.

세계화의 경제적 출발

세계화는 다국적기업의 활동을 반영하면서 출발했다. 경제학자들이 사용하는 가장 단순한 의미에서, 세계화는 보다 일반적으로 생산 요소, 자본, 노동의 이동, 제품의 이동 혹은 교역, 사상과 기술의 이동에 관한 것이다. 이 모든 이동 요소들 사이의 관계는 자주 그리고 놀라울 정도로 간과되었지만, 이것이 중요한 변화와 추세를 설명하는 데 도움이 될 수 있다. 한 가지 예를 들자면, 19세기 후반 나타난 세계화의 급부상에서 유럽 출신의 이민자들이 북아메리카, 남아메리카, 오스트레일리아에서 개발을 주도했다. 그들은 새로운 정착지를 건설했고, 이를 위해서는 철도, 전차, 도시 상수도와 같은 사회기반시설과 이 모든 것들의 재원을 조달하기 위한 자본이 필요했다. 노동과 자본의 이동이 동시에 진행되었던 것이다.

여기서 한 가지 유형의 이동에 대한 우려가 나타나면, 필연적으로 다른 유형의 이동에 대한 동기에 영향을 미쳤다. 무역이 중단되면, 제품을 수출하는 국가는 실업이나 불완전 고용을 겪게 된다. 이러한 국가의 국민들은 국경을 넘어 다른 국가로 이민 가려는 욕구를 갖게 되고, 이것이 이민 대상 국가들 사이에서 임금 하락에 대한 두려움을 일으키고, 이에 따라 이 국가들의 지도자들이 이민을 제한하는 조치를 취하게 된다. 따라서 논쟁의 초점이 사람들의 이동에 관한 주제로 옮겨가고, 이것이 의도하지 않았던 결과를 낳을 수 있다. 예를 들어, 1920년대 후반 미국에서는 이민 제한 법안이 건설과 주택 시장의 약세를 낳았고, 이것이 대공황의 원인이 될 수도 있었다. 결정적으로는 국가들이 자유롭게 무역을 할 수 없게 되면 외채를 상환할 자금을 마련할 수 없으므로 부채 위기를 겪게 되고, 이에 따라 자본 이동이 중단된다. 따라서 세계화의 흐름은 때로는 명백한 방식으로 때로는 그렇지 않은 방식으로 얽히게 된다.

글로벌 계약 중 많은 것들이 개입의 원칙을 요구한다. 상품 교역이나 자본의 거래와 관련된 계약은 어떻게 시행되는가? 누가 법적 토대와 시행 메커니즘을 제공하는가? 이민자와 정착자들을 어떻게 대우하는가? 오늘날의 세계화는 규정이라는 복잡한 시스템에 기초하여 작동하고, 어떤 규정은 세계은행과 국제통화기금이 설립된 1944년의 브레턴우즈 합의와 같은 국제 협약을 통해 만들어지고, 어떤 규정은 크고 강력한 정부에 의해 입안되어 무역법을 통하여 널리 유포된다. 또는 국제증권관리위원회기구International Organization of Securities Commissions, IOSCO처럼 증권 관련 규제를 입안하는 규제 기관들의 합의에 의해 만들어지거나 국제표준화기구International Organization for Standards, IOS와 같이 민간의 표준 설정 기구에 의해 만들어지기도 한다. 오늘날의 세계화가 갖는 주요 특징은 국내 규제 질서와 국제 시스템이 서로 얽혀 있다는 것인데, 존 러기John Ruggie는 이것을 두고 연계된 자유주의embedded liberalism라고 불렀다.[4] 러기와 존 아이켄베리John Ikenberry와 같이 국제 관계를 연구하는 학자들은 1945년 이후 미국이 자유 무역과 인류 복지의 원칙을 국경 너머로 확장함으로써, 1930년대 뉴딜 정책의 정치적, 경제적 의제를 확보하는 방법으로 국제 질서를 어떻게 바라보았는지를 설명하기 위해 이러한 표현을 사용했다.[5]

심리 상태로서의 세계화

세계화는 심리 상태, 사람들이 국제적 이동을 생각하는 방식에 관한 것이기도 하다. 국제 질서 혹은 중요한 법적 토대를 조성하려면 개념적 토대가 요구된다. 그러나 이것이 일단 자리를 잡으면, 세계화 개념은 주로 생산 요소의 이동과 관련된 경제 현상에서 문화적 심지어는 심리적 현상으로 넘어간다. 그렇게 되면 세계화는 경제학자들이 사용하는 개념과는 상당히 다른 것이 된다. 세계화는 익숙하지 않은 것, 이상한 것, 다른 것을 처리하는 방법에 관한 것이다. 세계화는 세계의 특정 지역에 사는 주민들이 그들과는 다른 사람들을 어떻게 보는가에 관한 것이다. 이러한 맥락에서 보면, 세계화가 이질적인 것, 외부의 것이 특정 지역, 특정 국가의 국민에게 부과되는 것처럼 느껴질 수 있다.

아마도 세계화의 유산으로 가장 오랫동안 어려움을 겪어왔던 유럽 국가는 현대적 의미의 세계화라는 단어가 유래한 이탈리아일 것이다. 이탈리아 이야기는 최근에 상대적으로 쇠퇴하고 있는 국가, 경제적으로 오랫동안 침체되고 있는 국가에 관한 것이다. 중세가 끝날 무렵에는 북부 이탈리아 도시들이 세계에서 소득 수준이 가장 높았다. 당시 이탈리아에서는 숙련된 기술자들이 공예품을 정교하게 만들었고, 이러한 사치품이 세계 시장을 지배했다. 그러나 16세기 오토만제국에 의해 지중해 동부가 폐쇄된 사건이 일어났고, 희망봉을 돌아가는 무역 경로와 그다음에는 뉴스페인멕시코에서 태평양을 건너서 중국으로 가는 무역 경로와 같은 대안의 무역 경로들이 열리는 사건도 동시에 발생했다. 이탈리아는 다른 국가들과 비교하여 낙후되었고, 유럽의 다른 국가들네덜란드와 그다음에는 영국이 제조업에서 우위를 차지했다. 숙련된 기술자들은 생산의 비법실크 생산, 무라노 글라스 제작을 가지고 이탈리아에서 떠나 다른 나라로 이민을 떠났다.

세계화의 고뇌는 부분적으로는 과거에 부유했던 지역, 선도하던 부문, 역동적인 생산자가 경쟁에 직면하면서 갖는 문제들로 발생한다. 원래의 승자들은 다른 이들이 자신을 모방하여 마침내는 능가하고 있다면서 화를 낸다. 또 글로벌 시장에 참여하는 모든 이들에게는 지역 문화의 여러 부분이 사라지고 있다는 불안이 존재한다. 따라서 세계화에 관한 이야기의 본질적인 부분은 비교하는 것과 관련 있다. 최근의 저작『실패한 빛The Light That Failed』에서는 다른 모델을 모방하는 것이 차입자뿐만 아니라 대여자를 포함하여 모든 이들을 불편하게 한다는 사실을 설명하는 데 많은 부분을 할애한다. 이 책의 저자들인 이반 크라스테브Ivan Krastev와 스티븐 홈즈Stephen Holmes는 문화적 차용에서 비롯되는 불편함, 수치, 증오를 서술한다. 그들이 말했듯이, "커뮤니케이션의 세계화가 세계를 하나의 마을로 만들었다. 그러나 이러한 마을은 세계적 비교라는 독재에 의해 통치된다."[6]

르네상스 이후 이탈리아의 쇠퇴에 관한 이야기는 20세기 후반에도 재현된다. 2차 대전 이후 창조성과 성장의 역동적인 시기가 지나고, 이탈리아는 다른 국가들에 기본적인 제조 과정을 비교적 쉽게 수출하고 모방할 수 있는 산업에서 특화 생산을 했다. 이탈리아가 이룬 전후 기적의 원동력은 대형 가정용품20세기 후반에 널리 판매되던 냉장고, 세탁기, 건조기와 같은 대형 내구성 소비재에 있었다. 그러나 이러한 제품들은 특히 아시아와 같이 유럽을 벗어난 지역에서도 쉽게 생산될 수 있었다. 또한 이러한 원동력은 이탈리아가 역사적으로 강점을 지녔던 하이패션, 의류, 직물에도 있었다. 공산주의가 종식된 이후, 이탈리아 기업들은 특히 라틴어에 뿌리를 두고 있어서 언어 장벽이 거의 없는 루마니아와 같은 동유럽 지역으로 옮겨가기 시작했다. 이탈리아의 숙련 기술자들은 중국을 포함, 아시아 국가에 가서 그곳 노동자들에게 이탈리아의 전통 기술을 가르치는 조건으로 다년 계약을 체결했다.

"메이드 인 이태리" 딱지는 여전히 인기가 있었다. 외국으로의 이민과 모방이 있었지만, 본국으로의 이민과 생활수준의 저하도 있었다. 많은 제품들이 거의 완성된 상태에서 수입되었고, 그다음에는 단추 꿰매기 혹은 단춧구멍 내기와 같은 비교적 사소한 공정을 거쳐서 완성되었다. 결과적으로 "메이드 인 이태리"라는 소중한 딱지를 부착할 수 있었다. 그리고 값싼 외국인 노동자들이 수입되어서, 플로렌스 주변의 프라토라는 오랜 직물 도시가 원저우 출신의 중국인들로 넘치는 곳이 되었다.

오늘날의 이탈리아에서 세계화는 때로 유럽화와 관련되기도 했다. 이 두 가지 단어들은 시장을 개방하고 노동력의 이동에 따른 결과에 직면하는 것을 의미했다. 따라서 글로벌 생산 혹은 글로벌 노동의 충격은 이탈리아가 다자주의의 유럽식 버전에 등을 돌리는 것을 의미했다. 이탈리아의 주요 포퓰리스트 정당 북부동맹Lega Party의 지도자 마테오 살비니Matteo Salvini는 이탈리아에서 가장 성공한 수출품 누텔라와 함께 파니노 샌드위치를 제공받았을 때, 이것을 퉁명스럽게 거절하면서 이렇게 말했다. "제가 왜 그러는지 아세요? 누텔라는 터키산 견과를 사용합니다. 저는 이탈리아 제품을 사용하는 기업을 도와주고 싶습니다. 저는 이탈리아 농부들을 도와야 하기 때문에 이탈리아산 음식을 먹으려고 합니다."[7] 2014년에 발간된 북부동맹 팸플릿에는 다음과 같은 내용이 적혀 있었다. "만약 우리가 EU를 어떻게든 바꾸지 못하고, EU가 말도 안 되는 규정으로 우리 경제를 계속 힘들게 한다면, 우리도 EU를 떠나는 것을 고민할 수 있다. 아마 이렇게 하는 것이 비극으로 이어지지는 않을 것이다."[8]

또한 세계화는 취향의 변화에 관한 것이기도 했다. 특히, 소비재에서는 국가 브랜드가 세계화에 기여하는 데 중요한 부분이 되었다. 처음에는 취향이 확고하게 지역적인 것으로 여겨졌다. 1980년대에 언론이 실시한 세계화에 대한 설문 조사에서는 소비 취향이 상당히 까다로워서, 이것이 글로벌 브랜드의 확산을 제한할 것이라는 결론을 내렸다. "필립스 그룹에서 국내 대형 가전 부문을 담당하는 빌 마이어Bill Maeyer는 아시아인들은 어떤 일이 있더라도 감자, 이탈리아의 스파게티가 아니라 쌀을 주식으로 할 것이라고 생각했다. 또한 그는 독일인들은 영국의 과일 케이크가 아니라 애플 슈트루델을 좋아하는 취향을 계속 유지할 것으로 보았다. 제너럴모터스의 부회장 하워드 케를Howard Kehrl도 이에 동의했다. 그는 미국 자동차가 서부 독일과 이탈리아의 디자인에 의해 점점 더 많은 영향을 받겠지만, 자기만의 특성을 계속 유지할 것이라고 예상했다."[9] 그러나 실제로는 다양한 브랜드가 국경을 넘어 전파되었고, 세계화에 기여했고, 이에 대한 반발을 밀어냈다.

내가 1980년대 후반에 일본을 처음 방문했을 때, 이 나라는 호황을 누리고 있었고, 도쿄에는 특이한 일본 제품들을 판매하는 독특한 가게들로 넘쳐났다. 2000년대 초반 같은 거리를 다시 방문했을 때, 이곳은 불황에 빠져든 상태였고, 가게들은 파리, 런던, 뉴욕의 것들프라다, 루이비통, 에르메네질도 제냐, 버버리과 비슷하게 보였다.

차용을 통한 동질성이 충격적으로 여겨지고, 많은 사람들이 이것을 손실로 생각하지만나는 그들의 생각에 동의한다, 이러한 과정이 전혀 새로운 것은 아니다. 19세기의 강력한 신생 국가들인 독일, 이탈리아, 일본을 규정짓는 것이 정확하게 이러한 종류의 차용이었다. 특히, 게오르크 빌헬름 프리드리히 헤겔은 이것을 자신이 "세계 역사적 국가들world historical nations"로 생각하던 것의 특징으로 인식했다. 독일어 부활의 초기 선구자라 할 크리스티안 토마지우스Christian Thomasius는 1687년에 "오늘날 우리는 모든 것들이 프랑스의 것들인 시대, 즉 프랑스의 옷, 프랑스의 음식, 프랑스의 살림살이, 프랑스의 언어, 프랑스의 도덕, 프랑스의 원죄, 심지어는 프랑스의 질병이 모든 곳에 퍼져 있는 시대를 살아야 한다."는 불만을 털어놓았다.[10] 그러나 고대 그리스, 영국, 심지어는 미국이 모델을 제공했다. 이탈리아는 1860년대 이후 국가 통합을 달성하기 위한 모델로 독일을 바라보았다. 일본은 메이지 유신 직후인 1871~1873년 미국과 유럽의 문물을 배우기 위해 이와쿠라 사절단을 파견하고 일본에 가장 적합한 사례라고 판단되는 것에 기초하여 법률 체계, 대학 제도, 통화 질서를 구축하고, 육군과 해군을 창설했다. 실제로 일본은 청일 전쟁에서 승리를 거둔 것이 청나라는 오직 영국만을 모방했지만 자신은 유럽의 여러 나라프랑스, 독일, 영국에서 영감을 얻었기 때문이라고 생각했다. 차용은 상당히 오랜 기간에 걸쳐서 발생했다. 그리고 이것은 항상 불편과 소외의 감정을 일으켰다.

무역의 중요성

세계화에 관한 이 시대의 논의 중 많은 부분은 대외 무역과 이것이 생활 수준, 고용, 국가를 대표하는 제품의 보호 혹은 장려와 같은 올바른 정책 대응에 미치는 영향에 집중한다. 무역은 과거의 해결 방안이 남긴 기이하고도 지켜야 할 유산의 가장 명백한 물리적 표현이다.

무역 보호주의는 특히 19세기 후반 이른바 세계화의 첫 번째 시대가 저물 무렵에 나타난 탈세계화의 전형적인 시기를 특징짓는 주요 요소가 되었다. 19세기 후반에 나타난 반발의 원동력은 결과적으로 탈세계화가 어떻게 작동할 것인가에 대한 하나의 모델로 인식되었다. 1차 대전 이전에는 보호관세가 세계화의 피해자들을 보호하기 위한 중요한 수단이 되었다. 1850~1875년까지 운송비가 급격하게 하락하고 세계 시장이 더욱 긴밀하게 통합되었을 때, 유럽의 가장 뚜렷한 피해자들은 농부들이었다. 바로 그들이 정치적으로 동원되고, 식량 수입에 대한 관세뿐만 아니라 그들에게 유리한 철도 요금과 수입품에 대한 엄격한 수의학 및 위생 요건의 형태로 보호를 요구한 최초의 집단이었다.[11]

그러나 당시에는 제조업계의 압력 단체들이 그들의 제품에 대해 이와 비슷한 특혜를 요구하려고 정치적 힘을 동원했다.[12] 식민지를 거느린 국가들이 자국의 식민지 혹은 반半식민지 지배를 받는 지역에서 생산된 제품에 낮은 관세를 부과하기는 했지만, 영국과 같은 주목할 만한 예외가 있지만 선진국들은 상대적으로 높은 제조업 보호관세율을 설정했고, 특히 미국이 가장 높은 보호관세를 부과했다. 세계화의 피해자들에게 보상을 제공한다는 생각은 때로는 역사적 유사성에 기초하여, 지금도 여전히 세계화를 더욱 지속가능하게 하기 위한 수단으로 여겨진다.[13]

그러나 19세기 후반의 사례는 오늘날의 정책 지침이 되기에는 문제가 있다. 19세기의 무역 보호 정책이 진정으로 피해자들에게 보상을 제공했는지는 분명하지 않다. 예를 들어, 이탈리아와 미국에서는 보호관세가 새로운 피해자를 낳았다. 제조업이 발전한 북부가 농업에 기반을 둔 저개발 상태에 있는 남부의 희생을 바탕으로 혜택을 보았기 때문이었다.

양 대전 사이의 기간에는 보호무역 정책이 더 큰 규모로 시행되었고, 이것이 세계화로 인한 이익을 손상시키기 시작했다. 분석가들은 대공황의 발생 원인에 대한 교과서의 해석을 오랫동안 믿었다. 이 해석에 따르면, 1930년 미국의 강력한 보호무역 조치스무트-홀리 관세법가 다른 국가들이 미국의 보호무역주의에 반발하게 하고, 이것이 악순환을 일으켜서 세계적인 불황에 이르게 되었다는 것이었다. 찰스 킨들버거는 이러한 무역의 위축을 설명하기 위해 국제연맹이 처음 사용했던 악순환의 이미지를 널리 보급했다그림 6.[14]

그러나 스무트-홀리 관세법을 대공황의 원인으로 보는 역사적 평가는 대대적으로 수정되었다.[15] 스무트-홀리 관세법은 잘못된 것이고, 예를 들어, 일본의 견직물 산업과 스위스의 시계 산업과 같은 몇 가지 특정한 제조업 부문에 심각한 영향을 미쳤다. 1931년 봄, 미국에서 회복의 징후가 있었지만 세계적으로 전염성이 있는 금융 위기의 여파로, 세계는 더 높은 관세율과 이보다는 훨씬 더 엄격한 형태의 무역 제한이라 할 점점 더 엄격한 무역 할당으로 무역을 제한했다. 무역에 대한 반발은 당시에도 그리고 이후에도 계속 무역과 경제에 대한 훨씬 광범위한 우려의 한 부분을 차지했다.

거의 80년이 지난 2008년 9월과 2009년 4월 사이, 국제 무역은 대공황보다 더욱 심각한 붕괴를 일으킨 글로벌 금융 위기로 급격하게 위축

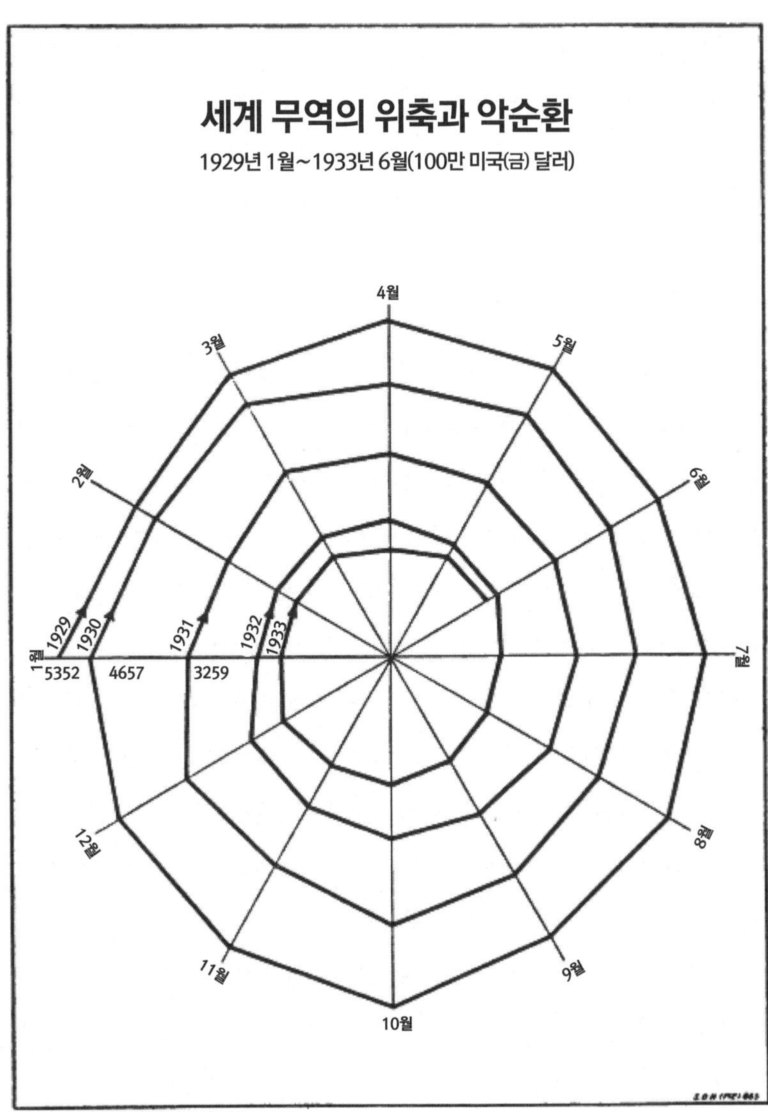

그림 6. 1929년 1월부터 1933년 6월까지 세계 무역이 위축된 것을 보여주는 킨들버거가 제시한 악순환의 이미지

출처: League of Nations, World Economic Survey, 1932-1933(Geneva, 1933), p. 8

되고는 다시 회복되었다.[16] 그러나 2014년 이후 세계 무역이 세계의 경제 활동과 비교하여 더디게 확대되었다. 이것은 2차 대전 이후 무역이 경제 활동과 비교하여 지속적으로 빠르게 확대되던 시기와는 현저한 차이를 보여준다. 과거에는 무역이 경제 개발을 견인했지만, 이제는 더 이상 그렇지 않다.

국제 무역이 더디게 확대되는 것이 특정한 무역 정책 때문은 아닐 것이다. 오히려, 이것은 과거에 일부 공정을 저임금 국가로 오프쇼링 off-shoring 하던 것을 이제는 국내로 가져와서 임금 절약 기술로봇화을 활용하는 생산의 온쇼링 on-shoring 현상을 반영한 것이다. 소비자와 가까운 곳에서 생산하고 공급 체인을 단축하면, 더욱 신속하게 반응하는 생산을 할 수 있다. 특히 직물과 의류 같은 산업에서는 유행과 소비자 취향의 신속한 변화에 더욱 용이하게 대처할 수 있도록 해준다.[17] 그러나 모든 지역이 똑같이 영향을 받는 것은 아니다. 국제 무역의 쇠퇴는 상당 부분 생산 공정에서 더 많은 단계를 국내에서 진행함으로써 공급 체인을 단축하는 중국과 같은 주요 신흥 시장에서 비롯되는 것일 수 있다.

지금 인기 있는 저작들은 "제2의 기계 시대 The Second Machine Age"를 설명한다.[18] 그러나 생산량과 비교하여 무역량이 상대적으로 하락한 것이 순환적 현상인지 혹은 장기적 현상인지 결론 내리기에는 너무 이른 감이 있다.[19] 또한 물리적 무역량이 더 이상 과거처럼 빠르게 증가하지는 않지만, 훨씬 더 많은 양의 데이터가 국경을 초월하여 이동하고 있다. 2005년부터 2012년까지 국경을 넘는 인터넷 트래픽은 18배가 증가했다.[20] 최근에 누군가가 집계한 바에 따르면, 2014년 데이터 흐름의 가치가 2조 8,000억 달러, 즉 세계 GDP의 3.6%에 달하는 것으로 나타났다.[21] 따라서 무역 행위에서 나타나는 이러한 변화가 단순히 비실물화의 증가를 보여주는 지표일 수도 있다.

장거리 무역에 대한 논의가 때로는 불필요한 사치품을 비난하는 것으로 이어졌다. 아리스토텔레스와 아퀴나스는 일부 제품에 대해서는 장거리 무역을 통해 거래할 필요가 있다는 점을 인정했지만, 일부는 외국인들이 시민들의 삶을 혼란에 빠뜨릴 수 있기 때문에, 지역에서의 생산이 도리에 맞는다고 주장했다. 플리니우스Pliny the Elder는 로마가 인도, 중국, 아라비아 반도에서 불필요한 사치품을 비싸게 수입하여 재원이 고갈되는 것을 한탄했고, 섹스투스 프로페르티우스Sextus Propertius는 자부심이 강한 로마가 국가의 부에 의해 무너지고 있는 것을 아쉬워했다. 마틴 루터Martin Luther는 이탈리아에서 들여온 사치품이 단단하고도 소박한 독일 제품 시장을 침식시키고 있다고 주장했다. 영국의 역사학자 C. V. 웨지우드C. V. Wedgwood는 30년 전쟁을 르네상스의 지나친 물질주의에 대한 종교적인 반발이라고 규정했다. 또한 미국 독립전쟁은 영국에 납부하는 세금뿐만 아니라 영국 다국적기업이 생산한 사치품차에 대한 반발, 즉 일종의 세계화에 대한 반발로 시작되었다.

때로는 대외 무역이 국내 경제에 미치는 영향이 매우 강력하기 때문에, 예나 지금이나 무역의 파괴적인 영향에 관한 이야기를 할 때면 일자리가 사라지는 것을 지적하기 쉽다. 미국 북동부의 사양화된 공업 지대에는 탈공업화를 깊이 우려할 뿐만 아니라 선거 과정에서 표 차이가 얼마 나지 않기 때문에 관심을 끄는 주들이 포함되어 있다. 어느 널리 알려진 연구에 따르면, 1990년대와 2000년대에 미국에서 고용이 감소한 원인으로 중국산 수입품이 25% 정도 작용했다고 한다.[22] 마찬가지로 영국이 브렉시트에 찬성하게 된 데에는 중국과의 무역이 원인으로 작용했다. 아마도 영국인들은 유럽연합 탈퇴 이후의 영국이 더욱 공격적인 무역 정책을 펼칠 수 있을 것으로 생각했을 것이다비록 브렉시트에 찬성하는 이들 중 상당수가 더욱 "글로벌 영국"을 원한다고 주장하더라도 말이다.[23] 2017년 프랑스 대통령 선거 운동에서 감정적인 정점은 아미앵의 어느 공장에서 있었던 애국주의자와 글로벌리스트 간의 충돌에서 나타났다. 이곳에서 마린 르펜은 가정용 기기 생산이 폴란드로 옮겨갈 때 실직으로 위협받는 노동자들을 지원하기로 약속했다. 그러나 실제로는 전통 제조업에서 대부분의 실업은 무역의 변화가 아니라 기술의 변화에서 비롯된다.

오늘날, 무역 보호주의에 대한 논쟁은 이전의 탈세계화 시대에서 그랬던 것만큼이나 중요해 보인다. 그러나 무역 전쟁에 관한 격렬한 발언에도 불구하고, 무역 보호 정책의 실행이 탈세계화의 동력을 제공하는데 그다지 중요한 역할을 하지 않을 수도 있다. 말이 행동보다 더 격렬하고 거칠어질 수 있다. 2016년 미국 대통령 선거 운동의 중심에는 힐러리 클린턴 전 국무장관이 협상했던 환태평양경제동반자협정Trans-Pacific Partnership, TPP의 탈퇴를 촉구하는 것과 도널드 트럼프가 45%의 보복관세를 약속하는 것과 같은 무역 논쟁이 있었다. 트럼프 행정부에는 윌버 로스Wilbur Ross 상무장관에서 새로 설치된 국가무역위원회의 위원장이자 2011년 발간된 『중국이 세상을 지배하는 그날Death by China』의 저자이기도 한 피터 나바로에 이르기까지 공격적인 무역 전략가들이 다수 포진되어 있었다. 트럼프 대통령 자신도 공격적인 무역 전략에 적극적으로 공감했고, 중국, 독일과 같은 불공정 무역 파트너를 강력하게 비판해 왔다. 2018년 3월, 트럼프 행정부에서 자유무역을 옹호하던 사람들이 대거 밀려났고, 트럼프 대통령이 국가 안보를 이유로 철강과 알루미늄에 관세를 부과하기로 결정했을 때 국가경제위원회 위원장 게리 콘이 퇴진했다. 또한 트럼프 대통령은 "무역 전쟁은 우리가 쉽게 이길 수 있는, 해볼 만한 것이다."라는 트윗을 날렸다.[24] 장기적으로 보면, WTO의 점진적인 약화를 통하여 다자주의 체제가 손상될 수 있는데, 이것은 미국 행정부가 중재 절차를 진행하기 위한 신임 재판관의 임명을 가로막아 사실상 이 기구의 업무를 방해하는 데서도 나타났다.

그러나 실제로는 트럼프 행정부의 무역 정책이 정치적 발언에 비해 상당히 약한 편이었고, 다수의 비평가들이 두려움을 갖기는 했지만, 사실은 미국의 주류에 있는 사람들의 생각에 더 가까웠다. 환태평양경제동반자협정과 환대서양무역투자동반자협정Transatlantic Trade and Investment Partnership 탈퇴를 포함하여 초기에 추진했던 조치들 중 일부는 2016년에 민주당 후보 힐러리 클린턴이 당선되었더라도 추진되었을 것이다. 2차 대전 이후 미국 행정부는 몇 가지 유형의 보호무역 조치를 단행했고, 이러한 보호무역주의가 미국 정치와 경제에 깊이 스며들어 갔다. 19세기에는 알렉산더 해밀턴이 제조업이 발달한 북부의 주들에 혜택이 되지만 면화를 수출하는 남부의 주들에 반감을 일으키는 관세 정책을 통하여, 새로운 연방 부채의 원리금을 상환하기 위한 획기적인 결정을 내렸다.[25]

트럼프 행정부 초기에 나타난 충돌은 2016년 대통령 선거 운동에서 수사적 표현의 대상이 되었던 중국이 아니라 그럴 가능성이 없었던 지역에서 발생했다. 예를 들어, 중국이 아니라 유럽과 캐나다가 철강 관세의 주요 희생자가 되었던 것이다. 캐나다는 어쩌다가 초기에 주요 적대국이 되었는가? 캐나다와의 경쟁에 직면해 있던 목재, 제지, 펄프 제조업자들은 지리적으로 집중되어 있고, 정부에 강력한 압박을 가할 수 있다. 2017년 한국에 부과하는 관세로부터 혜택을 받은 미국의 세탁기 제조업자들에게도 마찬가지 원리가 적용된다. 이러한 국가들이 선정된 데는 또 다른 원인이 작용했다. 먼저 선정된 국가들은 국제기구에서 상대적으로 취약한 회원국들이기 때문에, 이들과의 무역 협약을 먼저 시도하고, 그다음에 중국 시장을 미국 생산자들에게 개방하기 위하여 동일한 전술을 적용했다. 또한 무역 전쟁을 위협하는 것은 멕시코와의 이민과 프랑스와 유럽연합과의 과세에 대한 분쟁을 해결하는 데도 사용되었다. 여기에는 적절한 협약의 훌륭한 점을 널리 알리기 위해, 갈등의 언어를 단계적으로 끌어올리는 표준 모델도 존재했다.

21세기 여건에서 대규모의 무역 전쟁이 신속하게 전개될 것 같지 않은 가장 분명한 이유는 이 전쟁에 참여하게 될 국가들이 엄청난 피해를 볼 것이라는 데 있다. 특히, 선진국에서 지금 다루고 있는 사회 문제가 불평등의 심화라면, 무역이 그 원인이 아니라 해결책이라 할 수 있다. 무역에서 얻는 이익이 가난한 소비자들에게 가장 크다는 실증적인 증거가 있다.[26] 간단하게 말하자면, 선진국에서 가난한 소비자들은 의류에서 식료품에 이르기까지 값싼 수입품에 의존하고 있다.

둘째, 제조업 제품의 교환이 주종을 이루던 19세기 버전과는 다르게, 오늘날의 세계화가 갖는 주요 특징으로 전문적이고도 무리를 이룬 틈새 상품 공급업체들 간의 무역을 꼽을 수 있다. 경제학자 리처드 볼드윈 Richard Baldwin이 보여준 것처럼, 현대 경제는 제품을 저렴한 비용으로 옮겨놓는 역량만큼이나 저렴한 비용으로 정보가 흘러가게 하는 역량에 달려 있다.[27]

셋째, 상당한 규모의 고용 감소는 이미 발생했고, 무역 패턴을 변경한다고 해서 이러한 현상이 반전될 것 같지는 않다. 이미 일자리가 많이 사라졌기 때문에, 더 이상 피해자를 보호하기가 쉽지는 않을 것이다. 예를 들어, 철강 산업을 보면, 중국에는 철강 일자리가 470만 개에 달하지만,

미국에는 일자리가 겨우 14만 개만이 남아 있다. 2017년 프랑스 대통령 선거에서 낙선했던 우파 포퓰리스트 마린 르 펜은 당시 선거 운동을 펼치면서 프랑스 북부의 섬유 산업 일자리가 감소한 사실을 강조했다. 일자리 감소에 관한 이야기는 칼레라는 도시에서 시작되었다. 유럽연합이 섬유 수입 쿼터를 철폐했을 당시인 2005년에는 고급 제품을 위한 레이스 장식을 만드는 데 3만 개의 일자리가 있었다. 오늘날에는 이 일을 하는 사람들이 겨우 3,000명에 불과하고, 유럽 전역의 10대들은 아시아나 동유럽에서 만든 값싼 레이스 제품을 입는다.

오늘날의 무역 환경을 구성하는 복잡하게 얽힌 글로벌 가치사슬은 다른 여러 가지 이유로 변경될 수도 있다. 예를 들어, 패션의 변화와 적시성just-in-time 기술은 장거리 수송을 바람직하지 않은 것으로 만들 수 있다. 따라서 2012년 이후 세계 무역의 둔화가 자주 언급되는 것은 새로운 보호주의 정서보다는 어느 정도는 이러한 영향에 의한 것으로도 볼 수 있다.

2020년 코로나의 유행은 무역, 가치사슬, 상호연결성에 내재된 문제의 완전히 다른 측면을 부각시켰다. 즉 과거에 군사적 대립에서만 비롯되었던 문제를 제기했던 것이다. 국가는 안보상의 이유로 외국으로부터의 수입에 의존하는 것을 바라지 않는다. 코로나 유행 초기 단계에서 국가들이 희소한 자원을 확보하는 방법에 관한 진실되거나 때로는 거짓된 이야기가 퍼졌다. 독일 정부는 이탈리아 병원에 의료 장비를 보내는 것을 허용하지 않았다. 미국 정부는 독일로 가는 N95 마스크 20만 개를 태국에서 다른 비행기로 옮겨 실을 때 미국으로 전용했다. 게다가 미국 정부는 제지 기업 3M이 캐나다와 라틴 아메리카 지역에 마스크를 보내는 것을 금지했는데, 이 회사가 마스크를 만들기 위해서는 캐나다 서부에서 생산되는 목재 펄프를 원료로 사용해야 한다는 사실을 나중에야 알게 되었다. 또한 3M에 다른 국가에 있는 공장에서 마스크 생산을 늘리도록 독려하기도 했다. 미국인들은 중국이 미국에서 판매되는 항생제의 80~90%를 생산하고, 열병 치료에 반드시 필요한 파라세타몰 세계 공급량의 70%를 생산한다는 사실과 인도에서 생산되는 일반 항생제도 중국산 중간 제품에 의존하고 있다는 사실을 알고서 놀라움을 금치 못했다.

이에 대하여 미국과 같은 규모가 큰 국가들의 대응 방안은 반드시 필요한 제품은 국내에서 생산해야 한다는 것이었다. 그러나 이것은 이웃 나라뿐만 아니라 멀리 떨어진 곳에 있는 생산자들에게 계속 의존해야 하는 규모가 작은 국가에는 명백하게 비현실적인 제안이었다. 이번 위기는 이러한 국가들에게 어쩌면 국제기구의 감시하에 그들이 차별을 받지 않도록 공급과 운송 체인을 확실하게 관리해야 할 필요성을 보여주었다.

상품 교역은 경제 활동에서 위축되는 부분을 충당한다. 이제 우리는 서비스에 더 많이 의존한다. 지난 2세기 동안 농업이 고용의 원천으로서 위축되던 것처럼, 자동화의 증대와 정보 기술의 활용으로 제조업 고용이 차지하는 비중도 대부분의 선진국에서 농업이 그랬던 것처럼 기본적으로 대수롭지 않게 여겨질 정도로 축소될 수 있다.

미래의 중요한 쟁점은 서비스그리고 누가 이것을 공급하는가에 있다. 서비스는 더욱 엄격하게 보호된다. 법률 서비스와 의료 서비스영상의학 같은 것들은 서비스가 세계화될 수 있지만, 여행업과 접객업은 그렇지가 않다. 그러므로 세계화에 반대하는 포퓰리스트들의 반발을 피하기 위한 가장 현실적이고도 가장 낙관적인 대책은 교육 수준을 향상시키고 서비스의 질을 높이면서, 더욱 다양한 서비스를 제공하는 데 있다. 그러나 이러한 가능성은 요구되는 새로운 서비스가 외국인들에 의해 제공될 것인가라는 질문을 하게 만든다.

코로나 바이러스로 야기된 변화는 이 흐름을 더욱 빠르게 전개되게 할 수 있다. 모니터링과 진단을 포함하여 더욱 광범위한 의료 서비스가 원격 진료를 통해 제공될 것이다. 이러한 원격 서비스들 중 상당수는 코로나 위기 이전에도 기술적으로 가능했고, 특히 영상의학 진료는 국경을 넘어서 진행되었다. 그러나 코로나의 유행으로 의사와 환자 모두가 대면 진료는 위험한 것으로 인식하게 되었다. 지금은 많은 사람들이 감염을 우려하여 병원에 가지 않으려고 한다.

교육은 줌Zoom 혹은 그 밖의 인터넷 플랫폼을 통해 진행되는 가상 강의, 세미나 및 수업을 중심으로 하는 장거리 원격 학습으로 전환되고 있다. 당장은 개인의 경험 부족으로 분명히 잃는 것도 있지만, 얻은 것도 많다. 사람들은 세계 전역으로 연결되어 있다. 개인적으로 나는 이러한 변화가 학생들과 동료들을 단조로운 교실이나 회의실에서뿐만 아니라 그들의 가정환경 속에서 그들을 이해하기 위한 여건을 만들어준다고 생각한다. 그리고 이러한 종류의 교육이 훨씬 더 쉽게 확대될 것이고, 결과적으로 더욱 광범위하게 활용될 것이다.

코로나의 유행이 미치는 단기적 영향은 일부 생산을 탈세계화하는 것이 될 것이다. 그러나 세계화의 과제는 세계적인 반응을 일으킬 것이고, 이에 따라 서비스의 세계화는 더욱 심화될 것이다.

글로벌 이민

또한 세계화의 역사는 원주민들이 이민에 반발하는 모습으로도 나타났다. 그들의 움직임은 19세기 후반 세계화에 대한 반발에서 두드러지게 나타났지만, 이러한 현상은 훨씬 더 오랜 역사를 지녔다. 윌리엄 셰익스피어의 수중에 있던 것으로 최근에 확인된 원고에 따르면, 16세기 초 런던 시민들이 갑자기 외국인들을 대상으로 끔찍한 폭력을 행사하는 식으로 소동을 일으킨 적이 있다고 한다. 이에 당시 재상이던 토머스 모어 경이 개입하여 이러한 소동을 금하던 왕자들에게 복종하는 것과 함께 진정을 호소하기에 이르렀다. 셰익스피어의 원고에 등장하는 모어 경은 자기주장을 뒷받침하기 위해, 소동을 일으킨 자들을 처벌하고 추방할 수 있다고 생각했다. 그러면 그들은 안전한 곳을 찾아 외국의 어느 도시로 떠나야 할 것이다.

이민은 사회적 지위와 불평등에 직접적인 영향을 미친다. 이제 두 가지 극단적인 예를 들어보자. 고도로 숙련된 기술자들만을 들어오게 하면 창조성과 혁신을 높일 수는 있지만, 이것이 기술에 따른 프리미엄고용주가 이러한 기술을 가진 자들을 고용함으로써 확보하는 가치을 낮출 수 있고, 기존 엘리트들의 지위에 위협이 될 수 있다. 스펙트럼의 다른 쪽 끝에서는 대규모의 비숙련공들의 이민이 임금을 떨어뜨리고, 엘리트들이 서비스아이 돌봄, 노인 돌봄 등를 저렴한 비용으로 누리게 되어 불평등을 심화시킨다. 따라서 이민에 관한 이해관계의 충돌은 본질적으로 분배 문제와 관련이 있다. 그러나 이 문제를 직접 나서서 해결하려는 사람은 거의 없다.

오늘날의 거의 모든 논쟁은 저임금과 비숙련공의 이민에 집중한다. 그 이유는 이러한 이민이 국내 노동자들의 임금 수준과 노동 조건에 영향을 미치기 때문이다. 그러나 임금의 하방 압력에 저항하기 위한 주장이 순전히 물질적이거나 경제적으로만 뒷받침되는 경우는 거의 없다. 예를 들어, 이민 논쟁은 때로는 비숙련 노동자의 이민이 임금에 미치는 영향에 관한 논쟁이 이러한 이민에서 비롯되는 문화적 위험과 오염에 관한 더욱 일반적인 논쟁과 융합되었다. 1882년 미국 의회는 중국인 노동자의 이민을 금지하는 중국인 배제법Chinese Exclusion Act을 통과시켰다그리고 미국으로 들어오는 모든 중국인들에게 직업 증명서를 소지할 것을 요구했다. 이 법은 정기적으로 갱신되었고, 이민에 대한 더욱 일반적인 제한을 가하기 위한 법안들1차 대전이 일어날 때까지는 대통령이 정기적으로 거부권을 행사하던 법안들이 통과되었다. 비슷한 시기에 독일의 위대한 사회학자 막스 베버는 자신의 1892년 저작에서 폴란드 농촌 노동자들의 독일 이민을 관찰하면서, 이렇게 우려했다. "수준 높은 문화는 수준 낮은 문화와의 실존적 싸움에서 승리하는 것이 아니라 오히려 패배한다."[28]

1차 대전 후 세계 전역에서 반이민 정서가 확대되어 이를 반영하는 법안들이 쏟아졌다. 1921년과 1924년의 이민 제한 법안들은 동부 및 남부 유럽인들의 이민이 급증하기 전인 1890년에 이민자들이 미국 인구에서 차지하는 비율에 따라 이들의 쿼터를 설정함으로써, 이들의 국적과 기술의 혼합 비율을 통제하기 위한 것이었다. 남아프리카공화국을 비롯하여 캐나다와 오스트레일리아를 포함한 전형적인 이민 대상 국가들도 선호하는 출신 국가들을 정해놓았다. 이러한 이민 제한은 분명히 효과가 있었는데, 1920년대 미국에서 새로운 주택 건설 수요를 감소시켰던 것이다. 이후 이민은 새로운 법안의 시행과 대공황으로 인한 경제적 기회의 감소로, 수십 년에 걸쳐서 계속 감소했다.

2007~2008년 글로벌 금융 위기 이후로, 무역과 금융이 위축되었지

만, 이민이 감소했다는 증거는 찾아볼 수가 없었다. 2010~2015년 동안, 실제로 이민은 이전보다는 조금 낮은 비율이기는 하지만, 계속 증가했다그림 7.

2015년에 유럽으로의 이민이 급증한 것은 한편으로는 시리아와 아프가니스탄 전쟁으로 난민이 대거 유입되었고, 다른 한편으로는 유럽연합 회원국이 아닌 유럽 남동부, 아프리카 북부와 서부 지역에서 경제적 기회를 찾아서 몰려드는 이민자들이 증가한 데서 비롯되었다. 이에 따라 이민 문제가 정치 의제에서 가장 중요하게 취급되었다. 독일의 앙겔라 메르켈 총리는 많은 대안을 가지고 있지 않은 상태에서, 난민 수용을 일방적으로 결정하여 대내외적으로 많은 비난을 받았다. 메르켈 총리의 이러한 결정에 대한 비난에서 비롯된, 이민에 반대하는 움직임이 2016년 브렉시트 국민투표와 미국 대통령 선거에서 결정적인 역할을 했다. 이민

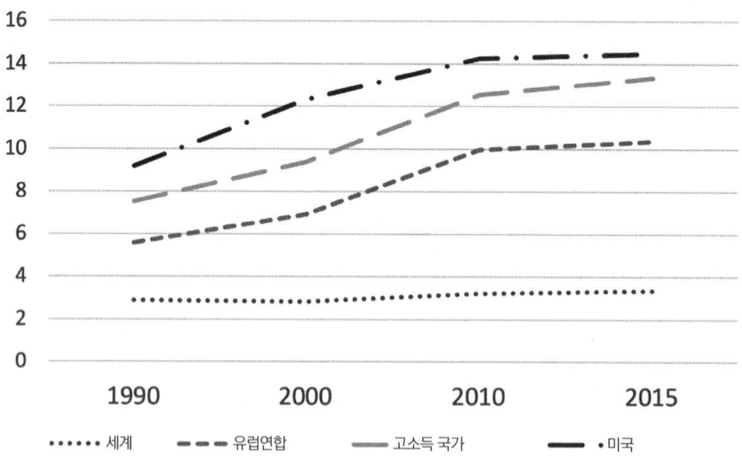

그림 7. 미국, 고소득 국가, 유럽연합, 세계의 인구 대비 이민자수의 비율

출처: 세계은행.

에 대한 문화적 논쟁은 이민이 순전히 경제적 기회가 아니라 테러와 범죄 행위와도 연관된다는 생각에서 나온 것이다.

비평가들은 이민에 가장 민감한 사람들이 이민자들로부터 직접적으로 영향을 받는 지역에 거주하지 않는다는 사실에 주목한다. 따라서 2015년 메르켈 총리의 결정에 대한 불만은 독일 북부와 동부 지역구소련이 영향력을 발휘하던 독일민주공화국German Democratic Republic에서 가장 극명하게 드러났는데, 이 지역을 정착지로 선택하는 이민자들은 거의 없다. 스위스에서도 이민에 반대하는 국민 발안은 이민자가 가장 적은 지역에서 가장 많은 지지를 얻는다.[29] 미국에서도 이민자들이 많이 몰려드는 캘리포니아, 애리조나, 텍사스, 플로리다와는 멀리 떨어진 중서부 지역에서 이민에 관한 논쟁이 치열하게 전개된다. 영국에서도 EU 회원국으로 남기를 원하는 런던, 대도시 지역과 비교하여 브렉시트에 찬성하는 주변 지역에 이민자들이 덜 정착한다. 브렉시트 찬성표가 특히 유럽 동부와 남동 지역의 새로운 회원국에서 온 이민자들의 수의 증가를 반영한다는 것을 뒷받침하는 일부 증거가 있기는 하지만, 전체적으로 보면 브렉시트 찬성과 이민의 역사 간에는 상관관계가 거의 나타나지 않는다.[30] 이러한 현상에 대한 한 가지 흥미로운 해석은 이민이 기존의 주로 문화적 계급의 긴장을 심화시킨다는 것이다. 이 시나리오에서 역동적인 중심 도시의 중산층 시민들은 이민이 그들에게 저소득층의 오지 거주자들과는 다른 생활 방식을 영위하게 해주는 저임금 서비스 노동자아이 돌보미, 웨이터, 바리스타, 배달 사원 등의 지속적인 공급을 보장하기 때문에, 이것을 유익한 것으로 바라본다. 그러나 이민은 단지 생활 방식의 선택에 관한 문제만은 아니다. 유럽과 북아메리카 지역에서는 건설, 식품 가공특히 육류 가공과 같은 주요 산업이 이민자들의 노동에 의존한다.

정치적 논쟁의 여파로, 많은 국가에서 합법적인 이민의 기회가 제한되었다. 특히, 미국과 영국에서는 예를 들어, 미국인 고용 증대를 위한 이민 개혁법 Reforming American Immigration for Strong Employment Act, RAISE과 같이 기술에 기반을 둔 포인트 시스템에 입각하여 이민을 제한하려는 조치가 시행되었다. 그러나 상품과 자본의 흐름과는 다르게, 불법 이민을 통제하는 것은 매우 어렵거나 어쩌면 불가능할 수도 있다. 예전에는 많은 선진국들이 불법 이민자들에게 합법적인 지위를 부여하고 이들을 더욱 효과적으로 감시하기 위해 주기적으로 특별 조치를 시행했다이것이 국제 테러리즘의 시대에서 중요한 문제로 부각되었다.[31]

미래의 이민은 기후 변화로 인한 사막화, 내전 또는 국가 간 분쟁, 생활수준의 차이 등과 같은 추진 요인에 의해 속도가 붙을 수 있다. 이민 문제를 해결하는 변치 않는 방안은 경제적, 사회적, 정치적 안정과도 관련이 있을 것이다. 이것은 지리적, 문화적 경계를 뛰어넘어 세계화의 혜택을 더욱 평등하게 전파하기 위한 지속적인 시도를 의미한다.

금융 흐름이 중단될 때

무엇이 세계화에 대한 반발을 일으키기 시작하는가에 대한 또 다른 대답은 세계화가 금융 위기와 함께 무너진다는 것이다. 금융 부문은 세계적인 연결 중에서 가장 불안정하고 흐름이 갑자기 중단되는 경향이 있다. 이러한 상황이 발생하면, 세계화가 문제를 확대시킨다. 19세기 금본위제에 입각한 금융 통합의 시대는, 2차 대전 이후 20년에 걸친 금융의 제한적인 상호연결성금융 억압, financial repression – 정부가 금융시장에 개입해 시장을 억압하고 왜곡한다는 뜻. 시장이 자유롭게 작동했다면 다른 곳으로 향했을 자금을 정부가 정책 수단을 동원해 정부의 목표 달성을 위해 끌어오는 경우를 가리킨다_옮긴이 의 시대와 비교하여 금융 흐름이 더욱 순조로웠지만, 은행 위기도 자주 발생했다는 것은 경제의 역사에서 널리 알려진 사실이다. 20세기 금융 통합의 흐름은 U자형 궤적을 따랐는데, 세기 초반에 두드러졌던 국가 간 연결이 1970년대와 그 이후로 다시 나타났던 것이다.[32]

금융 위기그리고 공중보건 위기 는 주로 외국인들에게서 비롯되고, 그 여파로서 새로운 국민주의를 낳게 된다. 이러한 현상은 극심한 금융 위기 이후로 특히 두드러지게 나타났다. 또한 강대국들은 위기를 맞이하여 규제 당국이 대처 방안을 마련할 수 있다. 1907년에 미국이 겪은 위기와 1931년 중부 유럽 국가들이 겪은 금융 붕괴와 같은 두 가지 역사적 사건들은 이러한 역학이 작용하는 것을 잘 보여준다.

1907년 10월의 위기는 특히 독일과 미국과 같이 빠른 속도로 성장하는 제조업 강국들에게 금융 권력을 동원하는 것이 바람직하다는 사실을 보여주었다. 이 위기는 금융의 최고 중심지라 할 영국에 의존하는 데 따르는 위험을 보여주었고, 다른 국가들에 자체적인 금융 시스템을 구축하여 영국에 너무 의존하지도, 너무 취약하지도 않을 것을 장려했다. 물론 이 위기는 1906년 연말에 이미 금융 스트레스를 경험하고 1907년 3월에 주식 시장이 붕괴된 미국에서 시작되었다. 10월의 위기가 처음에는 새로 설립된 신탁회사에 영향을 미쳤지만, 뉴욕의 은행들이 예금자들이 자신의 예금을 현금으로 인출하는 데 제한을 가해야 할 정도로 심각하게 전개되었다. 결과적으로 현금 수요의 증가가 금리 급등을 초래했고, 이에 따라 금 수입이 감소했고, 이탈리아, 스웨덴, 이집트, 독일과 같은 다른 국가의 대형 은행들도 바짝 긴장하여 금리를 급등시켰다.

1900년대 초 세계의 금융은 영국, 특히 런던에 집중되었다. 수출업자들이 그들의 상품을 수입하는 모든 도시에 금융 대리인을 둘 수가 없기 때문에, 세계의 금융 거래는 런던의 머천트뱅크merchant bank, 국제 금융에 중요한 역할을 이룩한 영국의 금융업을 지칭하는 말로, 거기에 종사하는 많은 사람들이 독일에서 이주한 무역업자와 상인 출신이어서 이렇게 불린다_옮긴이 를 통하여 이루어졌다. 만일 함부르크 또는 뉴욕의 상인이 브라질로부터 커피를 구매하려고 한다면, 커피가 항구에 도착하는 3개월 후에 대금의 지급을 약속하는 형식의 어음에 서명을 해야 한다. 이 어음을 소지한 수출업자는 어음 할인의 형식으로 지역 은행에서 혹은 런던의 은행에서 현금으로 교환할 수 있다. 물리적 사회기반시설이라 할 대양 횡단 케이블이 금융 연계를 위한 기초를 제공했다. 또한 영국 선박 혹은 영국 항구가 처리하지 않는 화물 운송까지도 포함하여 세계 해상 보험의 대부분이 런던로이즈에 가입되어 있었다. 영국의 비평가들은 운송과 전신의 놀라운 발전 덕분에 점점 더 국제적으로 변해 가는, 세상에서 힘의 우위를 갖는 영국을 바라보면서, 기쁨을 감추지 못하고는 「더 이코노미스트the Economist」에 다음과 같이 적었다. "우리는 부끄러워해야 할 이유가 전혀 없다. 미국 체제의 붕괴는 우리에게 확실한 우위를 가져다주었다. (……) 런던은 최근의 변화에 민감하지만, 안전하다."[33]

1907년의 경험은 미국 금융업자들에게 뉴욕 시장이 런던 시장과 같은 방식으로 어음을 취급할 수 있는 자체적인 상거래 시스템을 개발할 필요가 있다는 사실을 깨닫게 했다.[34] 미국이 은행인수어음무역 거래를 위해 발행된 기한부 환어음을 은행이 지급을 보장, 인수한 어음을 말한다_옮긴이 시장 개발을 추진할 때 기술적 측면을 담당한 사람이 독일 출신의 이민자로 카이저 빌헬름 2세의 개인 참모를 지냈고 함부르크의 위대한 4세 은행가였던 막스 바르부르크Max Warburg의 동생 파울 바르부르크Paul Warburg였다. 파울 바르부르크는 은행가들이 미국 지킬섬에 모여서 연방준비제도의 설립 계획을 논의하는 데 있어서 핵심적인 역할을 했다. 은행가 형제들인 파울과 막스는 실제로 대서양 양쪽에서 서로 협력하면서, 영국의 제조업과 금융 독점에 대한 대안을 제공하게 될 독일계 미국 기관의 설립을 적극적으로 추진했다. 그들은 영국의 파워가 약해지는 동안, 독일과 미국의 파워는 해가 갈수록 점점 더 강해지고 있다고 확신했다. 파울과 막스가 대중들에게 전하는 호소의 언어는 국방의 의무를 하는 군인들에게 전하는 것과도 비슷했다. "지금 미국의 상황을 보면 (……) 우리가 군대를 보내지 않고서, 군인들을 따로 보내서 혼자 싸우게 하는 것과 같다." 그가 제안했던 개혁안은 국제 교환을 위한 새롭고 강력한 매개체를 창출할 것이고, 금 수송에 대한 새로운 방어 수단이 될 것이다.[35] 미국 중앙은행 설립에 관한 팽팽한 논쟁에서 바르부르크는 상당한 취약성에 직면한 미국의 금융 안정성을 강화할 필요성의 관점에서 문제점을 일관되게 제기했다. 바르부르크의 설명에 따르면, 새로운 중앙은행의 최종 명칭뿐만 아니라 원래의 올드리치 플랜Aldrich Plan에서 선택된 단어는 분명히 육군 또는 해군 예비역에 의도적이고도 노골적으로 비유하는 것이었다.[36]

1931년 유럽 중부에서 발생했던 신용 위기는 대공황의 과정을 바꾸어놓았다. 실제로 이러한 위기가 없었더라면, 대공황도 없었을 것이 거의 확실하다. 그해 봄, 미국에서는 상당한 회복의 징후가 있었다. 당시 오스트리아 은행인 크레디탄슈탈트가 파산했는데, 이것이 당장 헝가리에 연쇄 파급 효과contagion effect, 한 나라의 경제 붕괴가 전 세계로 파급된다는 이론_옮긴이를 미쳤고, 며칠 뒤에는 헝가리보다 규모가 더 크고 체계적인 독일에도 이러한 효과를 미쳤다. 대형 은행의 파산이 세계를 붕괴시킬 만큼의 파급 효과를 일으킬 수 있다는 사실은 2008년 정책 입안자들에게 역사적 교훈을 남겼다. 당시 벤 버냉키는 리먼 브라더스가 붕괴되던 주말에 미국이 새로운 크레디탄슈탈트를 맞이하게 되는 것을 우려했다.[37]

은행 위기는 세계가 훨씬 더 분명한 형태의 무역 보호주의를 지향하게 만들었다. 현상 동결 협정이 체결되어 금융 흐름이 동결되고 은행 신용이 차단된 상황에서, 적자 국가들은 대외 계정을 바로잡기 위해 강력한 조치를 취해야 했다. 은행 위기 이후로 외환 통제를 부과하고, 그다음에는 양자 간 무역 및 서비스에 대한 재정 지출뿐만 아니라 무역을 관리하고자 하는 국가들이 추진하는 양자 간 무역 협정과 청산 협정clearing arrangement, 상대국의 중앙은행에 자국 중앙은행의 특별 계정(청산 계정)을 설정하고, 수출입 및 기타 국제수지를 이 계정을 통해 결제하는 협정을 말한다_옮긴이 이 뒤따랐다. 이러한 협약의 최초 사례는 1932년 1월 헝가리와 유고슬라비아 간의 것이었다. 이어서 독일이 헝가리와 협약을 체결했고, 그다음에 다른 중부와 동부 유럽 국가들과도 협약을 체결했다.[38] 경제학자들은 이것을 두고 다음과 같이 불만을 토로했다. "관세 부과, 외환 통제, 쿼터 설정, 수입 금지, 구상무역 협정, 중앙에서 관리하는 무역 협정과 청산 협정은 모두가 중세 무역 규제의 낡은 유물로서, 500년에 걸친 이론과 괴로웠던 경험을 통하여 신뢰를 주지 못했다. 이러한 것들이 오랜 창고에서 끌려 나와 새로운 계몽 시대의 산물이라는 호평을 받았다."[39] 또한 새로운 협정들은 경제적으로 전염성이 있었다. "오히려 양자주의가 번식과 전파 능력이 강하다. 예를 들어, 특정 국가가 자신의 무역 상대국이 청산 계정을 설정했기 때문에, 필요한 원자재를 얻기 위한 목적으로 자유로운 교환을 하는 데 어려움이 따르는 것을 알게 되면, 원자재를 판매하는 국가를 대상으로 청산 계정을 설정해야 한다는 생각을 가질 수 있다. 따라서 이러한 과정은 악순환 속에서 작동하는 경향이 있다."[40] 또한 안보 우려 때문에, 무역 제한을 활용해 전략 상품의 수입 의존도를 줄이자는 주장이 설득력을 얻게 되면서 악순환이 발생했다. 무역 다자주의는 금융 위기의 여파로 파멸을 맞이하였고, 정책 입안자들이 안보의 관점에서 생각하도록 사고의 전환을 촉진했다.

대공황에 대처하기 위한 국내의 입법 조치에는 은행 규제도 포함되었다. 1933년 미국의 글래스-스티걸 법Glass Steagall Act은 은행의 기능을 투자 은행과 상업 은행으로 분리하는 것으로 벨기에와 이탈리아에서 시행된 이와 비슷한 법을 가져온 것이었다. 금융 규제를 실시하고 은행의 활동에 대한 재무 당국의 관심이 커진 것은 자본의 국제적 흐름을 위축시키는 원인이 되었다.

대공황과 마찬가지로 2007~2008년의 글로벌 금융 위기는 특히, 은행 파산의 여파로 금융의 재국유화를 촉발시켰다. 은행 정리bank resolution, 시스템에 피해를 주지 않기 위해 은행을 신속하게 해산시키는 과정는 재정적 비용 때문에 위기의 초기에만 금융 당국에 의해 관리될 수 있었다그 후에야 유럽은 "은행 연합banking union"을 향하여 천천히 그리고 주저하면서 나아갔다. 잉글랜드은행 총재 머빈 킹Mervyn King은 이렇게 말했다. "대부분의 거대하고 복잡한 금융 기관들이 죽어서는 그렇게 하지 않더라도 적어도 살아 있을 때는 세계를 무대로 영업한다." 미래에 대규모의 청구가 발생할 가능성에 직면한 각국 정부들은 처음에는 규제를 강화하고 은행 시스템을 훨씬 더 안전한 것으로 만들려고 매우 엄격한 국가 기준을 부과했다. 이것이 스위스에서는 자본 규제 기준Swiss Finish으로 나타났고, 영국에서는 지나친 규제 확대 행위gold-plating로 나타났다. 유럽에서는 국가의 규제 기관들이 다국적 대형 은행 그룹의 법인체들을 구성하는 자국 기업들을 규제를 부과하기 위한 적합한 대상으로 간주하기 시작했고, 이러한 방식으로 국경을 넘어 노출되는 것을 제한했다. 예를 들어, 이탈리아의 도이체방크 S.p.A.Deutsche Bank S.p.A., 스페인의 도이체방크 소이에다드 아노니마 에스파뇰라Deutsche Bank Sociedad Anónima Española, 독일의 도이체방크 AG Deutsche Bank AG는 모두 법적으로 개별적인 법인체이며, 더 이상 도이체방크그룹Deutsche Bank Group의 한 부분으로 여겨지지 않는다.

실제로 은행을 보다 안전하게 만들기 위해 은행의 자본을 늘리려는 조치들은 같은 방향으로 진행되었다. 금융 위기 동안 새로운 자본을 조달하는 것은 처음에는 힘들고 비용도 많이 소요되었다. 때문에 자본 비율을 높이기 위한 이보다 쉬운 방법은 은행 자산, 특히 중심이 아닌 지역에 보유 중인 은행 자산을 매각하는 데 있었다. 따라서 은행들이 외국에서 보유한 자산을 처분함에 따라, 금융의 본국 편향 현상이 확대되었는데, 이러한 움직임은 어느 정도는 규제 당국의 보호주의적 요구에 의해 강요된 것이기도 했다.[41]

유럽에서는 은행에 대한 정부 지원이 불황을 극복하기 위해 국내 대출을 명시적으로 목표로 정해두는 비전통적인 통화 정책과 결합되었다. 은행이 해외 대출보다는 국내 대출에 집중하고 자국 정부가 발행한 채권을 구매하게 했다.[42] 위기 이후 영국 은행들의 대출 자산 80%가 외국 차입자들에게 대출한 것으로 드러나자, 영국 정부는 이들에게 대출의 우선순위를 변경하도록 압박을 가했다.[43]

그러나 은행의 재국유화를 위한 이러한 압박 수단들이 실제로 세계적인 현상인지는 확실하지 않았다. 국제결제은행은 은행 혹은 금융의 탈세계화가 세계적인 현상이 아니라 유럽에 국한된 현상이라고 주장했다.

특히, 유럽의 은행들은 자산이 감소했지만, 다른 지역의 은행들은 이러한 조치가 없이도 필요한 자본을 동원할 수 있었다.[44]

코로나 바이러스는 새로운 문제를 일으켰다. 미국과 중국 사이에 책임을 둘러싼 공방이 치열해지면서, 금융 전쟁의 위협이 고조되었다. 한때 도널드 트럼프 대통령을 비판했던 린지 그레이엄Lindsey Graham 공화당 상원의원은 이제는 그의 유력한 지지자가 되어서, 미국에서 수백만 건의 감염과 수만 명의 사망자가 발생한 원인을 제공했던 중국을 상대로 중국인 보유 미국 재무부 채권에 대하여 선별적으로 채무 불이행을 선언하는 방식으로 보복을 가해야 한다고 주장했다. 이것은 극단적 선택이며, 세계에서 가장 중요하고도 안전한 자산으로 평가받는 미국 달러에 대한 신뢰를 한순간에 허무는 것이다. 이러한 선택에 관한 논쟁 자체가 중국이 선제적으로 미국 재무부 채권을 매각할 가능성을 높인다. 이것은 평상시에는 채권 가격이 급락할 것이라는 두려움 때문에 취할 가능성이 거의 없는 조치이다. 각국 정부들은 서로에게 피해를 입히기 위해 금융 시스템을 사용하려고 했던 1914년 이전의 방식으로 단호하게 되돌아갔다. 오랫동안 영향력을 발휘하기 위한 수단이었던 금융 시스템이 또다시 경제를 파괴하는 무기가 되었다.

세계화가 거버넌스에 미치는 영향

지금까지 살펴봤던 탈세계화의 기본적인 원인들이질적인 것에 대한 심리적 반응과 금융 위기에 대하여 즉각적으로 나타나는 실리적인 반응은 서로 관련이 있다. 금융 위기에 대한 반응은 훨씬 더 강렬한 정치적, 심리적 반응을 일으킨다.

쉽게 이동할 수 있는 자본은 국제적이고 익명성을 띤다. 그러나 자본이 퇴각할 때는 곤경에 처한 차입자는 누구의 자본, 누구의 이해관계가 이러한 과정을 이끌어가고 있는지에 매우 민감해진다. 2008년 이후, 특히 규제를 통하여 금융의 부분적인 재국유화가 진행되었다. 브렉시트 협상에서 영국과 유럽연합 간의 가장 격렬했던 쟁점은 거주지즉, 이민와 함께 금융 서비스에 관한 것이었고, 결과적으로 이러한 부문들은 최종 합의에서 제외되었다. 2016년 브렉시트 국민투표 이전에도 유럽연합은 동등한 체제에서 규제의 적용을 받는 금융 기관들이 유럽연합에서 영업할 수 있도록 하는 동등성 원칙에 입각한 접근 방식을 분명히 하고 있었다. 금융 규제를 위한 도드-프랭크법Dodd-Frank Act, 미국이 글로벌 금융 위기로 나타난 문제점들을 해결하기 위해 2010년 7월 제정한 금융개혁법_옮긴이을 개정하여 규제를 완화하려는 미국의 조치도, 유럽연합이 위험하다고 판단하거나 불공정한 규제의 적용을 받고 있다고 판단하는 외국의 금융 기관들을 배제하게 했다. 지금은 보호주의가 양 대전 사이의 기간에 세계화에 대한 반발이 집중적으로 나타났던 제조업보다 서비스업에 관한 논의에서 훨씬 더 많이 나타난다.

자본 이동은 국제 관계의 또 다른 측면에서 나타나는 제로섬 게임의 한 부분이 되었다.[45] 외부 자본에 의존하는 것이 취약성의 원인으로 여겨질 수도 있었다. 연방준비제도의 스왑 협정과 같은 공식적인 구제 수단은 특혜를 받은 국가들만 이용할 수 있어서, 주요 신흥국가들에게는 접근을 허용하지만, 인도 등 다른 국가들은 허용하지 않는다.

2007~2008년 글로벌 금융 위기의 초기 단계에서는 다자간 국제 행동에 대한 인상적인 조정이 있었다. 다수의 전문가들이 금융 시스템이 효과적으로 돌아가고 있다는 결론을 내렸다. 대니얼 드레즈너Daniel

Drezner는 자신의 저작 『시스템이 효과적으로 돌아가고 있다The System Worked』에서 경제 개방성을 유지하고 국제 금융 시스템에 탄력을 불어넣기 위해 글로벌 경제 거버넌스가 효과적으로 작동했기 때문에, 세계경제가 회복되었다는 주장을 펼쳤다.[46] 2008~2009년의 성공적인 조정은 대공황 시기, 협상에 실패한 것과 1933년의 절망적이었던 세계 경제 회의World Economic Conference와는 극명한 대조를 이루었다. 국제 협력이 최고조에 이른 것은 2009년 런던과 이후 피츠버그에서 열린 G20 정상회의에서였다. 이번 회의에서는 각국 정상들이 전염성이 강한 위기를 차단하기 위하여 글로벌 경제 조정, 거시경제적 경기 부양, IMF의 대출 역량 확대를 위해 협력하기로 합의했다. 다양한 계획들이 효과적으로 작동했다. 2008년 9월에 시작된 양 대전 사이의 기간에 킨들버거의 악순환처럼 보였던 무역의 위축이 2009년 4월이 되면서 갑자기 중단되었다.

그러나 이후의 정상회의들은 그다지 인상적이지 않았다. 2010년 11월 서울에서 열린 정상회의에서는 특히, 중국과 독일을 겨냥하여 경상수지 흑자에 제한을 가하려는 미국의 헛된 시도 때문에 분위기가 좋지 않았다. 당연히 중국과 독일은 이에 저항했다. 2011년 11월 칸에서 열린 정상회의는 아직 해결되지 않은 유럽의 위기가 분위기를 지배했다. 보호주의에 반대해야 할 필요성에 대한 일상적인 주장은 획일적인 구절처럼 보였고, 효과적인 실천 계획이 뒤따르지 않았다. 그리고 미국이 기후 변화에 대한 파리 협약에서 탈퇴한다고 발표한 뒤 열린 2017년 함부르크 정상회의에서는 각국 정상들이 당면 문제를 회피하려고 했다. 무역 자유화를 두고 의례적인 요구를 하지 않은 것이 정책의 관점에서 전혀 문제가 되지 않았을 것이고, 각국의 관리들은 여전히 무역 자유화의 과정이 작동하고 있다고 주장할 수도 있었겠지만, 행동의 조정이 이루어지고 있다는 환상은 사라졌다.

조정의 성격이 변하고 있는 것은 세계 경제 지형의 변화를 반영했다. 글로벌 금융 위기는 대규모 신흥 시장보다 선진국에 훨씬 더 파괴적으로 나타났다. 미국과 유럽은 세계화의 결과를 바라보면서 국내 정치에 대해 고통스러운 반성의 시간을 가졌다. 그러나 리더십은 세계화가 어떻게 작동하는가에 대한 많은 설명에서 두드러지게 나타난다. 19세기의 세계화는 채무이행청구에 대한 법원의 판결을 포함하여 주로 영국이 정해놓은 규정에 따라 발전했다. 이와는 대조적으로 20세기 후반에는 미국이 통화 협약의 중심에 있었고, 다자주의 체제의 최종적인 수호자였다. 미국과 영국이 유엔 체제와 함께 1945년 이후 질서의 주요 설계자 역할을 했지만, 지금은 이들 두 나라가 변덕스럽고 일관성이 없고 국내적으로는 논쟁의 여지가 많고 다자주의에서 벗어난 과정을 이끌어가면서, 서로 반대 방향에서 개척자의 길을 가는 것으로 보인다. 브렉시트 국민투표와 도널드 트럼프의 대통령 당선은 다자주의를 외면하고 전문가 혹은 과학자의 견해를 무시하는 등 새로운 형태의 정치를 가져왔다. 도널드 트럼프는 자신이 불공정한 대외 경쟁의 결과로 해석하는 미국의 쇠퇴 취임 연설에서 그가 "대학살carnage"이라고 불렀던 것 문제를 공개적으로 거론하는 미국 최초의 대통령이었다.

헤게모니의 안정성에 관한 찰스 킨들버거의 유명한 주장은 양 대전 사이에 나타난 기능 장애의 원인을 1차 대전 이후의 세계를 이끌어가는 데 무능했던 영국과 미국의 의지 부족에서 찾는다. 영국의 오랜 쇠퇴는 그 자체가 특별히 파괴적이지는 않은 것으로 여겨지고, 쇠퇴하는 헤게몬의 식상한 모습도 그 자체로 특별히 문제가 되지 않는다. 그러나 영국이라는 강력한 존재가 없는 상태에서, 세계는 유능한 경찰관이 부족했고, 떠오르는 강대국들의 신경증뿐만 아니라 영국을 대체하기 위한 경쟁이 시스템 전체에 위험을 일으켰다. 정말 커다란 위험은 무엇보다도 영국을 대체하기 위해 경쟁하는 국가, 특히 독일과 일본으로부터 나왔다.

21세기를 맞이한 지금 미국은 리더십 위기에 처해 있다. 이제는 중국과 유럽어쩌면 더 정확하게는 독일이 마지못해 그리고 주저하면서 자신이 세계 질서의 새로운 수호자라는 배역을 맡게 된다. 중국과 독일이 기후 변화 문제에 의견이 점점 더 일치해 가는 반면, 트럼프 대통령이 석탄을 비롯한 화석 연료 중심으로 가야 한다고 주장하는 것은 문제의 해결을 방해하고 파멸의 길로 가게 하는 것으로 보인다. 보호무역에 저항하기 위한 독일과 중국의 확실한 동맹 구축은 어두운 골방에 틀어박혀 있는 하나의 과제로서 아름다운 글귀로만 치부되었다이것은 앙겔라 메르켈 총리가 "매우 기억에 남을 만하다."라고 표현했던, 중국어에서 번역한 문장이다.[47] 지금까지 시진핑 중국 국가주석은 세계화를 수호해야 할 필요성에 대해 특히 단호한 입장을 취해왔다.[48]

때로는 독일 언론뿐 아니라 세계의 언론도 독일에 미국의 역할을 대신할 것을 요구했고, 특히 2017년 1월 이후 비어 있는 자리를 채워줄 것을 요구했다.[49] 관련하여 앙겔라 메르켈 독일 총리는 2016년 11월 23일의 예산 연설에서 세계화의 물결은 집단행동을 더욱 요구하고 있고, 독일이 혼자 힘으로 세계의 기아 문제, 6,500만 명에 달하는 난민 문제를 해결할 수도 없고, 모든 곳에서 독일이 원하는 방향으로 정치 질서를 바꿀 수도 없다는 입장을 분명히 밝혔다. 그러나 그녀는 독일이 다자주의를 배경으로 사회적 시장 경제의 관점에서 세계화를 실현하고, 이러한 목표를 철회해서는 안 된다고 덧붙였다. 특히, "G20은 세계화를 인간적인 방식으로 실현하고 세계에서 가장 규모가 크고 중요한 경제 강국들과 함께 합리적인 금융과 경제 질서를 제공하기 위한 시도였다."[50]

독일이 헤게몬 역할을 할 위치에 있지는 않다. 그렇게 하기에는 국가 규모가 너무 작다. 중국은 세 가지 취약성을 갖고 있다. 상대적으로 저개발 상태에 있고, 부분적으로 보호되는 금융 부문은 위기에 취약하다. 대규모 일대일로 계획은 중국의 새로운 통신 정책에 의해 개방된 지역에서 의존성과 관련하여 새로운 지정학적 문제를 낳았다. 마지막으로 민주적 통제에 대한 우려가 있다. 그리고 부유한 국가에서 다자주의에 대한 반세계화 비판의 중심에 있었던 것은 민주주의의 결여였다. 코로나 위기 이후 헤게모니에 대한 급진적인 비판은 세계화에 대한 새로운 좌절을, 탈세계화 혹은 탈미국화뿐만 아니라 글로벌 탈중국화로 해석하게 했다.[51] 글로벌 금융 위기가 위기의 진원지로서 미국에 대한 환멸에 이르게 했고, 얼마 지나지 않아서 유로화 위기가 독일의 헤게몬에 대한 논의에서도 같은 결과에 이르게 했듯이, 코로나의 유행도 새로운 패권국이 되려는 중국의 전망에 먹구름을 드리웠다.

결정주의 Decisionism

세계화는 복잡한 규정 시스템과 다른 나라에서 내려진 사법적 결정, 그리고 중재의 수용에 달려 있다. 이에 반하여, 탈세계화는 효과적인 국제 조정에 필요한 일반 규정을 불필요하거나 쓸모가 없거나 심지어는 해로운 것으로 간주하는 사상에 의해 촉진된다. 금융 위기의 결과 중 하나는 예외적인 상황에 대응할 때 규정을 위반하는 것이 매력적이고 심지어

필요하다는 것이다. 실존적 문제가 닥칠 때는 규정이 번거롭게 여겨진다. 어려운 시기에는 국가가 자유롭게 작동할 수 있어야 하는데, 여기에 불필요한 제한을 가하는 것처럼 말이다. 거의 모든 사람들이 재앙을 피하기 위해 일시적으로 규정을 면제하기를 원한다. 또한 행동주의를 따르려는 정치적 동기도 있다. 선출직 공직자들은 자신이 복잡한 규정 훨씬 더 나쁘게는 외국의 규정 에 묶여서 행동하지 않는 사람으로 비치기를 원하지 않는다.

2007~2008년 글로벌 금융 위기는 상황이 아무리 예외적이지 않더라도, 예외적인 조치를 어떤 문제에 대한 대처 방안으로 여기는 새로운 사고방식을 낳았다. 헌법상의 안전장치는 옹졸한 관료주의적 우려로 치부될 수 있었다. 폴 볼커 전 연방준비제도이사회 의장은 연준이 합법적이고도 묵시적인 권한의 맨 가장자리까지 갔다는 점을 지적했다.[52]

그러나 공공의 이익이 요구한다면, 이러한 가장자리를 넘어서야 하지 않는가? 그 대답은 어느 한 사람이 무엇이 공공의 이익인지 볼 수 있다고 여기는 독재에 대한 오랜 정당화에 있다. 그다음에는 이 독재자의 판단이 최고의 법이 되어야 한다고, 즉 "공공의 이익을 최고의 법으로 삼으라Salus populi suprema lex esto."고 선언할 수 있다. 법률가로서 미국 건국의 주역이자 2대 대통령인 존 애덤스John Adams는 다음과 같이 이러한 개념의 모호성에 주목했다. "공공의 이익은 모든 정부, 즉 가장 독재적인 정부뿐만 아니라 가장 민주적인 정부가 공언하는 목표이다."[53]

또한 예외주의를 추구하는 것은 금융 위기 이후 전통적인 정당들에 대한 신뢰가 무너진 데서 비롯되었다.[54] 대부분의 선진국에서는 국제 질서그리고 유럽의 경우 유럽의 질서를 수용하는 온건한 중도 우파와 중도 좌파 정당이 번갈아 가면서 집권하는 안정적인 정당 정치에 바탕을 두었다.

이러한 정당들은 중도층 유권자들의 표를 얻기 위해 경쟁했고, 따라서 정치적으로 중간 지대를 공략해야 했다. 그러나 세계화에 대한 반발은 세계주의에 의해 위협받는 것으로 여겨지는 사회 복지 사상과 결합된, 과거의 국가적 영광이라는 비전을 되찾으려는 좌파와 우파의 국민주의 정당에 힘을 실어주었다. 이러한 비전은 예외적인 조치와 강력한 지도자를 떠올리게 한다.

강력한 지도자는 혼자서도 문제를 해결할 수 있고, 그렇게 해야 한다 여기서 위기 이후 새롭게 등장한 지도자들 중에 여자는 한 명도 없고, 모두가 강한 남자라는 사실이 흥미롭다. 강한 남자들은 필리핀에서의 마약 거래, 러시아 혹은 터키에서의 테러 행위, 헝가리에서의 금융 위기로 인한 여파 등 긴급한 문제들을 해결하기 위해 스스로 강력한 힘을 발휘했다. 한 가지 위기에 선택적으로 집중하면, 다른 모든 문제들도 즉각적이고 효과적이며 속박되지 않는 정치적 행동을 요구하는 위기로 바라보는 사고방식이 형성된다.

양 대전 사이의 기간에 등장한 독일의 위대한 정치 및 법 사상가인 카를 슈미트의 교리 때로는 결정주의라고 불린다 는 위기 이후의 상황에 대처할 때 어떤 생각을 가져야 하는지를 잘 설명해 준다. 결정주의에서는 정치 과정의 주요 관심사가 누가 결정을 내릴 수 있는가에 있고, 정치는 과정이 아니라 결정에 의해 평가되고 정의된다. 대외 문제에서 이 개념은 주권에 대한 관심이 커지는 것을 의미한다. 여기서 주권의 의미는 주권이 외부 행위자에게 호소해서는 안 되는 정치 과정이라는 사실을 분명히 한다. 세계화의 주요 약점은 국제 협약, 조약, 규범을 통한 거버넌스의 확대와 함께, 세계화가 주권 침해로 여겨지는 데 있다. 결정이 이루어지는 과정이 투명한가 혹은 민주적인가는 아무런 문제가 되지 않는다.

따라서 결정주의는 본질적으로 독단적이다. 주권자는 위협받는 특정

이익을 보호하기 위하여 강력하게 행동해야 한다. 이를 위해 명백한 상징물을 표적으로 정할 수 있다. 이것은 양 대전 사이의 기간에 미국이 스무트-홀리 관세법으로 스위스의 시계와 일본의 견직 제품과 같이 일부 국가적으로 중요한 제품에 불이익을 주었을 때 보호주의의 물결이 급격하게 밀려온 것에서 잘 나타났다. 또한 보호주의를 최대한 널리 알리기 위해 대상 품목을 어떻게 선택하는가를 보여주는 사례도 있다. BMW와 같은 독일을 상징하는 기업을 대상으로 관세를 부과하라는 트럼프 대통령의 지시는 정치적으로 주목받기 위한 것이었다. 마찬가지로, 미국의 보호주의 위협에 유럽이 대처하는 방법은 대통령 선거에서 트럼프를 지지했던 켄터키주에서 주로 생산되는 버번 위스키와 같은 특정 제품을 명시하는 것이었다. 일본은 미국산 냉동 쇠고기에 대하여 높은 관세를 부과하는 식으로 보복했다.

결정주의는 공정성과 책임을 확인하는 전통적인 관료주의적 절차를 참지 못한다. 트럼프 행정부 초기에 백악관 전략 수석 스티븐 배넌은 보수주의정치행동회의Conservative Political Action Conference에 참석하여 중요한 연설을 하면서, 자신이 주권 혁명이라고 생각하는 것의 필연적이고 핵심적인 귀결은 경제적 국민주의와 행정 국가의 해체라고 정의했다.[55] 이러한 혁명 프로그램의 특징들은 연관되어 있고, 혁명은 기본적으로 국가와 국제 질서와의 관계를 다시 생각하는 것이다.

많은 사람들에게 결정주의에 대한 논쟁은 파시즘에 대한 논쟁처럼 보였는데, 결국 카를 슈미트도 처음에는 독일 국가사회주의의 열렬한 지지자였다. 파시즘은 1960년대 이후 비난의 의미를 담은 단어로서, 정치 논쟁에서 광범위하고도 상당히 무차별적으로 사용되었다. 역사학자들은 이것이 널리 사용되는 데 비판적인 입장을 취했는데, 그렇게 되면

양 대전 사이의 기간에 벌어진 진정한 죄악으로부터 관심이 멀어지기 때문이었다. 특히, 2016년 트럼프가 선거에서 승리한 뒤 포퓰리즘이 유행하면서, 이 단어는 더욱 적절한 의미를 갖게 되었다. 매들린 올브라이트Madeleine Albright는 2017년에 자신의 저작 『파시즘의 경고Fascism: A Warning』에서 트럼프가 적폐청산drenare la palud을 포함하여 마음에 드는 표현을 무솔리니의 어휘에서 어떻게 따왔는지를 설명했다. 2018년 예일대학교의 제이슨 스탠리Jason Stanley는 자신의 저작 『파시즘은 어떻게 작동하는가How Fascism Works』에서, 트럼프 행정부의 구체적인 정책특히 이민자 자녀들의 억류을 1930년대 나치의 행위에 비유했다.[56]

그럼에도 파시즘은 정의를 내리기가 지독할 정도로 어려웠다. 실제 이탈리아의 무솔리니가 이끌던 파시스트들의 모임은 정권을 잡고 나서 10년이 지나서야 파시즘에 대한 정의를 내렸다. 1932년 마침내 무솔리니가 『이탈리아 백과사전Enciclopedia Italiana』을 위해 '파시즘의 교리'라는 성명을 발표했다. 여기서 그는 이렇게 말했다. "파시즘은 인간을 우월한 법과 특정 개인을 초월하여 영적 사회의 의식이 있는 구성원으로 양성하는 객관적인 의지와의 내재적인 관계 속에서 바라보는 종교적 개념이다." 한 국가 내에는 계급과 이익을 추구하는 집단신디케이트이 있었지만, 이들은 국가에 종속되었다. 또한 무솔리니는 민주주의를 생각하고는 이것을 다수에 의한 통치 형태로 규정하고 거부했다. 대신, 그는 민주주의를 가장 대중적인 사상이 아니라 국가 내에서 소수의 심지어는 한 사람의 양심과 의지에 따라 작용하는 가장 강력한 사상이라고 간주한다면, 파시즘이 "가장 순수한 형태의 민주주의"라고 주장했다.[57]

무솔리니가 민주주의에 대해 내린 정의는 모호하지만, 트럼프의 것은 훨씬 더 모호했다. 게다가 트럼프주의는 총통 각하를 위해 서로 경쟁하는 파시스트와 나치 운동가의 특성을 지닌 추종자들의 경쟁적인 급진주의의 악순환을 부분적으로, 약하게 점화시킨 것이다.[58] 이러한 힘은 2021년 1월 6일 국회의사당 난입의 형태로 잠시 폭발했다. 오늘날의 파시스트와도 같은 사람들은 끔찍하게 폭력적인 언어를 사용하는데, 때로는 비극적이고 살인적인 결과를 낳지만, 침략은 하지 않고 실제로 전쟁을 수단으로 삼지는 않는다. 트럼프나 빅토르 오르반과 같은 오늘날의 권위주의자들과 파시즘과의 관련성은 그들이 양 대전 사이의 기간에 나타났던 급진주의의 과장된 언동을 차용하여 파시즘을 수행하고 있다는 생각에서 가장 잘 나타난다.[59]

수정주의 반세계화 의제와 국내 정치와의 관련성은 기술과 현대 사회의 복잡성에서 비롯된다. 세계화는 단순히 외국 상품, 외국 자본 및 이민에 대한 개방의 원칙뿐만 아니라 이 모든 흐름에 규제를 가하는 복잡한 시스템에도 의존한다. 어떠한 이동도 단순히 저절로 발생하지는 않는다. 외국 상품은 안전 및 제품 정보에 관한 기준을 준수하지 않고는 들어올 수 없고, 자본 흐름은 은행 대출에 대한 통제로 관리되고, 이민은 다양한 조건과 기준에 부합되어야 한다. 약소국의 경우, 이러한 규제 메커니즘을 계속 유지할 필요가 있다. 지금 작동하는 국제 질서는 안보 체제의 한 부분을 차지하기 때문이다.

강대국의 경우, 상황이 그리 간단하지만은 않다. 포퓰리즘의 신화를 만들려는 사람들이 내세우는 주장은 국제적으로 얽혀 있는 것들에서 벗어나는 것만이 삶을 더 단순하게 만들고, 규제를 덜 받게 하고, 무엇보다도 행정 국가의 지시를 덜 받게 한다는 것이다. 그들은 세계화를 바라지 않는다. 그들은 비세계화nobalization를 선호한다. "연계된 자유주의"로 이해되는 세계화는 복잡한 규정에 대한 반발 때문에 공격을 받고 있다. 이에 반하여, 비세계화 혹은 이탈된 일방주의는 국민의 이익과 국가 주권의 원칙을 대변하는 흔히 거짓된 주장에서 국내 시스템의 변화를 위한 수사적 무기를 이끌어낸다. 이런 식으로 비세계화는 국내 테크노크라시에 맞서는 투쟁을 계속하면서, 포퓰리즘의 정치적 무기고에서 핵심 무기가 되었다.

신자유주의

탈세계화의 거대한 물결에 대한 반작용으로 등장한 단어

NEOLIBERALISM

PART 12

신자유주의neoliberalism는 지난 반세기 동안 세계에서 일어난 잘못된 모든 것들을 어느 정도 설명할 때 사용되는 포괄적인 단어이다. 여기서 네오neo라는 접두어는 실제로 정치적 독약의 경고 신호로 더욱 일반적으로 사용된다. 신보수주의, 신케인스주의, 신사실주의, 신마르크스주의에 대한 강력한 비난을 생각해 보라.[1] 어쩌면 포스트post라는 접두어는 포스트모더니즘, 포스트내셔널리즘, 포스트코뮤니즘, 포스트보수주의 심지어는 포스트휴머니즘에서처럼 긍정적인 의미를 내포할 수 있다. 그러나 이러한 접두어는 과거를 잊는 것이 쉽거나 심지어는 가능하다는 잘못된 인상을 준다. 지금은 원래의 의미가 사라진 파생어인 신자유주의는 정확한 분석적 사고를 하는 데 장애가 되었다. 오늘날 이 단어는 널리, 마구잡이로 사용되고, 비난을 할 때 즐겨 사용된다. 또한 이 단어는 보수적인 경제학자, 반문화적이고 자유분방한 부유층, 시장 근본주의자, 그리고 무엇을 하든 상관하지 않는 철저한 자유방임주의자를 묘사하는 데 사용된다. 이 단어는 개인의 능력과 개인주의에 대한 지나친 믿음의 의미를 내포한다.[2] 오늘날 자신을 신자유주의자라고 말하는 사람은 거의 없을 것이다.[3] 특히, 신자유주의자라고 비난받는 사람들이 많아지면서 신자유주의라는 포괄적인 단어가 널리 남용되는 것은 문제에 대한 합리적인 논의를 어렵게 만들고, 따라서 긴급한 글로벌 문제를 해결하기 위한 효과적이고 통합된 정책 개발의 전망을 어둡게 한다.

신자유주의에 대해서는 대답해야 할 것이 많다. 이것은 하나의 사상이 되었고, 하나의 현상이 되었고, 하나의 주문呪文으로 변모했다. 신자유주의가 의미하는 원래의 사상은 지난 30년 동안 신자유주의라고 널리 묘사되었던 정치, 경제 현상과는 많이 다르다. 게다가 이 단어의 기원을 살펴보면, 지금 세계가 처한 곤경에 대해 많은 교훈을 담고 있는 과거의 다양한 논쟁들을 찾아볼 수 있다.

자칭 신자유주의는 20세기 초 대공황 이후 탈세계화의 거대한 물결에 대한 반작용이자 사상의 조류로서 등장했다. 유르겐 라인하우트Jurgen Reinhoudt와 세르지 오디에Serge Audier가 편집하고 지금은 영어판과 독일어판으로 읽을 수 있는 『월터 리프먼 콜로키엄Walter Lippmann Colloquium』이라는 저서에서 알 수 있듯이, 이것은 1938년, 자유주의의 위기와 전체주의 교리의 등장에 대한 반작용으로 나타났다.[4] 1938년에 개최된 콜로키엄에는 프랑스와 미국의 자유주의자들과 독일을 떠난 망명자들도 일부 참석했다. 당시 논의에서는 개방적이고 경쟁적인 시장을 유지하고, 금융 순환 혹은 금융화에 따른 혼란을 감소시키고, 정치 로비에 따른 파괴적인 결과를 차단하고, 경제인homo oeconomicus, 오로지 경제적 합리성에만 기초를 두어 개인주의적으로 행동하는 인간_옮긴이에 대한 좁은 관점에서 벗어나는 데에 집중했다. 그 자리에서는 상당히 다른 관점들이 나왔다. 어떤 이들은 19세기의 고전적인 자유주의를 회상했고, 또 다른 이들은 새로운 정책과 국가의 새롭고도 혁신적인 역할을 제안했다. 신자유주의의 원래 개념을 제공했던 사람들은 당시의 국민주의, 권위주의 및 급진적인 대중 동원에 직면하여 개방적이고 역동적이지만, 문명화된 세계를 유지하기를 원했다. 신자유주의의 교리는 예외주의의 교리에 대한 반발이자 위기에 대한 대응이었다.

지난 30년에 걸친 논쟁은 1930년대의 우울했던 정신세계와도 닮은 데가 있다. 1980년대 이후 강렬한 세계화와 기술 변화의 주기가 강력한 독점 기업을 탄생시켰다. 이것은 네트워크의 우위, 파괴적인 금융 순환, 주로 독점 기업이 지위를 유지하기 위한 특혜를 얻으려는 로비 활동의 광범위한 전개, 무엇이 인간적인가에 대한 생각의 빈곤에서 비롯된 것이었다. 이 모든 변화를 대체로 신자유주의라는 신조어로 요약할 수 있지만, 이것이 원래 신자유주의자의 열정, 반감, 비판적 분석 및 정책적 처방을 기대하게 만든 바로 그 현상이라는 점에서, 이러한 명칭이 기이하게 여겨질 수 있다. 최근 조지프 스티글리츠Joseph Stiglitz는 다음과 같은 결론을 내렸다. "만약 2008년의 금융 위기가 우리에게 자유 시장이 작동하지 않는다는 사실을 깨닫게 하지 못한다면, 기후 위기도 확실히 그럴 것이다. 신자유주의는 말 그대로 우리 문명을 끝장낼 것이다."[5] 그러나 이후 그는 자본주의를 개혁하고 회복시키기 위한 길을 제시하려는 신자유주의자들이 처음 가졌던 욕구의 상당 부분을 소생시키는 일련의 정책 처방들을 내놓았다.

신자유주의의 명백한 모순을 분석하는 것은 원래의 명암과 반대로 된 상태에서 대상을 바라보는 것과 같다. 오늘날의 비판은 원본의 색조와 색상을 뒤집어 놓은 상태에서 진행되었던 것이다. 어떻게 하면 신자유주의의 기원에 관한 이야기가 1980년대 이후에 그것이 보여준 매우 특이한 궤적에 대한 논의와 부합될 수 있을까?

정책 논쟁에서 무기가 된 단어

지금 신자유주의가 비판적인 단어로 사용되는 것은 좌파에서 시작되었다. 이 단어는 재정 긴축, 민영화, 자본 이동의 자유화를 비판하는 데 사용된다. 이러한 용법은 칠레의 피노체트 장군General Pinochet 독재 시절에 라틴 아메리카 지역의 조정 프로그램을 논의할 때 형성되었다. 이후 이 단어는 1997~1998년의 동아시아 위기에 대한 국제적인 정책 대응을 설명하는 데도 사용되었다. 2007~2008년 글로벌 금융 위기, 유럽의 부채 위기에 따른 후유증이 이 개념을 세계적으로 널리 확산시켰다.

보다 광범위하게는 자본주의의 전체적인 현상이 결함이 있고 자본주의가 실패한다는 새로운 합의가 이루어지고 있다. 따라서 자본주의에 새로운 생명을 불어넣었던 정책 체제라 할 신자유주의가 이제는 거의 보편적으로 비난의 대상이 되고 있다. 그것은 "실패한 신"이다.[6] 신자유주의는 세상이 불편하고 파괴적이고 이해할 수 없고 헤아릴 수 없기 때문에, 사람들이 이러한 세상을 향한 분노를 표현하기 위한 수단이 되었다.

신자유주의에 대한 깊은 환멸은 정치적 우파에 의해서도 어쩌면 훨씬 더 격렬하고도 원한에 사무치게 나타났다. 테레사 메이Teresa May 총리의 2016년 세계 시민에 관한 연설에서는 이러한 환멸이 여러 번 나타났다. "그러나 오늘날 권력의 자리에 앉아 있는 너무나도 많은 사람들이 이웃 사람들, 그들이 고용한 사람들, 길거리의 사람들보다 세계의 엘리트들과 더 많은 것을 공유하고 있는 것처럼 행동한다. 하지만 당신이 자신을 세계의 시민이라고 생각한다면, 당신은 어디에도 속하지 않는 시민이다. 당신은 '시민권'이라는 단어가 무엇을 의미하는지를 이해하지 못한다."[7] 이것은 세계의 테크노크라트를 광범위하게 공격할 때 사용하는 핵심에 해당되었다. 메이의 정책 수석이자 2016년 연설문의 주요 작성자였던 닉 티모시Nick Timothy는 영국 상류 사회 전반에 걸친 문화적, 지적 편견에 대해 다음과 같이 분석했다.

> 음모는 아니지만, 공직 사회, 언론, 기업, 법조계, 독립된 공공 기관, 대학에는 지난 수십 년에 걸쳐서 영국을 형성하고 영국 정부의 의사 결정을 좌우해 온 견해에서 뚜렷한 획일성이 있다. 시장의 힘은 제도보다 더 중요하다. 현대화는 그것이 진정으로 의미하는 것이 무엇이든, 전통보다 더 중요하다.[8]

여기서 전통은 일종의 위안으로 여겨지고, 신자유주의는 허구화된 과거로의 단순한 회귀를 가로막은 유해한 힘으로 재해석될 수 있다. 또한 이러한 정서는 소비자들의 생각을 바꾸려는 자유주의자의 음모 중 한 부분을 차지하는 것으로 자주 일컬어지는 "각성한" 기업 엘리트에게 새로운 우파가 갖는 혐오감의 일부이기도 하다. 메이의 후임 총리 보리스 존슨은 "빌어먹을 기업가"라고 하면서 핵심을 찔렀다. 「폭스뉴스」의 토크쇼 진행자 터커 칼슨이 자본주의에 대하여 일갈한 것은 트럼프주의의 이데올로기적 기반에서 흔한 이야기가 되었다. 그는 자신의 명령에 따라 일하는 사람들에게 장기적인 의무를 느끼지도 않고, 우리의 문제를 이해하려고도 하지 않은 채 돈만 바라며 일하는 사람들에 대하여 이야기했다.[9]

이러한 주문呪文은 중도파 정치인들에게도 널리 퍼져갔다. 프랑스의 재정경제부 장관으로 중도 우파 성향을 띤 브뤼노 르 메르Bruno Le Maire

는 시사주간지 「르푸앙Le Point」과의 인터뷰에서 지금 자본주의는 막다른 골목에 이르렀다고 주장하면서 자본주의를 비판했다. 그는 불평등, 환경 문제, 권위주의 정권이라는 세 가지 세계적 재앙에 대하여 자본주의가 책임을 져야 한다고 주장했다.[10] 영국에서 신자유주의에 입각한 가벼운 규제 관행의 주요 설계자로 알려진 고든 브라운Gordon Brown은 최근에 자신이 왜 항상 신자유주의의 조류에 맞서려고 했는지를 설명했다.[11] 금융 위기 직후, 오스트리아의 사이버네틱스 및 경영 전문가로서 극단주의자가 절대로 아닌 프레드문트 말리크Fredmund Malik는 「디 차이트Die Zeit」에 '자본주의는 실패했다Der Kapitalismus ist gescheitert'라는 제목의 글을 기고한 적이 있었다.[12] "자본주의는 실패했다."와 "자본주의는 파멸의 운명에 처해 있다."는 표현은 불안하고도 불확실한 세계의 주문이 되었다. 이제 다자간 국제기구, 기독교 교회, 중도파 정당들은 실패한 모델과 거리를 두어야 한다는 확신을 갖게 되었다. 기업의 리더들도 마찬가지다. 학계는 신자유주의의 교리를 낳은 유해한 조상들과 몽페를랭 소사이어티Mont Pelerin Society와 같은 비밀스러운 단체들이 그 교리를 영속화하려는 움직임을 추적하는 데 집중했고,[13] 이런 노력에 대한 반발도 있었다.[14]

이러한 비판은 서구의 선진국을 떠나 널리 퍼져 있다. 중국의 "시진핑 사상"에는 자유민주주의와 시장 경제의 연결 고리를 부정하고, "새로운 사회주의"와 "중국의 특성을 지닌 사회주의"의 우월성을 주장하는 내용이 포함되어 있다.[15] 한편, 러시아의 블라디미르 푸틴은 글로벌 신자유주의 엘리트의 대변자로 알려져 있는 「파이낸셜타임스」와의 인터뷰를 통해 자유주의 사상의 유효 기간은 끝났고, 이제는 자유주의자들이 최근 수십 년 동안 그랬던 것과는 다르게, 누구에게나 무엇이든 지시하는

것이 불가능하게 되었다고 주장했다.[16]

신자유주의 제도적 기반의 핵심 부분이라 할 IMF도 신자유주의를 비판하는 데 동참했다. 조사국 부국장 조너선 오스트리Jonathan Ostry가 작성한 논문은 특히, 무역 확대와 관련하여 "신자유주의 의제에는 갈채를 보낼 만한 것들이 많다."고 인정하면서 시작했다. 그러나 이처럼 좋은 이야기는 신자유주의의 두 가지 주요 골자, 즉 자본시장 자유화와 때로는 긴축이라고 불리는 재정 건전화로까지 이어지지는 않았다. 이 논문은 확장적 재정긴축expansionary fiscal contraction의 개념때로는 정부의 축소가 민간 부문의 발전을 촉진시킬 것이라는 개념을 명시적으로 공격했다. 그리고 학계의 알베르토 알레시나Alberto Alesina와 정책 입안자 장 클로드 트리셰Jean-Claude Trichet를 문제를 일으킨 범인으로 지목했다.[17] 「파이낸셜타임스」는 이 논문에 대한 논평 기사를 게재하고는 오스트리와 인터뷰를 진행했다. 오스트리는 자신의 논문이 IMF의 주류 문화를 반영한 것은 아니고, 5년 전만 하더라도 그 논문이 IMF 발간물에 실리지는 않았을 것이라고 했다. "그러나 문화는 서서히 변화하고 있었다."[18] 따라서 의미 있는 문화 변동이 진행 중에 있다.

역사학자 줄리아 오트Julia Ott는 최근 「디센트Dissent」에서 "우리는 신자유주의의 범인과 전파자를 확인하고, 그들에게 책임을 물어야 한다."고 주장하면서, "때로는 그 사람이 우리가 될 수도 있다."는 말을 덧붙였다.[19] 이 논의에서 인상적인 것은 에이즈 전염병의 최초 감염자 가에탕 뒤가Gaëtan Dugas 혹은 코로나 바이러스가 발생한 우한 해산물 시장과도 같이, 세상을 위험한 궤적으로 이끌었던 사상을 가진 사람을 찾기 위해 엄청나게 많은 감정적 에너지를 쏟아붓고 있다는 사실이다. 기원 혹은 이야기를 찾는 것이 유용한 정책을 제시하지 못하는 것에 대한 보상을 제공하는 주요 수단이 되었다. 세상을 나쁜 길로 안내했다는 비난을 받는 사람들 중에는 글로벌 금융 위기 당시의 트리셰, 알레시나, 케네스 로고프Kenneth Rogoff 와 같은 정책 입안자와 학자, 1980년대에 세계화를 관리하기 위한 시스템을 개발한 주로 프랑스의 정책 입안자들 자크 들로르Jacques Delors, 파스칼 라미Pascal Lamy, 자크 드 라로지에르Jacques de Larosière, 국내 정책에 대한 책임을 회피하려고 국제 질서를 이용하려고 했던 제네바 주변의 사상가들, 대처 총리와 레이건 대통령에게 영감을 준 것으로 여겨지는 프리드리히 하이에크나 밀턴 프리드먼과 같은 정책 지식인들이 포함되어 있었다.[20]

인물을 강조하는 것은 주의를 딴 데로 돌리게 만든다. 오늘날의 세계에서, 분석가들은 때로는 개념 자체보다는 훨씬 더 오래된 현상을 다루는 경우가 많다. 바로 자본주의와 세계화가 이에 해당하는 명백한 사례이다. 또한 분석가들은 이름을 붙이고, 그것을 다시 바꾸는 것을 좋아한다. 과거 중앙 계획의 개념 정치적 실천으로서 공산주의, 지적 흐름으로서 마르크스주의이 실패한 것이 분명해지면서, 비슷한 단어를 써서 표현할 수 있는 또 다른 개념을 개발할 필요가 있었다. 따라서 신자유주의는 실패한 신으로 묘사되었다. 마르크스주의와 소비에트의 "현재 실존하는 사회주의" 경험의 결합에 대한 유명한 반대는, 마르크스가 자신의 유산에 대한 권리를 주장하는 사람들과는 전혀 다른 비전을 가지고 있었다는 데서 나왔다. 신자유주의를 유산으로 남겼던 1930년대 지식인들에 대해서도 정확히 똑같은 이야기를 할 수 있다. 따라서 나는 이러한 조상들이 품었던 원래 비전을 살펴보려고 한다.

예언으로서 신자유주의

개인의 권리를 주장하는 자유주의는 19세기 유럽과 유럽인들이 영향을 미치거나 그들의 사상을 전파한 지역에서 지배적인 형태의 담론이었다. 20세기 초에는 많은 자유주의자들이 사회적 권리에 대하여, 사회적 이전에 대하여 관대하고도 폭넓은 척도를 가지고 더욱 광범위한 개념때로는 새로운 자유주의New Liberalism라고 불린다 을 찾고 있었다. 양 대전 사이의 기간에는 의회주의, 대의제 정부, 자본주의, 시장 경제와 함께, 확실히 오래된 버전의 자유주의가 믿음을 주지 못하는 것으로 여겨졌다. 대중 동원과 대외 침략 정책, 경제 관리의 도구로서 계획을 표방하는 권위주의가 그 자리를 대신했다. 이것은 1차 대전이 주는 교훈이 적용되는 것처럼 보였다. 개인이 아니라 집단이 중요하다는 것이었다.

신자유주의라는 단어의 발상지로 여겨지는 1938년 8월 파리에서 열린 지식인들의 회의는 새로운 권위주의에 대한 반발에서 시작되었다. '월터 리프먼 콜로키엄'은 상당히 보수적인 반파시스트이자 프랑스 철학자인 루이 루지에Louis Rougier가 소집했고, 루드비히 폰 미제스Ludwig von Mises, 자크 루에프Jacques Rueff와 같은 일부 구식의 고전적 자유주의자뿐만 아니라 19세기 모델을 뛰어넘고자 했던 새로운 인물들이 참석했다.[21] 그 자리의 주요 참석자들은 미국, 영국, 프랑스 출신이었고, 독일과 오스트리아 출신들은 모두가 나치 치하를 떠나 망명한 사람들이었다. 이들 두 집단은 자본주의의 문제와 민주주의의 붕괴 사이의 관계에 집착했다. 루지에는 자신이 월터 리프먼을 왜 중요하게 생각하는지 설명하면서 회의를 이끌어갔다.

> 월터 리프먼의 저작이 갖는 두 번째 장점은 자유주의 체제가 18세기에 자연의 암호(Codes of Nature)를 연구하던 수많은 저자들이 선언했던 것처럼 자연적, 자발적 질서의 결과물일 뿐만 아니라 국가의 법적 개입을 전제로 한 법적 질서의 결과물이기도 하다는 것을 보여주었다는 점이다. 경제 활동은 재산권, 계약, 특허, 파산 제도, 전문가 협회, 기업, 금융업체의 지위를 규정하고, 그 밖에도 경제 균형의 법칙과 같은 자연적 질서가 아니라 입법자가 정한 조건에 따라 만들어지는 모든 것들을 규정하는 법적 토대에서 전개된다.[22]

이제 신자유주의를 현대적으로 희화화한 것과는 너무나도 다르게 보이고, 현대의 신자유주의 비평가들 중 일부가 상상하는 것과는 매우 비슷해 보인다는 이유로 논의되었던 새로운 세계관의 몇 가지 특징을 지적할 가치가 있다.

공개 경쟁 추구하기

첫째, 이 세대의 신자유주의 사상가들은 경쟁의 원리와 경쟁 정책에 강렬하고도 우선적으로 관심을 가졌다. 1938년에 개최된 콜로키엄에서 독일 경제학자 빌헬름 뢰프케Wilhelm Röpke, 나치에 철저하게 반대하는 학자로서 제네바국제연구대학원 교수를 지냈고, 놀랍게도 나치 독일을 떠난 유일한 비유대인이자 비사회주의 경제학자였다는 기술 변화가 기업 구조에 미치는 영향에 대한 논평과 함께, 자유주의의 쇠퇴를 주제로 설명하기 시작했다.

> 경제의 집중과 그 결과로 나타나는 기업의 국유화(étatisation)의 경향은 주로 기술 및 기계화의 발전에서 기인한다. 기술은 고정 자본이

> 증가함에 따라, 즉 날마다 소요되는 일반 비용이 증가함에 따라 발전한다. 이것은 자유주의 철학이 기반을 두는 메커니즘을 배제하는 발전이다.[23]

터키에서 망명 생활을 하고 있던 또 다른 독일 출신의 학자인 과거에 사회주의자였던 알렉산더 뤼스토브Alexander Rüstow는 국가 정책과 이익 집단의 권력을 비판했다. 그는 슘페터의 저작 『자본주의, 사회주의, 민주주의Capitalism, Socialism, and Democracy』를 예상하면서 다음과 같은 결론을 내렸다.

> 경쟁이 경쟁을 사라지게 하는 것은 아니다. 국가가 시장에 대한 경찰의 의무를 인식하지 못하고 소홀히 하여 경쟁을 퇴보시키고, 따라서 강도 기사들(chevaliers pillards)이 이처럼 퇴보한 경쟁에 치명적인 타격을 가하기 위해 국가 권력을 남용하게 하는 것은 국가의 지적, 도덕적 약점이다.[24]

2차 대전 이후, 독일의 신자유주의자들은 종종 자신들이 기본적으로 국가사회주의의 해악에 반대하기 위해 활동했다고 주장하는 것처럼 보였다. 그들을 비판하는 이들은 그들도 국가의 약점에 대한 신자유주의적 분석을 1933년 이전의 독일 민주주의에 적용했고, 바이마르공화국의 제도를 비판하면서, 권위주의 혹은 전체주의 국가의 길을 열었다고 평가했다. 독일의 사회학자 볼프강 슈트렉Wolfgang Streeck은 훨씬 더 나아가서 한때 나치 정권과 매우 가깝게 지냈던 결정주의 이론가 카를 슈미트와 전후 독일의 질서자유주의자들ordoliberals 사이에서 비슷한 점을 지적한다. 질서자유주의자들은 신자유주의의 확장을 구현하고, 사회와 정치 질서의 자발적인 창출에 대하여 하이에크 방식으로 생각하기보다는 사전적事前的인 질서ordo는 'order'의 라틴어 어원이다 토대의 필요성을 강조했다. 하이에크식 신자유주의에서 경제의 탈정치화는 그 자체로 정치적 행위에 해당한다.[25] 슈트렉의 비판은 특정한 압력 단체 혹은 이익집단으로부터 분리되고 이들에 의존하지 않는 "강한" 국가를 향한 신자유주의적 비전과, 특혜받은 집단을 위하여 강력하고도 독단적으로 행동하는 국가 사이에서 극심한 혼란을 일으킨다.

사실, 바이마르공화국의 결함 있는 민주주의에 대한 신자유주의적 분석과 나중에 진행되었던 나치에 대한 병리학적 해부 사이에는 강한 연관성이 있었다. 바이마르공화국의 카르텔과 기업 조직, 조직화된 자본과 노동조합의 형태로 조직화된 노동 간 상호작용에 대한 신자유주의적 비판에서는 개입의 실패가 또 다른 개입의 요구를 낳았다고 주장한다. 따라서 공개 경쟁을 보장하고 카르텔을 제한하는 것은 정책 당국이 자잘한 개입을 통해 지나치게 개입하다가 실패하는 것을 방지하기 위한 방법이었다.

이러한 논쟁은 단순히 독일의 특성을 분석하는 관점에서 진행된 것은 아니었다. 경쟁의 중요성과 카르텔의 유해성을 바라보는 신자유주의자들의 견해는 대서양 건너편 미국에서도 똑같이 적용되었다. 이것은 루스벨트 대통령의 독창적이고 행동주의적 비전에 대한 법적 도전으로 인해 발생한 2차 뉴딜 정책에서 강력한 입법 구현을 통해 확인할 수 있었다. 1차 뉴딜 정책과 특히 1933년의 전국산업부흥법National Industrial Recovery Act은 당시 유럽에서 유행하던 조합주의corporatism와도 많이 닮았고, 이것을 무솔리니가 통치하는 이탈리아에서 들여온 사실은 숨길 수가 없었다. 1935년에 대법원은 1933년 전국산업부흥법의 1장이 위헌이라고 판결했다. 그러나 2차 대전이 끝나고 독일과 이탈리아에서는 미군 군정이 유럽에서 파시즘과 나치즘의 조합주의적 유산을 제거하면서, 뉴딜 정책이 갖는 이러한 경쟁적 비전을 요구했다.

1차 대전이 일어나기 전에 반독점 토론에서 출발한 미국의 진정한 전통은 헌법주의의 유산과 결합되어 20세기 중반 미국의 접근 방식을 형성했다. 이러한 전통을 대표하는 인물로는 시카고대학교의 경제학자 헨리 캘버트 사이먼즈Henry Calvert Simons를 꼽을 수 있는데, 그의 가장 유명한 논문으로는 1934년에 발표한 「자유방임주의를 위한 긍정적 프로그램A Positive Program for Laissez Faire」이 있다. 이 논문은 "민주주의의 가장 커다란 적은 모든 형태의 독점이다."라는 주장으로 시작하는데, 대규모 과점 기업의 해체와 노동조합에 대한 독점금지법 적용을 포함하여, 모든 형태의 독점적 시장 권력의 철폐를 촉구했다.[26]

밀턴 프리드먼은 1951년 몽 페를랭 소사이어티 대변자의 역할을 하던 노르웨이 비즈니스 정기간행물 「파르만드Farmand」에 글을 기고하면서, 자신의 견해를 분명히 밝혔다.

> 신자유주의는 개인을 중시하는 19세기 자유주의자의 생각을 수용할 것이지만, 이러한 목적을 달성하기 위한 수단으로서 자유방임이라는 19세기의 목표를 경쟁 질서라는 목표로 대체할 것이다. 신자유주의는 착취로부터 소비자를 보호하기 위해 생산자들 간의 경쟁을, 노동자와 재산 소유자를 보호하기 위해 고용주들 간의 경쟁을, 기업 자체를 보호하기 위해 소비자들 간의 경쟁을 활용하려고 할 것이다. 정부는 이러한 시스템을 감시하고, 경쟁에 유리한 조건을 확립하고,

> 독점을 방지하고, 안정적인 통화 시스템을 제공하고, 심각한 재앙과 고통을 완화시켜 줄 것이다. 시민들은 사적인 자유 시장의 존재에 의해 정부로부터 보호받을 것이고, 경쟁의 보존에 의해 서로에 대하여 보호받을 것이다.[27]

또한 2차 대전 이후로도 신자유주의자들은 경쟁을 제한하려는 로비 단체들이 국가 간 노력을 제한하는 것을 우려했다. 헨리 사이먼즈는 브레턴우즈에 모인 케인스와 화이트의 계획을 비판하면서, 이렇게 말했다.

> 그들은 주로 환율에 관심이 있었고, 달러 또는 파운드(혹은 유니타스(Unitas) 또는 방코)의 구매력을 안정시키는 데는 관심이 없었다. 이 보고서(전후 세계를 위한 공식 계획서)는 국가의 환율 통제와 이것이 무역에 미치는 영향에 대해서는 적절하게 우려하고 있지만, 관세 또는 민간 부문의 독점 기업에 대한 무역 제한에 관해서는 거의 언급을 하지 않는다. 실제로 이 보고서는 "상품 협정"을 명시적으로 받아들인다. 따라서 무역 제한이 거의 없는 상태에서, 경제 안정과 국제 경제 협력을 위한 실질적, 근본적 계획의 수립은 완전히 교착 상태에 빠진 것으로 보이는 반면에, 국제 독점을 위한 모의는 도처에서 싹이 트고 번창하고 있다. (……) 최소한 우리는 국제 경제 관계에서 근린궁핍화 정책이 세계 질서와 번영을 위협한다는 사실을 어렴풋이 인식하고 있다. 그러나 우리는 아마도 전면전을 벌이는 동안을 제외하고는, 자기 집단의 이익을 대변하기 위해 무역을 제한하거나 정부의 특별한 제한을 확보하려는 목적으로 조직된 기능 집단의 입장에서, 그러한

정책으로 발생하는 국내 질서와 번영에 대한 위협을 인식하지 못할 것이다.[28]

따라서 개방적인 국제 무역을 유지하고 특별한 이익 집단에 맞서 싸우는 것은 단순히 같은 동전의 양면과도 같다. 두 가지 모두 시장이 가격 신호를 올바르게 전달하는 데 관심이 있다.

신용 순환 길들이기

둘째, 최초로 구체화된 신자유주의는 금융과 신용 창출에 회의적이었다. 특히, 사이먼즈는 은행이 주도하는 신용 붐에 비판적이었고, 은행이 위험한 기능이 아니라 사회적으로 유용한 기능을 할 수 있도록, 은행 업무를 축소시키는 방법을 생각했다. 그는 시카고 플랜Chicago Plan의 창시자로도 알려져 있다. 이 계획에 따르면 은행 시스템의 통화 및 신용 기능은 고객 예금에 대해 정부 발행 통화의 형태로 준비금을 100% 보유해야 한다는 요건을 통해 분리된다. 새로운 신용은 또다시 정부 발행 통화 형태의 이익잉여금을 기반으로만 창출될 수 있었다. 따라서 시카고 플랜은 은행이 자체적으로 통화를 창출하는 것을 방지하도록 설계되어 있었다. 이것은 신용 순환을 불가능하게 만들고, 뱅크런bank run, 예금자들이 맡겨둔 예금을 찾기 위해 한순간에 은행으로 몰려드는 현상을 의미한다_옮긴이의 가능성을 제거할 것이다. 2008년 글로벌 금융 위기 이후로, 사이먼즈의 제안이 새로운 관심을 끌었고, 금융화로 인한 혼란을 방지하기 위한 비록 현실적으로는 실현 불가능하지만 이상적인 수단으로 또다시 자주 간주되었다.[29]

프리드리히 하이에크는 1차 대전이 끝난 1918년 이후에 활동했던 오스트리아의 경제학자로서 자신의 저작 『가격과 생산』에서 은행에 근거한 신용 순환에 대하여 비슷한 비판을 하였다. 그는 이러한 저작을 쓰는 목표 중 하나가 신용의 증가로 인해 생산이 주기적으로 잘못된 방향으로 가는 것을 방지하기 위함이라고 인식했다. 하지만, 다음과 같은 말도 덧붙였다. "우리는 우리의 이론적 지식 혹은 일반 대중을 대상으로 하는 교육이 혁명적 개혁에 대한 정당성을 제공하거나 이러한 개혁이 성공적인 결론을 가져오기를 기대하는 지점과는 아직도 멀리 떨어진 곳에 있다."[30]

은행의 신용 창출과 그 위험성에 관한 주제는 1938년 파리에서 개최된 콜로키엄에서 중요한 부분을 차지하지는 않았지만, 급진적인 생각을 가진 참석자들의 기고문에는 등장했다. 뉴질랜드인으로 국제연맹 관리를 지냈고 무역경제학자였던 J. B. 콘들리프J. B. Condliffe가 먼저 나서서 대규모 금융 그룹의 유해한 영향에 관하여 불만을 나타내고는 다음과 같이 주장했다. "신용의 확대도 마찬가지다. 전쟁으로 생긴 고정 금리가 대중들을 힘들게 하고 있다. 고정 금리를 부과한 사람들은 이 때문에 고생할 필요가 없었던 자들이다. 고정 금리 때문에 고생을 하게 된 사람들은 바로 소비자들이다. 독점을 축소하고, 특히 교육에서 계급 평등을 재확립해야 할 필요가 있을 것이다."[31] 신용 순환은 가격에서 잘못된 신호를 주어서 자본 배분의 왜곡을 초래할 뿐만 아니라 많은 사람들에게 직접적인 부담을 줄 수 있다.

정치와 경제 사이의 연결 고리 끊기

셋째, 1930년대 말에 벌어졌던 토론에 참여한 사람들 중 일부는 경제적 동기만이 정치를 이끌어가는 동인이라는 생각에 매우 비판적이었다. 이러한 견해는 양 대전 사이의 기간에 독일에서 무엇이 잘못되었는지를 진단할 때 제시되었다. 19세기 중반부터 독일의 국민주의는 경제에만 지나치게 집중했고, 진정한 국가 공동체의 건설에는 소홀했다.[32] '경제인'은 바람직한 종류의 분석이라기보다는 문화적, 정치적 안정을 위한 근본적인 문제로 여겨졌다.

돈과 돈을 버는 것에 대한 집착, 즉 사회의 상업화는 실제로 하나의 표준이었고, 19세기 고전적 자유주의 시대의 삶에서 많이 회자되면서도 바람직하지 않은 부분이었다. 이것에 대한 뛰어난 기록자였던 오노레 드 발자크의 후기 소설에서 이러한 면모가 두드러졌다. 『사촌누이 베트La Cousine Bette』에 등장하는 크르벨은 19세기의 모습을 다음과 같이 보여준다.

> 모든 사람들이 자기가 가진 돈을 최대한 효과적으로 활용한다. 사랑스러운 천사여, 당신이 통치자가 루이 필리프(Louis-Philippe) 왕이고, 그가 돈에 대해 전혀 현혹되지 않는 사람이라고 생각한다면, 당신은 자신을 속이고 있는 것이다. 그는 우리 모두와 마찬가지로 헌장 위에 거룩하고, 존중받고, 견고하고, 친절하고, 우아하고, 아름답고, 고귀하고, 싱싱하고, 전능한 100개의 동전이 있다는 사실을 알고 있다! 나의 아름다운 천사여, 돈은 이자를 요구하고, 그는 항상 이자를 징수하느라 바쁘다![33]

물론, 이와 같은 비판은 이보다 훨씬 오래전에도 있었다. 전도서 10장 19절에는 이것이 다음과 같이 매우 통렬한 형태로 나온다. "돈은 모든 것에 응답한다."

일반적인 준칙 확립하기

넷째, 어쩌면 가장 중요하게는 신자유주의와 질서자유주의 사상가들은 특정한 이해관계자들에게 혜택이 되는 특정한 조치에 대한 일종의 해독제로서 일반적인 준칙이 필요하다고 생각했다. 또한 그들은 이러한 준칙들이 정치 과정을 손상시키는 로비스트들의 유해한 활동에 맞서기 위한 확실한 방법이 될 것이라고 주장했다.

준칙을 주장하는 것은 때로는 오스트리아의 경제학자들, 특히 프리드리히 하이에크와도 관련이 있지만, 시간이 지나서도 일관되게 적용되는 준칙이 자유재량보다 더 낫다는 생각은 두드러지게는 폴 더글러스Paul Douglas와 아론 디렉터Aaron Director의 1931년 간결한 저작 『실업의 문제The Problem of Unemployment』에서 알 수 있듯이, 일찍부터 시카고학파의 전통에서 등장한다는 사실에 주목해야 한다.[34]

하이에크의 가장 유명하고 영향력 있는 저작 『노예의 길The Road to Serfdom』은 2차 대전이 끝날 무렵 연합국들에게 경고를 보내는 내용을 담고 있었으며, 전시 계획경제Kriegssozialismus에 기원을 두고 있는 바이마르공화국의 간섭주의 접근 방식이 경로 의존성을 낳았다는 사실을 정확하게 확인시켜 주었다. 정책이 실패하거나 차질을 빚은 것에 대한 해답은 정책을 포기하는 것이 아니라 그것의 더욱 급진적인 버전을 내세우는 것이었다. 따라서 톱니 효과ratcheting effect, 한 번 올라가면 다시 내려오기 어려운 현상_옮긴이라는 것이 발생했다. 부분적인 통제는 효과가 없어 보였다. 따라서 나치는 보다 광범위하고 철저하게 강화된 통제 시스템을 원했다.[35] 하이에크가 말했듯이,

> 경쟁과 중앙에서의 지시가 모두 불완전하다면, 이러한 것들은 빈

약하고도 비효율적인 도구가 된다. 이러한 것들은 동일한 문제를 해결하는 데 사용되는 양자택일의 원칙들이다. 그리고 이들 두 가지의 혼합은 둘 중 어느 것도 제대로 작동하지 않을 것이고, 그 결과가 어느 한 시스템에 지속적으로 의존했을 때보다 더 나빠지는 것을 의미한다.[36]

1931년의 대규모 금융 위기에 대한 광범위한 대응은 자본 통제를 부과하는 것이었고, 이것이 경제 활동을 미세 조정하는 데에 정부를 더욱 끌어들이게 했다. 하이에크가 보기에는 경제 계획은 본질적으로 차별을 낳는 것이었다. "이것은 자의성을 방지하는 일반적이고도 형식적인 원칙에 스스로를 미리 옭아매는 것이 되어서는 안 된다.(……) 이것은 형식적인 원칙만으로는 대답할 수 없는 문제들을 끊임없이 결정하는 것이 되어야 하고, 이러한 결정을 할 때는 다양한 사람들의 요구 사이에서 가치 있는 요소들에 차별을 두는 것이 되어야 한다."[37]

자의성의 문제는 자본 통제를 실제로 실행할 때 특정한 방식으로 적용되었다. 자본 통제는 1931년에 즉, 독재 정치가 시작되기 전에 오스트리아와 독일에서 시작되었다히틀러는 1933년 1월에 권력을 잡았고, 오스트리아의 보수주의자들은 1934년에 신분제국가Ständesstaat를 수립했다. 독재 정권은 자본 통제를 강화하기 위한 수단을 확대하였다. 하이에크는 독일의 자유주의자 빌헬름 뢰프케가 하는 말을 인용하여 "경쟁 경제의 최후의 수단은 집행관이지만, 계획 경제의 궁극적인 제재는 교수형 집행관이다."라고 말했다.[38] 그가 히틀러가 식탁에서 하는 말을 들었더라면, 이 독재자가 했던 말을 직접 인용했을 수도 있었을 것이다. "인플레이션은 화폐가 들어와서 유통될 때가 아니라 개인이 동일한 서비스에 대해 더 많은 화폐를 요구할 때에만 발생한다. 여기서 우리가 개입해야 한다. 이것이 바로 내가 경제장관이자 중앙은행 총재 햘마르 샤흐트Hjalmar Schacht에게 설명해야 했던 말이다. 우리 통화 안정의 원동력은 강제 수용소에 있다."[39]

누가 외환 배분으로 혜택을 얻을지에 대한 정치적 결정은 정권과 가장 가깝게 접촉하여 혜택을 가장 많이 얻는 사람에 대한 결정과 함께, 자의적으로 진행되었다. 사실, 하이에크가 다음과 같이 지적한 대로 희소한 원재료의 배분은 나치 경제 계획의 기반이 되었다. "석유, 목재, 고무, 주석과 같은 원재료의 공급을 통제하는 사람이 제조업 전체와 국가의 운명을 지배하게 될 것이다."[40] 간단히 말하자면, 경제 계획이 광범위한 부패의 기반을 조성했다.

누가 외환 규정을 위반하여 조사를 받아야 하는지 결정하는 일도 자의적으로 진행되었다. 1931년 독일 정부는 자본 유출에 제국도주세Reichsfluchtsteuer라는 세금과 벌금을 부과했다. 이러한 조치들은 효과가 없었고, 1938년 이후로는 사형을 포함하여 처벌이 강화되었다. 1938년 말까지는 이러한 규정이 공식적으로는 명시적으로 차별적이지는 않았고, 모든 독일인에게 적용되었다. 그러나 1938년 이후, 이 규정은 나치의 반유대주의 정책에 따라 소수 민족인 독일 거주 유대인을 차별하기 위한 수단으로 사용되었다. 이처럼 취약한 소수 민족에 대한 고정관념과 이에 따른 행동은 서로 강화 작용을 낳았다. 유대인들은 반유대주의 정서가 확대됨에 따라, 그들이 보유한 자본을 중부 유럽 국가에서 다른 곳으로 옮기려고 했다. 그들의 행동이 투기를 통제하기 위한 새로운 법을 위배하면서, 유대인은 투기꾼이라는 고정관념을 강화시켰고, 당시 반유대주의 정권은 증오의 불길에 기름을 쏟아부으려고 그들의 행동에 관한 보고를 널리 알리는 데 힘썼다. 예를 들어, 헝가리에서는 1938년 반유대

주의 법안이 시행되기 전해에 187건의 통화 범죄 중 112건이 유대인에 의한 것이었다고 한다.[41]

따라서 경제 통제를 위한 행정은 중부 유럽 독재 정권의 근본적이고 악의적인 불의에서 핵심에 해당되었다. 제도적으로나 행정적으로뿐만 아니라 지적으로도 무엇이 잘못되었는가에 대한 인식이 1945년 이후에 재정비를 추진하기 위한 방향을 제시했다. 권위주의와 독재에 대응하여, 일부 결정은 민주주의에 대한 정치적 부담을 덜어주고 이러한 결정이 법을 존중하면서 합법적으로 수행될 수 있도록 행정 당국에 위임되었다. "위임delegation"과 "중재적 합법성mediated legitimacy"이라는 개념은 행정의 핵심적인 제약 조건이 되었다.[42] 이러한 관행으로 가장 잘 알려진 사례는 헌법재판과 위헌 법률 심사, 독립적인 중앙은행 설립에서 찾아볼 수 있을 것이다. 은행의 권한은 신중하게 결정되었다. 예를 들어, 은행의 설립을 둘러싼 법률 중 가장 유명한 독일연방은행법에 따르면, 연방은행에 연방 정부의 경제 정책을 지원할 것을 요구한다.

신자유주의의 전부는 아니지만 많은 요소들이 1945년 이후 유럽의 정책 설계에 도입되었지만, 이렇게 된 데에 유럽 신자유주의자들의 영향력은 일부분만을 차지했다. 더욱 중요하게는 수정된 혹은 2차 뉴딜 정책의 영향을 받은 미국의 정책 설계자들과 미군 군정이 경쟁에 대한 비전을 규제의 기본 원칙으로 전파했고, 따라서 이것이 1945년 이후의 점령 통치 기간에 정책 설계의 핵심적인 특징으로 자리 잡았다.[43] 따라서 신자유주의자들이 가진 비전의 핵심 부분은 대처 총리와 레이건 대통령이 혁명을 일으키기 전인 2차 대전 이후에 이미 실현되었다.

2차 대전 이후의 신자유주의

1945년 이후 서유럽의 자유주의 질서를 기반으로 민주주의가 구제되면서, 자유주의를 새롭고 정교하게 다듬어야 할 필요성이 사라지는 것으로 보였다. 마찬가지로 신자유주의라는 단어도 널리 유통되지 않았고, 정치적 견인력을 얻지도 못했다. 따라서 원래의 논쟁과 이를 둘러싼 상황은 대부분 사람들의 뇌리에서 사라졌다.

신자유주의라는 단어 그 자체는 공산주의가 종식되고 철의 장막이 걷히면서 다시 널리 사용되기 시작했던 1980년대 후반까지는 주로 사용이 보류되었다. 이때까지는 신자유주의를 개척했던 많은 이들이 이 단어를 사용하지 않았다. 1980년에 인기를 끌었던 밀턴과 로즈 프리드먼 Rose Friedman의 저작 『선택할 자유Free to Choose』에는 이 단어가 등장하지 않는다. 대신에, 특히 애덤 스미스와 같은 고전적인 작가들이 영웅으로 등장한다. 발터 오이켄Walter Eucken이나 헨리 사이먼즈와 같은 신자유주의자들은 언급되지 않았다. 하이에크의 경우, 1980년대까지 신자유주의가 아니라 자유주의를 찬양해야 한다고 생각했다.[44]

그러나 신자유주의는 놀라운 여건에서 다시 부상하고 있었다. 자신의 특정한 정치적 여건에서 시대에 뒤떨어진 전통이라고 생각하는 것을 단순히 뛰어넘으려는 사람들이 신자유주의라는 단어를 사용하고 있었다. 미국에서는 현대식으로 행동하면서 영향력을 발휘하던 민주당원들의 집단이 스스로를 신자유주의자라고 불렀는데, 이는 월터 먼데일Walter Mondale 민주당 대통령 후보가 전통적인 민주당 기반인 조직화된 노동자 집단으로부터 얻을 수 있는 것보다 더 많은 지지를 얻기 위한 방법이었다. 섹스 스캔들로 낙마하기 전인 1987년에 대통령 후보 지명을 거의 받을 뻔했던 게리 하트Gary Hart 도 이 집단의 구성원이었고, 뉴저지주의 빌 브래들리Bill Bradley 상원의원, 미주리주의 리처드 A. 게파트Richard A. Gephardt 하원의원도 이 집단의 구성원이었다. 그리고 아마도 매사추세츠주의 폴 E. 송거스Paul E. Tsongas 상원의원은 이 집단에서 가장 유력한 지식인이라 할 수 있다. 1985년에 미국 정치를 조사한 결과에 따르면, 다음과 같은 결론이 나왔다. "몇 가지 예외를 제외하고는, 그들은 환경 보호, 보건 및 안전을 위한 규제, 선거권과 시민권, 출산에 대한 선택권, 남녀평등 헌법 수정안을 지지한다."[45] 철학자 마이클 노박Michael Novak 은 이런 의견을 내놓았다. "신자유주의자들은 상황이 작동하는 방식에 대하여 소박한 견해를 갖고 있으며, 정치적 특혜를 통하여 침몰하는 산업에 자금이 투입되거나 낭비될 것이라는 사실을 알고 있다."

개념으로서의 신자유주의의 진화와 확장은 경제적 사고가 법학, 사회학, 심리학, 때로는 심지어 역사학을 비롯한 다른 분야로 파급되는 것과 관련 있다. 경제학에서 나온 핵심 통찰은 행위의 결과를 계산하는 데에 상충 관계trade off, 외부 효과 및 기회비용을 중요하게 생각한다. 이러한 인지적 파급 효과 중 가장 확실한 영향력은 법학에서 나타났다.

1980년대에는 소비자 후생 기준의 적용으로 경쟁에 대한 정책이 바뀌었다. 이러한 주장에 따르면, 만약 규모가 큰 것이 소비자들에게 이익을 가져다준다면, 이것은 권력의 남용에 해당되지 않는다. 이러한 주장은 이미 19세기의 트러스트와 20세기 초의 반독점 소송에 관한 논의에서 중심에 있었다. 가장 유명한 사례인 스탠더드오일의 경우, 1879년 뉴욕주의 초기 조사에서 이 트러스트가 소비자들에게 판매하는 석유 제품의 가격을 인상하기보다는 인하했다는 결론이 나왔다.[46] 소비자 후생을 기준으로 하는 접근 방법은 기업의 특성에 관한 거래비용 접근 방법의 선구자라 할 로널드 코스Ronald Coase와 같은 시카고 경제학자들, 특히 학문 분야들 간의 새로운 융합을 도모하기 위하여「저널 오브 로 앤드 이코노믹스Journal of Law and Economics」를 창간한 법경제학자 아론 디렉터에 의해 부활되었다. 이러한 사례에 관한 가장 솔직한 진술은 아마도 로버트 보크Robert Bork의 저작『반트러스트의 모순The Antitrust Paradox』에 나올 것이다.[47]

이러한 인식의 전환은 확실히 1981년 미국 법무부가 IBM을 상대로 제기한 획기적인 반독점 소송을 철회하게 만드는 데에 즉각적인 정책 효과를 가져왔다. 이 결정에는 아이러니가 넘쳤다. 퍼스널 컴퓨터에 관한 한, 이 결정이 IBM이 법무부가 제기한 소송의 중심에 있던 컴퓨터 본체용 하드웨어와 소프트웨어의 일괄 판매라는 논란이 많은 관행의 변경을 중단시킬 만큼, 신속하게 내려지지는 않았다. 결과적으로 IBM은 규모가 작고 거의 알려지지 않은 마이크로소프트에 퍼스널 컴퓨터용 소프트웨어를 개발하게 했다그리고 마이크로소프트는 거대 기업이 되고 나서는 자체적으로 제기했던 반독점 소송을 철회했다. 소비자 후생 기준은 네트워크의 미시경제학에 의해 예전부터 이미 알려져 있었다. 예를 들어, 스탠더드오일의 경우, 광범위한 송유관 네트워크가 서비스 제공에 소요되는 한계비용을 감소하는 결과를 낳았다. 이러한 소비자 후생 기준은 한계비용을 실질적으로 제로 수준으로 줄이고 그리하여 규모의 경제와 독점의 정도를 변화시키는 정보 기술 혁명의 완전한 효과를 예상하지 못했다.

공산주의가 몰락하기 전에 인문학그리고 아마도 사회과학의 일부 분야에서 신자유주의라는 단어를 일반화된 학문적 용어로 채택하기 위한 가장 커다란 노력은 엄청난 영향력을 지닌 미셸 푸코Michel Foucault에게서 나왔다. 1979년, 그는 콜레주 드 프랑스Collège de France에서「생명정치학의 탄생The Birth of Biopolitics」에 관한 강연을 했는데, 이 강연은 녹음된 뒤 나중에 글로 옮겨졌고 그의 사후에 출간되었다. 영어로 번역된 건 그보다도 훨씬 뒤였다.[48] 강연의 중심 주제는 신자유주의의 출현이었는데, 푸코는 이에 대하여 독일 사상과 질서자유주의에 대한 고찰을 통하여 비교적 호의적으로 설명했다. 푸코는 시카고대학교의 경제학자 시어도어 슐츠Theodore Schultz와 게리 베커Gary Becker의 연구를 통하여 인격에 관한 새로운 개념을 개발한 방법에 대해서는 상당히 덜 호의적으로 다루었다. 이러한 학파에 따르면, "인간이 결혼, 범죄, 자녀를 위한 지출에 이르기까지 자신의 목적을 실현하기 위해 시도하는 모든 것들은 이익을 얻기 위한 비용 계산에 근거해서 경제적으로 이해할 수 있다."[49] 따라서 경제 이론의 영역은 인간의 동기가 어떻게 형성되고 인간의 행동과 그 결과가 어떻게 영향을 받을 수 있는가에 대한 전반적인 설명으로 크게 확대되었다.[50]

전통적인 의미에서 19세기 자유주의는 공과 사의 경계를 분명히 정해놓았다. 이러한 구분은 모든 것들이 공의 영역으로 보이던 비상시에는 완전히 사라졌다. 그러나 사의 영역도 외부로부터 끊임없이 변경되거나 조작될 수 있기에 사의 영역이 존재하지 않을 때에는 이러한 구분을 하기도 어려워졌다.

20세기 후반의 전개 과정을 분석하는 데 있어 주요 쟁점들은, 알려지지 않은 몇몇 싱크탱크에 의해 전파된 상당히 특이한 교리가 어떻게 문화적으로 헤게모니를 갖게 되었는지, 다시 말하자면 그러한 사상이 어떻게 전염될 수 있는지를 설명하려는 많은 역사학자들을 기다리고 있다. 시카고대학교의 권위자들 중에서 베커는 보크와 비교하여 신자유주의의 신조를 밀어붙이는 데에 훨씬 더 중요한 인물이었다. 경제적 사고의 범위가 지나칠 정도로 확장되어서, 이제는 인간 행동의 모든 측면을 경제적 관점으로 보려고 하는 것만 같았다. 오직 경제만이 중요했다. 빌 클린턴의 전략 참모였던 제임스 카빌James Carville은 1992년에 이런 정서를 다음과 같이 상징적으로 포착했다. "문제는 경제다." 그러나 그런 접근법은 얄팍하고 쓸모가 없고 인간의 인격과 동기가 갖는 풍성함과 깊이와는 상충되지 않았는가? 예를 들어, 1989~1991년에 공산주의가 무너진 이후, 자유는 그 자체가 목적이라기보다는 번영과 행복으로 가는 길로 여겨지게 되었다. 이러한 변화는 소비에트 시대의 다수의 반체제 인사들을 불편하게 했고, 과거에 소비에트 세력권에 있던 일부 시민들을 기쁘게 했고, 서구 세계의 일부 비평가들은 이를 두고 '모든 이들을 위한 바나나Bananen für alle'라며 악의적으로 희화화했다.[51]

새로운 사회 질서는 개인의 자유에 대한 주장과 함께 최소한의 국가 개입이라는 사상의 통합으로 이해될 수 있었다. 진보적인 비평가 마이클 린드Michael Lind는 대학 교육을 받은 특권층의 동시 캠페인이 어떤 식으로 1945년 이후의 합의를 깨뜨렸는지를 이야기하며 놀라운 비유를 했다. 여기에 음모라는 것은 없었다. 린드가 말했듯이, "1960년대에 자유주의 경제학자 제임스 뷰캐넌James Buchanan이 정치, 경제, 문화의 세 영역에서 권력 이양을 도모하기 위해 몽 페를랭과 헤이트-애시베리Haight-Ashbury, 미국 샌프란시스코의 한 지구로서 1960년대 히피와 마약 문화의 중심지_옮긴이의 중간 지점에서 비트 시인 앨런 긴즈버그Allen Ginsberg를 만나지는 않았다."[52] 실제로 1950년대 말 함부르크에서 활동하고 나중에 버클리에서 가르친 푸코 자신이 캘리포니아의 자유분방한 생활 방식과 독일의 정치적, 법적 사상 사이에서 가장 영향력 있는 중개자로 여겨질 수도 있었다. 그러나 이런 식의 해석이 개별적인 사상가의 역할을 지나치게 강조하는 것은 아닌가?

또 다른 해석에서는 경제적, 사회적 행동에 대한 커다란 영향이 완전히 다른 학문 분야인 행동심리학에서 비롯된 것으로 취급한다. 이 출발점은 이 시대의 자본주의를 감시와 조작에 기반을 둔 것이라고 보는 쇼샤나 주보프Shoshana Zuboff의 대단한 영향력을 지닌 진단의 근거가 되었다. 그녀는 행동주의자 B. F. 스키너B. F. Skinner를 예측에서 통제로 옮겨가는 행동공학의 발전에 있어서 중요한 인물로 간주했다. 기술은 프라이버시의 범위를 줄이기 위해 점진적으로 사용될 수 있다. 아니면 스키너의 말대로, "사생활의 문제는 결국 기술 진보에 의해 해결될 수도 있다."[53] 오랫동안 마케팅과 행동 수정을 우려하는 시선이 있었다. 실제로 헨리 사이먼즈는 1934년에 발표한 논문에서 두려운 심정으로 이렇게 서술했다.

> 수요를 조작하기 위해 자원을 수익을 목적으로 이용할 가능성은 아마도 기존 시스템하에서 가장 커다란 불경제(diseconomy)의 원천이 될 것이다. 지금의 추세가 계속된다면, 얼마 지나지 않아서 우리가 사람들에게 다른 상품보다는 특정한 상품을 구매하도록 설득하는 데 자원의 대부분을 사용하고, 사람들이 구매하게 될 상품을 만드는 데에는 자원의 일부만을 실제로 사용하는 상황을 맞이할 수도 있다.[54]

세상은 감정이 어떻게 변할 수 있는지를 알려줄 이론을 요구했고, 스키너는 행동의 결과를 통제하기 위한 새로운 지적 활동의 주동자가 되었다. 그는 자발적이거나 통제되지 않는 사회 질서를 주장한 것으로 혹평을 받는 하이에크와 이상하리만큼 긴밀하게 결부된다. 자발적인 것이 실제로 통제될 수 있는 것으로 보일 때에는 신자유주의가 원래의 정신적 지주로부터 벗어나게 될 것이다.

글로벌 금융 위기와 자본주의에 대한 두려움

2008년 이후 신자유주의에 대한 비판적 논의는 최고조에 이르렀다. 이러한 새로운 시대정신은 여러 곳에 기원을 두고 있는 것으로 보였다. 한편으로는 이것이 1차 대전과 이 전쟁이 금융에 미치는 여파가 혼란과 불공정을 낳았고, 이에 대하여 맹렬한 반응을 일으켰던 것과 마찬가지 방식으로, 금융 불안정성에 대한 단순한 반응을 보이는 것으로 여겨졌다. 글로벌 금융 위기는 금융 시스템이 부정한 수단으로 조작되었다는 믿음을 불러일으켰다. 또한 구제 메커니즘도 논란의 중심에 있었다. 정부와 중앙은행은 대규모 금융 기관들을 구제했다. 이들이 무너지면, 시스템 전체가 무너질 위험에 처할 것이기 때문이었다. 많은 정책 입안자들의 눈에는 대공황이 반복될 위험이 있는 것으로 보였다. 이와 동시에, 소규모의 피해자들, 즉 주택담보대출금을 갚지 못한 집주인들과 직장을 잃은 사람들은 시스템 전체로 봐서는 중요하지 않기 때문에 보상을 받지 못한다는 사실이 점점 더 확실해졌다.[55] 물론 이것은 대단히 불공정한 일이었다.

그러나 글로벌 금융 위기는 그 자체로 단일한 사건으로만 발생하지는 않았다. 이것은 확실히 기술적으로나 사회적으로 거대한 변화의 순간에 발생했고, 그 반응은 이러한 새로운 현실을 통하여 서서히 일어났다. 글로벌 금융 위기 그 자체로는 자본주의에 대한 새로운 비판을 이끌어내지는 못했을 것이다. 그러나 종합해 보면, 금융 위기의 여파, 기술 주도 변화의 새로운 경제, 기후와 보건 문제에 직면해야 하는 긴급한 요구에 의해 나타난 비관론적인 우려가 정책을 검증하고 평가하는 틀에 박힌 과정을 기술관료적, 신자유주의적 사고방식의 단순한 부산물로 치부하고 그것을 불신하게 되는 정치 환경을 조성했다.

최근에 조지프 스티글리츠는 자신이 신자유주의의 핵심 요소들을 보존하는 공허한 두 가지 선택지로 간주하는 것에 대하여, 유일하게 창의적이고 가치 있는 대안으로 자신이 진보적 자본주의 혹은 좌파 시장 경제라고 부르는 것의 정당성을 주장하려고 했다. 이들 두 가지 선택지는 좌파 자유주의토니 블레어, 빌 클린턴, 버락 오바마의 정책에서 볼 수 있는, 사람을 생각하는 신자유주의와 도널드 트럼프, 빅토르 오르반, 마테오 살비니의 정책에서 되살아난 종족 국민주의ethno-nationalism였다.[56] 그러나 실제로 그가 주장하는 것은 옳든, 그르든 간에 신자유주의가 원래 가장 중요하게 여기던 것이었다.

오늘날의 신자유주의는 시장 근본주의자들이 찬양하는 새로운 금융화된 자본주의로 여겨지는 것들을 촉발시킴으로써 나쁜 평판을 얻었다. 그들은 시장 카지노에서 이겼을 때에 이익을 챙기고 졌을 때에는 그들이 일했던 기업, 그리고 무엇보다도 납세자들에게 손실을 전가시키는 일방적인 내기를 즐겼다. 그러나 2007~2008년 글로벌 금융 위기의 경제적 재앙이 단순히 규제와 통제의 부재에서 비롯되었다는 널리 퍼져 있는 생각은 잘못되었다. 금융 행위자들은 규제를 회피하는 방법을 신속하고도 규칙적으로 찾아내고, 규제의 존재는 금융 안정에 대한 잘못된 인상을 준다. 이러한 의미에서 완전한 금융 안정을 이루기에 충분한 규제는 결코 존재하지 않는다.

자본의 대규모 국제적 이동이 더 많은 불안정과 국지적인 혼란을 일으킬 수는 있더라도, 이것이 반드시 전염성이 있고 광범위한 위기를 일으키는 것은 아니다. 자본 이동이 없는 세상은 자본의 잘못된 배분으로 인하여 심각한 거시경제적 혼란이 있는 세상이기도 하다. 2007~2008년 위기를 초래한 것은 내부적, 외부적 보상 구조를 모두 왜곡시킨, 지나치게 복잡한 법인 단체를 통한 대규모 금융 흐름의 상호작용을 부적절하게 규제한 탓이었다. 그것은 개혁이 필요한 구조였다.

사실, 스티글리츠가 최근 대안으로 제시한 진보적 자본주의의 개요는 신자유주의의 원래 개념의 핵심 요소들과 놀라울 정도로 비슷하다. 스티글리츠는 시장, 국가, 시민 사회의 적절한 균형을 주장했다. 그것은 혁신을 창출하기 위하여 과학을 활용하고, 독점의 영향력을 축소하고, 정치 권력과 경제 권력의 연결 고리를 끊어놓는 것이었다. 1938년 파리에서 개최된 '월터 리프먼 콜로키엄'에 모인 경제학자들과 지식인들이 마음속에 품었던 것과 정확하게 같은 종류의 프로그램이었다.

가능한 모델로서의 원래의 신자유주의

스티글리츠의 프로그램에 나오는 진술에서 알 수 있듯이, 경제 과정을 관리하기 위한 토대는 지금도 여전히 미래를 향한 유망하고도 낙관적인 비전을 제공할 수 있다. 1930년대의 상황에서, 이러한 새로운 비전은 공산주의자들의 5개년 계획과 국가사회주의자들의 4개년 계획과 같이 계획에 집착하는 것에 대한 대안으로 여겨졌다. 무엇보다도 공산주의자와 파시스트의 계획이 필연적으로 그리고 열정적으로 요구하는 정치 통제 교리에 대한 대안으로 여겨졌다. 오늘날의 세계에서도 마찬가지로 새로운 접근 방식이 시급하게 요구된다.

1930년대의 논쟁이 갖는 다음과 같은 네 가지 주요 특징들은 모두가 오늘날의 문제와 상당히 밀접하게 관련이 있다. 첫째, 지속적인 혁신을 위해서는 경쟁이 필요하고, 경쟁의 왜곡을 방지하기 위해서는 국가적, 초국가적 차원에서 조세 정책을 포함한 규제 조치가 필요하다. 둘째, 금융 붐과 신용 순환은 위험한 왜곡을 초래하고, 이에 대해서는 자산 가격을 포함, 가격의 왜곡을 최소화하기 위한 통화 정책을 통한 통제가 요구된다. 셋째, 사회의 정체성은 오직 경제적 성과에 대한 약속에만 근거해서는 효과적으로 구축되지 않는다. 넷째, 긴급한 공동의 과제는 특정한 개입보다는 일반적인 법률의 테두리 속에서 해결해야 할 일반적인 문제를 제시함으로써, 가장 효과적으로 달성할 수 있다.

자본주의는 본질적으로 권위주의를 좋아하지 않는다. 마찬가지로 환경 파괴의 책임을 질 수 있는 것도 아니다. 우리는 지난 100년 동안의 환경 파괴 대부분이 중앙 계획, 즉 규제에 대한 비민주적이고 비시장적인 접근 방식에서 나왔다는 사실을 명심할 필요가 있다. 과거의 그리고 오늘날의 자본주의가 갖는 특성은 자본주의가 많은 사람들의 아이디어와 새로운 계획을 결합하고, 문제가 있는 행동을 처벌하고, 유용한 혁신을 보상하는 방법을 제공하기 때문에 때로는 국가의 단순한 처방에 도전하는 문제를 해결하는 방법을 제공할 수 있다는 것이다. 오늘날 미국은 엄청난 기술적 자원과 역량을 동원하여 이산화탄소의 배출을 제한하거나 비탄소 에너지원을 개발할 수 있다. 적절한 신호와 보상으로, 다시 말해,

가격 메커니즘을 통하여 이러한 기술을 장려할 필요가 있다. 최근 연방준비제도이사회 의장을 지냈던 사람들과 27명의 노벨 경제학상 수상자들은 탄소세를 꾸준히 인상하는 것이 지속가능한 환경으로 가기 위한 실행 가능한 방안의 핵심이라고 주장했다.[57] 혁신이 어떻게 작동할 수 있는가에 대한 더욱 직접적인 신호는 코로나 바이러스에 신속하게 대처하여 다양한 종류의 백신을 생산한 경쟁 기업들의 수에서 나타난다. 그러나 우리는 자본주의를 운영하거나 규제하기 위해 테크노크라트에게만 의존해서는 안 된다. 우리 모두가 선택과 결정의 과정에 참여해야 한다.

1938년에 개최된 콜로키엄에서 가졌던 전망은 오늘날에도 시사하는 바가 크다. 한편으로는 자본주의와 다른 한편으로는 정치와 국가 사이의 최신의 연결 고리를 끊는 것이 반드시 필요했고, 지금도 여전히 필요하다. 1930년대의 문제는 기업 권력의 남용과 기업의 사악한 정치 참여에 있었다. 이탈리아와 독일에서는 민간 기업의 이해관계와 파시즘의 정치 사이에서 부분적인 통합이 나타났다. 이러한 통합은 어느 정도는 부패와 공유된 이데올로기에 의존했다. 또한 당시에도 손실의 사회화와 경기 진작 혹은 구제 프로그램의 확대에 관한 오늘날의 논쟁과도 비슷한 논쟁이 있었다. 시장 질서가 효과적으로 작동하려면, 내기를 거는 사람이 위험 부담을 완전히 져야 한다. 개인 혹은 기업의 활동이 너무 크거나 복잡하거나 전략적이어서 실패해서는 안 되는 경우가 있어서는 안 된다. 부패를 제한하고 통제하고 처벌하기 위해서는 투명한 규정과 절차가 반드시 필요하다. 영국의 경제학자 존 메이너드 케인스가 은행 잔고에 대한 압제가, 동료 시민들에 대한 압제보다 더 낫다고 열렬히 주장하게 만들었던 것도 바로 정치와 경제 활동의 분리에 있었다.

21세기의 디지털 시대에 경쟁력을 강화하는 문제는 20세기 중반과 비교하여 훨씬 더 시급하다. 한계비용이 제로이지만 규모에 따른 수익이 계속 증가하는 네트워크의 경제적 효과로는 냉혹하게도 아이디어의 전송을 포함하여 서비스와 정보의 복합 번들을 제공하는 단 하나의 지배적인 공급자를 낳는 추세를 꼽을 수 있다. 이러한 이유로, 이 시대의 주요 자본가들은 실제 경쟁 원리에 반대한다. 오늘날의 불만은 우리가 익명성을 띠는 시장의 희생자라고 느끼는 데서 오는 것은 아니다. 우리는 우리에 대하여 너무나도 많은 정보를 가지고 있어 너무나도 사적이지만, 자신의 실수, 범죄 또는 사기에 대해서는 기꺼이 책임지지 않는 대기업의 희생자처럼 느낀다.

마이크로타깃팅micro targeting, 대상에 대한 개인적인 정보를 가지고 개인마다 다른 전략으로 홍보하는 것_옮긴이은 20세기 중반 전체주의 국가의 핵심 도구였고, 이 시대의 감시 자본주의surveillance capitalism, 온라인에서 수집한 개인 정보를 이용하여 수입을 창출하는 자본주의를 말한다_옮긴이를 뒷받침하는 불투명한 알고리즘이 갖는 특징이기도 하다. 1930년대와 마찬가지로, 기업들도 자신을 널리 알리고 이해관계만큼이나 감정에 의해 움직이는 방대하고도 불투명한 네트워크를 관리하기 위한 도구로 다양한 아이디어들을 활용하려는 시도를 점점 더 많이 하고 있다. 따라서 개방과 경쟁을 위해서는 신뢰할 수 있게 생성된 정보에 대한 보다 일반적인 접근이 필요하다. 21세기에는 정보에 동등하게 접근할 수 있느냐가 물리적 자원에 동등하게 접근할 수 있느냐만큼, 아니 이보다 훨씬 더 중요해질 것이다.

신자유주의뿐만 아니라 전통적인 자유주의가 자본주의를 옹호하는 것은 번영이 아니라 자유에 있었다. 가장 기본적인 자유는 사상과 표현의 자유를 포함한다. 그 결과로 발생할 수도 있는 번영은 자유의 본질이 아니라 부산물이었다. 그러나 자유의 중요성을 강조하는 것은 항상 현실적인 문제를 제기하게 했다. 현실 세계에서 사람들은 자유로워 보이지 않았고 자유를 실현하기 위한 서로 다른 역량을 가지고 있었다. 또한 그들은 종종 스스로 자유를 누린다고 생각하지 않았고, 자유로울 수 있는 자신의 역량에 대하여 서로 다른 인식을 가지고 있었다. 불평등 또한 더욱 커다란 잠재력을 실현하고 자유를 증진시키기 위한 개인의 역량을 떨어뜨린다는 점에서 개인의 발전을 제약하는 요인이었다.

이러한 문제 때문에, 현재의 도덕적 질서 개선을 목표로 구체적인 프로그램을 제시하려는 사람들이 과거의 잘못된 것들을 설명함으로써, 분석의 틀을 정연하게 구성하였다. 그들은 더욱 개선되고 개방적인 시스템으로 대체되어야 할 낡고 나쁜 자본주의의 모습을 그려보았다. 20세기 중반에는 많은 사람들이 면화 공장의 노동 조건에 대한 프리드리히 엥겔스의 냉혹한 설명, 또는 찰스 디킨스의 작품에 나오는 혐오스러운 자본가와 공리주의자를 떠올리면서 이처럼 나쁜 세상을 맨체스터리즘이라고 불렀다. 비평가들은 자신이 사회주의와 낡고 신뢰를 잃은 맨체스터리즘 사이에서 중간의 길을 개척하고 있다고 강조하면서, "사회적 시장 경제"의 개념을 정교하게 다듬었다. 새천년이 시작되면서, 이에 상응하는 지적 작업은 주로 신자유주의를 풍자하면서 이에 대한 반감을 표출하는 것이었다.

신자유주의 논쟁은 본질적으로 세계화에 대한 논의와 관련되어 있다. 대니 로드릭은 세계 경제 통합, 국민국가 및 민주주의의 세 가지 정책 선택지 중 두 가지만 선택할 수 있다는 정치적 트릴레마trilemma, 세 가지 정책 목표 간에 상충 관계가 존재하여 이들을 동시에 개선할 수 없는 상황_옮긴이를 부각시켰다. 그러나 이러한 분석은 너무나도 단순하다.[58] 로드릭의 분석은 고정

환율, 자본 이동성, 자율적 통화 정책이라는 거시경제의 전통적인 트릴레마 또는 불가능한 삼위일체와도 비슷한 것에 기반을 둔다. 그러나 완전히 자유로운 자본 이동은 결코 존재하지 않고, 자본 할당에는 항상 본국 편향이 있고, 환율은 결코 완전히 고정되지는 않고, 자국의 통화 정책은 다른 국가의 통화 정책으로부터 영향을 받게 마련이다. 로드릭의 정치경제 모델도 이와 비슷한 문제에 직면해 있고, 선택은 절대적이지 않다. 국민국가는 그 자체로 완전하게 존재하지 않고, 민주주의는 사람들이 상상할 수 있는 모든 것들을 자유롭게 선택할 수 있다는 것을 의미하지 않는다. 민주주의는 엄청나게 많은 대안들이 아니라 몇 개의 대안들 사이에서 선택권을 행사하는 방법에 관한 것이다. 때로는 민주적인 의사 결정에 너무나도 커다란 이해관계가 걸려 있다면, 그 과정이 손상되고 공격받을 것이다.

이러한 딜레마는 사적이든 공적이든, 대외 부채가 포함되는 경우에는 극적인 상황과 함께 나타난다. 실제로 비상 상황에서는 사적 부채와 공적 부채의 차이가 없다. 그 이유는 사적 부채가 엄청나게 많아져서 감당할 수 없는 상황에서는 공공 부문이 개입하기 때문이다. 예를 들어, 민주주의 국가는 부채를 상환하고 싶지 않다고 결정할 수도 있다. 이러한 조치는 미래의 시장 접근에 영향을 미친다. 그리고 때로는 국제 질서의 창출을 통한 제재가 더욱 일관된 전략을 가능하게 한다. 국제 조정 메커니즘과 다자주의의 기반이 정확하게 이러한 유형의 상충 관계를 관리할 필요성에 의해 동기를 얻는다. 이러한 것들이 국가들이 다른 국가들에 해로운 영향을 미치지 않는 합리적인 선택을 하는 방법을 찾게 해준다.

가장 본질적으로는 위기 발생 시 단기적으로 개입하는 것과 다르게, 이러한 제도 구조는 미래로 더 오랫동안 연장되는 선택을 가능하게 한다. 이것은 개인들이 어떻게 행동할지에도 영향을 미치고, 이것이 다시 집단의 역학을 형성한다. 진정 효과적이고 구속력 있는 선택이 가능하려면, 사람들이 장기적인 결과에 대해 생각하도록 장려하는 단지 가상의 네트워크가 아니라 현실의 네트워크에 둘러싸여 있어야 한다. 그들은 금방 갈라서는 틴더Tinder 데이트 상대 혹은 진정한 친구라고 보기 힘든 페이스북 친구가 아니라 진정한 친구, 연인, 동료와의 관계가 필요하다. 지금은 트롤troll, 인터넷 채팅방에서 남들의 화를 부추기기 위해 보낸 메시지_옮긴이과 허위 정보에 대한 방어 수단을 개발하기 위해 엄청난 노력을 기울이고 있다. 장기적으로 이러한 세상에 대처하기 위한 유일한 방법은 우리가 진정한 인간이 되는 것을 강조하는 것이다. 그것은 순식간에 이루어지는 반응이 아니라 깊이 있는 헌신을 말한다. 만족, 충족, 존엄은 우리가 생산해야 할 공동의 상품비가격재이며, 글로벌 상품이다.

위대한 경제학자 케인스는 『고용, 이자, 화폐의 일반이론』에서 자신이 현실적인 사람이라고 생각하는 사람들은 죽은 경제학자의 노예들이라고 경고한다. 이 말은 널리 인용되었다. 실제로 하이에크는 1947년 몽페를랭 소사이어티 출범 회의에서 이 말을 인용했다. 케인스가 묘사한 노예 상태를 종식하기 위한 한 가지 방법은 신자유주의가 원래 가졌던 지적 DNA를 사용하여 죽은 경제학자들이 어떤 문제를 다루었는지를 정확하게 평가하는 것이다. 1930년대 신자유주의자들이 가졌던 원래 비전은 예외적인 조치를 요구하는 위기와 비상사태에 대한 일종의 반응이었다. 그들은 집단적인 대답을 요구하는 시대에 살고 있었지만, 이러한 요구에 대한 전형적인 반응들은 커다란 결함이 있었다. 그들은 단순하고도 투명한 원칙에 근거하여 장기적인 신뢰성과 지속가능성으로 가는 길을 열려고 했다.

하이에크가 모호한 개념에 지나치게 의존하는 것을 지혜롭게 경고했듯이, "중요한 문제들은 사회 제도에 대한 의인화되거나 개인화된 설명을 암시하는 단어들을 사용함으로써, 상당히 모호해진다."[59] 신자유주의를 21세기 초 제도들에 대한 개인화된 설명으로 받아들여서는 안 된다. 신자유주의가 원래 가졌던 교리는 오히려 우리 시대의 경제적, 사회적, 정치적 언어를 병들게 하는 다양한 왜곡과 반이상향에 대한 해독제가 될 수 있다.

위기

세계화가 낳은 모든 것

C R I S I S

PART 13

세계화에 대한 어떠한 표현도 위기라는 단어가 없이 완성되지는 않을 것이다. 위기는 언어의 팽창적 확산을 보여주거나 단어가 너무나도 무분별하게 사용되어 때로는 그 의미를 잃어버리는 경우를 보여주는 좋은 예이다. 세계화가 낳은 모든 것이 이제는 하나의 위기가 되었다. 개념사를 연구하는 위대한 역사학자 라인하르트 코젤렉은 위기가 근대성의 구조적 특징이 되었다고 말했다.[1] 20년 전에 폴 크루그먼Paul Krugman은 위기가 세계화의 대가라고 말했다.[2] 그는 1997년 동아시아 금융 위기 이후로 저술 활동을 활발히 했지만, 도처에서 벌어지는 위기에 대한 논의가 금융과 경제학에만 국한되지는 않는다. 세계화의 대가가 금융 위기가 될 수도 있지만, 정치 또는 사회 위기, 도덕 위기, 정신 위기, 기후 혹은 환경 위기, 심지어는 의료 위기가 될 수도 있다.

2020년 코로나 바이러스의 대유행으로, 이 단어는 엄격히 의학적이었던 원래의 용법으로 되돌아갔다. 고대 그리스 의학에서 그리고 수천 년 동안 그것을 가르쳤던 사람들에게, 위기는 환자가 신속하게 회복되거나 더욱 악화되어 사망할 때, 질병의 진행 지점을 일컫는 말이었다. 그리스어 크리시스krisis는 결정하다를 의미하는 크리노krino라는 단어에서 나왔다. 이것은 중요한 선택을 해야 하는 결정의 순간을 의미한다. 이제 1848년 유럽에서 어떤 박테리아로 인해 정치적 혼란뿐만 아니라 사회적, 경제적 불행을 악화시킨 위기가 닥쳤을 때, 이 단어가 사용된 한 기사를 살펴보자. 에딘버러 의사인 로버트 패터슨Robert Patterson은 발진티푸스에 대해 다음과 같이 썼다.

> 정신 상태는 대체로 평온했지만, 몇 안 되는 일부 환자들은 아무런 맥락이 없는 말을 하는 경향이 있었다. 특히, 피난 명령이 있기 전인 3~5일째 되는 날에는 상당한 섬망 증상이 자주 발생했다. 일반적으로 5~7일째 되는 날을 전후로, 환자가 앞에서 설명한 상태로 계속 누워 있고, 고통이 서서히 완화되는 것을 경험하기 시작한다. 피부는 점점 축축해져서 다량의 땀으로 덮이게 된다. 이러한 발한 작용은 대체로 중요하다. 어떤 때에는 이것이 심한 오한에 의해 일어나기도 하고, 다른 때에는 갑자기 발생하기도 한다. 이것은 일정 시간 동안에는 아주 심하게 지속되어, 커다란 땀방울로 얼굴과 손 그리고 침구까지도 적시게 된다. 이후 환자는 상당한 안도감을 느끼게 된다. 이 발한 위기의 가장 흔한 지속 시간은 3~6시간이고, 때로는 훨씬 더 길다. 나는 어떤 환자의 경우 이것이 48시간이 넘게 지속되는 것을 보았다.[3]

질병을 죽음을 은유하는 표현으로 사용하는 많은 저명한 작가 중 한 사람인 토마스 만Thomas Mann은 1900년에 발표한 대하소설 『부덴브루크가의 사람들Buddenbrooks』에서 이 가문의 유일한 상속인 하노가 장티푸스로 죽는 것으로 이야기의 끝을 맺었다. 그의 이야기는 질병의 위기에 대한 패터슨 박사의 설명을 그대로 보여주고, 그 정의가 의미하는 "결정"을 떠올리게 한다. "만약 이 환자가 목소리를 듣고서 피하려고 하고, 두려워하고, 말이 없다면, 우렁찬 목소리에 기억이 깨어났지만 머리를 흔들고 손을 뻗어서 기억을 물리치려고만 한다면, 지금 자기 앞에 열린 길을 따라 더 멀리 도망친다면, 이제는 어쩔 수 없다. 그는 분명히 죽을 것이다."[4] 또한 토마스 만은 『마의 산The Magic Mountain』에서 스위스 알프스의 결핵요양소를 1차 대전 직전의 썩어가는 유럽 사회에 대한 은유로 사용했다. 20세기 후반에, 수전 손택Susan Sontag은 암을 미국 사회의 병폐를 고발하기 위한 은유로 사용했다. 이 질병은 무자비하고 은밀한 침입이었다. 암은 19세기의 결핵과 마찬가지로, 몸속에 타들어 가는 징후에 의해서 신체가 파괴되는 과정으로 묘사되었다.[5] 그러나 19세기와 20세기의 뛰어난 은유인 결핵이나 암이 항상 파괴적인 진전을 하면서 위기를 동반하는 질병인 것은 아니었다.

르네상스와 종교 개혁의 여파로 의학적 비유는 처음에는 주로 영적 위기와 관련하여 구원이나 파멸에 이를 수 있는 인간 영혼의 변신을 묘사하기 위해 더욱 광범위하게 적용되기 시작했다. 18세기에 이르러서는 이것이 정치적 적용으로 옮겨가기 시작했다. 혁명이 일어났던 1776년에 톰 페인Tom Paine은 자신의 저작 『미국의 위기American Crisis』에서 위기가 왜 고통뿐 아니라 좋은 결과를 낳는지 설명했다. "위기의 지속 기간은 항상 짧다. 정신은 곧 위기를 통해 성장하고, 예전보다 더 확고한 습관을 낳는다. 그러나 위기가 갖는 특별한 장점은 그것이 진실의 시금석이고, 그것이 없었더라면 영원히 발견되지 않았을 사물들과 사람들이 빛을 발하게 한다는 것이다. (……) 위기는 숨어 있는 사람들의 사상을 추려내어 세상에 내놓는다."[6]

물론 위기가 항상 또는 반드시 좋은 결과를 낳는 것은 아니다. 1789년 베르사유 궁전에서 시장 여성들의 힘찬 행진을 주도했던 카리스마가 넘치는 여배우 테루아뉴 드 메리쿠르Théroigne de Méricourt는 나중에 프랑스 혁명 과정에서 더 급진적인 혁명가들에 의해 옷이 벗겨진 채로 두들겨 맞았다. 병원에서 그녀는 "혁명적 열병"을 앓고 있다는 진단을 받았고, 샤랑통의 정신 병원에서 사망했다.[7]

위기는 그것의 낙관적인 변형을 찬양하고 싶어 했던 19세기 문화에서 중요한 부분을 차지했다. 매콜리Macaulay, 랑케Ranke, 지벨Sybel, 미슐레Michelet, 티에르Thiers, 텐Taine이 서술하는 당대 국가의 위대한 역사는 한 국가가 어떻게 시험되었고 이후로 어떻게 의기양양하게 등장했는지에 관한 이야기였다.[8] 매콜리는 1848년 혁명의 해에 출간된 자신의 저작 『영국사History of England』에서 하나의 모델을 제공했다. 다섯 권으로 이루어진 이 저작은 불과 몇 달 만에 스튜어트 가문의 충실한 신사들gentry과 사제들을 멀어지게 한 오류에 관한 논의로 시작하여 새로운 타협, 즉 어떻게 질서와 자유의 훌륭한 결합에서 인류 역사에서 사례를 찾아볼 수 없던 번영이 발생하게 되었는가에 대한 서술로 넘어갔다.[9]

19세기 중반이 되면서, 의학적 비유가 금융적 비상사태에서도 자주 적용되었다. 금융은 인간의 신체와 마찬가지로 분명히 순환에 의존하는 시스템이었다. 따라서 1847~1848년의 위기는 흉작으로 촉발되어 사회적, 정치적 혁명을 일으킨 금융 위기로 해석되었다.[10] 여기에는 배워야 할 교훈이 있었다. 아일랜드 기근으로 많은 사람들이 사망한 것에 대하여 막대한 책임을 지게 된 영국 공직자 찰스 트레블리안Charles Trevelyan은 영국 재무부 차관보로서 자신이 취했던 조치들을 변호하기 위해 『아일랜드 위기The Irish Crisis』라는 제목으로 다음과 같은 글을 썼다.

우리가 크게 속지 않는 한, 우리의 후손들은 이번 기근까지 추적하여 오랫동안 대단히 불행했던 국가의 기질에서 유익한 혁명이 시

> 작되었음을 알게 될 것이고, 다른 많은 경우에서와 마찬가지로 이를 통해 최고의 현인이 일시적 악에서 영원한 선을 이끌어냈다는 사실을 인정하게 될 것이다. 몇 달 전 어느 계몽된 사람이 아일랜드에서 가장 실망스러운 상황이 무엇이라고 생각하는가라는 질문을 받았다면, 우리는 그가 부재지주 제도, 프로테스탄트 혹은 로마가톨릭의 편협성, 오렌지즘(Orangeism, 아일랜드에서 일어난 급진적인 프로테스탄트와 영국 왕권 옹호주의 운동_옮긴이), 리반디즘(Ribbandism), 합병 철회 요구, 심지어 위협적인 통지 시스템과 대낮의 암살 사건을 거론했을 것이라고는 상상하지 못한다. 그는 이러한 것들이 악이라고 말했을 것이다. 그러나 이러한 것들 중에서 일부는 치료될 수 있다. 그리고 다른 것들은 단지 증상일 뿐이다. 이것들은 상황을 절박하게 만들지는 않는다. 그러나 국민들이 감자를 주식으로 하는 국가에는 어떤 희망이 있을까?[11]

따라서 위기에 대한 논의는 아주 초기에는 의학적 비유에서 나온 것처럼 위기가 학습 경험이나 심지어는 구원의 기회를 제공할 수 있으며, 정치인들은 정책 목표를 달성하기 위해 위기를 능숙하게 활용해야 한다는 해석과 결부되었다. 평상시에는 개혁이 방해를 받을 것이고, 위기 시에는 새로운 접근 방식이 각광받을 것이다. 오늘날의 정치 평론가들은 이러한 사실을 뚜렷하게 인식하고 있기 때문에, 그들은 이것을 과거에 비추어보고 싶어 한다. 다수의, 언뜻 보기에는 신뢰할 만한 학술 문헌의 저자들은 영국의 영웅적인 전시 지도자 윈스턴 처칠이 1945년 유럽을 동서로 분열시킨 얄타 회담의 전날에 "좋은 위기를 결코 헛되이 보내서는 안 된다."는 말을 했다고 전한다. 하지만 이 말은 완전히 날조된 도시의 전설이었다. 처칠은 그런 말을 한 적이 전혀 없었다그는 얄타 회담의 결과를 축하해야 할 일로 여기지도 않았다.[12] 이러한 표현은 나중에 버락 오바마 대통령의 수석보좌관을 맡게 된 람 이매뉴얼Rahm Emanuel이 2008년 부시 행정부와 금융 위기를 논의할 때 나왔다. "여러분들은 심각한 위기를 헛되이 보내는 것을 결코 원하지 않는다. 내가 하고 싶은 말은 이번 위기가 예전에는 할 수 없었던 일을 지금은 할 수 있는 기회라는 것이다."[13] 이매뉴얼은 특히, 1970년대 유가 폭등의 사례를 가져왔다. 그가 보기에 당시 위기는 더욱 지속가능한 에너지 정책으로의 전환을 관리하는 데 제대로 사용되지 않았다. 또한 그는 양당 모두에서 아이디어를 끌어낼 필요가 있다고 지적했다.

지난 19~20세기에 걸쳐서 일어났던 커다란 경제 위기로 위기라는 단어에 대한 훨씬 더 강렬한 토론이 벌어졌다. 토론의 강렬한 정도를 측정하기 위한 손쉬운 방법으로 구글 엔그램뷰어Google's NGram Viewer에서 서로 다른 언어로 측정한 단어의 빈도그림 8를 활용할 수 있다. 모든 국가에서 대공황이 한편으로는 경제 위기와 금융 위기, 다른 한편으로는 정치적 붕괴 사이의 연결 고리라는 강렬한 선입견을 갖게 했다. 가장 분명한 사례는 소련이 대공황을 자본주의의 마지막 위기로 바라본 것이었다이 생각은 이후 다양한 언어를 통해 확립되었다.

세상을 이해하는 방법으로서의 위기는 1970년대 브레턴우즈의 액면가치 시스템 붕괴와 두 차례에 걸친 오일 쇼크로 또다시 관심을 끌었다. 놀랍게도 프랑스, 독일, 러시아에서는 위기라는 단어의 사용 빈도가 감소해 가는 반면, 영어권 국가에서는 세상을 이해하는 유력한 방법으로 남아 있었다. 그러나 그 이후 위기는 어디에나 존재하는 영구적인 선입견이 되었고, 더 이상 원래의 의학적 비유에서처럼 정책의 극적인 전환

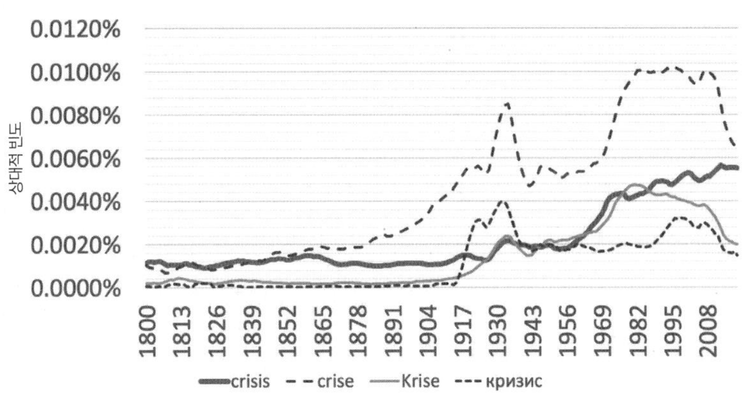

그림 8. 도서에 위기라는 단어가 등장하는 빈도(1800~2020년)

영어로 발간된 도서(crisis), 프랑스어로 발간된 도서(crise), 독일어로 발간된 도서(Krise), 러시아어로 발간된 도서(krizis)를 대상으로 집계. 구글 엔그램뷰어를 토대로 작성.

점이 될 수는 없었다. 코젤렉은 1960년대와 1970년대의 위기 이후 "과거에는 피할 수 없고, 가혹하고, 협상할 수 없는 대안을 제기하는 힘을 가졌던 단어가 어떻게 하여 주어진 순간에 무엇이든 발생할 수 있는 불확실성에 적합하도록 변질되었는지"를 설명했다.[14]

위기는 항상 세계화의 과정에서 변곡점을 생성했다. 크루그먼은 위기와 세계화에 대해 생각하면서, 통합이 세계화가 처음에 일으켰던 문제를 해결할 수 있다고 생각했다.[15] 자본주의와 위기는 떼려야 뗄 수 없는 관계로 여겨지기도 했다. 마르크스주의자들은 자본주의가 끊임없이 위기를 낳는 것으로 분석했지만, 다른 모든 사람들도 거의 마찬가지였다. 어느 누구도 자본주의가 안정을 낳는다고 생각하지 않았다. 19세기부터 전통적인 자유주의 즉 보수주의 경제학자들은 자본주의가 매우 규칙적으로 경기 순환을 하고, 이러한 과정에서 위기 국면이 사라지고 새로운 사업 영역에서 신규 대출이 발생하여 지속적인 성장으로 이어질 것으로 보았다. 위기가 없다면, 자본주의는 역동적으로 움직이지 않을 것이다. 조지프 슘페터는 자본주의를 창조적 파괴의 지속적인 과정으로 보면서, 이러한 견해를 체계화하였다.

때로는 비효율적인 사업보다 훨씬 더 큰 피해를 입힌 더 크고 포괄적인 위기도 발생했다. 이러한 위기는 정치와 사회 질서를 파괴했다. 일부 주요 위기들, 특히 대공황은 광범위한 탈세계화를 일으켰다. 그러나 다른 많은 위기들, 특히 희소성 증대, 가격 급등과 함께 커다란 공급 충격을 동반하는 위기들은 이에 따른 고통을 완화하기 위한 방법으로, 먼 거리에서 제공되는 자원에 대한 접근성을 높이기 위해 세계적인 교류 확대의 필요성을 부각시켰다. 따라서 1848년의 위기는 역사학자들이 일반적으로 근대 세계화의 첫 번째 시대라고 일컫는 것의 시작을 알렸고, 1970년대는 자본 이동성에 대한 장벽을 대대적으로 허물고 무역을 증진시키면서 새로운 종류의 세계화를 이끌어갔다.

1840년대에는 세계가 매우 고통스러운 공급 충격을 경험했다. 1840년대 중반에는 전통적인 기근 혹은 앙시앵 레짐의 생존 위기뿐만 아니라 금융 위기, 은행 위기와 결합된 현대적인 경기 침체가 닥친 것으로 보였다. 이런 의미에서, 1840년대 중반의 위기는 19세기의 위기이자 20세기의 위기였으며, 조너선 스퍼버Jonathan Sperber는 이것을 "전환기의 위기"라고 불렀다.[16] 식량 위기는 악천후와 흉작에서 비롯되었고, 악천후는 농작물 질병, 가장 유명하게는 감자 역병을 일으켰다. 대부분의 사람들은 소득의 67~75%를 식비에 지출했다. 1845년부터 1847년까지 물가는 특히, 유럽 중부와 프랑스에서 급등했다. 아일랜드에서는 1846년 감자 작물의 약 80%에서 감자 역병이 발생했다. 따라서 상당히 광범위한 공급 충격을 경험하게 되었다. 1847년 투기꾼들이 감자 가격이 지속적으로 상승하는 쪽에 내기를 걸면서 금융 위기가 발생했고, 이후 그들은 풍부한 수확량과 곡물 수입량을 보면서 놀라움을 금치 못했다.

정책적인 수단들은 충격의 심각성을 키워서, 노벨 경제학상 수상자 아마르티아 센Amartya Sen의 기근은 인위적인 것혹은 정책이 만들어낸 것이라는 주장을 뒷받침하는 강력한 사례를 제공한다.[17] 가장 충격적인 사례는 아일랜드의 기근인데, 역사학자들은 영국의 교조적인 자유방임주의가 이러한 재앙을 초래했다는 데 뜻을 같이한다.[18] 찰스 트레블리안은 영국 공직자들의 사고방식을 완벽하게 대변했다. 휘그당의 코맥 오그라다Cormac O'Grada의 표현대로 "이데올로그ideologue" 재무장관 찰스 우드Charles Wood는 신의 섭리와 예지력이 아일랜드에서 고통을 가장 많이 받는 사람들을 포함하여 모든 계급에 의해 행사되어야 한다고 생각했다. 그러나 영국 관리들이 생각하기에 가장 커다란 악은 가난한 사람들의 고통을 완화시켜야 할 의무가 있는 주변 사람들이 그들을 방치하는 것이었다.[19] 최근 역사학자 찰스 리드Charles Read는 이런 이야기를 새로운 각도에서 해석하면서, 중소 농민들과 특히, 상인들에게 높은 세금을 부과하던 영국 정부의 재정 정책이 최후의 일격을 가했다는 주장을 펼쳤다. 파산에 몰린 기업가들은 외국으로 이민을 떠났고, 이에 따라 공급 체인이 붕괴되었다.[20] 미국으로 이민을 떠난 아일랜드의 어느 애국자는 이렇게 말했다. "마그데부르크의 약탈이나 팔츠의 파괴는 아일랜드에서 단순한 공직자들의 관료적 형식주의와 경제 원리에 의해 행해진 학살에 대한 공포, 비극과는 비교가 되지 않는다."[21]

최악의 식량 위기 상황이 끝난 이후, 경제적으로나 사회적으로 붕괴되었고, 1848년 파리와 팔레르모에서 유럽 중부 전역으로 확산된 혁명운동으로 정치적인 일촉즉발의 상황에 이르렀다. 경제 위기가 발생하고 정치 개혁 운동이 실패하면서, 유럽에서 새로운 이민의 물결이 일었다 이것은 유럽에서 생활수준이 높아지는 데 기여했다. 특히, 독일어를 사용하는 유럽 중부 지역에서 이민을 떠나는 사람들이 많았다. 이민을 떠나는 사람들이 많은 스칸디나비아와 같은 가난한 지역에서는 이민이 거의 없는 가난한 지역과 비교하여 생활수준이 더 빨리 높아졌다. 경제사학자 케빈 오루크Kevin O'Rourke와 제프리 윌리엄슨Jeffrey Williamson은 이러한 상황을 관찰하면서, 스웨덴과 포르투갈을 비교했다.[22]

프랑스와 중부 유럽 국가들이 프랑스의 크레디 모빌리에Crédit Mobilier, 2월 혁명 이후, 프랑스에서 출현한 최초의 산업은행으로, 근대 산업 금융의 선도적 역할을 했다_옮긴이 모델을 바탕으로 새로운 은행들을 실험하면서, 위기 이후 금의 발견1849년 캘리포니아 골드러시과 부분적으로 금융 혁신에 의해 일어났던 통화 팽창의 물결도 뒤따랐다. 결과적으로 유럽은 매우 신속하게 정치 혁명으로 가는 동시적 변화를 또 경험할 가능성이 훨씬 적어 보였다.

1860년 영국과 프랑스 사이의 협정코브던-슈발리에Cobden-Chevalier 협정의 형태로 주어진 모델인 무역 자유화와 자본의 국제적 이동과 이민은 무역은 1860년 이전에 이미 크게 확대되었지만 모두 1848년 정치 혁명 이후에 시작되었다.[23] 특히, 1840년대의 사건들은 돈과 사람들의 흐름을 다루기 위한 다수의 작은 국가들의 노력을 조정하는 데 도움이 되는 제도 변화의 물결이 일게 했다. 이러한 사건들로 유럽에서 새로운 헌법을 제정한 특히, 독일과 이탈리아와 같은 국민국가의 수립, 1867년 오스트리아와 헝가리 사이의 대타협Ausgleich에서 절정에 이르렀던 합스부르크제국의 행정 개혁, 오스트리아-헝가리 이중제국의 설립을 들 수 있다. 미국에서 남북 전쟁이 일어나고 일본이 메이지 유신으로 개항을 하게 된 것도 이러한 국가 건설의 맥락에서 바라볼 수 있다. 실제 미국의 남북 전쟁은 유럽의 위기와도 관련이 있었다. 독일인들의 미국 이민은 캔자스주가 이민자들이 자유롭게 정착할 수 있도록 개방을 선언한 1854년에 최고조 25만 명에 이르렀다. 독일인과 스칸디나비아인의 캔자스주로의 이민이 급증하면서, 캔자스주는 노예 제도를 실시하지 않는 자유주가 되었다. 이민은 이런 방식으로 캔자스-네브래스카법Kansas-Nebraska Act, 미국이 캔자스와 네브래스카 준주를 창설하여 새로운 토지를 개방한 법으로, 국민 주권의 원칙을 통해 준주 개척자들이 노예제의 인정 여부를 자신들이 결정할 수 있게 허용했다_옮긴이을 제정하게 한 신중했던 법적 타협을 없던 것으로 했고, 미국 남북 전쟁이 일어나는 계기로 작용했다.

프리드리히 엥겔스는 1895년 마르크스의 『프랑스의 계급투쟁Class Struggles in France』의 서문에서, 1850년에 마르크스가 어떻게 "1847년의 세계 무역 위기가 2월과 3월 혁명의 진정한 원천이었고, 1848년 중반 이후로 점진적으로 회복되고 1849년과 1850년에 최고조에 달했던 제조업 성장이 유럽의 반동 세력에 다시 활력을 불어넣은 계기가 되었다."고 분명히 인식하게 되었는지를 서술했다.[24] 여기서 "반동 세력"이 1850년대와 1860년대에 등장한 새롭고 상당히 혁명적인 통치 형태를 설명하기 위한 가장 좋은 표현인지는 분명하지 않다. 프리드리히 빌헬름 4세에게 중세에 대한 환상을 일으키던 의상 담당자 라도비츠Radowitz와 같은 원래의 반동주의자들은 힘을 잃었다.[25] 그 자리에 루이 나폴레옹나폴레옹 3세이나 오토 폰 비스마르크와 같은 모호한 인물들이 들어왔다. 이들은 위기라는 단어가 암시하는 새로운 논리에 따라, 세계를 건설하면서 근대화를 이끌었다.

이제 120년이 빠르게 지나서 1970년대가 되었다. 1970년대 극심한 인플레이션을 일으킨 것은 주로 중동 지역의 산유국들에서 비롯된 광범위한 공급 충격이었다. 이것은 통화 장애를 배경으로 발생했다. 액면가치 시스템은 1971년 8월에 붕괴되었고, 그해 12월에 열린 스미스소니언 회의Smithsonian conference에서 그것을 복원하려는 시도는 설득력이 없었다. 석유 가격이 통상적으로 달러화로 표시되었기 때문에, 석유 생산자들은 처음에는 수출품의 실질 가치를 보호하기를 원했고, 이후로 1973년이 되어서 유가 인상이 정치적 무기일 뿐만 아니라 경제적 무기도 될 수 있음을 깨달았다. 따라서 새로운 석유 민족주의가 발생했다. 1974년 석유수출국기구Organization of the Petroleum Exporting Countries, OPEC의 석유 수입은 3배 증가한 1,080억 달러로 세계 수출액의 8분의 1을 차지했다. 주요 제조업 국가들은 석유 수입에 크게 의존했다. 가격 인상은 부와 소득 감소라는 새로운 세금의 부과로 여겨질 수 있다. 제조업 국가들은 대부분 가격을 즉각적으로 조정하지 않고 그 충격을 받아들이기로 결정했다. 그 완충적인 반응이 인플레이션을 극심하게 만들었다. 1974년 미국에서 물가가 연간 11.0% 상승했다. 이후 두 번째 오일 쇼크가 닥치고 나서 1980년에 12.0%로 상승했고, 일부 다른 국가에서는 이보다 더 높은 수준으로 상승했다. 영국에서는 1975년 소비자물가지수Consumer Price Index, CPI 인플레이션이 24.2%에 달했고, 1980년에는 18.0%에 달했다.

이 결과는 1930년대의 유산으로서 전후 합의에서 좋지 않은 시선으로 바라보던 자본 이동에 대한 정부의 태도를 바꾸어놓았다. 사실, 국제금융시스템은 헨리 키신저가 석유 생산자들을 수용하기 위해 설계한 전략에서 가장 중요한 부분을 차지했다. 만약 그들에게 국제적인 은행들을 통해 이익금을 예치하도록 장려한다면, 그들을 이 시스템 속으로 끌어들이게 될 것이다. 이 주장은 1975년 랑부예에서 최초로 열린 G5 정상회의에

서 명시적으로 제기되었다.[26]

또한 1970년대의 경험은 전통적인 케인스주의와 개입주의를 바라보는 주요 정부의 태도를 바꾸어놓았다. 필립스 곡선Phillips curve, 임금 상승률과 실업률의 관계를 나타내는 그래프에 기초한 전통적인 케인스주의의 기조는 잘못되었고, 예상되거나 기대되는 더 높은 수준의 인플레이션이 단순히 가격 상승을 일으킬 뿐이었고, 생산량 증가나 실업 감소는 일으키지 않을 것으로 보였다. 이러한 방향으로 가장 먼저 움직인 것은 제임스 캘러헌James Callaghan의 영국 노동당 정부, 지미 카터Jimmy Carter의 민주당 정부, 특히 독일의 헬무트 슈미트Helmut Schmidt의 사회민주당-자유당 연대와 같은 중도 좌파 정부였다. 그 유산은 중도 우파 정부, 특히 레이건과 대처 정부에 의해 계승되었고 상당히 확대되었다. 1976년 제임스 캘러헌이 노동당 총회에서 했던 연설은 이후 케인스를 사실상 매장하는 표현을 쓴 것으로 평가되었다.[27] 그는 철저하게 새로운 교리를 제시했는데, 그것은 사실 그의 사위인 「런던타임스London Times」 기자 피터 제이Peter Jay가 주로 쓴 것이었다. 당시 제이 자신은 그것을 "성 바울의 고린도전서 이후 가장 숨 막힐 정도로 솔직했던 공개 선언"이라고 썼다. 캘러헌이 주장했듯이, "영국은 덤으로 얻은 시간, 돈, 사상을 가지고 너무 오랫동안 버텼다. (……) 우리는 세금을 줄이고 정부 지출을 증가시킴으로써, 당신이 불황에서 벗어나서 지출을 늘리고, 고용을 증진할 수 있다고 생각하곤 했다. 이제 나는 이러한 선택이 더 이상 존재하지 않고, 지금까지 존재했던 한, 그것은 전쟁 이후 경제에 더 많은 양의 인플레이션을 주입하고, 그다음 단계에서 더 높은 수준의 실업을 주입함으로써 각각의 상황에서만 효과가 있었다고 당신에게 아주 솔직하게 말하고 싶다."[28] 이것은 스태그플레이션에 관한 이야기였다. 영국의 쇠퇴는 국가가 다양한 경쟁 집단교사 대 간호사 대 경찰관의 임금 인상 요구에 대해 상대적인 공과를 결정할 수 있는 좋은 위치에 있지 않다는 사실을 인정한 것을 의미했다.

1970년대 후반은 세계가 결정적으로 세계화의 새로운 국면으로 옮겨가는 시기인 20세기의 전환점을 형성했다. 중국에서는 덩샤오핑이 시장 원리를 도입한 일련의 개혁을 시작했다. 1979년은 이란 왕조가 전복되고 1월 16일에 국왕이 테헤란을 탈출하는 이란 혁명이 시작되는 해였다. 1979년 3월에는 유럽공동체의 일부 회원국들이 영국의 참여 없이 유럽 통합의 가장 난관이 되는 통화동맹의 결성으로 가는 길에서 징검다리가 될 유럽통화제도European Monetary System를 출범시켰다. 1979년 10월 6일 미국 연방준비제도이사회 의장 폴 볼커는 인플레이션을 잡기 위해 기습적으로 금리 인상을 발표했다. 그리고 그해 5월 3일에 치러진 영국 총선거에서 보수당이 과반 넘는 의석을 얻어 제임스 캘러헌의 노동당 정부를 밀어냈고, 마거릿 대처가 총리 자리에 올랐다.

따라서 1970년대의 공급 충격은 글로벌 개방, 즉 세계화라는 개념과 국가 역량에 대한 문제 제기에 커다란 자극이 되었다그러나 이것이 국민소득에서 공공 부문이 차지하는 비율로 측정한 국가 규모의 실질적인 감소를 의미하는 것은 아니다. 이민이 증가했고, 복잡한 공급 체인이 형성되면서 무역이 확대되었고, 금융 중개업이 폭발적으로 증가했다. 공급 충격의 위기는 전환점을 형성할 만한 영향력을 지녔다.

그러나 이 모든 위기들이, 특히 커다란 전환들이 당혹감을 낳게 했다. 위기라는 단어의 확산 자체가 위기를 조성했다. 의학적으로 결정을 내려야 할 시점이라는 원래의 명료했던 의미가 불확실성, 선택의 다양성 및 우유부단함으로 대체되었다. 복잡성에 대한 주요 이론가인 프랑스 사회학자 에드가 모랭Edgar Morin은 20세기에는 자본주의, 사회, 부부, 가정, 가치관, 청소년, 과학, 법, 문명, 인류 등 모든 영역이 위기라는 개념에 사로잡혀 있다는 결론을 내렸다.[29] 코젤렉은 이 단어의 궤적을 다음과 같이 묘사한다. "그러나 이처럼 부정확하고 모호한 경향은 그 자체로 아직은 완전하게 가늠할 수 없는 역사적 위기의 증상으로 볼 수도 있다."[30] 위기는 여전히 새롭거나 생산적인 반응을 일으킬 수 있지만, 분석을 위한 단어로서 위기는 여러 영역으로 전이되었다.

기존의 단어들로 새로운 단어를 만들다

코로나 바이러스 대유행 이후, 어떤 세계가 펼쳐질 것인가

RECOINING THE WORDS IN OUR LEXICON

PART 14

국가그리고 정치 기관는 지속적으로 도전을 받고 때로는 멸망한다. 신뢰는 손상된다. 그리고 단어들은 유용성에서 한계에 도달한다. 세계화는 항상 이러한 단어의 손상을 위협했고, 코로나 바이러스의 대유행은 우리가 기본 원칙을 다시 생각하게 만든 세계적인 난제가 가장 최근에 표출된 것일 뿐이다. 오늘날 우리는 국가를 어떻게 재구성할 수 있는가, 국가라는 단어를 다시 만들어낼 수 있는가에 대해 신속하고도 근본적인 재고를 해야 한다.

인간은 자신이 관찰하는 현상을 표현하기 위해 특정한 단어를 사용하지만, 이와 함께 일반화할 수 있는 법칙, 더욱 바람직하게는 글로벌 또는 보편적인 법칙을 찾으려고 한다. 19세기 초 발전하는 글로벌 사회에 대처하려고 했던 사람들은 이러한 보편적인 법칙을 찾으려고 노력했지만, 그들의 목표는 국가라는 여건에서만 달성될 수 있다는 사실을 깨달았을 뿐이었다. 따라서 세계화에 관한 많은 논의는 국가가 무엇을 할 수 있는가, 그리고 광범위한 외부의 추세, 세력, 위협에 직면하여 어떠한 보호 메커니즘이 충분히 강력할 수 있는가에 관한 것이 되었다. 사회주의는 국제 자본주의를 거부했지만, 그것이 재분배와 관련이 있든, 계획과 관련이 있든 간에 국가라는 여건에 크게 의존하게 되었고, 결과적으로 국제주의 유산을 포기해야만 했다. 따라서 보편적인 법칙의 가능성에 대한 문제는 여전히 남아 있었고, 이 문제가 훨씬 더 중대하게 여겨졌다. 글로벌리즘, 테크노크라시, 신자유주의 혹은 자본주의와 관련된 불만이 커지고, 그 어느 때보다도 복잡하고 서로 연결된 세상에서, 우리가 어떻게 하면 국경을 넘어 미래를 준비할 것인가?

20세기 중반 이후 수십 년 동안, 서유럽, 북아메리카의 일부 부유한 국가들과 일본이 역동적이지만 안정적인 균형에 도달한 것으로 보였다. 그러나 1970년대부터는 그처럼 자기만족에 빠져들었던 세상이 세계화라는 새로운 물결에 의해 허물어졌다. 2020년 코로나 바이러스의 대유행은 새로운 질서에 대한 요구가 극에 달하게 했다. 세계화는 이제 변하였다. 물리적 요소인 상품과 사람의 이동에는 제약이 더 많아졌지만, 비물리적 요소들은 정보의 세계화 과정에서 급속도로 커져가는 "무중량 경제weightless economy"를 통해 유입되고 있다.

특히, 세계화의 언어는 용어를 사용하여 사회를 비교하고 제도 변화를 촉진하거나 차단한다. 또한 이러한 언어는 화폐에 관한 것이고, 이것이 어디에나 존재하는 전환자가 되어 제품, 서비스, 계약을 새로운 변형으로 전환시킨다. 따라서 용어의 이력을 생각하는 것은 거래를 확인하고 개념상의 자산의 가치와 유동성을 확보하기 위해 오늘날의 분산원장 기술distributed-ledger technology, 거래 정보가 기록된 원장을 특정 기관의 중앙 서버가 아닌 공유 네트워크에 분산하여 참가자가 공동으로 기록하고 관리하기 위한 기술로서 비트코인이 가장 잘 알려진 예이다_옮긴이 을 사용하는 것에 해당할 것이다.

자본주의에 반대하는 사람들과 사회주의에 반대하는 사람들이 이제 하나로 합쳐지고 있다. 원래 이들 두 가지 모두 자연 발생적인 요구와 소망을 성취할 수 있는 분권화된 할당 시스템에서 사람들이 정보를 제공하도록 지원하기 위하여 만들어졌다. 두 가지 모두 정부 시스템이 규제하고 통제해야 하지만 실제로는 종종 더욱 억압적이게 만드는 권력의 집중을 낳으면서, 파괴적인 것으로 변하였다. 상호작용을 위한 탈집중적이고 분권화된 시스템을 찾는 것은, 19세기 초 원시적 사회주의자이자 동시에 원시적 자본주의자였던 앙리 드 생시몽이 제시한 것처럼, 이전의 꿈으로 회귀하는 것처럼 보이기도 한다.

여기, 코로나 바이러스 이후 세계에 대한 지침이 될 선언이 있다. 이것은 새로운 사회적, 정치적 네트워크를 형성할 방법에 대한 로드맵과 함께 우리가 경제 관계와 화폐 사용에 대해 생각하는 방식에서의 급진적인 변화로부터 크게 자극을 받아서 등장한 것이다. 이제 옛 꿈의 일부를 실현하는 일이 가능할지도 모른다. 이것을 현대판 사회자본주의socapitalism라고 부르자.

사회자본주의의 가능성

국가 대 세계에 대한 많은 논의는 결국 화폐를 가지고 무엇을 할 수 있는가를 깊이 생각하는 것이 되었다. 화폐는 우리가 보통 생각하는 것보다 세계화가 어떻게 관리되는가에 대한 논쟁에서 훨씬 더 중심에 있다. 지난 2세기 동안에, 다시 말해, 세계화의 현대 시대에, 화폐는 공공의 통제를 받는 국가 경제 시스템을 확립하는 한 가지 방법이었다. 그러나 20세기 후반에는 한 국가미국의 화폐와 결제 시스템이 국제적 연계의 중심이 되는 새로운 질서가 확립되었다. 달러화의 위상은 화폐가 불공정하고 헤게모니의 도구이고, 진정한 다자주의는 결과적으로 불가능하다는 인상을 갖게 하는 주요 요인이 되었다.

이번 전염병에 의해 부각된 가장 명백한 문제들은 많은 국가에서 불평등을 심화시키고, 국가 및 글로벌 수준에서 공공 부문이 신뢰를 잃음으로써 더욱 악화되고 있다. 불신은 세계가 어떻게 상호 연결되는가에 대한 근본적인 사실과 이론에 대한 당혹감, 때로는 회의감과 결부된다. 이럴 때일수록 불평등이 발생하는 원인을 아는 것이 절실히 요구된다. 우리는 더 많은 것을 알고, 배우고, 실행하기 위한 기술을 가지고 있다. 우리의 과제는 새로운 교류, 확장되고 관습에 얽매이지 않는 사교 관계를 창출함으로써 이 가능성을 활용하는 것이다. 불공정을 주제로 한 질문들은 지난 수천 년 동안 모든 정치적 논쟁에서 끊임없이 제기되었다. 여기서 논의되는 쟁점들 중 그 어느 것도 근본적으로 새로운 것은 아니다. 그러면 새로운 해답이 나올 수 있을까?

앞에서 논의했듯이, 세계화에 관한 이야기는 개념의 극적인 변화에 의해 강조되는 이야기이고, 이러한 아이디어를 설명하는 데 사용되는 용어집은 정기적으로 추가되고 수정된다. 19세기 초에 새로운 개념이 급격하게 등장하고, 20세기 초에도 또다시 급격하게 등장하는 현상은 지금도 되풀이되고 있다. 현재 세계의 두드러진 특징은 글로벌 커뮤니케이션의 양이 계속 증가하고 있지만, 정책 딜레마의 중심에 있는 많은 쟁점에 대한 정확한 정보를 얻는 것이 놀랍도록 어렵다는 것이다. 토마 피케티의 베스트셀러 『21세기 자본론Capital in the 21st-Century』에 이어서 출간된 2020년 저작은 오늘날의 정부와 중앙은행은 그들이 보유한 통계 기법과 계산 역량에도 불구하고, 1970년대 이전과 비교하여 부의 분배와 불평등에 관한 데이터를 수집하는 데 능숙하지 않다는 놀라운 사실을 강조한다. 정책 당국은 부의 국제화를 추적하는 데 필요한 도구를 개발하지 않았다.[1] 미국은 지금도 여전히 세계에서 가장 부유하고 가장 혁신적인 사회이지만, 예를 들어, 코로나 바이러스의 대유행에 대처하는 데 필요한 정보 관련 과제를 취급하는 데 비참할 정도로 실패했다.

코로나 바이러스의 대유행 이후, 초기의 경제적 충격은 엄청난 상처를 남겼다. 그것은 대공황 이후로 처음 경험하는 가파르게 증가하는 실업, 폐업, 공급 체인의 붕괴, 농민들이 자신이 생산한 농작물을 가지고 무엇을 해야 할지를 모르는 상황인데도 나타나는 식량 부족, 관객과 소득이 없는 예술가, 대학의 파산, 병원 폐쇄, 세수 부족으로 인한 도시와 지방 정부의 파탄 등의 형태로 나타났다. 수출주도형 개발 모델에 의존하는 가난한 국가들이 그들의 시장이 사라지는 것을 보면서, 세계화된 세계도 사라지고 있다. 일에 관한 모든 전통적인 가정은 이제는 더 이상 의미가 없게 되었다. 불확실성이 만연해 있다. 이처럼 특별한 바이러스를 해결할 방안, 즉 백신 또는 항바이러스제가 발견되더라도, 우리는 새로운 종류의 전염병에 대한 두려움 속에서 오랜 세월을 살아야 할 것이다.

가장 최근의 위기는 소득뿐만 아니라 의료 시설 활용, 음식의 제공, 전염병의 대유행 동안에 쾌적하고도 안전한 주택의 제공 등에서 불평등에 대한 가혹한 분석 결과를 내놓았다. 근본적으로 보자면, 이러한 결과는 숙련된 노동자들과 비숙련 노동자들의 기술 격차를 조명했다. 숙련 노동자들은 대부분 재택근무를 통해서도 자기 역할을 효과적으로 하면서 임금을 받을 수 있는 반면, 비숙련 노동자들주로 이민자나 소수 민족은 해고되거나 병원, 운수 회사, 슈퍼마켓, 육류 가공 공장 등 사회적 거리두기가 어렵거나 불가능한 장소에서 근무해야 했다.

낙관주의자들은 새로운 기술 기반의 역동성이 오랜 기간에 걸쳐 작용할 것으로 본다. 학교와 대학은 규모가 커질 수 있는 원격 학습으로 인해 예전보다 더 쉽게 접근이 가능해질 것이다. 또한 원격 진료로 더 나은 품질의 의료 서비스를 더욱 공평하게 제공할 수 있다. 그러나 낙관주의자조차도 우리가 갖는 당혹감을 가중시켜 준다. 우리가 암울한 현재와 미래의 희망 사이의 격차를 어떻게 메워야 하는지를 모르기 때문이다.

일부는 점점 심화되는 불평등을 해결하는 방안으로, 재분배를 강화하기 위한 증세 정책을 주장한다. 코로나 바이러스의 대유행에 따른 재정적 요구가 이러한 주장에 힘을 실어준다. 그러나 이러한 해결 방안은 문제의 한 부분만을 다루고 있다. 더 크고 근원적인 문제는 기회와 기술의 제공, 때로는 개인과 집단이 자신의 이웃들보다 수천 킬로미터 떨어져 사는 사람들과 공통점을 더 많이 갖게 되는 서로 다른 문화를 가진 다양한 주민들의 통합과 관련 있다.

모든 곳에서 이미 심각하게 부담을 받고 있는 정치 과정이 어떻게 이러한 과제에 대처할 수 있을까? 이번 바이러스가 등장하기 전에는 4가지 종류의 완전히 반대되는 이분법적 선택이 모든 논쟁의 조건을 설정했다. 그것은 세계화 혹은 국민국가로의 회귀, 자본주의 혹은 사회주의, 테크노크라시 혹은 포퓰리즘, 다자주의 혹은 지정학이었다. 이제는 이러한 논쟁들이 시대에 뒤떨어진 것이 되었다. 각각의 경우에, 다른 것으로 옮겨가야 할 필요가 있다. 아마도 점점 더 인기를 끄는 접두어 포스트post라는 표현이 도움이 될 것이다. 이에 따르면, 탈세계화가 아니라 포스트 세계화post-globalization, 재국가화renationalization가 아니라 포스트 국가화post-nationalization, 자본의 대규모 집중에 맞서 싸우는 포스트 자본주의자post-capitalist와 전통적 사회주의에 내재된 국민국가의 한계를 벗어나는 포스트 사회주의자post-socialist, 모든 사람이 테크노크라트가 되게 하는 포스트 테크노크라시post-technocracy, "인간" 또는 "진정한 인간"의 존엄성이 진정하지 않은 다른 모든 사람들에게 초현실적이고 해롭게 여겨진다는 의미에서 "포스트 포퓰리스트post-populist"가 된다. 또한 기술도 지정학이라는 암초를 만나서 좌초되지 않을 새로운 다자주의를 수립할 수 있도록 새로운 연결이 가능해질 것이다.

사회 변동은 이미 시작되고 있고, 이러한 시작은 특히, 정보 기술 혁명과 인공지능의 적용으로 변화하는 화폐에 대한 새로운 태도를 통해 추적할 수 있다. 오랫동안 화폐는 단순히 국가에 의해 만들어지고 규제되었다. 또 사람들에 의해 무역을 위해 사용되고 미래의 불확실성을 회피하기 위한 수단으로 보였다. 이제 우리는 판매 정보를 통해 우리 자신이 창출하고 있는, 화폐에 준하는 것을 보기 시작했다. 화폐가 국가 통제로부터 해방될 것이 분명해 보인다. 화폐와 은행이 작동하는 방식에 대한 많은 전통적인 이론을 뒤집는 금융 혁명이 이미 진행 중이고, 이러한 혁명은 변화와 해방을 약속할 것이다. 세계 시민들이여, 단결하라. 당신은 변화 외에는 잃을 것이 없다. 셰익스피어의 작품에 나오는 원시적 포퓰리스트 잭 케이드는 이렇게 말했다. "감사합니다, 여러분. 화폐가 사라질 것입니다."[2]

화폐를 재고함으로써 국가를 재창조한다

화폐는 항상 문제가 되어왔다.[3] 일반적으로 우리는 화폐가 다양한 기능, 즉 무엇이든 다 하는 기능을 가지고 있는 것으로 이해한다. 경제학 교과서에서는 화폐가 교환의 수단이고, 회계의 단위이며, 가치를 저장하는 기능을 한다고 설명한다. 이제 우리는 이러한 기능들을 분리해 볼 필요가 있다. 우리는 일상생활에서 모든 기능을 동일하게 효과적으로 수행하지 않는 다기능 도구를 사용하곤 한다. 비록, 사진 및 녹음에서부터 광범위한 디지털 서비스에 이르기까지 다양한 기능을 수행하는 아이폰이 새로운 출발을 나타내더라도 말이다. 예를 들어 커피 메이커와 알람시계가 함께 설치되어 있는 기계는 커피를 잘 만들지 못했고, 여행할 때 쉽게 휴대할 수 없었다. 경제학자들은 네덜란드의 경제학자 얀 틴베르헨 Jan Tinbergen의 이름을 따서 이러한 통찰을 나타내는 법칙을 제시했다. 틴베르헨은 각각의 목표는 그 자체의 도구를 요구한다고 말했다. 화폐가 세 가지 목표를 가지고 있다고 가정한다면, 이 모든 목표를 똑같이 잘 수행하지 못한다는 것은 당연하게 여겨질 수 있다.

기존 화폐에 대한 불만불완전한 다기능성에서 나오는 필연적인 결과이 혁신을 촉발시켰다. 지금 우리는 기술이 매우 빠르게 변해가는 시대에 살고 있고, 인공지능과 빅데이터 분석이 삶의 다양한 영역에서 실행되고 있다. 이러한 변화가 화폐처럼 어디에나 존재하고 문제가 되는 대상에 영향을 미치지 않기를 기대하는 것은 비현실적일 것이다.

또한 화폐는 본질적으로 정부의 활동과 논쟁을 일으키는 관계에 있다. 정부는 측정 단위를 표준화하거나 경제학자들이 설명하는 것처럼 화폐가 회계 단위로서의 역할을 하기 위한 기초를 마련하는 과제를 수행해 왔다. 이것은 화폐가 훌륭한 재정적 메커니즘을 구현하거나 주민들로부터 조세 수입을 이끌어내기 위한 수단이기 때문이다. 유럽에서 근대 동전의 기원은 마케도니아의 필리포스 2세와 그의 아들 알렉산더 대왕의 군대에 기인한다. 이들 통치자들은 자신이 점령한 영토를 가로질러 이동하는 대규모 군대에 식량을 제공하기 위해, 군인들에게 식량으로 교환할 수 있는 고유의 가치를 지닌 교환권을 제공했고, 이와 동시에 점령지 주민들에게는 이 교환권으로 납부해야 하는 세금을 부과했다. 따라서 점령지 주민들에게 이 교환권을 상품 거래에 사용하도록 강요했던 것이다.

부채가 있는 정부는 회계 단위를 변경하는 식으로, 지급하는 화폐를 더 가치 있게 만들려는 강력한 동기를 갖게 된다. 화폐의 가치를 깎아내리는 것은 근대 초기 유럽의 통치자들에게 표준적인 관행이었다.

아주 옛날부터, 화폐는 국경을 넘는 거래에서도 본연의 기능을 했다. 예를 들어, 로마 황제가 주조했던 금화는 스리랑카, 베트남, 중국 연안과 같이 멀리 떨어진 유적지에서 출토된다. 화폐는 먼 거리를 지나서 완전히 낯선 문화 속으로 들어갔다. 따라서 외국과의 협상에서 중요한 부분은 항상 환율, 즉 서로 다른 두 회계 단위의 등가성에 있었다.

마지막으로, 화폐는 가치를 저장하는 기능을 한다. 실제로 이것은 내가 어떤 대상에 대해 권리를 갖고 있다는 사실을 기록하는 방법으로서 일종의 기억으로 간주될 수 있다. 그러나 가치 있는 대상이 항상 그 상태를 계속 유지하는 것은 아니다. 신약성서에는 이런 내용이 나온다. "나방이 들어오고 녹이 슬어 물건이 못 쓰게 되고 도둑이 침입하여 물건을 훔쳐 가는 곳에 보물을 쌓아두지 말고, 나방이 들어오지 않고 녹도 슬지 않고, 도둑이 침입하여 물건을 훔쳐 가지 않는 천국에 보물을 쌓아두라. 너의 보물이 있는 곳에 너의 마음도 있을 것이다마태복음 6장 19-21절." 이것은 내면화된 주장의 우월성에 대한 사려 깊은 조언이다.

코로나 바이러스의 대유행으로 세계 경제가 커다란 충격을 받은 이후, 화폐는 훨씬 더 많은 기능을 할 것으로 기대되었다. 예를 들어, 몇몇 연방준비제도이사회 관리들은 사회적, 인종적 불평등을 해결하기 위해 통화 정책의 용도를 변경할 수 있는지 고민했다.[4]

따라서 통화 정책의 정치, 재정, 상업, 자산과 관련된 중요성이 크게 달라지고 있다. 다양한 용도로 인하여 필연적으로 발생하는 긴장은, 혁신을 하고 다양한 기능을 효과적으로 결합하거나 심지어 종합할 수도 있는 새로운 방법을 생각할 동기가 있다는 것을 의미한다. 지금까지 우리는 은행이 새롭고도 더욱 개방적인 더욱 민주적인 지급 플랫폼을 가진 금융 중개업자에 의해 대체되는 것을 보았다. 이러한 변화는 우리가 정치에 접근하는 방식에 커다란 영향을 미칠 것이다. 그 이유는 화폐가 근대 국가와 그 정치의 언어를 형성하는 데 오랫동안 복잡하게 관여해 왔기 때문이다.

통화의 역사에서 초기의 몇 가지 일화들이 혁신을 통해 기존의 구조를 파괴하고 새로운 형태의 구조를 만들기 위한 길을 알려줄 수도 있다. 작은 공동체에서는 다른 구성원들에게 재화와 용역을 제공하는 것이 일종의 선물을 제공하는 행위로 취급되는 경우가 많다. 이러한 행위에서는 매우 분명하지만 명시적으로 공식화되지는 않은 호혜주의의 원칙이 있다. 만약 내가 누군가에게 고기 한 조각을 준다면, 나는 그가 내 말에 편자를 박아주기를 바랄지도 모른다. 혹은 내가 누군가에게 낟알을 갈라고 부탁한다면, 그녀는 낟알의 일부를 가져가기를 바랄지도 모른다. 이와는 대조적으로, 멀리 떨어져 있는 사람에게 지급하는 행위에서는 교환 수단으로서의 화폐가 없어서는 안 된다. 화폐는 서로 자연스럽거나 즉각적인 관계에 있지 않는 사람들 사이의 원격 관계를 설정한다기능적 기억functional memory이라고 부를 수 있다. 화폐는 거리를 제거하기 위한 일종의 언어이다.

유럽에서는 중세 후기에 장거리 지급을 위한 수단으로 4자간 환어음이 도입되었다. 이것은 너무나도 기발하여, 어느 순간부터 그 기원을 두고 이상한 음모론이 나오기도 했다. 그러나 고전적인 4자간 환어음은 상대방에 대한 어느 정도의 친밀함, 특히 장거리 거래에 대한 신뢰에 달려 있다. 베니스의 어느 상인이 베니스에서 정기적으로 거래를 하는 누군가로부터 구매한 환어음을 소지하면, 베니스 발행 은행의 런던 제휴 은행에서 정해진 현금을 지급받을 수 있다. 이때 런던 제휴 은행은 제시된 환어음과 이를 소지한 사람을 자세히 살펴볼 것이다. 이 은행은 환어음의 진위 여부와 오랜 여정의 과정 중 이를 사용할 수 없는 사람에게 도난당한 것은 아닌지를 살펴봐야 한다.

이러한 환어음 교환은 환어음이 거래되는 시장을 조성할 수 없었다면 상당히 제한적으로 이루어졌을 것이고, 실제 현물 거래에서의 실질적인 개선은 이루어지지 않았을 것이다. 이러한 환어음이 진정으로 유력한 금융 수단이 되기 위해서는 플랫폼이 요구되었다. 무역 박람회는 기존의 환어음과 관련된 거래들을 일괄하여 청산하기 위한 수단이었고, 대형 행사로 발전했다. 스페인의 메디나 델 캄포에서 열린 박람회는 1421년부터 1606년까지 개최되었다. 스페인이 경제적으로 쇠퇴하면서, 박람회의 주요 기획 업무를 처음에는 리옹에서 열리는 박람회가 그다음에는 제네바에서 열리는 박람회가 점진적으로 인수했다. 이러한 박람회들이 거래를 위한 일종의 플랫폼이었다. 사업은 공개적으로 진행되었고, 개별 상인들에 대한 평판은 집중적이고도 종합적인 심사의 대상이 되었다.

오늘날의 세계에서 생각할 수 있는 중앙은행은 공황 시기에 자금을 지원할 필요성에 따라 설립되었다. 이것은 정부로부터 위임받는 특별한 권한을 가진 대형 기관이, 장기적인 관점에서 시장 유동성은 존재하지 않지만 자산의 장기적인 가치에 대해서는 어느 정도 신뢰가 있는 자산

환어음을 할인하거나 매입할 수 있다는 생각에서 나온 것이었다. 이처럼 새로운 기능은 19세기에 원래 정부가 발행한 채권을 관리하기 위해 설립된 두 기관들인 프랑스은행과 잉글랜드은행에 의해 수행되었다이 채권은 실제로는 다른 종류의 사업을 할 수 있는 허가를 통하여 보상을 받은 이들 은행들의 주주들에게 판매되었다. 처음에는 잉글랜드은행이 무엇을 하는지 확실하지가 않았다. 1825년 공황이 발생했을 때, 이 은행이 예외적으로 적극적인 면모를 보였지만, 은행의 이사들은 이러한 모습을 장기적인 모델로 인식하지 않았다. 1866년에 런던에 위치한 규모가 크고 평판이 좋던 은행인 오버렌드 거니 앤드 컴퍼니Overend, Gurney, and Company가 파산한 이후, 잉글랜드은행은 본능적으로 똑같은 종류의 시장 지원을 되풀이했다. 당시 영향력 있는 자유주의 정기간행물인 「더 이코노미스트」는 잉글랜드은행이 런던 시장 전체를 어떻게 떠받치고 있는지에 대한 한 가지 이론을 제시했다. 어느 이사는 「더 이코노미스트」에 기고한 글에서 자신은 잉글랜드은행이 그런 식으로 일을 하고 있다고는 생각하지 않는다고 주장했다. 그러나 원래 기사를 썼던 「더 이코노미스트」의 편집자 월터 배젓그는 해당 기사의 대부분을 썼다이 관련 내용을 광범위하게 다루면서 반론을 제기했고, 이것이 곧 중앙은행의 매뉴얼이 되었다. 또한 이것은 새로 설립된 독일 제국에서 통화를 어떻게 관리할 것인가를 고민하던 독일인들과 연방준비제도의 설계자를 포함한 그 밖의 통화 개혁자들에게도 하나의 지침으로 채택되었다.

은행들의 새로운 세계에서 그리고 이들을 지원하는 역할을 하는 중앙은행들의 세계에서는 환어음 시장의 작동이 더 이상 눈에 띄지 않았다. 중앙은행은 은행들의 비밀을 폭로하지 않고 알 수 있는 위치에 있도록 설계되었다. 일종의 플랫폼이 더 이상 존재하지는 않았다. 그 대신에 신뢰를 기반으로 작동하는 블랙박스 속에 숨어서 작동하는 것들이 있었다.

환어음에 적혀 있는 정보가 결국에는 그 자체로 귀중한 자원을 구성한다는 인식이 확산되었다. 개별적인 환어음은 의미가 없었지만, 거래 전체를 집계한 것을 살펴보면 특정 국가가 어떤 상품을 그리고 얼마만큼 수입하고 수출했는가에 대한 정확한 정보를 알 수 있었다.

잉글랜드은행은 통화를 금으로 교환해 준다는 약속을 지키면서 살아남았다. 그러나 이러한 약속이 진정으로 통화 시스템의 작동에 필요한 것이었을까? 물론, 똑똑한 비평가들이 지적했듯이, 그렇지는 않다. 이들 중 가장 뛰어난 경제 저술가인 스코틀랜드 출신의 존 로는 프랑스가 전쟁으로 인해 재정적으로 고갈된 상태에서, 자신이 잉글랜드은행의 모델보다 우월하다고 생각하는 지폐 제도를 채택하도록 프랑스 왕실을 설득했다. 이 지폐 제도 실험은 안전하고 투명한 지급에 대한 일반적인 요구를 충족시키기 위해 안정적인 통화를 제공한다는 점에서 공익을 강조했다. 이러한 실험은 당시 괴테가 자신의 작품에 나오는 메피스토펠레스라는 악마 탓으로 돌렸던 사악한 조작처럼 보이면서, 끝이 났다.

지폐에 대한 논의는 이러한 실험의 실패로 빛을 잃었다. 물가 안정을 보장하는 제도적 시스템이 등장한 것은 20세기가 되어서였다.[5] 20세기의 가장 상징적인 인플레이션은 2차 세계대전 이후 헝가리에서 일어난 가장 심각한 혹은 극단적인 초인플레이션이 아니라, 1차 세계대전 이후 독일 경제를 심각하게 손상시켰던 초인플레이션이었다. 인플레이션은 경제학자이자 독일 최고의 화폐 이론 전문가였던 카를 헬페리히Karl Helfferich 재무장관 시절에 전시 부채를 상환하기 위한 자금 조달에서 비롯되었다는 점에서 아이러니였다. 그의 화폐에 관한 교과서인 『화폐론Das Geld』은 여러 쇄에 걸쳐서 판매되었다. 이처럼 2차 대전 이전에 발간된 저작의 핵심 주장은 지폐가 이론적으로는 금속 기반 원자재 통화commodity currency, 원유와 철광석, 금, 구리 등 원자재 가격과 비슷한 방향성을 보이는 통화를 일컫는다_옮긴이 보다 안정적이지만, 유통되는 통화량이 증가함에 따라 부채의 실질 가치가 낮아지기 때문에 혜택을 얻는 채무자가 안정적이거나 제한적인 통화 공급을 바라는 채권자와 다툼을 벌이면서, 정치적 갈등이 커진다는 것이었다. 헬페리히는 "경제와 사회 활동에서 통화 가치를 둘러싼 갈등은 다른 어떠한 경제적 이해관계의 충돌보다도 훨씬 더 사람들의 사기를 떨어뜨릴 것"이라는 결론을 내렸다.[6] 헬페리히의 이러한 예언은 신기할 정도로 정확했다.

부채를 지고 있는 정부 혹은 중앙은행이 부채를 감당하기 위해 지폐를 발행하기 때문에, 지폐는 재정 관리와 관련이 있었다. 국가 간 지급이 화폐의 중요한 기능으로 남아 있기는 하지만, 지폐는 사실상 정부가 관리하는 대상이었다. 지폐를 악용하는 것이 용이했기 때문에, 지폐는 정부가 지폐 위조자를 상대로 처벌할 수 있고, 재정 정책의 일부로서 화폐를 관리할 수 있는 명백하게 정의된 영토 안에서만 효과적으로 사용되었다.

국가와 화폐를 정확하게 동일시하는 것은 비교적 최근의 현상으로, 19세기 국민국가가 등장한 시기로 거슬러 올라간다. 이와 동시에, 1772년에 요한 고트프리트 헤르더Johann Gottfried Herder의 뛰어난 에세이 『언어의 기원에 관한 논문Treatise on the Origin of Language』이 발표된 것을 계기로 민족적, 언어적 국민주의의 교리가 인기를 얻기 시작하면서, 이를 추종하는 사람들이 언어뿐 아니라 화폐도 민족을 하나로 묶는 수단으로 보기 시작했다.

19세기에는 많은 정부가 국가 통화를 제정하는 작업을 서둘러서 진행했다.[7] 이러한 혁신은 매우 성공적으로 진행되었고, 20세기 후반에 이르러서는 모든 사람들이 이것을 두고 만물의 자연 질서라고 생각했다. 그러나 처음에는 이러한 움직임이 강력한 반발에 부딪혔다. 프랑스에서는 1840년대 초까지 온갖 종류의 주화대부분은 앙시앵 레짐에서 주조했지만, 외국에서 주조한 것도 있었다가 난잡하게 유통되었다. 그러자 정부는 비국가 통화를 몰아내고 프랑을 국가 통화로 지정했다. 화폐 연구가인 에두아르 르리에브르 드 라그랑주Édouard Lelièvre de Lagrange는 이러한 행위를 "자신이 남긴 작은 것을 보존하려는 주들에 맞서 모든 것을 흡수하려는 파리의 전쟁"이라고 표현했다.[8]

동전과 이것이 갖는 다양성은 사회적 분열을 나타내는 것이기도 했다. 가난한 사람들은 구리와 은의 혼합물로 만드는 품질이 낮은 동전을 사용했고, 부자들은 금과 은을 사용하여 아름답게 만든 동전을 사용했다. 작가들은 계급 분열의 심각성을 보여주기 위해 가난한 사람들이 품질이 낮은 동전으로 거스름돈을 주는 장면을 자주 묘사했다. 서로 다른 계급이 화폐를 주고받는 경우는 거의 없었다. 대중적 또는 민주적 합의에 기초한 국가를 옹호하는 사람들은 통일된 주화 시스템을 국가의 정치 체제 속에서 사회적 결속을 강화하는 수단으로 보았다.

오늘날 화폐와 연관되어 제공되는 정보는 국가 정체성과 국내의 사회적 일관성에 관한 것이다. 결과적으로 이 모든 것들은 화폐 시스템에서 약속된 지불이 궁극적으로 미래의 세금을 인상할 수 있는 재정 능력에 달려 있다는 생각과 관련이 있다. 그렇지 않으면, 이러한 정보가 신뢰할 수 없는 것이 되고, 사람들은 더 이상 금전적 약속에 의존할 수 없게 된다. 유럽에서 부채 위기가 한창 진행 중일 때, 벨기에 경제학자 폴 드 그라위Paul de Grauwe는 유럽의 통화 통합 프로젝트를 비판하며 전통적인 주장을 아주 간단하게 언급했다. "유로화는 국가가 없는 통화이다. 이것을 지속 가능하게 하려면, 하나의 유럽 국가가 만들어져야 한다."[9]

20세기가 끝날 무렵, 비국가 통화가 복귀하는 것처럼 보였다. 우선, 미국 달러화는 거의 보편적으로 사용되는 통화가 되었고, 국제 무역에서 대부분의 결제가 달러화로 진행되었다. 중앙은행들도 주로 외화준비금을 달러화로 보유하고 있었다. 이후 유럽 국가들은 부분적으로는 달러화 우세가 낳는 결과에 대한 두려움 때문에 초국가적 통화의 자체 버전을 개발했다.

기술 혁명이 국경 간 언어 또는 기억 용량의 문제를 해결하기 위한 근본적으로 새로운 방법을 제시하면서, 국가 통화의 시대가 종말에 가까워지고 있다. 이러한 통찰은 2007~2008년의 위기 이후 금융의 진화를 이해하기 위한 열쇠를 제공한다. 한 가지 결과는 한편으로는 통화와 다른 한편으로는 통화 안정과 정부의 재정 관리 사이의 견고해 보이던 역사적 연결 고리가 해체되는 것으로 나타난다. 오랫동안 전망이 있어 보였던 중앙은행의 대규모 경기진작 프로그램을 통해, 코로나 바이러스 대유행의 경제적 충격에서 벗어나기 위한 실험은, 새로운 취약성을 맞이하고 디플레이션과 인플레이션 사이에서 오르락내리락해야 하는 위험을 무릅쓰게 한다. 이제는 세계가 새로운 화폐 혁명을 요구할 가능성이 높다.

화폐가 다른 기능들과 연결되지 않으면서, 새로운 교환 플랫폼을 통해 혁신이 일어날 가능성이 가장 높은 지역은 어디인가? 한 가지 예상은 국가가 약하고 신뢰할 수 없는 지역, 결과적으로 국가의 약속이 매우 신뢰할 만한 것으로 보이지 않는 지역이 될 것이다. 이러한 지역에서는 재정 정책과 통화 정책의 연결 고리를 해체하는 것이 더 낫고, 시급한 작업이 될 것이다. 이러한 기준에서 볼 때, 혁신은 아프리카 혹은 구소련 국가처럼 가난한 국가에서 가장 신속하게 일어날 가능성이 높다. 새로운 기술의 개발은 빈곤과 제도적 저개발에서 출발하여 제도의 개발과 혁신, 번영의 기회로 도약할 수 있는 새로운 가능성을 제공한다.

또 다른 예상은 이미 충분히 발전된 산업 사회가 될 것이다. 이러한 사회는 이해관계 집단 간에 많은 것을 교환할 필요가 없고, 어느 한 집단이 자신과는 다른 사회적 또는 문화적 가치를 가진 집단과 연관되기를 원하지 않는 집단들로 분할되어 있다. 사회적 결속이 큰 의미가 없는 고도로 현대화되고 개별화된 사회에서는 평화롭게 다양한 집단으로 분할하는 것이 충돌과 갈등을 피하는 방법이 될 수 있다. 통화는 정보의 교환으로 결속된 공동체를 형성할 것이다. 우리는 삶의 다양한 측면에서 연결 고리를 해체할 것이다. 따라서 스타벅스 카드는 고급 식품을 구매하기 위한 국제 통화 혹은 음악을 구매하거나 판매하는 뮤직 코인으로 사용될 수 있다. 그러나 새로운 디지털 생태계는 새로운 방식으로 연결 고리를 재결합할 수도 있다. 커피 또는 설탕의 과도한 소비는 의료 서비스 제공자에게 보내는 경고음과 연결될 수 있다. 그리고 이러한 경고음을 보내려는 의지는 건강보험료와 생명보험료의 감액과도 연결될 수 있다. 반면, 이러한 경고음을 보내지 않으려고 한다면, 불이익을 받게 될 것이다.

지금까지 일종의 교환예를 들어, 이웃의 아이를 돌보는 서비스과 같은 다수의 국지적인 화폐 실험들은 서비스 청구가 쌓이고, 이에 따라 화폐의 가치가 실제로 떨어지면서 서비스 수요를 실현할 수 없기 때문에 실패하고 말았다. 이러한 한계는 디지털 생태계 간의 교환을 실행할 수 있는 능력,

즉 외환 시장과 동등한 것예를 들어, 아이를 돌보는 서비스에 대한 화폐를 가스 쿠폰 혹은 지역 극장 입장권으로 전환하는 것에 의해 뛰어넘을 수 있다. 이제는 즉각적으로 작용하는 전산화된 시장 덕분에 19세기에 유럽인들이 탈러Thaler, 독일의 옛 화폐단위_옮긴이와 루이도르Louis d'or, 대혁명 때까지 통용된 프랑스의 금화_옮긴이 사이에서 기교를 부리던 것과 비교하여 훨씬 더 용이하게 이 일을 할 수 있다.

새롭게 생성된 디지털 교환 커뮤니티의 경우, 제공된 정보를 처리하는 방법을 여러 선택지들 중에서 고를 수 있다. 한 가지 선택지로는 선택을 최적화하고 서비스의 더욱 광범위한 이용 가능성을 보장하기 위해서뿐만 아니라 가능한 새로운 서비스를 제안이를 두고 넛지nudge라고도 한다하기 위해서 많은 양의 데이터를 제공하는 것이 될 수 있다. 이때 개인 정보 보호는 희생해야 한다. 또 다른 선택지로는 개인 정보를 보호하지만, 가격이 높아질 수 있다. 예를 들어, 커피, 설탕, 주류를 소비하기 위해 사용하는 플랫폼을 의료 서비스를 얻기 위해 사용하는 다른 플랫폼과 분리하기로 선택한 사용자가 이러한 선택지를 선택할 수 있다. 이러한 차별화는 개인 정보의 양도에 따른 이익과 손실을 분명하게 혹은 투명하게 한다. 내가 주류와 설탕을 많이 구매했던 내역을 거래하는 플랫폼을 사용하면, 건강보험료가 오를 것이다. 내가 이러한 플랫폼을 사용하지 않는다면, 나의 건강보험료 혹은 장기 주택담보대출에 적용되는 금리가 더 낮아질 것이다. 여기서 화폐는 다시 한번 메피스토펠레스처럼 보일 수도 있다. 우리가 영혼을 거래하는 한, 모든 것을 약속한다. 그러나 이러한 거래를 정보에 대한 금전의 지급으로 간주한다면, 우리가 메피스토펠레스를 선택할 수도 있고, 그렇게 하지 않을 수도 있다. 이것은 근본적으로 자주적인 결정이다. 우리는 19세기에 금본위제의 적용으로 세계의 단일 통화를 이루어내려고 했던 과정을 되풀이하지 않고서, 다양한 통화들 사이에서 이동을 하거나 전환을 함으로써 안전하고 하나의 강대국에 의존하지 않는 자산을 창출할 수 있다.

세금은 왜 중요한가, 어떻게 하면 과세를 공정하게 할 수 있는가

새롭게 떠오르는 세계는 특히, 디지털 서비스와 커뮤니케이션의 제공에서 이동성이 더 큰 곳이 될 것이다. 그러나 여전히 대가를 지급해야 할 공공재가 분명히 있다. 정부는 안보, 국방을 제공해야 할 뿐만 아니라 중요하게는 새로운 서비스를 누릴 형편이 안 되는 사람들이 이에 접근할 수 있도록 해야 한다.

이동성이 있는 대상보다 고정되어 있는 대상에 세금을 부과하기가 더 쉽고, 어떤 면에서는 이렇게 하는 것이 더 공정하다. 이러한 주장은 고전파 경제학으로 거슬러 올라간다. 데이비드 리카도는 토지를 이용하기 위해 지주에게 지급하는 임대료를 자연의 선물, 즉 토지의 품질에 기초한 지주의 불로소득이라고 서술했다. 헨리 조지Henry George에서 출발하여 이후 등장하는 많은 경제학자들이 토지의 가치에 세금을 부과하는 것이 세수의 효율적인 원천이라고 주장해 왔다. 이렇게 하면 노동과 자본에 대한 과세의 왜곡을 줄일 수 있기 때문이다.[10] 토지 가격은 석탄, 철광석, 금, 희토류, 금속 또는 생산적인 토지와 같은 자연 자원의 존재 혹은 생산 활동이나 편의 시설에 대한 접근성의 측면에서 입지가 갖는 가치 중 한 가지를 반영한다. 어느 쪽이 되었든, 지주는 자연의 무작위성 또는 외부 효과로 인한 혜택으로 임대료를 받는다. 이러한 외부 효과가 때로는 교통 시스템에 대한 공공 투자, 공급 체인 혹은 지역 학교 접근성에서 비롯되기도 한다. 따라서 이러한 임대료에 대한 과세가 토지의 생산 능력에 영향을 미치지는 않을 것이다. 피케티는 20세기 후반에 나타난 부의 불평등 심화의 대부분이 주택 가격의 상승에서 비롯되었다고 주장한다.[11] 따라서 토지가치세는 이러한 가격 상승과 관련된 자본 이득에 세금을 부과하기 위한 간단한 방법으로 여겨지는데, 이것이 개별 토지 소유자들의 특정한 행위나 투자에서 나온 것은 아니었다.

실제로 토지가치세는 다른 장점도 있다. 이것은 토지의 공급을 줄일 수도 없고, 건설된 건물에 대한 개인의 투자를 왜곡할 수도 없다. 이것이 탈세를 위한 계략을 숨기게 하거나 토지를 조세 피난처로 옮기게 할 수 없기 때문에, 회계의 최적화를 달성하게 해줄 가능성이 거의 없다. 그리고 토지는 세금 체납 시 과세 당국에 손쉬운 담보물의 역할을 한다. 이러한 과세로의 전환이 대도시 중심에 위치한 고가 아파트를 포함, 모든 수익성이 있는 토지를 사용하여 유휴지가 되지 않도록 함으로써, 경제 활동을 촉진시킬 수도 있다. 또한 이것은 밀집된 도시 지역의 주택 가격을 떨어뜨려 대체로 노인들보다 덜 부유한 젊은 근로자들에게 혜택을 줄 수도 있다. 세계화의 역기능이 갖는 두드러진 특징으로는 다른 지역에 거주하는 부유한 주택 소유자들이 투자의 일환으로 혹은 잠재적인 피난처로 주택을 구매하면서, 뉴욕, 밴쿠버, 런던, 파리 같은 대도시의 고소득층을 대상으로 하는 다수의 지역들이 사실상 버려지고 있다는 점을 들 수 있다. "억만장자의 길"로 널리 알려진 런던의 비숍스 애비뉴에는 주택 가격이 총 6억 2천만 달러에 달하는 호화 저택이 66채가 있는데, 이들 중 대다수가 버려지고 허물어지고 있다. 예를 들어, 53번지 "더 템

플즈"는 1989년의 긴박한 상황에서 사우디 왕실에 팔렸다. 뉴욕의 어퍼 이스트 사이드, 파리의 데 보쥬 광장 주변 지역은 특히, 코로나 바이러스가 대유행하던 시기에는 비어 있는 것처럼 보였다.

또한 교통, 사회기반시설 투자로 인해 저가의 농지가 통근자를 위한 고가의 주택가로 전환되면 토지 가격이 상승한다. 이때 막대한 개발 이익을 원래 소유자들이 모두 가져가도록 내버려 두기보다는 정부가 토지 가치세를 부과하여 투자 비용의 일부를 회수할 수 있다.

정보, 자동화 그리고 평등을 위한 투쟁

새로운 유형의 정보 이용 가능성은 코로나 위기로 부각되는 불평등과 불공정에 대처할 수 있는 가능성을 제공한다. 자동화의 확대는 반드시 필요한 저임금 노동자가 수행하는 반복적이고도 위험한 작업 중 일부를 기계가 수행할 수 있다는 것을 의미한다. 예를 들어, 슈퍼마켓 판매원은 셀프 서비스 스캐너로 대체될 수 있다. 고객과 직접 접촉해야 하는 대중교통 부문은 많은 작업들이 기계로 대체될 수 있다. 육류 가공 부문은 덴마크와 같이 자동화가 상당히 많이 진전되고 높은 임금을 지급하는 국가의 사례를 따를 수 있다. 다양한 직업과 활동에 걸쳐 다양한 사례들이 있고, 이들 중 많은 것들이 코로나 바이러스에 대한 대응이 기존의 사업 방식을 어느 정도로 철저하게 변화시켰는지를 보여준다.

코로나 위기가 일으킨 또 다른 변화는 원격 진료가 각광을 받는 것에서도 나타난다. 이 부문에서 기술은 확실한 장점을 제공한다. 체온, 혈

압, 맥박수, 산소 공급, 호르몬 수준, 비타민, 혈당 등의 중요한 수치를 지속적으로 모니터링하면, 투약 혹은 의료 서비스를 더욱 신속하게 제공할 수 있다. 또한 질병이 발생하기 전에 이를 미리 예상할 수도 있다. 치료의 표적을 더욱 정확하게 잡을 수 있고, 고가의 진단 검사와 장기간에 걸친 입원을 할 필요가 없어진다. 의료진은 환자와 신체적 접촉을 하지 않아도 되고, 환자는 사람들로 붐비는 병원과 진료실에 가지 않아도 된다. 정보를 신속하게 이용할 수 있기 때문에, 전염병이 어떻게 확산되고 있는지에 대한 지표를 얻을 수 있고, 따라서 신속한 치료와 격리를 포함하여 고도로 표적화된 예방 조치의 실행이 용이해진다. 코로나 위기를 경험하면서, 미래의 전염병 유행에 대처하기 위한 다양한 교훈을 얻을 수 있었다.

경찰 업무는 신기술을 신중하게 활용하여 도움을 받을 수 있는 또 다른 영역이다. 2020년 여름 미국에서 일어난 "흑인의 목숨도 소중하다 Black Lives Matter"를 외친 시위에서는 많은 시민들에게 미국 경찰의 인종차별적 행위를 여실히 보여주었다. 그러나 상당수의 경찰 업무를 기계가 대신할 수 있다. 예를 들어, 신호 위반은 자동으로 기록될 수 있다. 생명을 심각하게 위협하는 신호 위반을 할 경우 자동차 임대료를 미납한 자동차를 대상으로 이미 시행하고 있는 것처럼 자동차를 원격으로 정지시킬 수 있다. 안면 또는 홍채 인식 기술은 사람들의 눈에 띄지 않고서 원거리에서 경찰 업무를 수행할 수 있게 한다. 이러한 기술과 그 밖의 기술을 사용하게 되면서, 일종의 억지력으로서의 경찰이 가시적으로 존재해야 할 필요성이 줄어들 것이고, 경찰이 무장을 하고서 작전을 수행해야 할 필요성도 줄어들 것이다. 또한 용의자의 범위를 정하기 위하여 인종적 또는 민족적 프로파일링을 해야 할 필요성도 줄어들 것이다. 그러나 이러한 기술의 개발자는 프로파일링의 상당히 미묘한 요소를 시스템 자체에 도입하지 않도록 특별한 주의를 기울여야 한다.

지금 금융 부문이 민주화되고 있다. 원래 반反자본주의 운동인 월스트리트 점령 운동에서 탄생한 수수료 없는 투자 플랫폼인 로빈후드와 같은 신생 기업들은 금융 거래를 더 쉽고도 저렴한 비용으로 할 수 있게 해준다.[12] 이러한 플랫폼 덕분에 은행, 보험사, 자산관리회사와 같이 전통적인 그리고 비용이 많이 드는 기관들에 의존할 필요가 없게 되었다.

오늘날은 교육을 받을 기회가 제한되어 있고, 비용도 많이 든다. 엘리트 교육 기관에 입학할 기회가 점점 제한되는 것은 일반적으로 불평등의 원인일 뿐만 아니라 중요하게는 계층 이동을 가로막는 장벽으로 여겨진다. 원격 진료 및 모니터링을 제공하는 기술을 교육에 그대로 적용하면, 더 많은 사람들이 고품질의 학습 경험에 더욱 쉽고도 저렴한 비용으로 접근할 수 있다. 이것은 단지 강의를 들을 수 있게 하는 문제에 그치지 않는다. 성공적인 교육에서 중요한 요소는 학생들의 참여에 있다. 대면 강의나 세미나는 생산적이고 교육적인 자극을 줄 수 있지만, 지루해서 관심과 흥미를 잃게 할 수도 있다. 미래의 교육 방법은 상당히 많은 양을 원격 학습에 의존할 뿐 아니라 사람들의 상호작용과 학생들의 참여에도 의존할 것이다. 최선의 교육은 생각과 토론의 공동체를 형성하는 것이고, 서로 다른 역량, 생각, 배경을 가진 사람들의 상호작용을 필요로 한다이것이 바로 최선의 교육을 위해 기술이 기여할 수 있는 부분이다.

새로운 관점을 도입하는 것은 항상 지금과 같이 현직자들에 의해 거부되었다. 18세기에는 계몽주의의 위대한 인물인 에드워드 기번Edward Gibbon과 애덤 스미스가 옥스퍼드와 케임브리지라는 영국의 명문대학교를 비난했다. 기번은 옥스퍼드를 입학하고 나서 금방 떠났는데, 이 생활이 아무런 가치가 없고 비생산적이라는 기억만이 남아 있었다. "내가 모들린옥스퍼드대학교의 단과대학 중 하나_옮긴이의 수도승들이 쓴 글을 조사하고, 옥스퍼드와 케임브리지의 다른 단과대학들까지 조사를 확대한다면, 주변 사람들은 한결같이 얼굴을 붉히거나 눈살을 찌푸릴 것이다. 내가 옥스퍼드에 다니던 시절의 교수 혹은 수도승은 점잖고 편안한 사람들이었다. 게으른 그들은 설립자가 준 혜택을 맘껏 즐겼다. 그들의 일과는 일련의 획일적인 활동으로 채워져 있었다. 예배당, 식당, 커피하우스와 휴게실. 그들은 퇴직할 때까지 지겨울 정도로 만족스럽게 긴 잠에 빠져들었다."[13] 스미스도 옥스퍼드에서 비슷한 경험을 했다. "대학이나 대학교의 학칙은 일반적으로 학생을 위해서가 아니라 교수를 위해서, 더 적절하게 말하자면 교수의 안일을 위해 만들어진 것이다. 그것의 목적은 대부분의 경우 교수의 권위를 유지시키고, 교수가 자신의 의무 수행을 태만히 하든 성실히 하든, 학생들로 하여금 마치 교수가 자신의 능력을 최대로 발휘하고 성실하게 강의하고 있는 것처럼 항상 교수에게 공손한 태도를 취하도록 강요하는 것이다."[14] 그들이 살던 시대의 거대한 혁신은 대학이라는 환경을 벗어난 곳에서 일어났다. 오늘날 특히, 기술 분야의 몇몇 사람들은 대학을 중퇴한 혁신적이고 재능 있는 사람에게 보상을 제공하는 것이 자원을 더욱 생산적으로 활용하는 것이라고 생각한다. 18세기와 마찬가지로 새로운 관점을 도입하고, 기존 체제에 도전하는 데서 추진력을 얻는다. 많은 대학들이 휴교를 한 것을 포함하여 코로나 바이러스 대유행으로 인한 교육 부문의 대변동이 이러한 추세를 가속화할 것으로 보인다.

코로나 바이러스의 대유행이 가져온 가장 흥미로운 기회는 오늘날 우리에게 감당하기 힘든 부담을 안기는 공동체를 대체할 새로운 공동체를 수립할 가능성을 제공할 것이다. 20세기 초반부터 공동 사회Gemeinschaft가 손상되고 이를 대체하는 익명성을 띠는 이익 사회Gesellschaft가 등장한 것에 대한 불만이 사회학 문헌에서 흔하게 나타난다. 이익 사회가 등장하는 과정에서 핵가족이 이보다 더 오래되고 규모도 더 큰 집단, 즉 확대 가족을 중심으로 형성되었지만 친족 집단에만 국한되지는 않는 집단을 대체했다.

20세기 후반이 되면서, 핵가족으로 이루어진 선진 사회의 보편적인 모델이 손상되기 시작했다. 여기에는 두 개의 길로 갈라지는 지점이 있었다. 교육을 받고 부유한 사람들의 경우 가정생활이 여전히 현실로 남아 있었지만, 때로는 이러한 현실이 이전 배우자의 자녀가 포함된 일종의 짜깁기 형태가 되어 더욱 복잡해졌다. 이와는 대조적으로, 저소득층의 경우에는 때로는 가정이 해체되어 빈곤과 불평등의 심화로 이어졌다. 여기서 한 가지 분명한 주장은 교육을 받고 부유한 가정이 근대 이전 세계의 확대된 공동체와 네트워크가 제공하던 보육, 교육적, 심리적 지원이라는 서비스를 구매했기 때문에 계속 유지될 수 있었다는 것이다. 가난한 가정은 이런 종류의 지원을 받을 형편이 되지 않았고, 더욱 빈번하게 해체되었다.

새로운 기술에 의해 전개되는 교육적, 개인적 변화는 역량의 이전을 용이하게 할 뿐만 아니라 고용과 풍요로운 삶의 기회를 확대하는 것이 되어야 한다. 또한 이러한 변화는 예상하지 못한 더욱 광범위한 영역에 있는 사람들이 서로에게 비공식적, 공식적 지원을 제공하도록 끌어들일 것이다.

개인화된 경험과 선택의 세계

유토피아는 급진적인 가정을 한다. 예를 들어, 컴퓨터가 모든 일을 하고, 인간은 단순히 여가를 위해 살아간다는 것이다. 다시 말하자면, 유토피아 시나리오는 모든 사람들이 세련되고 멋진 여가 생활을 할 것이라고 가정한다반反유토피아 버전에서는 사람들이 인공지능의 조정을 받는 체계화된 힘에 의해서 자신의 폭력적인 성향을 억제하면서 깊은 분노와 소외감을 느끼는 것으로 묘사한다. 그러나 유토피아는 오직 하나의 잠재적 현실만을 묘사하기 때문에 잘못되었다. 이제 더 많은 가능성을 살펴보기로 하자.

새로운 시대는 사람들에게 단 하나의 유토피아 시나리오를 제공하지 않고, 여러 개의 존재 방식과 동시에 끊임없이 관계를 맺게 해줄 것이다. 사람들은 자신의 관심과 능력을 활용하여 비슷한 생각을 가진 이들이 모여든 대규모 디지털 커뮤니티를 찾아서 가입을 할 것이고, 자신이 원하는 만큼 다수의 커뮤니티에 접근할 수 있다. 이러한 세상에서는 아마도 소수의 사람들만이 엘비스 혹은 양키스의 열성적인 팬들의 커뮤니티에만 가입할 것이다.

사람들은 가상의 디지털 커뮤니티에서만 살지는 않을 것이다. 그들은 먹고, 자고, 다른 사람들과도 교제해야 한다. 그들은 기존의 이웃 사람들과 그렇게 할 것이다. 그러나 그들은 가상의 공간으로 탈출할 것이다. 그들은 전 세계의 사람들과 관심사를 공유하고, 원격으로 배우고, 일하고, 가까운 거리에 있는 사람들뿐만 아니라 먼 거리에 있는 사람들과도 관계를 맺을 것이다.

우리는 새로운 세계가 신중세주의의 또 다른 버전을 제공한다고 생각할 수도 있다.[15] 근대 이전 세계에서의 삶은 현실적이고 때로는 상당히 억압적이고 편협한 공동체를 바탕으로 지역에 뿌리를 강하게 내렸지만, 사람들은 가상의 세계로 들어갈 수 있다면 탈출하려고 했다. 중세 시대에는 사람들이 다른 사회의 사람들뿐만 아니라 과거와 미래의 공동체와도 어떻게 연결되는지를 알아보려고 했다.

20세기 방식의 구식의 세계화가 갖는 오류는 모든 국가에 적용 가능한 하나의 관점에서 생각하는 것이었다. 이 문제는 통화 부문에서 가장 분명하게 나타났다. 1960년대 이후, 비평가들은 세계 경제에서 미국의 역할이 축소되고 새로운 경쟁 국가들이 미국의 군사력에 도전함으로써, 미국 달러화를 중심으로 하는 세계가 유지될 수 없다는 주장을 그 어느 때보다도 더 절박하게 해왔다. 그러나 달러화는 금융화의 운영에 있어서 더욱 중심에 자리를 잡고 있었다. 달러화는 점점 더 하나의 수수께끼가 되었고, 많은 사람들에게 짜증스러운 것이 되었다.

최근의 위기를 지나면서

수십 년 전 소련에서 유행하던 농담은 모스크바의 붉은 광장 한복판에서 레오니트 브레즈네프Leonid Brezhnev가 바보라고 외쳤던 어느 젊은이에 관한 이야기로 시작된다. 그는 당장 체포되어 징역 25년 6개월에 처해졌다. 소련 최고평의회 상임위원회 위원장을 모욕한 죄가 6개월에 해당되었고, 국가 기밀을 누설한 죄가 25년에 해당되었다. 국가안보보좌관을 지냈던 존 볼턴John Bolton의 저작에 대한 트럼프 행정부의 반응은 정확히 이러한 부류에 해당되었다. 이 책은 트럼프를 모욕했지만, 무엇보다도 1급 비밀 자료, 즉 대통령의 무능과 전략적 방향성의 결여를 폭로했기 때문에 위험하게 여겨졌다.

2020년 미국이 보여준 상처받은 모습은 과거 소련의 마지막 모습과도 무서울 정도로 많이 닮았다. 소련과 미국의 비교에서 한 부분은 지도력에 관한 것이었다. 또 다른 부분은 분열의 근원에 관한 것이었다. 소련은 민족 갈등을 억압했고, 이것이 소련 사회를 폭력, 해체, 붕괴로 내몰았다. 미국의 지도자들은 물질적, 금전적, 학문적, 정치적 자원에 대한 불평등한 접근을 특징으로 하는 오랜 세월에 걸친 인종차별을 부추겼다. 노예 제도는 현재 공화당 상원의원 미치 매코널Mitch McConnell과 민주당 출신 대통령 조 바이든Joe Biden에 의해 미국의 원죄로 불리고 있다. 과거 남부연합 장군의 동상은 소련 제국이 붕괴되면서 스탈린과 레닌의 동상이 무너졌을 때와 마찬가지로, 지금 무너지고 있다.

아마도 소련의 마지막 모습과의 더욱 놀라운 비교는 경제를 통제하는 데 사용되는 도구들과 관련될 것이다. 소련은 자원을 효율적으로 할당하기 위하여 복잡하게 구성된 대규모의 계획 기구를 보유하고 있었지만, 이 기구는 다수의 교육을 많이 받고 시간만 보내는 사람들을 비생산적이고도 빈번하게 발생하는 파괴적인 활동을 하는 데에 동원했다.

미국의 방대한 금융 서비스 부문은 소비에트 계획 기구와 동등하지는 않지만, 자원을 사회적으로 가장 생산적인 용도로 할당해야 하는 방법에 관해서는 논란의 한 부분을 차지한다.

최후까지도 소련 체제가 정말 붕괴될 것이라고 생각한 사람은 거의 없었다. 이것은 부분적으로는 경제학자들이 장기적인 미래를 예측하는 데 능숙하지 않았기 때문이었다. 대신에, 그들은 현재 상황에 대한 정확한 분석과 미래에는 아무것도 변하지 않을 것이라는 가정에 근거한 추정에 의존한다. 그들은 이러한 예측이 비현실적이라는 것을 알고 있지만, 중세의 신학자들처럼 미래에 발생할 수 있는 변화의 종류에 대한 추정을 의식적으로 회피하고 싶어 한다. 그들은 미래에 대한 불확실성을 신비로운 언어로 포장한다. 다시 말하자면, 오늘날 대부분의 경제학자들은 라틴어를 잘 모르지만, 즐거운 마음으로 세테리스 파리부스Ceteris Paribus, 다른 것들을 일정하게 유지하는 것를 예측의 기반으로 삼는다.

달러화가 오랫동안 헤게모니를 갖게 해주던 상황은 이제 변하고 있다. 코로나 바이러스의 대유행이 다른 많은 삶의 영역에서와 마찬가지로 변화의 속도를 높이고 있다. 이것은 더욱 진전된 디지털 세계화, 더 많은 정보의 흐름, 덜 현실적인 세계화, 즉 사람과 상품이 덜 이동하는 결과를 낳고 있다. 이것은 궁극적으로 무중량 경제 혹은 무중량 세계화를 의미한다.

달러화가 오랫동안 중심의 지위를 유지한 것은 안전한 유동 자산에 대한 수요 때문이었다. 그러나 이러한 지위는 일부 경우에 비국가가 뒷받침하는 대안의 안전 자산이 등장하면 사라질 것이다. 과거에 귀금속이 화폐 발행의 근거가 됐을 때에는 이러한 대안의 안전 자산들이 우위를 차지했다. 20세기 후반에도 과거에 대한 향수에 젖어 든 비평가들이 그 시대를 회고했다. 대안은 통화가 진정한 담보물을 가지고 있다고 생각하는 것이다이처럼 특별한 경우에는 담보물이 다양한 공동체에 참가한 사람들이 생성한 정보를 의미한다.

기존의 국가들이 사라지지는 않겠지만, 우리는 지역 공동체가 더욱 효과적으로 작동하고 그 구성원들이 주변에서 벌어지는 일에 더 많은 관심을 갖게 만들어야 할 것이다. 코로나 바이러스는 재난이 발생했을 때 국가마다, 지역마다, 심지어 이웃마다 얼마나 다르게 대처하는지를 보여주었다. 프랑스를 살펴보면, 노르망디와 브르타뉴에서는 감염자가 거의 없었지만, 알자스에서는 감염자가 많이 나왔다. 이탈리아는 롬바르디아에서 많은 감염자와 사망자가 나왔지만, 인근 베네토는 상대적으로 감염자가 덜 나왔다. 이러한 사례는 지역 공동체가 효과적으로 관리되고 대처하는 것이 얼마나 중요한지를 보여주었다. 또한 이것은 도시와 지역뿐만 아니라 전 세계에 걸친 광범위한 조직이 장비, 의약품 및 그 밖의 자원의 지원을 조정해야 한다는 것도 보여주었다. 다양한 지적 전통을 가진 다양한 실험실에서 백신과 항바이러스 치료법을 실험하고, 최대한 빠르고도 강력하게 대처하기 위해 그 결과를 공유하는 것 또한 중요하다.

따라서 세계를 조정할 수 있는 방법에 대해서는 여전히 더 생각할 필요가 있다. 어떤 종류의 기관들이 이처럼 새로운 세계를 일관되게 조정할 수 있는가? 글로벌리스트들은 세계 정부를 설립하려고 한다는 비난을 받았다. 이것은 이러한 정부가 사회적, 문화적 전환을 위한 어떠한 시도를 하더라도 금방 실패할 것이기 때문에, 항상 헛되고도 어리석은 꿈이었다. 그 대신에, 모든 종류의 지역 공동체들을 연결해야 하는 필요성과 기술적 가능성이 있다.

미래의 글로벌 네트워크가 갖는 주요 과제는 모든 연결을 규제하고 모욕을 가하는 행위를 근절하는 데 있다. 여기서 2차 대전 이후 오랜 안정의 시기에 존재하던 다자간 거버넌스 기관들의 세 가지 독특한 작동 방식을 되돌아보는 것이 유익할 수 있다. 첫 번째 작동 방식은 아마도 가장 매력적이지만 법적인 측면에서 가장 불확실한 것으로, 국가 간 분쟁을 중재하는 데에 사법적 또는 준사법적 역할을 수행하는 것과 관련이 있다. 실제로 중재가 필요한 상황들이 많다. 예를 들어, 무역 분쟁 또는 이와 관련된 분쟁, 수출업자에게 보조금을 지급하기 위하여 통화 가치를 부당하게 고평가하고 있는지에 대한 논쟁 등이 있다. 미국과 영국 그리고 주권주의자들이 글로벌리스트들과 대치하는 유럽의 여러 국가에서 주권을 강조하려는 새로운 추세는 이러한 유형의 중재에 반발하는 데서 나온 것이다.

두 번째 작동 방식은 정책의 일관성과 어느 한 국가의 정책과 다른 국가들의 정책 간의 상호작용에 대해 정부에 조언을 제공하는 기관들과 관련이 있다. 이때 전문가들은 피드백과 파급 효과를 설명하고, 분석하고, 정책 대안을 제시한다. 이런 종류의 조언은 본질적으로 개인의 견해이다. 이것은 고해성사에서 신부에게 하는 이야기와도 같다. 결과적으로 행동이나 정책이 변경될 수도 있지만, 외부 세계에서는 더 나은 행동이나 정책을 강력하게 권장하는 이유나 논리를 실제로 이해하지 못할 것이다.

세 번째 작동 방식은 공익을 위한 사명감을 가지고 대중을 설득하는 역할을 하는 것과 관련이 있다. 고든 브라운 영국 총리는 다자간 기구가 주는 조언에 관하여 "무자비하게 진실을 말하는 것" 또는 "권력자에게 진실을 말하는 것"이라는 표현을 즐겨 사용했다. 이러한 작동 방식은 비밀 외교와 배후에서 전하는 조언의 한계에 대한 인식이 커가면서 자리를 잡았다. 사회는 올바른 방향으로 나아가고 있다는 진정한 합의가 없으면 그 방향으로 나아갈 수가 없다. 세계화에 대한 반발은 의혹의 분위기 속에서 자란다. 전문가, 경제학자, 국제기구는 믿음을 주지 못한다. 따라서 2000년대에 G20과 IMF는 정책 파급 효과가 세계에 어떠한 영향을 미쳤는지에 대한 평가 결과를 공개하는 쪽으로 방침을 변경했다. 이러한 방침은 정보 기술이 안전을 보장하지 않고, 비밀이 유출되고, 위키리크스가 번창하는 오늘날과 같은 투명한 시대에 많은 사람들에게서 지지를 얻고 있다. 이제 무엇이든 비밀로 취급하는 것은 어리석은 짓이다. 이제는 공직자실제로 국가 및 정부의 수반가 자신이 하고 있는 일에 대하여 거의 실시간으로 트윗을 하고, 전직 외교관들이 회고록을 무분별하게 출간하는 시대가 되었다.

그러나 정보에 대한 접근 가능성은 근본적인 딜레마를 낳는다. 정책 조언은 항상 상당히 복잡한 내용을 담고 있다. 파급 효과와 피드백은 많은 분석과 설명이 필요하고, 이러한 내용들을 간단한 진술로 줄여서 표현할 수는 없다. 국제기구에서 발간한 보고서는 그 내용이 복잡하고 어려워서 일반인이 쉽게 접근할 수 없다. 이러한 보고서들이 더 많은 사람들에게 다가가기 위하여 재구성되어야 하는가? 국제기구는 판사, 성직자 혹은 정신분석가, 설득자와도 같아야 하는가? 이제는 국제기구의 전통적인 역할들 중 어느 것도 더 이상 믿음을 주지 않는다. 그러나 다자간 기구들도 이러한 세 가지 역할을 동시에 수행하는 것이 불가능하다는 사실을 알게 될 것이다. 판사들은 대체로 그들의 판결에 대해 긴 설명을 할 필요가 없다. 그들이 트윗을 지나치게 자주 날리면서 설득자로만 행동한다면, 그들은 이기적으로 보일 것이고 신뢰를 잃을 것이다. 또한 일을 많이 하지 못할 것이다. 그러나 세계은행의 국제투자분쟁해결센터International Center for Settlement of Investment Disputes처럼 판사들의 명단이 비밀에 부쳐진다면, 그들은 자신의 판결로 인해 발생하는 사회적 이익에 의해 측정되는 효율성을 얻더라도, 합법성을 잃을 것이다.

1945년 이후 안정적인 세계 질서를 구축했던 기관들이 분명히 극복할 수 없는 문제에 직면하여 낙담한 이유를 쉽게 알 수 있다. 그러나 새로운 기술을 활용하고 세계를 분열시키고 빈곤하게 만드는 분쟁을 성공적으로 중재할 수 있는 출구가 있다.

위기 이후의 세계에서는 그 어느 때보다도 더 많고 업데이트된 데이터를 얻을 수 있다. 과거에는 우리가 경제 활동량이나 무역량에 대한 정확한 측정을 하기 전까지는 몇 달 또는 몇 년을 기다려야 했다. 이제는 훨씬 더 광범위하고 측정이 가능한 성과에 대한 실시간 데이터를 얻을 수 있고, 이것을 신속하게 공개하기 위한 노력도 기울이고 있다. 이러한 데이터 중 일부는 국제기구가 관리하지만, 다른 기관에서 관리하는 것도 많다. 예를 들어, 존스홉킨스대학교에서 코로나19 보건 데이터를 관리하고, 라즈 체티Raj Chetty 교수가 개인의 자격으로 소비자 데이터의 편찬을 관리하고, 회사가 영업 비밀을 유지하기 위하여 사내 데이터를 관리한다. 코로나 위기는 보건 데이터와 성과가 사회적, 경제적 삶의 여러 측면과 어떻게 관련되는지를 적나라하게 보여주었다. 그 여파는 다른 데이터예를 들어, 범죄 발생률에 관한 데이터 혹은 범죄와 다른 (소득과 민족적 정체성과 같은) 사회경제적 데이터 사이의 연관성에 관한 데이터 의 정치화로 이어졌다.

19세기 초에 벌어졌던 사회주의와 자본주의와의 투쟁은 생산 수단의 소유를 둘러싸고 전개되었다. 이제 우리는 이 개념이 무엇과 관련되는지 훨씬 구체적으로 알 수 있다. 우리는 데이터를 소유하기 위한 운동을 벌여야 한다. 이것은 19세기 초 노동자들이 자신의 노동을 소유하기 위해 요구했던 것과 비슷하다. 데이터의 광범위한 보급은 그 자체로 논란을 일으킬 것이다. 특히, 이것이 공공의 것, 시민, 통제의 요소를 나타내기 때문이다. 우리는 이런 질문을 할 수 있다. 정부는 긍정적인 공공의 성과를 증진하는 일을 잘하고 있는가? 실질적인 시장 지배력을 가진 특정 기업들이 공공의 복지를 해치고 있는가? 아니면 보호하고 증진하고 있는가?

오늘날 신뢰할 수 있는 실시간 정보의 공급을 관리하는 것은 효과적인 거시경제적 글로벌 조정뿐만 아니라 민주적 정당성을 얻기 위한 새로운 가능성을 열어준다. 정보 기술은 시민들의 실질적인 참여를 바라는 욕구를 충족시켜 주기 위한 방법을 제공한다. 더 방대하고 자유롭게 사용할 수 있는 데이터는 더 많은 정보에 입각하여 정치적 선택을 하고 더 안정적인 정치 시스템을 구축하기 위한 기초를 제공할 것이다. 따라서 21세기의 투쟁은 새로운 유형의 재산을 둘러싸고 전개될 것이다. 누가 개인의 데이터를 통제하는가? 그리고 그들의 데이터는 다른 사람들의 데이터와 어떻게 결합되는가? 이처럼 새롭고 변화하고 잠재적으로 위험한 전개를 이해하고 설명하려면, 풍부한 의미를 지닌 역사적 맥락에 근거한 단어가 요구될 것이다. 또한 혼란이 아니라 이해를 증진하고 분열이 아니라 공동체를 강조하는 단어도 요구될 것이다. 그리고 단어가 중요하다는 사실에 대한 더 많은 이해를 요구할 것이다. 이러한 단어는 시민들이 자신의 행복과 이해관계, 개인의 정보와 마음의 평화를 보호하게 될 데이터에 관한 의사 결정을 할 때에 힘을 실어줄 수 있다.

감사의 글

이 책은 세계화를 두고 벌어지는 치열한 논쟁이 대체로 그것을 설명하기 위해 사용하는 기본 개념에 대한 명확한 사고에 기초하지 않았다는 강렬한 인식에서 나온 것이다. 나는 세계화와 그 불만에 대하여 30년 넘게 고민해 온 사람으로서, 우리가 겪는 혼란 중 많은 부분이 명확하지 않은 단어에서 비롯되었다고 확신한다. 최근에는 신자유주의, 글로벌리즘, 지정학과 같은 단어들이 도처에서 등장하고 있지만, 제대로 정의되지는 않았다. 이 문제를 해결하기 위해, 나는 이 책에서 이 시대의 맥락뿐만 아니라 역사적 맥락을 제공하면서 폭넓은 관점을 제시하려고 했다. 이 책의 목표는 이처럼 반드시 필요한 정책 논쟁을 진전시키면서 적어도 같은 언어를 사용하려는 모든 사람들에게 도움을 주려는 데 있다.

일부 챕터는 이전에 발간된 논문에서 부분적으로 발췌한 것이다. 우선, 이 책 12장에 「신자유주의와 그 대화 상대자Neoliberalism and Its Interlocutors, *Capitalism: A Journal of History and Economics* 1, no. 2 (Spring 2020),

Copyright © University of Pennsylvania Press」의 수정된 버전을 일부 발췌하여 사용할 수 있도록 허락해 준 「캐피털리즘Capitalism」의 편집자들에게 감사의 말을 전하고 싶다. 1장의 일부는 「금융자본주의Finance Capitalism in Jürgen Kocka and Marcel van der Linden, eds., *Capitalism: The Reemergence of a Historical Concept* (London: Bloomsbury Academic, an imprint of Bloomsbury Publishing Plc., 2016)」에서 발췌했고, 4장의 일부는 「금융 위기 이후의 국제 질서International Order after the Financial Crisis, in *International Affairs* 87, no. 3 (May 2011):525-537, © 2014 The Royal Institute of International Affairs by permission of Oxford University Press」에서 발췌했고, 11장의 일부는 「탈세계화: 이탈된 일방주의Deglobalization: The Rise of Disembedded Unilateralism, in *Annual Review of Financial Economics* 10 (2018):219-237, © 2018 by Annual Reviews」에서 발췌했다.

내가 이 책에서 주장하는 내용의 일부를 발표할 수 있도록 해준, 데이비스역사연구센터Davis Center for Historical Studies의 데이비드 벨David Bell, 프린스턴대학교 벤드하임금융센터Bendheim Center for Finance in Princeton의 마커스 브루너마이어Markus Brunnermeier, 정치교육아카데미Akademie für Politische Bildung의 볼프강 퀘이서Wolfgang Quaisser, 콘라드 아데나워 바르샤바 재단Konrad Adenauer Foundation Warsaw의 피오트르 피스Piotr Pysz, 베르텔스만 재단Bertelsmann Stiftung의 리즈 몬Liz Mohn, 볼프강 쉬젤Wolfgang Schüssel, 조에르그 하비히Joerg Habich, 브뤼셀 CEPS의 대니얼 그로스Daniel Gros, 뉴욕대학교스턴스쿨NYU's Stern School의 금융경제학 연례회의Annual Review of Financial Economics conference를 기획한 앤드루 로Andrew Lo와 로버트 머튼Robert Merton, 옥스퍼드대학교 크릴 포스터 렉처 시리즈Oxford University's Cyril Foster Lecture series를 기획한 앤 데이턴Anne Deighton, 펜실베이니아대학교의 제프리 에드워드 그린Jeffrey Edward Green, 페터슨연구소Peterson Institute의 애덤 포센Adam Posen, 하버드대학교의 메리 루이스Mary Lewis를 포함하여 세미나와 컨퍼런스 기획자들에게 감사의 말을 전하고 싶다. 또한 이 책의 일부 섹션에서 조언을 해준 마이클 보르도Michael Bordo, 루이스 안토니오 빈하스 카타오Luís António Vinhas Catão, 마르크 프랜드루Marc Flandreau, 위르겐 코카Jürgen Kocka, 주르겐 라인호우트Jurgen Reinhoudt, 대니얼 로저스Daniel Rodgers에게서 많은 도움을 받았다. 조슈아 더먼Joshua Derman은 이 책 전체를 꼼꼼하게 읽고서 날카로운 통찰을 보여주었다.

예일대학교 출판부의 세스 디치크Seth Ditchik는 나에게 매우 도움이 되는 지침과 조언을 해주었다. 애나 비니츠키Anna Vinitsky는 최고의 연구 지원을 아끼지 않았고, 러시아어로 된 출처를 일부 공개해 주었다. 줄리 칼슨Julie Carlson은 매우 사려 깊게 원고를 정리했다. 5장과 6장은 프린스턴대학교 정치학과 마르제나 제임스와 함께 썼는데, 나는 그에게 엄청난 빚을 지게 되었다. 나의 자녀들인 막시밀리안Maximilian, 마리루이즈Marie-Louise, 몬태규 제임스Montagu James도 귀중한 의견을 주었다.

참고문헌

여는 글

1. Ludwig Wittgenstein, *Tractatus Logicus-Philosophicus* (New York: Harcourt Brace, 1922), p. 149.

2. Genesis 11:4.

3. Alexander Solzhenitsyn, "Live Not by Lies," *Index on Censorship* 2 ([1974] 2004): 205.

4. William James, *Pragmatism: A New Name for Some Old Ways of Thinking* (1907; Portland, OR: Floating Press, 2010), p. 138.

5. John Grier Hibben, "The Test of Pragmatism," *Philosophical Review* 17, no. 4 (July 1908): 369. See also George Cotkin, "William James and the Cash-Value Metaphor," *ETC: A Review of General Semantics* 42, no. 1 (1985): 37–46.

6. For instance, see the influencer Wesley Yang's blog at https://twitter.com /wesyang/status/1130858237014794240?lang=en.

7. Harold James, *The End of Globalization: Lessons from the Great Depression* (Cambridge, MA: Harvard University Press, 2001), p. 224.

8. John Stuart Mill, *On Liberty* (1859; London: Watts, 1929), p. 52.

9. See Jan-Werner Müller, *A Dangerous Mind: Carl Schmitt in Post-War European Thought* (New Haven: Yale University Press, 2003).

10. See Carl Schmitt, *Politische Theologie: Vier Kapitel zur Lehre von der Souveränität* (Munich: Duncker & Humblot, 1922), 9; see also Hasso Hofmann, "Souverän ist, wer über den Ausnahmezustand entscheidet," *Der Staat* 44, no. 2 (2005): 171–186.

11. Ronald Steel, *Walter Lippmann and the American Century* (Boston: Little, Brown, 1980), p. 267.

12. Thomas Piketty, *Capital in the Twenty-First Century,* trans. Arthur Goldhammer (Cambridge, MA: Harvard University Press, 2014); Anthony B. Atkinson, *Inequality: What Can Be Done?* (Cambridge, MA: Harvard University Press, 2015); Branko Milanovic, *Global Inequality: A New Approach for the Age of Globalization* (Cambridge, MA: Harvard University Press, 2016).

13. Helena Rosenblatt, *The Lost History of Liberalism: From Ancient Rome to the Twenty-First*

Century (Princeton, NJ: Princeton University Press, 2018), p. 6.

14. Jill Lepore, *This America: The Case for the Nation* (New York: Norton, 2019), p. 40.

15. Mill, *On Liberty*, p. 43.

1장. 자본주의

1. Pierre Bourdieu, "The Forms of Capital," in J. Richardson, ed., *Handbook of Theory and Research for the Sociology of Education* (New York: Greenwood, 1986), p. 242.

2. Joyce Appleby, *The Relentless Revolution: A History of Capitalism* (New York: Norton, 2010), p. 16.

3. Joel Mokyr, *A Culture of Growth: The Origins of the Modern Economy* (Princeton, NJ: Princeton University Press, 2017), p. 267.

4. John Paul II, *Centesimus annus,* section 41, http://www.vatican.va/holy_father/john_paul_ii/encyclicals/documents/hf_jp-ii_enc_01051991_centesimus-annus_en.html.

5. Alasdair MacIntyre, *After Virtue* (London: Bloomsbury, 1981), p. 304.

6. Elizabeth Fox-Genovese and Eugene D. Genovese, *Fruits of Merchant Capital: Slavery and Bourgeois Property in the Rise and Expansion of Capitalism* (New York: Oxford University Press, 1983), p. vii.

7. Ibid., p. 18.

8. See Barbara L. Solow, "Capitalism and Slavery in the Exceedingly Long Run," *Journal of Interdisciplinary History* 17, no. 4 (Spring 1987): 711–737; see also Celso Furtado, *Economic Growth of Brazil: A Survey from Colonial to Modern Times* (Berkeley: University of California Press, 1963).

9. Gareth Austin, "The Return of Capitalism as a Concept," in Jürgen Kocka and Marcel van der Linden, eds., *Capitalism: The Reemergence of a Historical Concept* (London: Bloomsbury, 2016), p. 211.

10. See Michel Albert, *Capitalism against Capitalism* (Chichester, UK: Whurr, 1993); Peter A. Hall and David Soskice, eds., *Varieties of Capitalism: The Institutional Foundations of Comparative Advantage* (Oxford, UK: Oxford University Press, 2001).

11. Karl Polanyi, *The Great Transformation: The Political and Economic Origins of Our Time* (1944; Boston: Beacon Press, 2001), p. 81.

12. See Austin, "Return of Capitalism," for a cogent critique of Polanyi.

13. R. H. Tawney, *Religion and the Rise of Capitalism: A Historical Study* (New York: Harcourt, Brace, 1926), p. 188.

14. Pons Louis François Villeneuve and Marquis de Villeneuve, *De l'agonie de la France: Examen de la situation morale, matérielle, politique, de la monarchie française,* vol. 2 (Paris:

Périsse, 1839), p. 140.

15. See Albert Schäffle, *Kapitalismus und Sozialismus mit besonderer Rücksicht auf Geschäfts- und Vermögensformen* (Tübingen: Laupp, 1870); also see Kocka and van der Linden, *Capitalism;* and Jürgen Kocka, *Capitalism: A Short History* (Princeton, NJ: Princeton University Press, 2016).

16. Nassau William Senior, *An Outline of the Science of Political Economy* (London: W. Clowes, 1836), p. 2010.

17. Kenny Meadows, *Selections from the Heads of the People; or, Portraits of the English* (London: Robert Tyas, 1845), p. 214.

18. *The Parliamentary Debates (Authorized Edition),* vol. 71, 1843, p. 383.

19. Philipp Ritter von Holger, *Staatswirthschafts-Chemie als Leitfaden* (Vienna: Witwe Prandel, 1843), p. 35.

20. See Gary Gorton, "Banking Panics and Business Cycles," *Oxford Economic Papers* 40, no. 4 (December 1988): 751–781; see also Charles Calomiris and Gary Gorton, "The Origins of Banking Panics," in Calomiris, ed., *US Bank Deregulation in Historical Perspective* (Cambridge, UK: Cambridge University Press, 2000), pp. 93–163.

21. Otto von Gierke, *Community in Historical Perspective: A Translation of Selections from Das Deutsche Genossenschaftsrecht,* ed. Antony Black, trans. Mary Fischer (1868; Cambridge, UK: Cambridge University Press, 1990).

22. The classic statement of this argument is Ronald H. Coase, "The Nature of the Firm," *Economica* 4, no. 16 (November 1937): 386–405.

23. Fernand Braudel, *Afterthoughts on Material Civilization and Capitalism* (Baltimore: Johns Hopkins University Press, 1977); see also, in a similar vein, Giovanni Arighi, *The Long Twentieth Century: Money, Power and the Origins of Our Times* (London: Verso, 1994).

24. Paul Kennedy, *The Rise and Fall of the Great Powers: Economic Change and Military Conflict from* 1500 *to* 2000 (New York: Random House, 1987).

25. Antoine E. Murphy, *John Law: Economic Theorist and Policy-Maker* (Oxford, UK: Oxford University Press, 1997).

26. Quoted in Larry Neal, *Rise of Financial Capitalism: International Capital Markets in the Age of Reason* (Cambridge, UK: Cambridge University Press, 1990),

27. See Oscar Gelderblom and Joost Jonker, "Completing a Financial Revolution: The Finance of the Dutch East India Trade and the Rise of the Amsterdam Capital Market, 1595–1612," *Journal of Economic History* 64, no. 3 (September 2004): 641–672.

28. The classic modern works are Douglass North and Barry Weingast, "Constitutions and Commitment: The Evolution of Institutions Governing Public Choice in Seventeenth-

Century England," *Journal of Economic History* 49, no. 4 (December 1989): 803–832; Thomas Sargent and Francois Velde, "Macroeconomic Features of the French Revolution," *Journal of Political Economy* 103, no. 3 (June 1995): 474–518. Something of this argument is anticipated in a famous passage of Marx's *Capital,* where public debt is presented as a foundation of "primitive accumulation" and capitalism: "the modern doctrine that a nation becomes the richer the more deeply it is in debt." See Marx *Das Capital*, vol. 1 (Moscow: Progress Publishers, 1970), p. 706.

29. Charles P. Kindleberger, *A Financial History of Western Europe* (London: Allen & Unwin, 1984), p. 98.

30. Rudolf Hilferding, *Das Finanzkapital,* vol. 2, ed. Eduard März (1910; Frankfurt: Europäische Verlagsanstalt, 1968), p. 399.

31. Jan de Vries and Ad van der Woude, *The First Modern Economy: Success, Failure, and Perseverance of the Dutch Economy,* 1500–1815 (Cambridge, UK: Cambridge University Press, 1997), p. 696.

32. Herman van der Wee and Monique Verbreyt, *La Générale de Banque,* 1822–1997*: Un Défi Permanent* (Bruxelles: Racine, 1997).

33. Klaus J. Mattheier, "Autobiographie Franz Haniel," in Bodo Herzog and Klaus J. Mattheier, eds., *Franz Haniel,* 1779–1868*: Materialien, Dokumente und Untersuchungen zu Leben und Werk des Industriepioniers Franz Haniel* (Bonn: Ludwig Röhrscheid, 1979), p. 109.

34. Krupp to Ernst Waldthausen, March 28, 1857; Krupp archive, WA 4/111; also Wilhelm Berdrow, ed., *Alfred Krupp Briefe:* 1826–1887 (Berlin: Reimar Hobbing, 1928), p. 153.

35. Krupp to Prokura, July 26, 1873, in Berdrow, *Briefe,* p. 290.

36. Adam Smith, *An Inquiry into the Nature and Causes of the Wealth of Nations,* ed. Edwin Cannan, pt. 2 (1776; Chicago: University of Chicago Press, 1976), p. 279.

37. Joseph A. Schumpeter, *The Theory of Economic Development: An Inquiry into Profits, Capital, Credit, Interest, and the Business Cycle,* trans. Redvers Opie (London: Oxford University Press, 1934), p. 74. (This is a development of a book originally published in 1911.)

38. Gierke, *Community in Historical Perspective,* pp. 203–204.

39. For a fuller exposition of this argument, see Harold James, "Corporation Law and Changes in Marriage Behavior in the Nineteenth Century," in Dieter Hein, Klaus Hildebrand, and Andreas Schulz, eds., *Historie und Leben. Der Historiker als Wissenschaftler und Zeitgenosse. Festschrift für Lothar Gall* (Munich: Oldenbourg Wissenschaftsverlag, 2006).

40. Adolf A. Berle Jr. and Gardiner C. Means, *The Modern Corporation and Private Property*

(New York: Macmillan, 1932).

41. Fréderic Le Play, *La Réforme Sociale en France,* vol. 2 (Paris: E. Dentu, 1867), p. 235.

42. Werner Sombart, *Die Juden und das Wirtschaftsleben* (1911; Munich: Duncker & Humblot, 1920), p. 331.

43. See Jerry Z. Muller, *The Mind and the Market: Capitalism in Western Thought* (New York: Knopf Doubleday, 2007); also Friedrich Lenger, *Werner Sombart: Eine Biographie* (Munich: Beck, 1994).

44. Schlomo Avineri, *Karl Marx: Philosophy and Revolution* (New Haven: Yale University Press, 2019), p. 47.

45. Raymond Goldsmith, *Financial Structure and Development* (New Haven: Yale University Press, 1969), p. 400.

46. Alexander Gerschenkron, *Economic Backwardness in Historical Perspective: A Book of Essays* (Cambridge, MA: Belknap Press of Harvard University Press, 1962).

47. For recent examples, see Volker Wellhöner, *Grossbanken und Grossindustrie im Kaiserreich* (Gö ttingen, Germany: Vandenhoeck & Ruprecht, 1989); the more theoretical work Jeremy Edwards and Klaus Fischer, *Banks, Finance and Investment in Germany* (Cambridge, UK: Cambridge University Press, 1994); and Caroline Fohlin, *Finance Capitalism and Germany's Rise to Industrial Power* (Cambridge, UK: Cambridge University Press, 2007).

48. Antonio Confalionieri, *Banca e Industria,* 1894–1906 (Milano: Banca Commerciale Italiana Distribuzione Cisalpino–La Goliardica, 1974).

49. C. W. von Wieser, *Der finanzielle Aufbau der englischen Industrie* (Jena, Ger.: Gustav Fischer, 1919), p. vi.

50. For a political scientist's viewpoint, see Jonathan Kirshner, *Appeasing Bankers: Financial Caution on the Road to War* (Princeton, NJ: Princeton University Press, 2007).

51. Dieter Stiefel, *Camillo Castiglioni oder Die Metaphysik der Haifische* (Vienna: Böhlau, 2012).

52. *Verhandlungen des VII. Allgemeinen Deutschen Bankiertages zu Köln am Rhein am* 9., 10., *und* 11. *September 1928* [Proceedings of the seventh German bankers' convention in Cologne, September 9, 10, and 11] (Berlin: de Gruyter, 1928), pp. 135, 141, 146, 149–150.

53. Friedrich A. Hayek, *Prices and Production* (London: Routledge & Kegan Paul, 1935), p. 125.

54. John Maynard Keynes, *A Treatise on Money,* in Keynes, *Collected Writings,* vol. 5 (London: Macmillan, 1971), p. 42; See also Robert Skidelsky, *John Maynard Keynes,* vol. 2: *The Economist as Saviour, 1920–1937* (London: Macmillan, 1994), p. 320.

55. Keynes, *Collected Writings,* vol. 6, p. 337.
56. Skidelsky, *Keynes,* vol. 2, p. 317.
57. McKinsey Global Institute, *Financial Globalization: Retreat or Reset?*, March 2013, p. 4, https://www.mckinsey.com/~/media/McKinsey/Featured%20Insights/Global%20Capital%20Markets/Financial%20globalization/MGI_Financial_globalization_Executive_Summary_Mar2013.pdf.
58. Oliver Stone, director, *Wall Street,* 20th Century Fox, 1987.
59. James Tobin, "Review of Hyman P. Minsky's *Stabilizing an Unstable Economy,*" *Journal of Economic Literature* 27, no. 1 (March 1989): 106.
60. Ben S. Bernanke, "Nonmonetary Effects of the Financial Crisis in Propagation of the Great Depression," *American Economic Review* 73, no. 3 (1983): 257–276; Ben S. Bernanke and Alan S. Blinder, "Credit, Money, and Aggregate Demand," *American Economic Review* 78, no. 2 (1988): 435–439; Ben Bernanke and Mark Gertler, "Financial Fragility and Economic Performance," *Quarterly Journal of Economics* 105, no. 1 (1990): 87–114, quotation on p. 105; Ben Bernanke and Harold James, "The Gold Standard, Deflation, and Financial Crisis in the Great Depression: An International Comparison," in R. Glenn Hubbard, ed., *Financial Markets and Financial Crises* (Chicago: University of Chicago Press, 1991), pp. 33–68.
61. Tim Congdon, *Money in a Free Society: Keynes, Friedman and the New Crisis in Capitalism* (New York: Encounter Books, 2011), p. 399.
62. Claudio Borio and Philip Lowe, "Imbalances or Bubbles? Implications for Monetary and Financial Stability," in William Curt Hunter, George G. Kaufman, and Michael Pomerleano, eds., *Asset Price Bubbles: The Implications for Monetary, Regulatory, and International Policies* (Cambridge, MA: MIT Press, 2005), pp. 247–270.
63. Hans Werner Sinn, *Casino Capitalism: How the Financial Crisis Came About and What Needs to Be Done Now* (New York: Oxford University Press, 2010).

2장. 사회주의

1. Jacob Pramuk, "Here Are the Key Moments from President Trump's Republican National Convention Speech," CNBC.com, August 28, 2020, https://www.cnbc .com/2020/08/28/trump-rnc-speech-highlights.html.
2. Quoted in Joshua B. Freeman, *Behemoth: The History of the Factory and the Making of the Modern World* (New York: Norton, 2018), p. 25.
3. Robert Owen, *A New View of Society,* ed. Vic Gatrell (1816; Harmondsworth, UK: Penguin, 1970).
4. Henri Saint-Simon, *Du systême industriel* (Paris: Chez A.-A. Renouard, 1821), p. 44.

5. See Riccardo Soliani, "Claude-Henri de Saint-Simon: Hierarchical Socialism?," *History of Economic Ideas* 17, no. 2 (2009): 21–39.

6. Karl Marx and Friedrich Engels, *Collected Works,* vol. 8: *The Magyar Struggle,* January 13, 1849 (London: Lawrence & Wishart, 1975), p. 238.

7. See Ernst Engelberg, *Bismarck: Urpreuße und Reichsgründer* (Berlin: Siedler, 1985), p. 656.

8. Roman Szporluk, *Communism and Nationalism: Karl Marx versus Friedrich List* (New York: Oxford University Press, 1988), p. 32.

9. Karl Marx and Friedrich Engels, *The German Ideology* (Moscow: Progress Publishers, 1964), p. 75.

10. Joseph A. Petrus, "Marx and Engels on the National Question," *Journal of Politics* 33, no. 3 (August 1971): 797–824, quotation on 801.

11. Karl Marx, *A Contribution to the Critique of Political Economy* (Chicago: Charles H. Kerr & Co., 1904), p. 207.

12. Karl Marx and Friedrich Engels, *The Communist Manifesto,* trans. Samuel Moore (1848; London: Pluto Press, 2017), pp. 51, 54–55.

13. Jonathan Sperber in David E. Barclay and Eric D. Weitz, eds., *Between Reform and Revolution: German Socialism and Communism from 1840 to 1990* (New York: Berghahn Books, 1998), pp. 167–194.

14. Lawrence H. Simon, ed., *Selected Writings by Karl Marx* (Indianapolis: Hackett, 1994), pp. 323–324.

15. Karl Marx, *Critique of the Gotha Program,* 1875, pt. 1, https://www.marxists .org/archive/marx/works/1875/gotha/ch01.htm.

16. Rudolf Hilferding, "Probleme der Zeit," *Die Gesellschaft* 1, no. 1 (1924): 1–15.

17. *Reichstagsprotokolle* [German Reichstag session reports] 1907/1909 (April 25, 1907): 1098.

18. Institut für Zeitgeschichte archive, ED93/48, 9. August 1954: Erinnerungen an Ernst Trendelenburg (Hans Schäffer).

19. Klaus Braun, *Konservatismus und Gemeinwirtschaft: Eine Studie ü ber Wichard von Moellendorff* (Duisburg, Ger.: Duisburger Hochschulbeiträge, 1978), pp. 101, 155.

20. Hagen Schulze, ed., *Akten der Reichskanzlei. Weimarer Republik (ARWR), Das Kabinett Scheidemann:* 13. *Februar bis* 20. *Juni 1919* [Reich Chancellery fi les, Weimar Republic (ARWR), Scheidemann cabinet, February 13–June 20, 1919] (Boppard am Rhein: H. Boldt, 1971), p. 272.

21. Vladimir Sorokin, *The Queue,* trans. Sally Laird (1983; New York: New York Review of Books, 2008); see also Elena Osokina, *Our Daily Bread: Socialist Distribution and the Art of Survival in Stalin's Russia, 1927–1941,* trans. Kate Transchel and Greta

Bucher (Armonk, NY: M. E. Sharpe, 2000); Karl Schlögel, *Das sowjetische Jahrhundert: Archäologie einer Untergegangenen Welt* (Munich: Beck, 2017), pp. 554–555, 561.

22. Eugene Zaleski, *Stalinist Planning for Economic Growth, 1933–1952* (Chapel Hill: University of North Carolina Press, 1980), p. 484.

23. Oskar Lange, "The Role of Planning in Socialist Economies," in Morris Bornstein, ed., *Comparative Economic Systems*(Homewood, IL: R. D. Irwin, 1965), p. 207.

24. Moshe Lewin, *Political Undercurrents in Soviet Economic Debates* (London: Pluto, 1975), p. 101.

25. Joseph Stalin, Joint Plenum of the C.C. and C.C.C., C.P.S.U.(B.) 1, January 7–12, 1933, The Results of the First Five-Year Plan, Report Delivered on January 7, 1933, in *Works*, vol. 13, 1930–January 1934 (Moscow: Foreign Languages Publishing House, 1954).

26. Oskar Lange, "Marxian Economics and Modern Economic Theory," *Review of Economic Studies* 2, no. 3 (June 1935): 189.

27. Oskar Lange, *On the Economic Theory of Socialism*, ed. Benjamin E. Lippincott (Minneapolis: University of Minnesota Press, 1938), p. 89.

28. Friedrich Hayek, *Collectivist Economic Planning: Critical Studies on the Possibilities of Socialism* (London: Routledge, 1935), p. 14.

29. Oskar Lange, "On the Economic Theory of Socialism," *Review of Economic Studies* 4, no. 1 (October 1936): 53–71.

30. V. B. Singh, ed., "Nehru on Socialism," Government of India Publications Division, New Delhi, 1977, pp. 50–51; see also Ozay Mehmet, *Westernizing the Third World: The Eurocentricity of Economic Development Theories* (New York: Routledge, 1999), p. 61.

31. See Bruce Caldwell, "Hayek and Socialism," *Journal of Economic Literature* 35, no. 4 (December 1997): 1856–1890.

32. Oskar Lange, "The Computer and the Market," in Alec Nove and D. M. Nuti, eds., *Socialist Economics* (London: Penguin, 1972), pp. 401–402.

33. Francis Sejersted, *The Age of Social Democracy: Norway and Sweden in the Twentieth Century*, trans. Madeleine B. Adams (Princeton, NJ: Princeton University Press, 2011), p. 388.

34. Hjalmar Branting, Nobel Lecture, June 19, 1922, https://www.nobelprize.org/ prizes/peace/1921/branting/lecture.

35. Alva Myrdal and Gunnar Myrdal, *Kris i befolkningsfrågan* (Nora, Sweden: Nya Doxa, 1934), pp. 203–204; Sejersted, *Age of Social Democracy*, pp. 102–103.

36. Sheri Berman, *The Social Democratic Moment: Ideas and Politics in the Making of Interwar Europe* (Cambridge, MA: Harvard University Press, 1998), p. 161.

37. C. A. R. Crosland, *The Future of Socialism* (1956; New York: Schocken, 1963), pp. 31,

33.

38. Heinrich August Winkler, *Der Weg in die Katastrophe: Arbeiter und Arbeiterbewegung in der Weimarer Republik* 1930 *bis* 1933 (Berlin: J. H. W. Dietz, 1987), 324–326.

39. William E. Paterson, *The SPD and European Integration* (Farnborough, UK: Saxon House, 1974), p. 2.

40. Ibid., p. 8.

41. In *Encounter* (February 1962): 65.

42. Sejersted, *Age of Social Democracy,* p. 445.

43. Roy Harrod, *The Life of John Maynard Keynes* (1951; Harmondsworth: Pelican, 1972), p. 764.

44. Rudolf Hilferding, "Das Historische Problem," *Zeitschrift für Politik,* n.s. vol. 1, no. 4 (December 1954): 295.

45. Raya Dunayevskaya, "The Case of Eugene Varga," in the supplement to the Raya Dunayevskaya Collection, microfi lm nos. 12456–12462, 1949, signed "by F. Forest," https://www.marxists.org/archive/dunayevskaya/works/1949/varga.htm.

46. Geoffrey Wheatcroft, "The Paradoxical Case of Tony Blair," *The Atlantic* (June 1996), https://www.theatlantic.com/magazine/archive/1996/06/the-paradoxicalcase-of-tony-blair/376602.

47. Colin MacCabe, "Blair Will Be Remembered for Betraying Labour's Values," *The Guardian,* September 24, 2006,
https://www.theguardian.com/commentis free/2006/sep/24/comment.politics1.

48. Pierre Péan, *Une jeunesse française: François Mitterrand,* 1934–1947 (Paris: Fayard, 1994).

3장. 민주주의, 국민국가, 국민주의

1. Yascha Mounk, *The People vs. Democracy* (Cambridge, MA: Harvard University Press, 2018).

2. Joseph A. Schumpeter, *Capitalism, Socialism and Democracy* (1942; New York: Harper & Row, 1976), p. 296.

3. Edward Baumstark, *Kameralistische Encyclopädie: Handbuch der Kameralwissenschaften und ihrer Literatur für Rechts-und Verwaltungsbeamte* (Heidelberg: Karl Groos, 1835), p. 64; Erik Grimmer-Solem, *Learning Empire: Globalization and the German Quest for World Status,* 1875–1919 (Princeton, NJ: Princeton University Press, 2019), p. 8.

4. Dani Rodrik, *The Globalization Paradox: Democracy and the Future of the World Economy* (New York: Norton, 2011).

5. Schumpeter, *Capitalism,* p. 267.

6. US Department of State, *Country Reports on Human Rights Practices*—2000, Bureau of Democracy, Human Rights and Labor, February 2001, https://2009-2017 .state.gov/j/drl/rls/hrrpt/2000/648.htm.

7. Freedom House, Freedom in the World, 2019: Democracy in Retreat, https:// freedomhouse.org/report/freedom-world/2019/democracy-retreat.

8. Translation from University of Minnesota, Human Rights Library, "Thucydides: Pericles' Funeral Oration," http://hrlibrary.umn.edu/education/thucydides.html.

9. "Une nation est une âme, un principe spirituel. Deux choses qui, à vrai dire, n'en font qu'une, constituent cette âme, ce principe spirituel. L'une est dans le passé, l'autre dans le présent. L'une est la possession en commun d'un riche legs de souvenirs; l'autre est le consentement actuel, le désir de vivre ensemble, la volonté de continuer à faire valoir l'héritage qu'on a reçu indivis." See Ernest Renan, *Discours et conferences* (Paris: Calmann Lévy, 1887), which includes the text of the Sorbonne lecture, "Qu'est-ce qu'une nation?," from 1882.

10. Eugene Weber, *Peasants into Frenchmen: The Modernization of Rural France,* 1870–1914 (Stanford, CA: Stanford University Press, 1976).

11. Wilhelm Freiherr von Humboldt, *Wilhelm von Humboldts gesammelte Schriften,* vol. 10 (Berlin: B. Behr's Verlag, 1903), p. 205.

12. Schumpeter, *Capitalism,* p. 284.

13. Max Weber, *Economy and Society: An Outline of Interpretive Sociology* (Berkeley: University of California Press, 1978), p. 291.

14. Václav Havel, *Living in Truth: 22 Essays Published on the Occasion of the Award of the Erasmus Prize to Václav Havel,* ed. Jan Vladislav (London: Faber and Faber, 1989), pp. 70–71.

15. This is the theme of an extensive argument presented in Liah Greenfeld, *Nationalism: Five Roads to Modernity* (Cambridge, MA: Harvard University Press, 1992).

16. Ludwig August von Rochau, *Grundsätze der Realpolitik, angewendet auf die staatlichen Zustände Deutschlands Theil II* (Heidelberg: J. C. B. Mohr, 1869), p. 25.

17. Karl Marx, preface to the first German edition of *Das Capital* (1867; London: Lawrence and Wishart, 1970), p. 19.

18. Hans Rothfels, *Bismarck Briefe* (Göttingen: Vandenhoeck & Ruprecht, 1955), p. 345.

19. Ibid., p. 347.

20. Harold James, *Krupp: A History of the Legendary German Firm* (Princeton, NJ: Princeton University Press, 2012), p. 60.

21. Charles Beard and Mary Beard, *The Rise of American Civilization,* vol. 2 (New York: Macmillan, 1927), pp. 53–54.

22. Quoted in Allen C. Guelzo, *Lincoln* (Oxford, UK: Oxford University Press, 2009), p. 120.

23. Friedrich Naumann, in *Verhandlungen der Verfassungsgebenden Deutschen National-versammlung* [Negotiations of the constituent German national assembly], vol. 336: *Anlage zu den stenographischen Berichten* [Supplement to the shorthand reports] (Berlin: Druck und Verlag der Norddeutschen Buchdruckerei und Verlags-Anstalt, 1919), p. 242.

24. *Verhandlungen des Deutschen Reichstages* [Negotiations of the German Reichstag], electoral term 1920, vol. 236, meeting on June 25, 1922 (Berlin: Druck und Verlag der Norddeutschen Buchdruckerei und Verlags-Anstalt, 1922), p. 3058.

25. Eliza Relman, "Steve Bannon Says Ivanka Trump Is 'Dumb as a Brick,'" *Business Insider*, January 3, 2018, https://www.businessinsider.com/steve-bannon-says-ivankatrump-is-dumb-as-a-brick-2018-1; Maureen Dowd, "He Went to Jared," *New York Times*, April 4, 2020, https://www.nytimes.com/2020/04/04/opinion/sunday/ coronavirus-trump-jared-kushner.html.

26. Andrew Moravcsik, *The Choice for Europe: Social Purpose and State Power from Messina to Maastricht* (Ithaca, NY: Cornell University Press, 1998).

27. Jean Monnet, *Memoirs,* trans. Richard Mayne (London: Collins, 1978), p. 371.

28. Václav Havel, "How Europe Could Fail," *New York Review of Books* (November 18, 1993).

29. Monnet, *Memoirs,* p. 339.

30. Hans Peter Schwarz, *Helmut Kohl: Eine politische Biographie* (München: Deutsche Verlags Anstalt, 2012).

31. Martin Wolf, "Failing Elites Threaten Our Future," *Financial Times,* January 15, 2014, https://www.ft.com/content/cfc1eb1c-76d8-11e3-807e-00144feabdc0.

32. Per Jacobsson diary, 1958, cited in Harold James, *International Monetary Cooperation since Bretton Woods* (New York: Oxford University Press, 1995), p. 107.

4장. 헤게모니

1. J. A. O. Larsen, "Representative Government in the Panhellenic Leagues," *Classical Philology* 20, no. 4 (October 1925): 313–329; J. A. O. Larsen, "Representative Government in the Panhellenic Leagues II," *Classical Philology* 21, no. 1 (January 1926): 52–71.

2. Robert O. Keohane, *After Hegemony: Cooperation and Discord in the World Political Economy* (Princeton, NJ: Princeton University Press, 1984).

3. Ibid., pp. 31–32.

4. Stuart Schrader, *Badges without Borders: How Global Counterinsurgency Transformed American Policing* (Berkeley: University of California Press, 2019).

5. Kathrin Hille, Edward White, Primrose Riordan, and John Reed, "The Trump Factor: Asian Allies Question America's Reliability," *Financial Times*, June 15, 2020, https://www.ft.com/content/74576c3a-6303-4ba0-bbe3-15b563ce6019.

6. David Forgacs, *The Gramsci Reader: Selected Writings, 1916–1935* (New York: New York University Press, 2000), p. 192.

7. Perry Anderson, *The H-Word: The Peripeteia of Hegemony* (London: Verso, 2017), p. 96.

8. Theodor Mommsen, in *Schleswig-Holsteinische Zeitung*, May 16 and August 28, 1848, quoted in Anderson, *H-Word*, p. 7.

9. A modern account is Richard Little, *The Balance of Power in International Relations: Metaphors, Myths and Models* (Cambridge, UK: Cambridge University Press, 2007), for the Italian Renaissance discussion, see p. 43; see also M. S. Anderson, *The Rise of Modern Diplomacy*, 1450–1919 (London: Longman, 1993), p. 151.

10. Walter Bagehot, *Lombard Street: A Description of the Money Market* (London: H. S. King & Co., 1873), pp. 4, 15.

11. An earlier but less stable transoceanic cable had been laid in 1858.

12. See the highly original book by Nicholas Lambert, *Planning Armageddon: British Economic Warfare and the First World War* (Cambridge, MA: Harvard University Press, 2012).

13. See ibid.

14. *Stenographische Protokolle des Hauses der Abgeordneten des Österreichischen Reichsrathes im Jahre 1897*, 13th sess., tape 2, p. 1363 (November 17, 1897).

15. Alfred T. Mahan, *The Interest of America in International Conditions* (Boston: Little, Brown, 1910), pp. 27–28.

16. Ibid., p. 36.

17. E. H. Carr, *The Twenty Years' Crisis, 1919–1939: An Introduction to the Study of International Relations* (London: Macmillan, 1939), p. 53.

18. Ibid., pp. 155, 164.

19. Ibid., p. 293.

20. Ibid., p. 282.

21. Ibid., p. 300. There is an echo of this argument in modern works, notably Adam Tooze's *The Wages of Destruction: The Making and Breaking of the Nazi Economy* (London: Allen Lane, 2006); and Brendan Simms, *Hitler: Only the World Was Enough* (London: Allen Lane, 2019).

22. Carr, *Twenty Years' Crisis*, p. 297.

23. Charles P. Kindleberger, *The World in Depression*, 1929–1939, 2nd ed. (Berkeley: University of California Press, 1986), p. 289.

24. Nikolas Busse, "Wir sind nicht Europas Hegemon," *FAZ,* April 25, 2020, https://www.faz.net/aktuell/politik/solidaritaet-deutschland-kann-die-eu-nicht-allein-tragen-16741944.html.

25. Simon Bulmer and William E. Paterson, *Germany and the European Union: Europe's Reluctant Hegemon?* (London: Red Globe Press, 2019).

26. For instance, Dirk Kubjuweit, "America Has Abdicated Its Leadership of the West," *Spiegel,* November 14, 2016, https://www.spiegel.de/international/world/trump-election-means-europe-must-now-lead-west-a-1120929.html.

27. Alison Smale and Steven Erlanger, "As Obama Exits World Stage, Angela Merkel May Be the Liberal West's Last Defender," *New York Times,* November 12, 2016, https:// www.nytimes.com/2016/11/13/world/europe/germany-merkel-trump-election.html.

28. Alison Smale and Steven Erlanger, "Merkel, After Discordant G-7 Meeting, Is Looking Past Trump," *New York Times,* May 28, 2017, "https://www.nytimes.com/2017/05/28/world/europe/angela-merkel-trump-alliances-g7-leaders.html.

29. Budget speech of November 23, 2016, in https://www.bundesregierung.de/Content/DE/Bulletin/2016/11/138–1-bkin-bt.html;jsessionid=E662DD61835F9BF 54B7A7AC024CEA914.s5t1.

30. See Wade Jacoby and Sophie Meunier, "Europe and the Management of Globalization," *Journal of European Public Policy* 17, no. 3 (2010): 299–317.

31. Xi Jinping, "President Xi's Speech to Davos in Full," World Economic Forum, January 17, 2017, https://www.weforum.org/agenda/2017/01/full-text-of-xi-jinpingkeynote-at-the-world-economic-forum.

32. Kwok-sing Li, *A Glossary of Political Terms of the People's Republic of China* (Hong Kong: Chinese University of Hong Kong Press, 1995), p. 403; Deng Xiaoping at United Nations General Assembly, April 10, 1974, sixth special session, https://www.marxists .org/reference/archive/deng-xiaoping/1974/04/10.htm.

33. This was the focus of Robert Shiller's presidential address to the American Economic Association, "Narrative Economics," *American Economic Review* 107, no. 4 (April 2017): 967–1004.

34. Roland Bénabou, "Groupthink: Collective Delusions in Organization and Markets," *Review of Economic Studies* 80, no. 2 (April 2013): 429–462.

35. See Emily Palmer, "A Fake Heiress," *New York Times,* May 10, 2019, https:// www.nytimes.com/2019/05/10/nyregion/anna-delvey-sorokin.html.

36. Nick Paton Walsh, "A Guide to the Kremlin: Sex, Booze, Kidnap," *Guardian,* March 11, 2006,
https://www.theguardian.com/world/2006/mar/11/russia.nickpa tonwalsh.

37. Peter Pomerantsev, *Nothing Is True and Everything Is Possible: The Surreal Heart of the New Russia* (New York: Public Affairs, 2014), p. 47.

38. Timothy Snyder, *The Road to Unfreedom: Russia, Europe, America* (New York: Tim Duggan Books, 2018), p. 195.

39. Sheera Frenkel, "Meet Fancy Bear, The Russian Group Hacking the US Election," *Buzzfeed,* October 15, 2016,
https://www.buzzfeednews.com/article/sheerafrenkel/meet-fancy-bear-the-russian-group-hacking-the-us-election.

40. Vladimir Putin, Security Conference, Munich, speech, February 2007, in *Vladimir Putin: Munich, Valdai, Sochi* (Kuala Lumpur: Institut Terjemahan & Buku Malaysia, 2014), p. 24.

41. Vladimir Putin, speech, Sochi, October 24, 2014,
https://www.worldsecuri tynetwork.com/Russia/no_author/Putins-World-Vision.

42. Kathy Lally, "Putin's Remarks Raise Fears of Future Moves against Ukraine," *Washington Post,* April 17, 2014,
https://www.washingtonpost.com/world/putinchanges-course-admits-russian-troops-were-in-crimea-before-vote/2014/04/17/ b3300a54-c617–11e3-bf7a-be01a9b69cf1_story.html.

43. Frenkel, "Meet Fancy Bear."

44. Zi Zhongyun, translated and annotated by Geremie R. Barmé, "An Old Anxiety in a New Era: 1900 & 2020," *China Heritage,* drafted on April 13, 2020, revised on April 23, 2020,
http://chinaheritage.net/journal/1900–2020-an-old-anxiety-in-a-new-era.

5장. 다자주의

1. Jacob Viner, *The United States in a Multi-National Economy* (New York: Council on Foreign Relations, 1945), p. 153.

2. G. John Ikenberry, *After Victory: Institutions, Strategic Restraint, and the Rebuilding of Order after Major Wars* (Princeton, NJ: Princeton University Press, 2001).

3. Louis W. Pauly, *The League of Nations and the Foreshadowing of the International Monetary Fund,* Princeton University Essays in International Finance, no. 201, December 1996; Michel Fior, *Institution globale et marchés financiers: La Société des Nations face à la reconstruction de l'Europe, 1918–1931* (Bern: Peter Lang, 2008).

4. Sheryl Gay Stolberg, "As Leaders Wrestle with Downturn, Developing Nations Get Ringside Seats," *New York Times*, November 6, 2008.
5. Daniel Dombey, Krishna Guha, and Andrew Ward, "Talks Challenge Club of Rich Countries," *Financial Times*, November 17, 2008, https://www.ft.com/content/ d2190e16-b434-11dd-8e35-0000779fd18c.
6. *United Nations Yearbook,* 1971 (New York: United Nations, 1971), p. 126.
7. US Department of State, *Monetary and Financial Conference, Bretton Woods, New Hampshire, July* 1 *to July* 22, 1944, *Final Act and Related Documents,* 1944, p. 4.
8. E. E. Schattschneider, *Politics, Pressures and the Tariff; A Study of Free Private Enterprise in Pressure Politics, as Shown in the* 1929–1930 *Revision of the Tariff* (New York: Prentice-Hall, 1935); Mancur Olson, *The Logic of Collective Action: Public Goods and the Theory of Groups* (Cambridge, MA: Harvard University Press, 1971).
9. John G. Ruggie, *Winning the Peace: America and World Order in the New Era* (New York: Columbia University Press, 1996); G. John Ikenberry, "A World Economy Restored: Expert Consensus and the Anglo-American Postwar Settlement," *International Organization* 46, no. 1 (1992): 289–321.
10. A. Van Dormael, *Bretton Woods: Birth of a Monetary System* (New York: Holmes and Meier, 1978), p. 211.
11. John Maynard Keynes, The *Economic Consequences of the Peace* (London: Macmillan, 1919), pp. 263–264.
12. Keith Horsefi eld, *The International Monetary Fund, 1945–1965: Twenty Years of International Monetary Cooperation,* vol. 3 (Washington, DC: International Monetary Fund, 1969), p. 13.
13. Harold James, *International Cooperation since Bretton Woods* (New York: Oxford University Press, 1996), p. 37.
14. Van Dormael, *Bretton Woods,* pp. 6–7; Joseph Gold, *Legal and Institutional Aspects of the International Monetary System: Selected Essays,* vol. 2 (Washington, DC: International Monetary Fund, 1984), p. 19; Donald Moggridge, *Maynard Keynes: An Economist's Biography* (London: Routledge, 1992), p. 654.
15. 케인스가 적자국가의 통화가 평가절하되고 흑자국가의 통화가 평가절상되는 방식으로, 국제통화시스템의 주요 조정 메커니즘에 따라 환율 변동이 더 많이 발생하는 세계를 상상했을 가능성이 있다. See David Vines, "John Maynard Keynes 1937–1946: The Creation of International Macroeconomics; a Review Article on 'John Maynard Keynes 1937–1946: Fighting for Britain, by Robert Skidelsky,'" *Economic Journal* 113(June 2003): 338–361. 그러나 브레턴우즈 체제의 관행은 이와는 현저하게 달라서, 1961년과 1969년에만 흑자국가 통화의 (논란의 여지가 있는) 평가절상이 실현되었고, 1944~1945

년에는 당분간 흑자가 지속될 가능성이 높은 미국이 달러화의 평가절상에 동의하는 상황을 상상하기가 어려웠을 것이다.

16. Horsefield, *International Monetary Fund,* p. 6.

17. Samuel Brittan, *A Restatement of Economic Liberalism* (London: Macmillan, 1988), p. 87.

18. Proposals for a Clearing Union, in *Foreign Relations of the United States 1942,* vol. 1 (Washington, DC: US Government Printing Offi ce, 1960), p. 204.

19. World Trade Organization, The Doha Round, https://www.wto.org/english/ tratop_e/dda_e/dda_e.htm, accessed December 28, 2020.

20. World Bank data are at https://data.worldbank.org/indicator/TM.TAX.MRCH.WM.FN.ZS, accessed December 28, 2020.

21. European Commission, *Global Europe: Competing in the World: A Contribution to the EU's Growth and Jobs Strategy,* 2006 (Brussels: European Commission, 2006), p. 567.

22. Office of the US Trade Representative, *2017 Trade Policy Agenda and* 2016 *Annual Report,* p. 1.

23. Andrew Walker, "US Adviser Hints at Evicting China from WTO," November 21, 2018, https://www.bbc.com/news/business-46280318.

24. Office of the US Trade Representative, 2017 *Trade Policy,* p. 5.

25. Ibid., p. 6.

26. See Mark Zandi, Jesse Rogers, and Maria Cosma, "Trade War Chicken: The Tariffs and the Damage Done," Moody's Analytics, September 2019, https://www.economy.com/economicview/analysis/376236/Trade-War-Chicken-The-Tariffs-andthe-Damage-Done; Federal Reserve Board, "Disentangling the Effects of the 2018–2019 Tariffs on a Globally Connected U.S. Manufacturing Sector," December 23, 2019, https://www.federalreserve.gov/econres/feds/fi les/2019086pap.pdf; Ryan Hass and Abraham Denmark, "More Pain Than Gain: How the US-China Trade War Hurt America," Brookings blog, August 7, 2020, https://www.brookings.edu/blog/orderfrom-chaos/2020/08/07/more-pain-than-gain-how-the-us-china-trade-war-hurtamerica.

27. See Robert Mundell, "The International Monetary System and the European Region," in Alexander Swoboda, ed., *L'Union Monétaire en Europe* (Geneva: HEI, 1971).

28. Michael P. Dooley, David Folkerts-Landau, and Peter Garber, "An Essay on the Revived Bretton Woods System," National Bureau of Economic Research, working paper 9971, September 2003.

29. Matthew Klein and Michael Pettis, *Trade Wars Are Class Wars: How Rising Inequality Distorts the Global Economy and Threatens International Peace* (New Haven: Yale

University Press, 2020); Jean-Noël Barrot et al., *Import Competition and Household Debt,* Federal Reserve Bank of New York Staff Reports, no. 281, 2017.

30. European Central Bank, *The International Role of the Euro,* June 2020, https:// www.ecb.europa.eu/pub/ire/html/ecb.ire202006~81495c263a.en.html.

31. Juan Zarate, *Treasury's War: The Unleashing of a New Era of Financial Warfare* (New York: PublicAffairs, 2013).

6장. 독일의 무시무시한 정치 용어

1. "Die Politik ist in der neueren Zeit die freyeste Kunst und Wissenschaft geworden" (p. 201); "So will aus dem Gemeinschaftlichen der Vorstellungen der Gedanke, und aus dem Gemeinschaftlichen in diesen der allgemeine Gedanke hervorgeht: so muss man in der Politik von den einzelnen Gegenständen und ihren Verhältnissen zu dem was dem Staate und von diesem zu dem was der Welt gemeinschaftlich ist, übergehen, wenn man sich vor Träumereien und Schwärmereien bewahren, und allgemeine Gedanken aus lebendigem Quell schöpfen will. So verfuhr Aristoteles und nach ihm jeder dem es um die Wissenschaft zu tun war," *Allgemeine Literatur-Zeitung* 3 (October 1814): 203.

2. See Urs App, *Richard Wagner and Buddhism* (Rorschach, Switz.: UniversityMedia, 2011).

3. Ludwig August von Rochau, *Grundsätze der Realpolitik,* ed. Hans-Ulrich Wehler (1853; Frankfurt: Ullstein, 1972), pp. 13, 21.

4. Ludwig August von Rochau, *Grundsätze der Realpolitik, angewendet auf die staatlichen Zustände Deutschlands Theil II* (Heidelberg: J.C.B. Mohr, 1869), pp. 18–19.

5. Rochau, *Grundsätze der Realpolitik* (1853), pp. 25, 191. See also John Bew, *Realpolitik: A History* (Oxford, UK: Oxford University Press, 2016), p. 43.

6. Otto von Bismarck, *Bismarck: Die gesammelten Werke Band* 10*: Reden* 1847–1869*,* ed. Wilhelm Schüßler (Berlin: Otto Stolberg, 1928), pp. 139–140.

7. Gustav Schmoller, "Die wirtschaftliche Zukunft: Deutschland und die Flottenvorlage," in Gustav von Schmoller, Max Sering, and Adolph Wagner, *Handels-und Machtpolitik: Reden und Aufsätze im Auftrage der Freien Vereinigung für Flottenvorträge* (Stuttgart: Cotta, 1900), p. 19.

8. "Mit einem Worte: wir wollen niemand in den Schatten stellen, aber wir verlangen auch unseren Platz an der Sonne," in *Fürst Bülows Reden nebst urkundlichen Beiträgen zu seiner Politik,* ed. Johannes Penzler, vol. 1, tape 1897–1903 (Berlin: Georg Reimer, 1907), pp. 6–8.

9. Friedrich von Holstein, *The Holstein Papers,* ed. Norman Rich and M. H. Fisher, vol. 4: *Correspondence* 1897–1909 (Cambridge, UK: Cambridge University Press, 1963), p. 245.

10. Ian F. D. Morrow, "The Foreign Policy of Prince von Bülow, 1898–1909," *Cambridge*

Historical Journal 4, no. 1 (1932): 64.

11. Karl Haushofer, Erich Obst, Hermann Lautensach, and Otto Maull, *Bausteine zur Geopolitik* (Berlin-Grunewald: Kurt Vowinckel, 1928), pp. 17, 27.

12. See Brian W. Blouet, "The Imperial Vision of Halford Mackinder," *Geographical Journal* 170, no. 4 (2004): 322–329.

13. H. J. Mackinder, "The Geographical Pivot of History," *Geographical Journal* 23, no. 4 (1904): 422, 433.

14. Holger H. Herwig, *The Demon of Geopolitics: How Karl Haushofer "Educated" Hitler and Hess* (New York: Rowman & Littlefi eld, 2016), p. 17.

15. Karl Haushofer to Rudolf Pechel, reprinted in Hans-Adolf Jacobsen, ed., *Karl Haushofer: Leben und Werk*, vol. 2 (Boppard am Rhein: Boldt, 1979), p. 3.

16. "Hitler's World Revolution," *New Statesman and Nation* 444 (August 26, 1939): 301.

17. Frederic Sondern, "Hitler's Scientists," *Current History and Forum* 53, no. 1 (June 1, 1941): 10.

18. Jacobsen, *Haushofer,* vol. 2, p. 509; also Herwig, *Demon,* p. xi.

19. Hans-Adolf Jacobsen, ed., *Karl Haushofer: Leben und Werk*, vol. 1 (Boppard am Rhein: Boldt, 1979), pp. 438, 644.

20. Patrick J. McNamara, "'The Argument of Strength Justly and Righteously Employed': Edmund A. Walsh, Catholic Anticommunism, and American Foreign Policy, 1945–1952," *US Catholic Historian* 22, no. 4 (2004): 65, 70; also Brian W. Blouet, *Geopolitics and Globalization in the Twentieth Century* (London: Reaktion Books, 2001), pp. 133–134.

21. E. Gnedin, *Iz istorii otnosheniy mezhdu SSSR i fashistskoi Germaniey* (New York: Khronika Press, 1977).

22. See A. Radó, "Geopolitika," in *Bolshaya Sovetskaya Entsiklopediya,* vol. 15 (Moscow: State Publishing House, 1929), 389–392, p. 390. On Radó, see Leonid Ivashov, *Razmyshleniya russkogo generala* (Moscow: LitRes, 2019).

23. Nicholas J. Spykman, "Geography and Foreign Policy, II," *American Political Science Review* 32, no. 2 (1938): 236.

24. Col. Charles A. Lindbergh's Radio Address, September 15, 1939, *World Affairs* 102, no. 3 (1939): 165.

25. Bew, *Realpolitik,* p. 241.

26. Ibid., p. 258.

27. See G. John Ikenberry, *A World Safe for Democracy: Liberal Internationalism and the Crises of Global Order* (New Haven: Yale University Press, 2020), p. 235.

28. Brian W. Blouet, *Geopolitics and Globalization in the Twentieth Century* (London:

Reaktion Books, 2001), p. 177.

29. Colin Gray, "In Defence of the Heartland: Sir Halford Mackinder and His Critics a Hundred Years On," *Comparative Strategy* 23 (2004): 17.

30. George Kennan, [Moscow, n.d., May 1945?]: "Russia's International Position at the Close of the War with Germany," from *Foreign Relations of the United States* 1945, vol. 5, https://history.state.gov/historicaldocuments/frus1945v05/d643; John Lewis Gaddis, *George F. Kennan: An American Life* (New York: Penguin, 2011), p. 166.

31. Winston Churchill, "We Will Deal in Performances, Not Promises," radio address of October 1, 1939, in *The War Speeches of the Rt. Hon. Winston S. Churchill*, vol. 1 (London: Cassell, 1952), p. 109.

32. Thomas L. Friedman, "Now a Word from X," *New York Times,* May 2, 1998, https://www.nytimes.com/1998/05/02/opinion/foreign-affairs-now-a-word-fromx.html.

33. Bew, *Realpolitik,* p. 222.

34. Ibid., p. 218.

35. John J. Mearsheimer, *The Great Delusion: Liberal Dreams and International Realities* (New Haven: Yale University Press, 2018), p. 3.

36. Ibid., p. 150.

37. Ibid., p. 171.

38. Edward Luttwak, *Turbo-Capitalism: Winners and Losers in the Global Economy*, New York: HarperCollins, 1999, pp. 141, 135.

39. Pascal Lorot, *De la géopolitique à la géoéconomie* (1999; Paris: Éditions Choiseul, 2009), p. 14.

40. Quoted in Kelly Hooper, "Fantasy World," *Politico*, November 24, 2020, https:// www.politico.com/news/2020/11/24/pompeo-biden-administration-foreign-policy-440469.

41. "Prezhde vsego priznat', chto krusheniye Sovetskogo Soyuza bylo krupneyshey geopoliticheskoy katastrofoy veka . . . Epidemiya raspada k tomu zhe perekinulas' na samu Rossiyu,"
http://kremlin.ru/events/president/transcripts/22931; the offi cial Russian translation into English gives the phrase as "the collapse of the Soviet Union was a major geopolitical disaster of the century."

42. "Radical Object: The Necro-Ontology of Dark Enlightenment (Negarestani's Philosophy," Geopolitica.ru, September 19, 2019:
https://www.geopolitica.ru/en/article/radical-object-necro-ontology-dark-enlightenment-negarestanis-philosophy.

43. See Marlene Ruelle, "Scared of Putin's Shadow: In Sanctioning Dugin, Washington Got the Wrong Man," *Foreign Affairs,* March 25, 2015, https://www.foreignaffairs.com/articles/russian-federation/2015–03–25/scared-putins-shadow.

44. Andreas Umland, "Das eurasische Reich Dugins und Putins: Ähnlichkeiten und Unterschiede," *Kritiknetz: Zeitschrift für Kritische Theorie der Gesellschaft,* June 26, 2014, available at http://www.kritiknetz.de/images/stories/texte/ Umland_Dugin_ Putin.pdf.

45. Francis P. Sempa, "Surviving the Future: Looking Back at the Toynbee-Wakaizumi Dialogue of 1970," *The Diplomat,* January 4, 2018, https://thediplomat.com/2018/01/surviving-the-future-looking-back-at-the-toynbee-wakaizumi-dialogue-of-1970.

46. Agata Wierzbowska-Miazga, "Russia Goes on the Offensive ahead of the Eastern Partnership Summit in Vilnius," Center for Eastern Studies Commentary, Warsaw, no. 115, September 30, 2013, https://www.osw.waw.pl/en/publikacje/osw-commentary/2013-10-01/russia-goes-offensive-ahead-eastern-partnership-summit-vilnius.

47. For documentary materials, see the work of a group of filmmakers called Babylon '13, including the films *Generation Maidan: A Year of Revolution and War* (2015), *Brothers in Arms* (2015) directed by Konstiantyn Mohylnyk, and *Winter on Fire: Ukraine's Fight for Freedom* (2015) directed by Evgeny Afi neevsky.

48. Andrew Wilson, *Ukraine Crisis: What It Means for the West* (New Haven: Yale University Press, 2014), p. 94; see also *Crimea, The Way Back Home,* a documentary film that premiered on Channel One of Russian TV on March 15, 2015, and was produced by Andrey Kondrashov from the geopolitical perspective of the Russian state.

49. "Statement by Ambassador Sergiy Kyslytsya," May 28, 2020, http://ukraineun.org/en/press-center/431-statement-by-ambassador-sergiy-kyslytsya-permanentrepresentative-of-ukraine-to-the-un-on-the-occasion-of-commemoration-of-thesigning-of-the-un-charter.

50. Vladimir Putin, "Crimean Speech," speech by President Vladimir Putin to both chambers of the Federal Assembly of the Russian Federation, March 18, 2014, http:// en.kremlin.ru/events/president/news/20603.

51. Statement of Vassily Nebenzia, permanent representative of Russia to the United Nations, May 28, 2020, https://russiaun.ru/en/news/un_eu280520.

52. Putin, "Crimean Speech."

53. Ibid.

54. Vladimir Putin, "Address to the Nation," June 23, 2020, http://en.kremlin.ru/ events/president/news/63548.

55. Henry Kissinger, *World Order* (New York: Penguin, 2014), p. 364.

56. Henry Kissinger, "Opinion: To Settle the Ukraine Crisis, Start at the End," *Washington Post,* March 5, 2014, https://www.washingtonpost.com/opinions/henrykissinger-to-settle-the-ukraine-crisis-start-at-the-end/2014/03/05/46dad868-a49611e3-8466-d34c451760b9_story.html.

57. Henry Kissinger: "Do We Achieve World Order through Chaos or Insight? Interview with Henry Kissinger," *Der Spiegel,* November 13, 2014, https://www.spiegel.de/international/world/interview-with-henry-kissinger-on-state-of-globalpolitics-a-1002073.html.

58. Robert Cooper, *The Post-Modern State and the World Order* (London: Demos, 2000); Robert Kagan, *Of Paradise and Power: America and Europe in the New World Order* (New York: Random House, 2003).

59. Alan S. Milward, *The European Rescue of the Nation-State* (Berkeley: University of California Press, 1992).

60. Josep Borrell, "Embracing Europe's Power," Project Syndicate, February 8, 2020, https://www.neweurope.eu/article/embracing-europes-power.

7장. 부채

1. William Shakespeare, *Henry VI, Part 2,* act 4, scene 2.

2. The most influential recent account is David Graeber, *Debt: The First* 5000 *Years* (New York: Melville, 2011).

3. See Melissa Lane, *The Birth of Politics: Eight Greek and Roman Political Ideas and Why They Matter* (Princeton, NJ: Princeton University Press, 2015).

4. Felix Salmon, "Shrinking Banks," Reuters, August 26, 2009, http://blogs.reuters .com/felix-salmon/2009/08/26/shrinking-banks; Timur Kuran, *Islam and Mammon: The Economic Predicaments of Islamism* (Princeton, NJ: Princeton University Press, 2004).

5. Carlo Taviani, "An Ancient Scheme: The Mississippi Company, Machiavelli, and the Casa di San Giorgio (1407–1720)," *Political Power and Social Theory* 29 (August 2015): 239–256.

6. William Paterson, *A Brief Account of the Intended Bank of England* (London: Randal Taylor, 1694), p. 8.

7. The most influential account is Douglass North and Barry Weingast, "Constitutions and Commitment: The Evolution of Institutions Governing Public Choice in Seventeenth-

Century England," *Journal of Economic History* 49, no. 4 (December 1989): 803–832.

8. See Thomas Sargent, Nobel Prize acceptance speech, 2011, https://www.nobel prize.org/prizes/economic-sciences/2011/sargent/lecture.

9. My translation, from *Faust,* Part 2, in *Goethe's Werke,* vol. 41 (Stuttgart: J. G. Cotta, 1832), pp. 65, 67.

10. Jens Weidmann, "Money Creation and Responsibility," speech at the 18th Colloquium of the Institute for Bank-Historical Research (IBF), Frankfurt, September 18, 2012.

11. Honoré de Balzac, *Old Goriot* [*Père Goriot*], trans. Ellen Marriage (London: Dent, 1907), pp. 15, 88, 254.

12. Charles Dickens, *Little Dorrit* (1857; New York: Carleton, 1880), chap. 6, p. 66.

13. For the Friedman quotation, see Chestnut Street, citing Luistorras, November 2, 2015, https://chesnutstreet.wordpress.com/2015/06/16/a-predictable-pathologybenjamin-m-friedman-11022015.

14. Henry Roseveare, *The Treasury: The Evolution of a British Institution* (Harmondsworth, UK: Allen Lane, 1969), p. 118.

15. Stuart Holland, "Debt, Guilt, and Human History: A Reply to Wolfgang Schäuble," July 26, 2013, https://www.yanisvaroufakis.eu/2013/07/26/debt-guiltand-german-history-a-reply-to-wolfgang-schauble-by-stuart-holland; Yanis Varoufakis, "The Annotated Wolfgang Schäuble: Commentary on His *Guardian* Article, July 19, 2013," July 21, 2013, https://www.yanisvaroufakis.eu/2013/07/21/the-annotatedwolfgang-schauble-commentary-on-his-guardian-article-19th-july-2013.

16. Matthew 18:32–34.

17. Patricia Nilsson and Emiko Terazano, "Can Fast Fashion's $2.5tn Supply Chain Be Stitched Back Together?," *Financial Times,* May 16, 2020, https://www.ft.com/ content/62dc687e-d15f-46e7-96df-ed7d00f8ca55.

18. See Adair Turner, *Between Debt and the Devil: Money, Credit, and Fixing Global Finance* (Princeton, NJ: Princeton University Press, 2016), p. 191.

19. Franco Modigliani and Merton H. Miller, "The Cost of Capital, Corporation Finance and the Theory of Investment," *American Economic Review* 48, no. 3 (June 1958): 261–297.

20. Tobias Adrian and Hyun Song Shin, "Financial Intermediary Balance Sheet Management," Federal Reserve Bank of New York Staff Report no. 532, December 2011, https://www.newyorkfed.org/medialibrary/media/research/staff_reports/ sr532.pdf.

21. Douglas Irwin, *Clashing over Commerce: A History of US Trade Policy* (Chicago: University of Chicago Press, 2017), pp. 288–289; Steven A. *Bank, From Sword to Shield:*

The Transformation of the Corporate Income Tax, 1861 (Oxford, UK: Oxford University Press, 2010), p. 44.

22. Sheldon D. Pollack, "Origins of the Modern Income Tax, 1894–1913," *Tax Lawyer* 66 (Winter 2013): 205. An income tax had been a major goal of populist forces for at least two decades: "from 1874 to 1894, no fewer than sixty-eight bills were introduced in Congress to enact a progressive income tax." Sheldon D. Pollack, *War, Revenue, and State Building: Financing the Development of the American State* (Ithaca, NY: Cornell University Press, 2009), p. 238.

23. I owe this interpretation to the excellent senior thesis of Charles Ughetta: "Myths, Markets and Power: Taxing Interest; Credit as Political Capital's Source and Target," Princeton University, 2019.

24. Henry Cabot Lodge, "Results of Democratic Victory," *North American Review* 159, no. 454 (September 1894): 268–277, quotation on p. 274.

25. *Congressional Record* 1673 (1894).

26. Steven A. Bank, "Historical Perspective on the Corporate Interest Deduction," *Chapman Law Review* 18, no. 1 (2014): 20.

27. Paul Marsh, "The Choice between Equity and Debt: An Empirical Study," *Journal of Finance* 37, no. 1 (1982): 126.

28. "Taft Plan for Tax Splits Committee," *New York Times,* June 19, 1909, p. 5; Bank, "Historical Perspective," p. 36.

29. Alvin C. Warren Jr., "The Corporate Interest Deduction: A Policy Evaluation," *Yale Law Journal* 83 (1974): 1584.

30. BIS figures, Statistics Table F4, updated continually, https://stats.bis.org/statx/ srs/table/f4.1.

31. Emma Rothschild, *Economic Sentiments: Adam Smith, Condorcet, and the Enlightenment* (Cambridge, MA: Harvard University Press, 2001), p. 245.

32. Emma Rothschild, "Globalization and the Return of History," *Foreign Policy* 115 (Summer 1999): 110.

33. Carlos Marichal, *A Century of Debt Crises in Latin America: From Independence to the Great Depression, 1820–1930* (Princeton, NJ: Princeton University Press, 1989); Marc Flandreau and Frederic Zumer, *The Making of Global Finance, 1880–1913* (Paris: OECD, 2004); Gerardo della Paolera and Alan M. Taylor, "Sovereign Debt in Latin America, 1820–1913," NBER working paper no. 18363, September 2012.

34. Carmen M. Reinhart and Christoph Trebesch, "The Pitfalls of External Dependence: Greece, 1829–2015," Brookings Papers on Economic Activity, Fall 2015.

35. Niall Ferguson and Moritz Schularick, "The Empire Effect: The Determinants of

Country Risk in the First Age of Globalization, 1880–1913," *Journal of Economic History* 66, no. 2 (June 2006): 283–312.

36. Jennifer Siegel, *For Peace and Money: French and British Finance in the Service of Tsars and Commissars* (Oxford, UK: Oxford University Press, 2014).

37. Theodore H. von Laue, *Sergei Witte and the Industrialization of Russia* (New York: Columbia University Press, 1963).

38. Olga Crisp, *Studies in the Russian Economy before 1914* (London: Macmillan, Crisp, 1976).

39. Siegel, *For Peace and Money.*

40. Adolf Weber, *Reparationen Youngplan Volkswirtschaft* (Berlin: Junker und Dünnhaupt, 1929), p. 14. There is a similar sentiment in O. Wingen, *Weltverschuldung und Deutschlands Reparationslast* (Berlin: Zentral-Verlag, 1928), p. 55.

41. For the protection provisions of the Young Plan and the Hague Agreement, see *Deutsches Reichsgesetzbladt 1930*, vol. 2, p. 514. In general on this theme, see Albrecht Ritschl, "Reparation Transfers, the Borchardt Hypothesis, and the Great Depression in Germany, 1929–32: A Guided Tour for Hard-Headed Keynesians," *European Review of Economic History* 2, no. 1 (1998): 49–72.

42. Section 32 of Report of the Committee of Experts on Reparations (Young Committee report) (London: Her Majesty's Stationery Office, 1929).

43. There is a voluminous literature on these defaults: see, for example, Harold James, *The End of Globalization: Lessons from the Great Depression* (Cambridge, MA: Harvard University Press, 2001); Michael Tomz, *Reputation and International Cooperation: Sovereign Debt across Three Centuries* (Princeton, NJ: Princeton University Press, 2012).

44. See the recent book Jerome Roos, *Why Not Default? The Political Economy of Sovereign Debt* (Princeton, NJ: Princeton University Press, 2019). What constitutes default is a very complicated and contested question: see S. Ali Abbas, Alex Pienkowski, and Kenneth Rogoff, eds., *Sovereign Debt: A Guide for Economists and Practitioners* (New York: Oxford University Press, 2019).

45. Anne O. Krueger, *A New Approach to Sovereign Debt Restructuring* (Washington, DC: International Monetary Fund, 2002).

46. Sebastian Horn, Carmen M. Reinhart, and Christoph Trebesch, "China's Overseas Lending," NBER working paper no. 26050, July 2019, revised April 2020.

47. Niall Ferguson and Moritz Schularick, "The End of Chimerica," Harvard Business School BGIE Unit, working paper no. 10-037, 2009.

48. Centre for Economic Policy Research, policy note 103, "Born Out of Necessity: A Debt Standstill for COVID-19," April 2020.

8장. 테크노크라시

1. William Henry Smyth, "Technocracy: National Industrial Management," *Industrial Management* 57 (March 1919): 211.
2. Ibid., p. 212.
3. Quoted in Richard Kuisel, *Capitalism and the State in Modern France: Renovation and Economic Management in the Twentieth Century* (Cambridge, UK: Cambridge University Press, 1981), p. 40.
4. Vannevar Bush, director of the Office of Scientific Research and Development, *Science: The Endless Frontier,* July 1945, https://www.nsf.gov/od/lpa/nsf50/ vbush1945.htm#ch1.3; for the pushback, see Donald E. Stokes, *Pasteur's Quadrant: Basic Science and Technological Innovation* (Washington, DC: Brookings, 1997).
5. Warren Weaver, "Science and Complexity," *American Scientist* 36, no. 4 (October 1948): 537, 542.
6. James Burnham, *The Managerial Revolution* (London: Putnam, 1942), pp. 172 and 178.
7. Carl von Clausewitz, *On War,* ed. Michael Howard and Peter Paret (Princeton, NJ: Princeton University Press, 1976), p. 144.
8. Ibid., pp. 119–120.
9. Ibid., p. 117.
10. Ibid., p. 583.
11. Carl von Clausewitz, *Vom Kriege* (Berlin: Hohenberg, 2016), p. 487.
12. Richard Taylor Stevenson, *Missions versus Militarism* (New York: Abingdon Press, 1916), p. 78.
13. Thomas MacKinnon Wood and Arthur Henderson, *British Finance and Prussian Militarism: Two Interviews* (London: Hodder and Stoughton, 1917), p. 14.
14. Manfred Halpern, *The Politics of Social Change in the Middle East and North Africa* (Princeton, NJ: Princeton Legacy Library, 1963), p. 253.
15. James A. Bill, "The Military and Modernization in the Middle East," *Comparative Politics* 2, no. 1 (October 1969): 41–62.
16. See, for instance, the tweets of Hendrick Hertzberg of the *New Yorker,* at https:// twitter. com/RickHertzberg/status/1254509734838841344.
17. N. Gregory Mankiw, "The Macroeconomist as Scientist and Engineer," NBER working paper no. 12349, June 2006.
18. Obituary of Charles Kindleberger, *MIT News,* July 7, 2003, http://news.mit .edu/2003/kindleberger.
19. Robert E. Lucas Jr. and Thomas J. Sargent, "After Keynesian Macroeconomics," *Federal*

Reserve Bank of Minneapolis Quarterly Review 3, no. 2 (Spring 1979): 1–16.

20. Michael D. Bordo, "The Contribution of *A Monetary History of the United States,* 1867–1960 to Monetary History," in Michael D. Bordo, ed., *Money, History and International Finance: Essays in Honor of Anna J. Schwartz* (Chicago: University of Chicago Press for the National Bureau of Economic Research, 1989), p. 51.

21. Statement by Paul A. Volcker, chair, Board of Governors of the Federal Reserve System, before the Joint Economic Committee of the US Congress, February 1, 1980, *Federal Reserve Bulletin,* February 1980, p. 140.

22. Jesper Lindé, "DSGE Models: Still Useful in Policy Analysis?," *Oxford Review of Economic Policy* 34, nos. 1–2 (Spring–Summer 2018): 269–286; Paul M. Romer, "Mathiness in the Theory of Economic Growth," *American Economic Review* 105, no. 5 (May 2015): 89–93.

23. Mankiw, "Macroeconomist as Scientist and Engineer"; see also Paul Romer, "The Trouble with Macroeconomics," September 2016,
https://paulromer.net/thetrouble-with-macro.

24. James H. Stock and Mark W. Watson, "Has the Business Cycle Changed? Evidence and Explanations," FRB Kansas City Symposium, Jackson Hole, WY, August 28–30, 2003, p. 40.

25. Anna J. Schwartz, "Why Financial Stability Depends on Price Stability," *Economic Affairs* 4, no. 15 (September 1995): 21–25, quotation on p. 21; Michael D. Bordo and David C. Wheelock, "Price Stability and Financial Stability: The Historical Record," *Federal Reserve Bank of St. Louis Review* 80, no. 5 (September/October 1998): 41–62 (concentrating on disruptions caused by disinfl ation).

26. Eddie George, "The Pursuit of Financial Stability," speech delivered November 18, 1993, Bank of England archive, 16A32/2.

27. Claudio Borio and Philip Lowe, "Asset Prices, Financial and Monetary Stability: Exploring the Nexus," BIS working papers 114, July 2, 2002.

28. Andrew Pierce, "The Queen Asks Why No One Saw the Credit Crunch Coming," *Daily Telegraph,* November 5, 2008,
https://www.telegraph.co.uk/news/uknews/theroyalfamily/3386353/The-Queen-asks-why-no-one-saw-the-credit-crunchcoming.html.

29. Helena Smith, "Lucas Papademos to Lead Greece's Interim Coalition Government," *The Guardian,* November 10, 2011,
https://www.theguardian.com/ world/2011/nov/10/lucas-papademos-greece-interim-coalition.

30. See Margaret Thatcher, "Speech to the Royal Society," September 27, 1988, https://www.margaretthatcher.org/document/107346.

31. Quoted in Associated Press, "Germany Plans to Abandon Nuclear Energy by 2022," CBS News, May 30, 2011, https://www.cbsnews.com/news/germany-plansto-abandon-nuclear-energy-by-2022.

32. See Stanley Jevons, *The Coal Question; An Enquiry Concerning the Progress of the Nation, and the Probable Exhaustion of Our Coal-Mines* (London: Macmillan, 1865), pp. vii, 253, 349.

33. Quoted in Shellen Xiao Wu, *Empires of Coal: Fueling China's Entry into the Modern World Order, 1860–1920* (Stanford, CA: Stanford University Press, 2015), p. 173.

34. *The Diaries of Xue Fucheng,* quoted in ibid., p. 172.

35. *Scientific American* 261, no. 3, special issue "Managing Planet Earth" (September 1989).

36. See Environmental Investigation Agency, "Happy UN Ozone Day: Celebrating 30 Years of Ozone and Climate Protection," https://eia-international.org/news/happy-un-ozone-day-celebrating-30-years-ozone-climate-protection.

37. William C. Clark, "Managing Planet Earth," *Scientific American* 261, no. 3 (September 1989): 54.

38. See Daniel Yergin, *The Quest: Energy, Security, and the Remaking of the Modern World* (New York: Penguin, 2011), p. 401.

39. "Russia's Vladimir Putin Doubts Man-Made Climate Change, Backs Trump," *DW,* December 19, 2019, https://www.dw.com/en/russias-vladimir-putin-doubtsman-made-climate-change-backs-trump/a-51736903.

40. Helier Cheung, "What Does Trump Actually Believe on Climate Change?," *BBC News,* January 23, 2020, https://www.bbc.com/news/world-us-canada-51213003.

41. Kate Forrester, "BBC under Fire for Allowing Climate Change Denier Nigel Lawson on Radio 4," *Huffington Post UK,* August 10, 2017, https://www.huffingtonpost.co.uk/entry/bbc-under-fire-for-allowing-climate-change-denier-nigel-lawsonon-radio-4_uk_598c5f6be4b0449ed5083815.

42. Richard Collett-White and Tom Ritchie, "Brexit Party Candidates' Climate Change Denial Exposed," *London Economic,* November 22, 2019, https://www.thelondoneconomic.com/news/environment/brexit-party-candidates-climate-changedenial-exposed/22/11.

43. Vera Deleja-Hotko, Ann-Katrin Müller, and Gerald Traufetter, "AfD Hopes to Win Votes by Opposing Climate Protection," *Der Spiegel,* May 6, 2019, https://www.spiegel.de/international/germany/afd-seeks-votes-by-opposing-climate-protectiona-1265494.html.

44. Beth Gardiner, "For Europe's Far-Right Parties, Climate Is a New Battleground," *Yale Environment 360,* October 29, 2019,
https://e360.yale.edu/features/for-europesfar-right-parties-climate-is-a-new-battleground.

45. Arthur Neslen, "Far-Right MEPs Could Threaten EU Climate Policy, Experts Warn," *The Guardian,* May 21, 2019,
https://www.theguardian.com/politics/2019/may/21/far-right-meps-could-threaten-eu-climate-policy-experts-warn.

46. Pallab Ghosh, "Mass Culling for Foot-and-Mouth 'May Be Unnecessary,'" *BBC News,* May 6, 2011,
https://www.bbc.com/news/science-environment-13299666; Daniel Haydon, Rowland Kao, and R. Kitching, "The UK Foot-and-Mouth Disease Outbreak—The Aftermath," *Nature Reviews Microbiology* 2, no. 8 (September 2004): 675–681.

47. Jonathan Ford, "The Battle at the Heart of British Science over Coronavirus," *Financial Times,* April 15, 2020,
https://www.ft.com/content/1e390ac6-7e2c-11ea8fdb-7ec06edeef84.

48. Clive Cookson, "Coronavirus May Have Infected Half of UK Population— Oxford Study," *Financial Times,* March 24, 2020,
https://www.ft.com/ content/5ff6469a-6dd8-11ea-89df-41bea055720b.

49. US White House Press Briefings, "Remarks by President Trump, Vice President Pence, and Members of the Coronavirus Task Force in Press Briefing," April 1, 2020,
https://www.whitehouse.gov/briefings-statements/remarks-president-trump-vice-president-pence-members-coronavirus-task-force-press-briefi ng-15.

50. Christopher Avery, William Bossert, Adam Clark, Glenn Ellison, and Sara Fisher Ellison, "Policy Implications of Models of the Spread of Coronavirus: Perspectives and Opportunities for Economists," NBER working paper no. 27007, April 2020.

51. Andrew Wilson, *Ukraine Crisis: What It Means for the West* (New Haven: Yale University Press, 2014), pp. 22–23.

52. Sasha Issenberg, "How Obama's Team Used Big Data to Rally Voters," *MIT Technology Review,* December 19, 2012,
https://www.technologyreview.com/2012/12/19/114510/how-obamas-team-used-big-data-to-rally-voters.

53. Jim Rutenberg, "Data You Can Believe In," *New York Times Magazine,* June 23, 2013,
https://www.nytimes.com/2013/06/23/magazine/the-obama-campaignsdigital-

masterminds-cash-in.html.

54. Robert Peston, "Corbyn 2.0," *The Spectator,* November 18, 2017, https://www .spectator.co.uk/article/corbyn-2-0.

55. Richard McGregor, "US Political Marketing: Tailored Message," *Financial Times,* October 8, 2014, https://www.ft.com/content/8a9b65d8-4d68-11e4-bf6000144feab7de.

56. Chris Hables Gray, Steven Mentor, and Heidi Figueroa-Sarriera, *Cyborg Handbook* (London: Routledge, 1995), p. 47; Caroline Gerschlager, ed., *Expanding the Economic Concept of Exchange: Deception, Self-Deception and Illusions* (Dordrecht: Springer Science + Business Media, 2001), p. 107.

57. Alasdair MacIntyre, *After Virtue* (London: Bloomsbury, 1981), p. 90.

9장. 포퓰리즘

1. David Goodhart, *The Road to Somewhere: The Populist Revolt and the Future of Politics* (London: C. Hurst, 2017).

2. Barry Eichengreen, *The Populist Temptation: Economic Grievance and Political Reaction in the Modern Era* (New York: Oxford University Press, 2018), p. 1.

3. "A Close Look at President Trump's Assertion of 'Absolute' Authority over States," NPR, April 14, 2020, https://www.npr.org/2020/04/14/834460063/aclose-look-at-president-trumps-assertion-of-absolute-authority-over-states.

4. Josephine Harvey, "Trump Declares He Has 'Total' Authority as President in Defiant Press Briefing," *Huffington Post,* April 13, 2020, https://www.huffpost.com/entry/trump-total-authority-president_n_5e94f544c5b606109f5ea92b?ri18n=true.

5. For Prime Minister Chan-o-cha's comment, see "Prime Minister Announces Nationwide Curfew," *Thai Enquirer*, April 2, 2020, https://www.thaienquirer.com/10519/prime-minister-announces-nationwide-curfew-additional-measures.

6. Joe Hagan, "'Dishonesty . . . Is Always an Indicator of Weakness': Tucker Carl-son on How He Brought His Coronavirus Message to Mar-a-Lago," March 17, 2020, https://www.vanityfair.com/news/2020/03/tucker-carlson-on-how-he-brought-coronavirus-message-to-mar-a-lago.

7. William Shakespeare, *Hamlet*, act 4, scene 1.

8. Robert Sedlaczek, "Wenn das gesunde Volksempfi nden entscheidet," *Wiener Zeitung*, November 29, 2011, https://www.wienerzeitung.at/meinung/glossen/414939_Wenn-das-gesunde-Volksempfi nden-entscheidet.html.

9. Irving Berlin, "Doin' What Comes Naturally," from the musical *Annie Get Your Gun,* 1948.

10. Brett Samuels, "Trump Promotes Use of Drug for Coronovirus: 'I'm Not a Doctor. But I Have Common Sense," The Hill, April 5, 2020, https://thehill.com/homenews/administration/491277-trump-promotes-use-of-drug-for-coronavirusim-not-a-doctor-but-i-have.

11. Lionel Barber, Henry Foy, and Alex Barker, "Vladimir Putin Says Liberalism Has 'Become Obsolete,'" *Financial Times,* June 27, 2019, https://www.ft.com/ content/670039ec-98f3-11e9-9573-ee5cbb98ed36.

12. Fareed Zakaria, "The Rise of Illiberal Democracy," *Foreign Affairs* 76, no. 6 (November/ December 1997): 22–43.

13. Ibid., p. 23.

14. Dani Rodrick and Sharun Mukand, "Why Illiberal Democracies Are on the Rise," *Huffi ngton Post,* May 18, 2015, http://www.huffi ngtonpost.com/dani-rodrik/illiberaldemocracies-on-therise_ b_7302374.html.

15. Csaba Tóth, "Full Text of Victor Orbán's Speech at Băile Tuşnad Tusnádfürdő of July 26, 2014," *Budapest Beacon,* July 29, 2014, https://budapestbeacon.com/full-text-of-viktor-orbans-speech-at-baile-tusnad-tusnadfurdo-of-26-july-2014.

16. Barber, Foy, and Barker, "Vladimir Putin."

17. AFP, "Erdogan Says Turkey Has Given World 'Lesson in Democracy' as He Sweeps to Election Victory," *The Journal,* June 25, 2018, https://www.thejournal.ie/erdogan-turkey-democracy-4089936-Jun2018.

18. H. E. Recep Tayyip Erdoğan, Prime Minister of Turkey, "Democracy in the Middle East, Pluralism in Europe: Turkish View," address given at Harvard University, Kennedy School of Government, January 30, 2003.

19. Jenny White, "Democracy Is Like a Tram," commentary, Turkey Institute, July 14, 2016, https://www.turkeyinstitute.org.uk/commentary/democracylike-tram.

20. Presidency of the Republic of Turkey, Speech at the Opening of Parliament, October 1, 2014, https://www.tccb.gov.tr/en/speeches-statements/558/3192/opening-remarks-on-the-occasion-of-the-24th-term-of-the-5th-legislative-year-of-theturkish-grand-national-assembly.

21. Norman Pollack, *The Populist Response to Industrial America: Midwestern Populist*

Thought (Cambridge, MA: Harvard University Press, 1962), p. 37.

22. Richard Hofstadter, *The Paranoid Style in American Politics* (New York: Knopf, 1965), p. 8.

23. Seymour Martin Lipset and Earl Raab, *The Politics of Unreason: Right-Wing Extremism in America,* 1790–1970 (New York: Harper & Row, 1970), pp. 94–95.

24. *US Congressional Record,* Senate, 57th Cong., 3rd sess., January 15, 1895, pp. 973, 976, 981.

25. For instance, Michael Kazin, *Populist Persuasion: An American History* (Ithaca, NY: Cornell University Press, 1997), and Charles Postel, *The Populist Vision* (New York: Oxford University Press, 2007).

26. Rudiger Dornbusch and Sebastian Edwards, eds., *The Macroeconomics of Populism in Latin America* (Chicago: University of Chicago Press, 1991), pp. 9, 12.

27. William Shakespeare, *Henry VI, Part 2,* act 5, scene 2.

28. Stephen Greenblatt, *Tyrant: Shakespeare on Politics* (New York: Norton, 2018), p. 35.

29. David Marsh, *The Euro: The Battle for the New Global Currency* (New Haven: Yale University Press, 2011), p. 269.

30. Olivier Meiler, "Als Erstes lebt der Streit wieder auf," *Süddeutsche Zeitung,* May 2, 2020, https://www.sueddeutsche.de/politik/coronavirus-italien-parlament-kon flikt-1.4894124.

31. Margaret Canovan, "Trust the People! Populism and the Two Faces of Democracy," *Political Studies* 47, no. 1 (1999): 2–16.

32. Fintan O'Toole, *Heroic Failure: Brexit and the Politics of Pain* (New York: Apollo Books, 2018).

33. David Salsburg, *The Lady Tasting Tea: How Statistics Revolutionized Science in the Twentieth Century* (New York: Henry Holt, 2001), p. 87.

10장. 글로벌리즘

1. Julian Borger, "Donald Trump Denounces 'Globalism' in Nationalist Address to UN," *The Guardian,* September 24, 2019, https://www.theguardian.com/usnews/2019/sep/24/donald-trump-un-address-denounces-globalism.

2. Danny Hakim and Sui-Lee Wee, "From Trump the Nationalist, a Trail of Global Trademarks," *New York Times,* February 22, 2017, https://www.nytimes. com/2017/02/21/business/donald-trump-trademarks-china.html.

3. "Speech: Donald Trump Holds a Political Rally in Houston, Texas, October 22, 2018," Factbase, https://factba.se/transcript/donald-trump-speech-maga-rally-houston -txoctober-22-2018.

4. Peter Baker, "'Use That Word!' Trump Embraces the 'Nationalist' Label," *New York Times,* October 23, 2018, https://www.nytimes.com/2018/10/23/us/politics/ nationalist-president-trump.html.

5. Peter Beinart, "What Trump Means When He Calls Gary Cohn a 'Globalist,'" *The Atlantic,* March 9, 2018, https://www.theatlantic.com/politics/archive/2018/03/ trump-globalist-cohn/555269.

6. US Holocaust Memorial Museum, "Hitler at Siemens Factory," video clip, https://collections.ushmm.org/search/catalog/irn1000378.

7. Ernst Jäckh, *The War for Man's Soul* (New York: Farrar & Rinehart, 1943), pp. 7, 139.

8. See Rainer Eisfeld, *Ausgebürgert und doch angebräunt: Deutsche Politikwissenschaft,* 1920–1945 (Baden-Baden: Nomos, 1991).

9. Speech at the Seventh Party Congress, quoted in E. H. Carr, *The Bolshevik Revolution,* 1917–1923, vol. 3 (Harmondsworth, UK: Penguin, 1966), p. 63.

10. Clare Boothe Luce, "America in the Post-War Air World," speech delivered in the US House of Representatives, February 9, 1943, in *Vital Speeches of the Day,* vol. 19 (New York: City News, 1943), p. 334.

11. Wendell L. Wilkie, *One World* (New York: Simon and Schuster Pocket Book, 1943), p. 176.

12. Wang Jianlang, *Unequal Treaties and China,* vol. 2 (Hong Kong: Silkroad Press, 2016), p. 70.

13. Ben Zimmer, "The Origins of the Globalist Slur," *The Atlantic,* March 14, 2018, https://www.theatlantic.com/politics/archive/2018/03/the-origins-of-the-globalist-slur/555479.

14. See the blurb on the cover of Wilkie, *One World.*

15. Walter Lippmann, "The Rivalry of Nations," *Atlantic Monthly* 181, no. 2 (February 1948):

16. Hans Morgenthau, *Politics among Nations: The Struggle for Power and Peace,* 3rd ed. (New York: Knopf, 1960), pp. 256–257.

17. Hans Morgenthau, *Vietnam and the United States* (New York: Public Affairs Press, 1965), p. 82.

18. Morgenthau, *Politics among Nations,* p. 93.

19. Ronald Steel, *Walter Lippmann and the American Century* (Boston: Little, Brown, 1980), p. 586.

20. Hans Morgenthau, "The Moral Dilemmas of Political Action," 1950, in Hans Morgenthau, *The Decline of Democratic Politics* (Chicago: University of Chicago Press,

1962), pp. 318–327, quotation on p. 326.

21. Hans Morgenthau, *The Purpose of American Politics* (New York: Knopf, 1960), p. 8; see also Udi Greenberg, *The Weimar Century: German Émigrés and the Ideological Foundations of the Cold War* (Princeton, NJ: Princeton University Press, 2014), pp. 211–255.

22. Hans Morgenthau, *A New Foreign Policy for the United States* (New York: Frederick A. Prager, 1969), p. 84.

23. See also Jack Snyder, *Myths of Empire: Domestic Politics and International Ambition* (Ithaca, NY: Cornell University Press, 1991), p. 256.

24. Charles Gati, "Review: Another Grand Debate?: The Limitationist Critique of American Foreign Policy," *World Politics* 21, no. 1 (October 1968): 133–151.

25. "The Enduring Relevance of Reinhold Niebuhr," *BU Today,* January 31, 2008, http://www.bu.edu/articles/2008/the-enduring-relevance-of-reinholdniebuhr.

26. Andrew Bacevich, *The Limits of Power: The End of American Exceptionalism* (New York: Henry Holt, 2008), pp. 2, 55.

27. Andrew Bacevich, "'Saving 'America First': What Responsible Nationalism Looks Like," *Foreign Affairs* (September/October 2017): 59, 61; also Bacevich, *Twilight of the American Century* (South Bend, IN: University of Notre Dame Press, 2018).

28. Russell R. Reno, *Return of the Strong Gods: Nationalism, Populism, and the Future of the West* (Washington, DC: Regnery, 2019).

29. Russell R. Reno, *Resurrecting the Idea of a Christian Society* (Washington, DC: Regnery, 2016), p. 39.

30. R. R. Reno, "Goodbye, Left and Right," *First Things,* May 8, 2017, https:// www.fi rstthings.com/web-exclusives/2017/05/goodbye-left-and-right.

31. R. R. Reno, "Republicans Are Now the 'America First' Party," *New York Times,* April 28, 2017, https://www.nytimes.com/2017/04/28/opinion/sunday/republicansare-now-the-america-fi rst-party.html.

32. Liam Stack, "Globalism: A Far-Right Conspiracy Theory Buoyed by Trump," *New York Times,* November 14, 2016, https://www.nytimes.com/2016/11/15/us/ politics/globalism-right-trump.html.

33. *The Alex Jones Show,* March 28, 2018, Genesis Communications.

34. Lauren Southern, "What Is a Globalist?" YouTube video posted September 16, 2016, https://www.youtube.com/watch?v=XumrD3ET3Sg&feature=emb_title.

35. Twitter post, @Lauren_Southern, November 14, 2018, 4:36 p.m.

11장. 세계화와 그 신조어들

1. Justin Wise, "Trump Adviser Says 'Globalization of Production' Caused Medical Equipment Shortages," *The Hill*, April 13, 2020, https://thehill.com/homenews/administration/492469-trump-adviser-says-globalization-of-production-causedmedical.
2. Sebastian Conrad, *What Is Global History?* (Princeton, NJ: Princeton University Press, 2016), p. 45.
3. John Gray, *False Dawn: The Delusions of Global Capitalism* (London: Granta, 1998).
4. John G. Ruggie, "International Regimes, Transactions, and Change: Embedded Liberalism in the Postwar Economic Order," *International Organization* 36, no. 2 (Spring 1982): 379–415.
5. G. John Ikenberry, *After Victory: Institutions, Strategic Restraint, and the Rebuilding of Order after Major Wars* (Princeton, NJ: Princeton University Press, 2001).
6. Ivan Krastev and Stephen Holmes, *The Light That Failed: Why the West Is Losing the Fight for Democracy* (New York: Pegasus Books, 2020), p. 35.
7. Nick Squires, "Matteo Salvini Wades into Culture Wars as Populist Is Chased around Italy by 'Sardines,'" *Daily Telegraph,* December 14, 2019, https://www.telegraph.co.uk/news/2019/12/14/matteo-salvini-wades-culture-wars-populist-chasedaround-italy.
8. Craig Willy, "Eurosceptics' Policies: Divided in Diversity," *Deutsche Presse-Agentur*, May 28, 2014.
9. Christopher Lorenz, "Management: The Risks of Simplistic Global Strategies," *Financial Times,* September 4, 1985.
10. Christian Thomasius, *Deutsche Schriften* (Stuttgart: Reclam, 1970), p. 8.
11. Giovanni Federico, "How Much Do We Know about Market Integration in Europe?" *Economic History Review* 65, no. 2 (2012): 470–497.
12. Cornelius Torp, *Die Herausforderung der Globalisierung: Wirtschaft und Politik in Deutschland, 1860–1914* (Göttingen: Vandenhoeck & Ruprecht, 2005).
13. Dani Rodrik, *The Globalization Paradox* (New York: Norton, 2011).
14. Charles P. Kindleberger, *The World in Depression* (Berkeley: University of California Press, 1973).
15. Douglas A. Irwin, *Peddling Protectionism: Smoot-Hawley and the Great Depression* (Princeton, NJ: Princeton University Press, 2011).
16. Barry Eichengreen and Kevin H. O'Rourke, "What Do the New Data Tell Us?," *VoxEU,* March 8, 2010, https://voxeu.org/article/tale-two-depressions-what-donew-data-tell-us-february-2010-

update.

17. On supply chains, see Richard Baldwin, *The Great Convergence: Information Technology and the New Globalization* (Cambridge, MA: Harvard University Press, 2016).

18. Eric Brynjolfsson and Andrew McAfee, *The Second Machine Age: Work, Progress, and Prosperity in a Time of Brilliant Technologies* (New York: Norton, 2014).

19. Ian Tomb and Kamakshya Trivedi, "'Peak Trade' Is Premature," *VoxEU,* January 6, 2017, https://voxeu.org/article/peak-trade-premature.

20. *Global Information Technology Report,* World Economic Forum, 2016, https:// www.weforum.org/reports/the-global-information-technology-report-2016.

21. Susan Lund, James Manyika, and Jacques Bughin, "Globalization Is Becoming More about Data and Less about Stuff," *Harvard Business Review,* March 14, 2016, https:// hbr.org/2016/03/globalization-is-becoming-more-about-data-and-less-about-stuff.

22. David Autor, David Dorn, and Gordon H. Hanson, "The China Syndrome: Local Labor Market Effects of Import Competition in the United States," *American Economic Review* 103, no. 6 (October 2013): 2121–2168.

23. Italo Colantone and Piero Stanig, "Global Competition and Brexit," *American Political Science Review* 112, no. 2 (May 2018): 201–218.

24. Reuters staff, "Trump Tweets: Trade Wars Are Good, and Easy to Win," *Reuters Business News,* March 2, 2018, https://www.reuters.com/article/us-usa-trade-trump/trump-tweets-trade-wars-are-good-and-easy-to-win-idUSKCN1GE1E9.

25. Douglas Irwin, *Clashing over Commerce: A History of US Trade Policy* (Chicago: University of Chicago Press, 2017).

26. Arnaud Costinot and Andrés Rodríguez-Clare, "Trade Theory with Numbers: Quantifying the Consequences of Globalization," in E. H. Gita Gopinath and Kenneth Rogoff, eds., *Handbook of International Economics,* vol. 4 (Amsterdam: Elsevier, 2014), 197–261; Pablo D. Fajgelbaum and Amit K. Khandelwal, "Measuring the Unequal Gains from Trade," *Quarterly Journal of Economics* 131, no. 3 (August 2016): 1113–1180.

27. See Baldwin, *Great Convergence.*

28. Max Weber, *Max Weber-Gesamtausgabe,* vol. 1, 4.1*: Landarbeiterfrage, Nationalstaat Und Volkswirtschaftspolitik. Schriften Und Reden* 1892–1899*,* ed. Wolfgang J. Mommsen and Rita Aldenhoff (Tübigen: Mohr Siebeck, 1993), p. 183.

29. Julie Schindall, "Switzerland's Non-EU Immigrants: Their Integration and Swiss Attitudes," *Migration Policy Institute,* June 9, 2009, http://www.migrationpolicy.org/article/switzerlands-non-eu-immigrants-their-

integration-and-swiss-attitudes.

30. Sascha O. Becker, Thiemo Fetzer, and Dennis Novy, "Who Voted for Brexit? A Comprehensive District-Level Analysis," *Economic Policy* 32, no. 92 (October 2017): 601–650.

31. Luca Einaudi, *Le politiche dell'immigrazione in Italia dall'Unità a oggi* (Rome: Laterza, 2007); Douglas Massey and Jorge Durand, *Crossing the Border: Research from the Mexican Migration Project* (New York: Russell Sage, 2004).

32. Michael D. Bordo, Barry Eichengreen, Daniela Klingebiel, and Maria Soledad Martínez-Pería, "Is the Crisis Problem Growing More Severe?," *Economic Policy* 16, no. 32 (April 2001): 51–82; Michael D. Bordo and Barry Eichengreen, "Crises Now and Then: What Lessons from the Last Era of Financial Globalization," NBER working paper no. 8716, 2002; Moritz Schularick and Alan M. Taylor, "Credit Booms Gone Bust: Monetary Policy, Leverage Cycles, and Financial Crises, 1870–2008," *American Economic Review* 102, no. 2 (April 2012): 1029–1061.

33. "The Money Market," *The Economist,* December 28, 1907, 2285–2286.

34. J. Lawrence Broz, *The International Origins of the Federal Reserve System* (Ithaca, NY: Cornell University Press, 1997).

35. Paul Warburg, "Defects and Needs of Our Banking System," *New York Times,* January 6, 1907.

36. Paul Warburg, "The Reserve Problem and the Future of the Federal Reserve System, Address of Hon. Paul M. Warburg before the Convention of the American Bankers Association, Kansas City, Mo., September 29, 1916," http://fraser.stlouisfed .org/docs/historical/federal%20reserve%20history/bog_members_statements/ Warburg_19160929.pdf.

37. Ben S. Bernanke, *The Courage to Act: A Memoir of a Crisis and Its Aftermath* (New York: Norton, 2015).

38. Ivan T. Berend, *An Economic History of Twentieth-Century Europe: Economic Regimes from Laissez-Faire to Globalization* (Cambridge, UK: Cambridge University Press, 2016).

39. Lionel Robbins, *The Great Depression* (London: Macmillan, 1935), p. 114.

40. "Howard S. Ellis, Bilateralism and the Future of International Trade," Princeton International Finance Section, Essays in International Finance no. 5, 1945, p. 8.

41. Kristin Forbes, "Financial 'Deglobalization'?: Capital Flows, Banks, and the Beatles," speech at Queen Mary University, London, November 18, 2014, https://www.bankofengland.co.uk/speech/2014/financial-deglobalization-capital-flowsbanks-and-the-beatles.

42. Kristin Forbes, Dennis Reinhardt, and Tomasz Wieladek, "The Spillovers, Interactions, and (Un)intended Consequences of Monetary and Regulatory Policies," *Journal of Monetary Economics* 85 (2017): 1–22.

43. Patrick Hennessy, "80 Per Cent of Bank Lending 'Went Overseas,'" *Daily Telegraph,* January 17, 2009, https://www.telegraph.co.uk/finance/financialcrisis/4278583/80-per-cent-of-bank-lending-went-overseas.html.

44. Robert McCauley, Agustín S. Bénétrix, Patrick M. McGuire, and Goetz von Peter, "Financial Deglobalisation in Banking?," BIS Working Papers 650, June 2017.

45. Gideon Rachman, *Zero-Sum Future: American Power in an Age of Anxiety* (New York: Simon and Schuster, 2011).

46. Daniel Drezner, *The System Worked: How the World Stopped Another Great Depression* (Oxford, UK: Oxford University Press, 2014).

47. Patrick Donahue, "Merkel, Li Hail Trade Ties as Trump Pursues Protectionism," *Bloomberg,* January 26, 2017, https://www.bloomberg.com/news/articles/2017-01-26/merkel-li-push-eu-china-trade-ties-as-trump-lauds-protectionism.

48. Xi Jinping, "President Xi's Speech to Davos in Full," World Economic Forum, January 17, 2017, http://www.scio.gov.cn/32618/Document/1540505/1540505.htm.

49. Alison Smale and Steven Erlanger, "As Obama Exits World Stage, Angela Merkel May Be the Liberal West's Last Defender," *New York Times,* November 12, 2016, https://www.nytimes.com/2016/11/13/world/europe/germany-merkel-trumpelection.html.

50. Angela Merkel, Budget speech of November 23, 2016, https://www.bundesr egierung.de/breg-en/search/-strengthening-our-shared-values-390856.

51. Zi Zhongyun, translated and annotated by Geremie R. Barmé, "An Old Anxiety in a New Era: 1900 & 2020," *China Heritage,* drafted April 13, 2020, revised April 23, 2020, http://chinaheritage.net/journal/1900–2020-an-old-anxiety-in-a-new-era.

52. Reuters staff, "Ex-Fed's Volcker: Govt Should Do More to End Crisis," *Reuters Business News,* April 8, 2008, https://www.reuters.com/article/us-economy-volckeridUSN0843904220080408.

53. Scott J. Hammond, Howard Leslie Lubert, and Kevin R. Hardwick, eds., *Classics of American Political and Constitutional Thought,* vol. 1 (Indianapolis, IN: Hackett Publishing, 2017), p. 184.

54. See Jesús Fernández-Villaverde and Tano Santos, "Institutions and Political Party Systems:

The Euro Case," NBER working paper no. w23599, July 2017.

55. Ryan Teague Beckwith, "Read Steve Bannon and Reince Priebus' Joint Interview at CPAC," *Time,* February 23, 2017,
https://time.com/4681094/reince-priebussteve-bannon-cpac-interview-transcript.

56. Madeleine Albright, *Fascism: A Warning* (New York: Harper, 2018); Jason Stanley, *How Fascism Works: The Politics of Us and Them* (New York: Penguin, 2018).

57. Benito Mussolini, "The Doctrine of Fascism," 1932, in Michael J. Oakeshott, *The Social and Political Doctrines of Contemporary Europe* (Cambridge, UK: Cambridge University Press, 1939), pp. 164–168.

58. 이 용어는 1934년 나치 시대의 널리 알려지지 않은 공직자인 베르너 윌리켄스(Werner Willikens) 식품부 장관이 사용했으며, 히틀러를 주제로 한 권위 있는 전기작가 이안 커쇼(Ian Kershaw)가 자신의 저서 『히틀러: 오만Hitler: Hubris (New York: Norton, 1998)』에서 히틀러의 권위를 해석하기 위한 열쇠로 사용했다.

59. Masha Gessen, "Trump's Fascist Performance," *New Yorker,* June 3, 2020,
https:// www.newyorker.com/news/our-columnists/donald-trumps-fascist-performance.

12장. 신자유주의

1. See Peter Steinfels, *The Neoconservatives: The Men Who Are Changing America's Politics* (New York: Simon and Schuster, 1979); see also David Laidler, *Fabricating the Keynesian Revolution: Studies of the Inter-War Literature on Money, the Cycle, and Unemployment* (Cambridge, UK: Cambridge University Press, 1999); Robert O. Keohane, *Neorealism and Its Critics* (New York: Columbia University Press, 1986); and Walter Laqueur, "The Many Faces of Neo-Marxism," *National Interest* 125 (May/June 2013): 88–96.

2. As in Michael Lind, *The New Class War: Saving Democracy from the Managerial Elite* (New York: Portfolio Penguin, 2020).

3. Perhaps one exception is the Adam Smith Institute: see Sam Bowman, "Coming Out as Neoliberals," Adam Smith Institute, October 11, 2016,
https://www.adamsmith .org/blog/coming-out-as-neoliberals.

4. See Jurgen Reinhoudt and Serge Audier, eds., *The Walter Lippmann Colloquium: The Birth of Neo-Liberalism* (Cham, Switz.: Palgrave Macmillan, 2018). 이전에 신자유주의라는 용어를 사용한 사례로는 세바스티앙 샤를레티(Sébastien Charléty)의 「vol. 4 of Ernest Lavisse's Histoire de France Contemporaine (Paris: Hachette, 1920)」으로 19세기 초로 거슬러 올라간다. 그러나 1930년대 후반까지는 이것이 일관적인 교리의 기초를 제공하지는 않았다. 실제로 샤를레티는 프랑스 왕정복고 시대에 단순히 일반적으로 인정된 신앙에 대한 부정에 관여하던 낭만적이고 회의적인 신자유주의자들을 묘사하였다.

5. Joseph E. Stiglitz, "The End of Neoliberalism and the Rebirth of History," *Project*

Syndicate, November 4, 2019, https://www.project-syndicate.org/commentary/end-of-neoliberalism-unfettered-markets-fail-by-joseph-e-stiglitz-2019-11.

6. George Monbiot, "Neoliberalism—The Ideology at the Root of All Our Problems," *The Guardian,* April 15, 2016, https://www.theguardian.com/books/2016/apr/15/neoliberalism-ideology-problem-george-monbiot.
7. "Theresa May's Conference Speech in Full," *The Telegraph,* October 5, 2016, https://www.telegraph.co.uk/news/2016/10/05/theresa-mays-conference-speechin-full.
8. Nick Timothy, "It's Time for Boris Johnson to Take on Britain's Cult of Liberal Technocrats," *The Telegraph,* December 29, 2019, https://www.telegraph.co.uk/politics/2019/12/29/time-boris-johnson-take-britains-cult-liberal-technocrats.
9. Ian Schwartz, "Tucker Carlson: We Are Ruled by Mercenaries Who Feel No Long-Term Obligation to the People They Rule," *RealClearPolitics,* January 3, 2019, https://www.realclearpolitics.com/video/2019/01/03/tucker_carlson_we_are_ruled_by_mercenaries_who_feel_no_long-term_obligation_to_the_people_they_rule.html.
10. Erwan Bruckert, Sébastien Le Fol, and Marc Vignaud, "Bruno Le Maire: 'Le capitalisme est dans une impasse,'" *Le Point,* July 24, 2019, https://www.lepoint.fr/politique/bruno-le-maire-le-capitalisme-est-dans-une-impasse-24-07-20192326620_20.php.
11. See Gordon Brown, *My Life, Our Times* (London: Bodley Head, 2017), p. 23.
12. Jörg Hackhausen, "'Der Kapitalismus ist gescheitert,' " *Die Zeit,* July 13, 2009, https://www.zeit.de/online/2009/29/kapitalismus-malik-fi nanzkrise.
13. See David Harvey, *A Brief History of Neoliberalism* (Oxford, UK: Oxford University Press, 2007); see also Philip Mirowski and Dieter Plehwe, *The Road from Mont Pèlerin: The Making of the Neoliberal Thought Collective* (Cambridge, MA: Harvard University Press, 2009); Daniel Stedman Jones, *Masters of the Universe: Hayek, Fried-man, and the Birth of Neoliberal Politics* (Princeton, NJ: Princeton University Press, 2012); Angus Burgin, *The Great Persuasion: Reinventing Free Markets since the Depression* (Cambridge, MA: Harvard University Press, 2012); Laurent Warlouzet, *Governing Europe in a Globalizing World: Neoliberalism and Its Alternatives Following the* 1973 *Oil Crisis* (London: Routledge, 2018); and Arnaud Brennetot, "The Geographical and Ethical Origins of Neoliberalism: The Walter Lippmann Colloquium and the Foundations of a New Geopolitical Order," *Political Geography* 49 (November 2015): 30–39.
14. See Bruce Caldwell, "Mont Pèlerin 1947," in *From the Past to the Future: Ideas and*

Actions for a Free Society, ed. John B. Taylor (Stanford, CA: Hoover Institution and the Mont Pèlerin Society, 2020), 32–84, and the volume in which it appears more generally https://www.hoover.org/research/past-future-ideas-and-actions-freesociety-mont-pelerin-society.

15. "Full Text of Xi Jinping's Report at 19th CPC National Congress, delivered at the Nineteenth National Congress of the Communist Party of China," *Xinhua,* October 18, 2017, updated November 4, 2017, https://www.chinadaily.com.cn/chin a/19thcpcnationalcongress/2017-11/04/content_34115212.htm.

16. See Lionel Barber, Henry Foy, and Alex Barker, "Vladimir Putin Says Liberalism Has 'Become Obsolete,'" *Financial Times,* June 27, 2019, https://www.ft.com/ content/670039ec-98f3-11e9-9573-ee5cbb98ed36.

17. See Jonathan D. Ostry, Prakash Loungani, and Davide Furceri, "Neoliberalism: Oversold?," *Finance & Development* 53, no. 2 (June 2016): 38–41.

18. Shawn Donnan, "IMF Economists Put 'Neoliberalism' under the Spotlight," *Financial Times,* May 26, 2016, https://www.ft.com/content/4b98c052-238a-11e69d4d-c11776a5124d.

19. Julia Ott, "Words Can't Do the Work for Us," *Dissent* blog, January 22, 2018, https://www.dissentmagazine.org/blog/neoliberalism-forum-julia-ott. See also Daniel Rodgers, "The Uses and Abuses of 'Neoliberalism,' " Dissent (Winter 2018), https://www.dissentmagazine.org/article/uses-and-abuses-neoliberalism-debate.

20. For the 1980s French policymakers, see Rawi Abdelal, *Capital Rules: The Construction of Global Finance* (Cambridge, MA: Harvard University Press, 2007). For the Geneva thinkers, see Quinn Slobodian, *Globalists: The End of Empire and the Birth of Neoliberalism* (Cambridge, MA: Harvard University Press, 2017), a development of the ideas of Michel Fior, *Institution globale et marchés financiers: La Société des Nations face à la reconstruction de l'Europe,* 1918–1931 (Bern: Peter Lang, 2008); and Louis W. Pauly, *Who Elected the Bankers? Surveillance and Control in the World Economy* (Ithaca, NY: Cornell University Press, 1997).

21. Rougier quickly moved away from the anti-fascism of 1938, and in 1940 worked for Marshal Pétain.

22. Reinhoudt and Audier, *Walter Lippmann Colloquium,* p. 98.

23. Ibid., p. 119.

24. Ibid., p. 124.

25. See Ralf Ptak, *Vom Ordoliberalismus zur Sozialen Marktwirtschaft: Stationen des Neoliberalismus in Deutschland* (Opladen, Ger.: Leske-Budrich, 2004); see also Wolfgang

Streeck, *How Will Capitalism End? Essays on a Failing System* (London: Verso, 2016), p. 151.

26. See Henry Calvert Simons, *A Positive Program for Laissez Faire: Some Proposals for a Liberal Economic Policy,* Public Policy Pamphlet 15 (Chicago: University of Chicago Press, 1934), p. 4.

27. See Milton Friedman, "Neo-Liberalism and Its Prospects," *Farmand,* February 17, 1951, 89–93, https://miltonfriedman.hoover.org/friedman_images/ Collections/2016c21/ Farmand_02_17_1951.pdf.

28. See Henry C. Simons, "Economic Stability and Antitrust Policy," *University of Chicago Law Review* 12, no. 4 (1944): 338–348, quotations on pp. 343, 347.

29. See, for instance, Jaromir Benes and Michael Kumhof, "The Chicago Plan Revisited," IMF Working Paper WP/12/202, 2012, https://www.imf.org/external/ pubs/ft/wp/2012/wp12202.pdf.

30. See Friedrich A. Hayek, *Prices and Production* (New York: Augustus M. Kelley, 1931), 117–118.

31. Reinhoudt and Audier, *Walter Lippmann Colloquium,* p. 170.

32. This line of argument is implicit in Wilhelm Röpke, *Die Deutsche Frage* (Zurich: Eugen Rentsch, 1945).

33. Quoted in Honoré de Balzac, *Œuvres complètes de H. de Balzac,* vol. 17 (Paris: A. Houssiaux, 1874), p. 259: "Tout le monde fait valoir son argent et le tripote de son mieux. Vous vous abusez, cher ange, si vous croyez que c'est le roi Louis-Philippe qui règne, et il ne s'abuse pas là-dessus. Il sait comme nous tous, qu'au-dessus de la Charte, il y a la sainte, la vénérée, la solide, l'aimable, la gracieuse, la belle, la noble, la jeune, la toute-puissante pièce de cent sous! or, mon bel ange, l'argent exige des intérêts, et il est toujours occupé à les percevoir!"

34. See Paul H. Douglas and Aaron Director, *The Problem of Unemployment* (New York: Macmillan, 1931); see also George S. Tavlas, "'The Initiated': Aaron Director and the Chicago Monetary Tradition," Hoover Institution Paper, 2020, https://www .hoover.org/research/initiated-aaron-director-and-chicago-monetary-tradition.

35. This is in part the argument in Harold James, *The German Slump: Policies and Economics, 1924–1936* (Oxford, UK: Oxford University Press, 1986).

36. Quoted in Friedrich A. Hayek, *The Road to Serfdom* (Chicago: University of Chicago Press, 1944), p. 31.

37. Ibid., p. 55.

38. Ibid., p. 94.

39. James, *German Slump,* p. 353.

40. Hayek, *Road to Serfdom,* p. 170.

41. See Helen Junz, "Report on the Wealth Position of the Jewish Population in Nazi-Occupied Countries, Germany and Austria," in *Independent Committee of Eminent Persons, Report on Dormant Accounts of Victims of Nazi Persecution in Swiss Banks* (Bern: Staempfl i, 1999).

42. See Peter Lindseth, *Power and Legitimacy: Reconciling Europe and the Nation-State* (Oxford, UK: Oxford University Press, 2010).

43. See Tony Allan Freyer, *Antitrust and Global Capitalism,* 1930–2004 (New York: Cambridge University Press, 2006).

44. See, for instance, Hayek's 1984 speech in Paris, published in *Le Figaro,* March 10, 1984. I owe this reference to Jurgen Reinhoudt.

45. Quoted in *CQ Guide to Current American Government* (Fall 1985): 80.

46. Quoted in New York (State) and A. Barton Hepburn, *Report of the Special Committee on Railroads* (Albany: Weed, Parsons and Company, 1879), p. 45; see also *Standard Oil Company of New Jersey et al., Appellants, against United States of America, Appellee,* https://www.law.cornell.edu/supremecourt/text/221/1. I owe these references to Charles Ughetta.

47. Quoted in Robert H. Bork, *The Antitrust Paradox: A Policy at War with Itself* (New York: Basic Books, 1978), p. 8. This development in antitrust thinking is neglected in most of the recent writing on the genealogy of neoliberalism; a commendable exception is Mirowski and Plehwe, *Road from Mont Pèlerin.*

48. See Michel Foucault, *The Birth of Biopolitics* (Houndsmills, UK: Palgrave Macmillan, 2008).

49. Quoted in Jason Read, "A Genealogy of Homo-Economicus: Foucault, Neoliberalism, and the Production of Subjectivity," *Foucault Studies* 6 (February 2009): 25–36, quotation on p. 28; see also Paul Michael Garrett, "Revisiting 'The Birth of Biopolitics': Foucault's Account of Neoliberalism and the Remaking of Social Policy," *Journal of Social Policy* 48, no. 3 (July 2019): 469–487.

50. See Grégoire Chamayou, *La société ingouvernable: Une généalogie du libéralisme autoritaire* (Paris: La Fabrique, 2018).

51. "Bananen für Alle," *Der Spiegel,* October 6, 2008, https://www.spiegel.de/ spiegel/print/d-60883210.html.

52. Lind, *New Class War,* p. 65.

53. See Skinner quoted in Shoshana Zuboff, *The Age of Surveillance Capitalism: The Fight for* *a Human Future at the New Frontier of Power* (New York: Public Affairs, 2019), p. 271.

54. Simons, *Positive Program,* p. 32.

55. See the biting criticism in Atif Mian and Amir Sufi, *House of Debt: How They (and You) Caused the Great Recession, and How We Can Prevent It from Happening Again* (Chicago: University of Chicago Press, 2014).

56. See Joseph E. Stiglitz, "After Neoliberalism," *Project Syndicate,* May 30, 2019, https://www.project-syndicate.org/commentary/after-neoliberalism-progressive-capitalism-by-joseph-e-stiglitz-2019-05.

57. See Climate Leadership Council, "Former Federal Reserve Chairs and Nobel Economists Solidify Support for a Price on Carbon," *Carbon Pricing Leadership Coalition,* January 17, 2019, https://www.carbonpricingleadership.org/news/2019/1/17/formerfederal-reserve-chairs-and-nobel-economists-solidify-support-for-a-price-on-carbon.

58. See Dani Rodrik, *The Globalization Paradox: Democracy and the Future of the World Economy* (New York: W.W. Norton, 2011); see also Michael D. Bordo and Harold James, "The Trade-Offs between Macroeconomics, Political Economy and International Relations," *Financial History Review* 26, no. 3 (December 2019): 247–266.

59. Quoted in Friedrich A. Hayek, "The Confusion of Language in Political Thought," in *New Studies in Philosophy, Politics, Economics, and the History of Ideas* (London: Routledge, 1978), p. 72.

13장. 위기

1. Reinhart Koselleck, "Crisis," trans. Michaela W. Richter, *Journal of the History of Ideas* 67, no. 2 (2006): 372.

2. Paul Krugman, "Crises: The Price of Globalization?" in Federal Reserve Bank of Kansas City, *Global Economic Integration: Opportunities and Challenges,* August 24–26, 2000, pp. 75–106.

3. Robert Patterson, "An Account of Epidemic Fever of 1847–48," *Edinburgh Medical and Surgical Journal* 70 (1848): 372–373.

4. Thomas Mann, *Buddenbrooks: The Decline of a Family,* trans. John E. Woods (New York: Knopf, 1993), pp. 725–726.

5. Susan Sontag, "Illness as Metaphor," *New York Review of Books,* January 26, 1978.

6. Thomas Paine, *The American Crisis* (London: R. Carlile, 1812), p. 41.

7. See Simon Schama, *Citizens: A Chronicle of the French Revolution* (New York: Knopf, 1989), p. 874.

8. See Randolph Starn, "Historians and 'Crisis,'" *Past and Present* 52 (1971): 3–22.

9. Thomas Babington Macaulay, *The Complete Works of Thomas Babington Macaulay,* vol. 1: *The History of England from the Accession of James II* (1848; New York: Houghton Miffl in, 1899), p. 1.

10. For instance, *Die Gegenwart: Eine encylopädische Darstellung der neuesten Zeitgeschichte* (Leipzig: Brochhaus, 1849).

11. Charles Trevelyan, *The Irish Crisis* (London: Longman, Brown, Green, 1848), pp. 1–2.

12. I thank Andrew Roberts and Richard Langworth for corroboration.

13. Gerald F. Seib, "Crisis, Opportunity for Obama," from the November 2008 *Wall Street Journal* Conference, *Wall Street Journal,* November 21, 2008, https://www .wsj.com/articles/SB122721278056345271, also https://www.youtube. com/watch?v=_mzcbXi1Tkk.

14. Koselleck, "Crisis," p. 399.

15. Krugman, "Crises," p. 76.

16. See Jonathan Sperber, *The European Revolutions,* 1848–1851 (Cambridge, UK: Cambridge University Press, 2005); see also Mark Spoerer and Helge Berger, "Economic Crises and the European Revolutions of 1848," *Journal of Economic History* 61, no. 2 (June 2001): 293–326.

17. See Amartya Sen, *Poverty and Famines: An Essay on Entitlement and Deprivation* (Oxford, UK: Oxford University Press, 1983).

18. See Cormac O'Grada, *The Great Irish Famine* (Cambridge, UK: Cambridge University Press, 1995).

19. Quoted in Robin Haines, *Charles Trevelyan and the Great Irish Famine* (Dublin: Four Courts, 2004), p. 240.

20. See Charles Read, "Laissez-Faire, the Irish Famine, and British Financial Crisis," *Economic History Review* 69, no. 2 (May 2016): 411–434.

21. Quoted in John Mitchel, *The Last Conquest of Ireland* (Dublin: University College Dublin Press, 2005), p. 218; see also Christophe Gillissen, "Charles Trevelyan, John Mitchel and the Historiography of the Great Famine," *Revue française de civilisation britannique* 19, no. 2 (2014): 195–212.

22. Kevin O'Rourke and Jeffrey Williamson, *Globalization and History: The Evolution of a Nineteenth-Century Atlantic Economy* (Cambridge, MA: MIT Press, 1999).

23. Olivier Accominotti and Marc Flandreau, "Bilateral Treaties and the MostFavored-Nation Clause: The Myth of Trade Liberalization in the Nineteenth Century," *World Politics* 60, no. 2 (January 2008): 147–188.

24. Karl Marx, *Die Klassenkämpfe in Frankreich, 1848 bis 1850* (Berlin: Vorwärts, 1895).

25. Herman von Petersdorff, *König Friedrich Wilhelm der Vierte* (Stuttgart: Cotta, 1900), p.

11.

26. See Harold James, *Rambouillet, 15. November 1975. Die Globalisierung der Wirtschaft* (Munich: DTV, 1997).

27. Quoted in Peter Jenkins, *Mrs. Thatcher's Revolution: The Ending of the Socialist Era* (London: Jonathan Cape, 1987), p. 18.

28. James Callaghan, Leader's Speech, Blackpool, Eng., September 28, 1976, http:// www.britishpoliticalspeech.org/speech-archive.htm?speech=174.

29. Edgar Morin, "Pour une crisologie," *Communications* 25 (1976): 149–163.

30. Koselleck, "Crisis," p. 399.

14장. 기존의 단어들로 새로운 단어를 만들다

1. Quoted in Thomas Piketty, *Capital and Ideology,* trans. Arthur Goldhammer (Cambridge, MA: Harvard University Press, 2020), p. 672.

2. William Shakespeare, *Henry VI, Part* 2, act 4, scene 2.

3. For the following arguments, see Markus K. Brunnermeier, Harold James, and Jean-Pierre Landau, "The Digitalization of Money," NBER working paper no. 26300, 2019.

4. See James Politi, "How the Federal Reserve Came to Focus on Racial Justice," *Financial Times,* June 19, 2020,
https://www.ft.com/content/7fba09e7-85b6-4abe9c17-a1e5ab141bb9.

5. See Harold James, *Making a Modern Central Bank: The Bank of England,* 1979–2003 (Cambridge, UK: Cambridge University Press, 2020).

6. Karl Helfferich, *Das Geld* (Leipzig: C. L. Hirschfeld, 1903), p. 530.

7. See Eric Helleiner, *The Making of National Money: Territorial Currencies in Historical Perspective* (Ithaca, NY: Cornell University Press, 2003).

8. Quoted in Rebecca L. Spang, *Stuff and Money in the Time of the French Revolution* (Cambridge, MA: Harvard University Press, 2015), p. 266.

9. Paul de Grauwe, "The Eurozone's Design Failures: Can They Be Corrected?," LSE lecture, 2012,
https://www.lse.ac.uk/assets/richmedia/channels/publicLecturesAndEvents/slides/20121128_1830_theEurozonesDesignFailures_sl.pdf.

10. The classic text is Henry George, *Progress and Poverty* (New York: Appleton, 1879).

11. Piketty, *Capital and Ideology*.

12. Richard Henderson and Miles Kruppa, "Robinhood Upstarts Who Ambushed the Financial Establishment," *Financial Times,* August 21, 2020.

13. See Edward Gibbon, *Memoirs of My Life and Writings* (1796; New York: Funk & Wagnalls, 1969), p. 52.

14. See Adam Smith, *An Inquiry into the Nature and Causes of the Wealth of Nations,* ed. Edwin Cannan (1776; Chicago: University of Chicago Press, 1976), p. 287.

15. This was a concept applied to the European Union in particular in Jan Zielonka, *Europe as Empire: The Nature of the Enlarged European Union* (Oxford, UK: Oxford University Press, 2006).

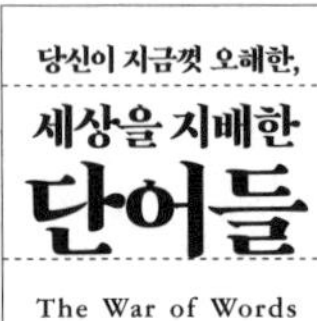

초판 1쇄 인쇄 2022년 7월 8일
초판 1쇄 발행 2022년 7월 15일

지은이 해롤드 제임스
옮긴이 안세민

펴낸이 한선화
책임편집 이미아
디자인 ALL designgroup
홍보 김혜진 | 마케팅 김수진

펴낸곳 앤의서재
출판등록 제2022-000055호
주소 서울 서대문구 연희로 11가길 39, 4층
전화 070-8670-0900 | 팩스 02-6280-0895
이메일 annesstudyroom@naver.com
블로그 blog.naver.com/annesstudyroom
인스타그램 @annes.library

ISBN 979-11-90710-46-6 03300